车辆工程专业卓越工程师计划系列教材

# 动车组转向架系统实践教程

主　编　马利军
**副主编**　周平宇　刘志明
主　审　虞大联　李　强

北京交通大学出版社

·北京·

## 内 容 简 介

《动车组转向架系统实践教程》作为车辆工程专业卓越工程师计划系列教材之一，主要介绍了动车组转向架总体概述、技术指标、结构介绍、试验验证、检修维护等内容。

全书分为 5 章。第 1 章介绍转向架功能、转向架运行原理；第 2 章介绍转向架的运用条件、技术参数、性能要求、节能与环保、可靠性；第 3 章介绍转向架总体、构架组成、轮对轴箱装置、悬挂系统及牵引装置、驱动装置（动车）等；第 4 章介绍构架组成台架试验、轮对轴箱装置台架试验、悬挂系统及牵引装置台架试验、驱动装置（动车）台架试验、基础制动装置台架试验、转向架总体台架及轴承温度试验、转向架线路试验；第 5 章介绍一级检修、二级检修、三级检修、四级检修、五级检修的主要内容、检修范围、CRH$_2$ 型动车组转向架检修技术要求，以及 CRH$_2$ 型和 CRH380A 型动车组转向架故障处理基本操作说明和典型案例。

本书是车辆工程专业卓越工程师计划系列教材之一，也可供铁路高职和中职学校师生，以及从事机车车辆、动车组、城市轨道车辆相关专业的工程技术人员学习参考。

**版权所有，侵权必究。**

**图书在版编目（CIP）数据**

动车组转向架系统实践教程 / 马利军主编. —北京：北京交通大学出版社，2017.4（2021.12 重印）

ISBN 978-7-5121-3074-6

Ⅰ. ① 动… Ⅱ. ① 马… Ⅲ. ① 动车-转向架-教材 Ⅳ. ① U266

中国版本图书馆 CIP 数据核字（2016）第 298981 号

**动车组转向架系统实践教程**
DONGCHEZU ZHUANXIANGJIA XITONG SHIJIAN JIAOCHENG

责任编辑：陈跃琴　　助理编辑：陈可亮

出版发行：北京交通大学出版社　　　　电话：010-51686414　　http://www.bjtup.com.cn

地　　址：北京市海淀区高粱桥斜街 44 号　　邮编：100044

印 刷 者：艺堂印刷（天津）有限公司

经　　销：全国新华书店

开　　本：185 mm×260 mm　　印张：19.5　　字数：487 千字

版　　次：2017 年 4 月第 1 版　　2021 年 12 月第 2 次印刷

书　　号：ISBN 978-7-5121-3074-6/U·256

印　　数：2 001～3 000 册　　定价：48.00 元

本书如有质量问题，请向北京交通大学出版社质监组反映。对您的意见和批评，我们表示欢迎和感谢。

投诉电话：010-51686043，51686008；传真：010-62225406；E-mail：press@bjtu.edu.cn。

# 前　　言

铁路运输客运的高速化已经成为现代交通运输领域的趋势。高速铁路是庞大复杂的系统工程，被称作"大国技术"，集合了多学科、多领域的高新技术，集中展示综合国力、经济社会发展水平和自主创新能力。高速列车是高速铁路的关键子系统，与高速铁路其他五个子系统（工务工程、通信信号、牵引供电、运营调度、旅客服务）之间存在轮轨关系、弓网关系、流固关系、电磁兼容等典型耦合关系。其中，高速列车是高速铁路的核心技术之一，其自身也是多学科、多系统、多部件的集成。高速列车融合了系统集成技术、高速转向架技术、高强轻型车体结构技术、交流传动技术、复合制动技术、减阻降噪与密封技术、网络控制技术、空调通风技术等一系列当代最新技术成果。其中，高速列车总体设计是各系统的设计输入及贯穿主线，目的是确保高速铁路各子系统之间、高速列车自身各系统之间的相互兼容、整体优化。

在学生培养和知识传播过程中，教材建设是必不可少的重要环节，尤其是在现代技术与知识不断更新的状况下，编写动车组转向架系统实践的教材显得尤为迫切。青岛四方机车车辆股份有限公司联合北京交通大学车辆工程专业，以高速动车组设计制造流程及方法为基础，并结合北京交通大学教学经验，编写了本教材。

本书作为车辆工程专业卓越工程师计划系列教材之一，主要介绍了动车组转向架总体概述、技术指标、结构介绍、试验验证、检修维护等内容。全书分为5章。第1章介绍转向架功能、转向架运行原理；第2章介绍转向架的运用条件、技术参数、性能要求、节能与环保、可靠性；第3章介绍转向架总体、构架组成、轮对轴箱装置、悬挂系统及牵引装置、驱动装置（动车）等；第4章介绍构架组成台架试验、轮对轴箱装置台架试验、悬挂系统及牵引装置台架试验、驱动装置（动车）台架试验、基础制动装置台架试验、转向架总体台架及轴承温度试验、转向架线路试验；第5章介绍一级检修、二级检修、三级检修、四级检修、五级检修的主要内容、检修范围、CRH$_2$型动车组转向架检修技术要求，以及CRH$_2$型和CRH380A型动车组转向架故障处理基本操作说明和典型案例。

本书由马利军主编，周平宇、刘志明任副主编，虞大联、李强主审。参加编写的有崔志国、张振先、张朝前、乔青峰、王大强、王海涛、王培东。

由于水平有限，时间仓促，疏漏之处在所难免，恳请读者批评指正。

编　者

# 目　　录

# 第 1 章

# 转向架总体概述

转向架是列车的主要组成部分之一。其主要作用是承受转向架以上各部分重量，利用轮轨黏着保证牵引力的产生，引导列车稳定运行，承受和传递来自列车和线路的各种载荷，缓和线路不平顺对列车的冲击，保证列车的安全运行和旅客乘坐舒适性。

## 1.1 转向架功能

### 1.1.1 转向架总体功能

① 承载：承受转向架以上各部分的重量（包括车辆自重、旅客载重、水及动态载荷等），并使轴重均匀分配。

② 牵引（动力转向架）：保证必要的轮轨黏着，并把轮轨接触处产生的轮周牵引力传递给车体、车钩，牵引列车前进。

③ 缓冲：缓和线路不平顺对车辆的冲击，保证车辆具有良好的运行平稳性。

④ 转向：保证车辆顺利通过曲线。

⑤ 制动：产生必要的制动力，使车辆在规定的距离内减速或停车。

### 1.1.2 转向架各部位功能

① 构架：转向架的骨架，它将转向架的各个零部件组成一个整体，并承受和传递各种载荷。

② 轮对：作为车辆与线路的系统界面，直接向钢轨传递重力，通过轮轨间的黏着产生牵引力或制动力，并通过车轮的回转实现车辆在钢轨上的运行。

③ 轴箱及弹簧悬挂装置（一系悬挂）：用来平衡轴重分配，缓和线路不平顺对车辆的冲击，并保证车辆运行平稳性。轴箱是连接构架与轮对的活动关节，它除了保证轮对进行回转运动外，还能使轮对适应线路不平顺等条件，相对于构架垂向、横向和纵向运动。

④ 车体与转向架间的连接装置（二系悬挂）：用以传递车体与转向架间的垂向力和水平力，在车辆通过曲线时使转向架能相对于车体回转，并进一步减缓车体与转向架间的冲击振动，保证转向架平稳。

⑤ 驱动装置（动力转向架）：将动力装置的扭矩有效地传递给轮对，驱动车轮转动。

⑥ 基础制动装置：将制动缸压力增大若干倍以后传递给闸片或闸瓦，使其压紧制动盘（或车轮踏面），对车辆施行制动。

# 1.2　转向架运行原理

动力转向架运行原理：利用轮轨间的黏着，通过驱动装置将动力装置的扭矩有效地传递给轮对，驱动车轮滚动并产生轮周牵引力；然后通过轴箱及轴承装置将车轮沿钢轨的滚动转化为构架沿线路运行的平动；最后通过构架与车体之间的牵引装置将轮周牵引力传递给车体、车钩，牵引车辆前进。

非动力转向架运行原理：通过车钩将动力车牵引力传递至非动力车，然后通过车体与构架之间的牵引装置将牵引力传递到构架，最后通过构架与轮对之间的轴箱及轴承装置将构架沿线路运行的平动转化为轮对的滚动，利用轮轨间的黏着驱动车辆前进。

# 第2章

# 技术指标

## 2.1 运用条件

### 2.1.1 地理条件

（1）海拔高度。

海拔高度不超过 1 500 m（昆明等少部分区段可至 1 900 m）。

（2）地震烈度。

最高动峰值加速度 0.3$g$。

（3）气候条件。

① 环境温度。

环境温度范围为–25～40 ℃。

② 相对湿度。

相对湿度不超过 95%（该月月平均气温 25℃）。

③ 最大风速。

通常 15 m/s，偶有 33 m/s。

④ 其他。

有风、沙、雨、雪、雾霾等天气，偶有盐雾、酸雨、沙尘暴等现象。

### 2.1.2 线路条件

高速铁路及客运专线线路条件应符合《高速铁路设计规范》（TB 10621—2014）、《铁路车站及枢纽设计规范》（GB 50091—2006）、《关于新建客运专线铁路曲线超高设定的指导意见》（铁集成〔2009〕86 号）、《高速铁路无砟轨道线路维修规则（试行）》（铁运〔2012〕83 号）等相关规定。以下参数供动车组设计时参考。

① 缓和曲线。

动车组转向架系统实践教程

缓和曲线为三次抛物线线型，缓和曲线超高顺坡率为 1/（$10V_{max}$），困难条件下为 1/（$8V_{max}$）。

缓和曲线长度（m）：

良好条件：≥$11×10^{-3}×V_{max}×h$；

一般条件：≥$10×10^{-3}×V_{max}×h$。

上述 $V_{max}$ 为线路的设计最高速度或该曲线的限制速度（km/h），缓和曲线长度取整为 10 的整数倍；$h$ 为线路实设超高。

② 最大超高为 175 mm。

③ 欠超高允许值为 90 mm。

④ 高速车与中速车共线时，欠、过超高之和允许值一般为 110 mm。

⑤ 实设超高与欠超高之和允许值一般为 220 mm。

⑥ 道岔。

道岔一般情况下不小于 12 号，困难条件下不小于 9 号。侧线通过限速如下：

区间渡线：160 km/h；

进出站：80 km/h；

转线：220 km/h。

⑦ 车站站台。

距轨面高度：1 250 mm；

边缘距轨道中心距离：1 750 mm。

有效长度：

16 辆编组：450 m；

8 辆编组：230 m。

⑧ 线路不平顺。

轨道动态管理试验暂行标准见表 2-1。

表 2-1 轨道动态管理试验暂行标准表

| 项 目 | | 300 km/h≤$V$≤350 km/h | | | |
|---|---|---|---|---|---|
| | | Ⅰ级 | Ⅱ级 | Ⅲ级 | Ⅳ级 |
| 轨距/mm | | +4 −3 | +6 −4 | +7 −5 | +8 −6 |
| 水平/mm | | 5 | 6 | 7 | 8 |
| 三角坑（基长 2.5 m）/mm | | 4 | 6 | 7 | 8 |
| 高低/mm | 波长 1.5～42 m | 5 | 8 | 10 | 11 |
| 轨向/mm | | 4 | 5 | 6 | 7 |
| 高低/mm | 波长 1.5～70 m（$V$≤250 km/h） 波长 1.5～120 m（$V$≥300 km/h） | 7 | 9 | 12 | 15 |
| 轨向/mm | | 6 | 8 | 10 | 12 |
| 车体垂向加速度/（m/s²） | | 1.0 | 1.5 | 2.0 | 2.5 |
| 车体横向加速度/（m/s²） | | 0.6 | 0.9 | 1.5 | 2.0 |

4

续表

| 项 目 | 300 km/h≤V≤350 km/h | | | |
|---|---|---|---|---|
| | Ⅰ级 | Ⅱ级 | Ⅲ级 | Ⅳ级 |
| 轨距变化率（基长 2.5 m）/‰ | — | — | — | — |
| 曲率变化率（基长 18 m）/（$10^{-6}/m^2$） | — | — | — | — |
| 横向加速度变化率（基长 18 m）/（m/s³） | — | — | — | — |

注：a. 高低和轨向偏差为计算零线到波峰的幅值。

b. 水平限值不包含曲线按规定设置的超高值及超高顺坡量。

c. 三角坑限值包含缓和曲线超高顺坡造成的扭曲量。

d. 车体垂向加速度采用 20 Hz 低通滤波测量，车体横向加速度采用 10 Hz 低通滤波测量；加速度等速检测速度应在 $V_{max}$±10% 范围内。

e. 避免出现连续多波不平顺和轨向、水平逆向复合不平顺。

⑨ 轨底坡为 1:40。

⑩ 辙叉心作用面至护轮轨头部外侧的距离为 $1394^{+0}_{-3}$ mm。

⑪ 辙叉翼轨作用面至护轮轨头部外侧的距离为 $1348^{+3}_{-0}$ mm。

# 2.2 技 术 参 数

① 固定轴距宜采用 2.5～2.7 m。

② 车轮直径宜采用 860～920 mm。

③ 转向架总重不宜大于 10 t。

④ 轴重不宜大于 17 t。

# 2.3 性 能 要 求

## 2.3.1 强度要求

转向架构架强度设计和试验鉴定应符合《200 km/h 及以上速度级铁道车辆强度设计及试验鉴定暂行规定》（科教装〔2001〕21 号），寿命要求 30 年。

## 2.3.2 动力学性能

转向架动力学性能应综合参考高速动车组整车试验规范、GB/T 5599—1985、UIC 518、UIC 513、《200 km/h 及以上速度级动车组动力学性能试验鉴定方法及评估标准》。在 3 级不平顺（紧急补修）线路条件下以最高试验速度及以下的各速度级运用的转向架各项指标均应符合有关规定，表 2–2 所示为安全性及平稳性指标。

表 2–2　安全性及平稳性指标

| 安全性 | | |
|---|---|---|
| 脱轨系数 | ≤0.8 | |
| 轮重减载率 | ≤0.65 | 准静态 |
| | ≤0.8 | 动态 |
| 倾覆系数 | ≤0.8 | |
| 转向架构架上的横向加速度峰值不得连续 6 次以上达到或超过 8～10 m/s² | | |

运行平稳性和舒适度（舒适度的要求对在有良好维修的线路上运行的新状态和正常维修状态的动车组均适用）：
① 平稳性指标应达到优秀；
② 乘坐舒适度应达到 2 级；
③ 车体横向加速度和垂向加速度小于 2.5 m/s²。
轨道破坏作用：
① 车轮对钢轨的横向作用力不大于（10+$P_0$/3）kN，$P_0$ 为静轴重；
② 车轮对钢轨的垂向作用力不大于 170 kN。

# 2.4　节能与环保

## 2.4.1　低噪声车轮设计

**1. 车轮形状**

低噪声车轮设计中与车轮形状有关的参数包括车轮直径、轮辋厚度、辐板厚度和车轮辐板型式。

小的车轮直径，可以减小车轮的声辐射面积，并减小车辆质量和减小车轮径向与横向模态之间的振动，对降低车轮声辐射有积极作用。但是，同时它会引起轮轨接触斑变小，降低轮轨接触滤波作用，对降低轮轨噪声起消极作用。

增加轮辋和辐板厚度，可以减小车轮径向与横向模态之间的耦合振动，对降低车轮声辐射起积极作用，但同时它会增加车轮的质量，加剧轮轨相互作用。

通过改变车轮辐板型式，可以减小车轮声辐射面积，降低车轮径向与横向模态之间的耦合振动，但对车轮强度、热应力和疲劳寿命等方面的影响还有待进一步深入研究。

**2. 阻尼处理**

由于车轮材料是钢铁，轮对本身的阻尼非常小，可通过对车轮进行阻尼处理，增加其阻尼效果，以达到控制轮轨噪声的目的。现在商业产品化有敷设阻尼结构有两种：一种是在车轮辐板位置粘贴类似三明治状的约束阻尼层，由阻尼结构剪切作用耗能，起到减振降噪的作用；另外一种是在轮辋与轮毂之间安装干摩擦阻尼结构，通过阻尼结构的干摩擦耗能来实现对振动能量的减小。

**3. 弹性车轮**

弹性车轮的轮毂与轮辐之间利用弹性阻尼材料分隔，分隔所用的阻尼材料可将轮毂和轮辐的振动隔开，对轮毂和轮辐振动解耦，其减振降噪效果取决于轮毂和轮辐的振动解耦频率。鉴于其结构和可靠性等原因，目前在高速动车组上并未采用。

## 2.4.2 低噪声钢轨设计

**1. 钢轨形状**

对钢轨形状优化可以达到降低钢轨辐射噪声的目的。对钢轨形状优化的参数主要有钢轨截面尺寸、轨底宽度、钢轨高度和轨腰厚度等。钢轨截面尺寸的减小，不但可以减小钢轨的声辐射面积，还能减小其声辐射效率。

**2. 阻尼处理**

与车轮阻尼处理方法类似，对钢轨的阻尼处理也有粘贴约束阻尼结构和设置动力吸振器两种。

**3. 低噪声轨道设计**

轨垫刚度对轨道振动声辐射的影响很大。轨垫刚度越小，钢轨振动声辐射越大，而轨枕振动声辐射越小。

轨道类型对轨道的减振降噪也有很大影响。现有高速铁路的轨道类型主要有两种：有砟轨道和无砟轨道。在没有外加减振降噪措施的情况下，无砟轨道要比有砟轨道产生更大的噪声。

# 2.5 可 靠 性

① 转向架可靠性应满足《轨道交通 可靠性、可用性、可维修性和安全性规范及示例》（GB/T 21562—2008）中的有关要求。

② 转向架动力学性能及结构强度等需有冗余。

③ 转向架应通过采取相应的结构与措施确保动车组及其零部件的可靠性。

④ 各种安装部件应有良好的定位结构，不应存在错装的可能。

⑤ 在考虑可靠性时，应将预防性维修和与动车组相适应的维修计划等包括在内，以此来满足动车组运规及高级修规程相关要求。

第3章

# 结 构 介 绍

## 3.1 转向架总体

**1. CRH₁ 型动车组转向架系列**

CRH₁ 型动车组转向架系列主要有 CRH₁ 型和 CRH380D 型两种技术平台类型。其中,CRH₁ 型动车组转向架适用于 CRH₁A (CRH₁A-200、CRH₁A-250)/CRH₁B/CRH₁E 型动车组,CRH380D 型动车组转向架适用于 CRH380D 型动车组。CRH₁ 系列转向架如图 3-1 所示。

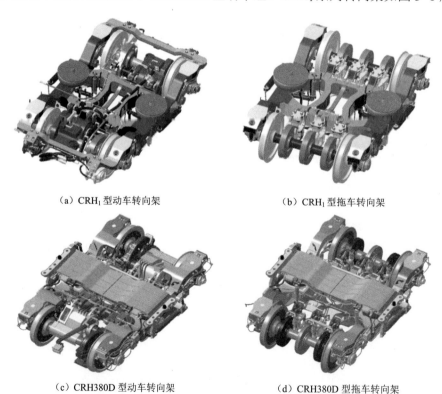

(a) CRH₁ 型动车转向架      (b) CRH₁ 型拖车转向架

(c) CRH380D 型动车转向架      (d) CRH380D 型拖车转向架

图 3-1 CRH₁ 系列转向架

## 2. CRH$_2$ 型动车组转向架系列

CRH$_2$ 型动车组转向架系列主要有 CRH$_2$ 型（适用于 CRH$_2$A、CRH$_2$B、CRH$_2$E 型及 CRH$_2$C 一阶段动车组）和 CRH380A 型（适用于 CRH$_2$C 二阶段和 CRH380A/AL 动车组）两种技术平台类型。其中，CRH$_2$A、CRH$_2$B、CRH$_2$E 型动车组转向架型号为 SKMB-200、SKTB-200，CRH$_2$C 一阶段动车组转向架型号为 SKMB-300、SKTB-300，CRH$_2$C 二阶段动车组转向架型号为 SWMB-350、SWTB-350，CRH380A 及 CRH380AL 型动车组转向架型号为 SWMB-400、SWTB-400。CRH$_2$ 系列转向架如图 3-2 所示。

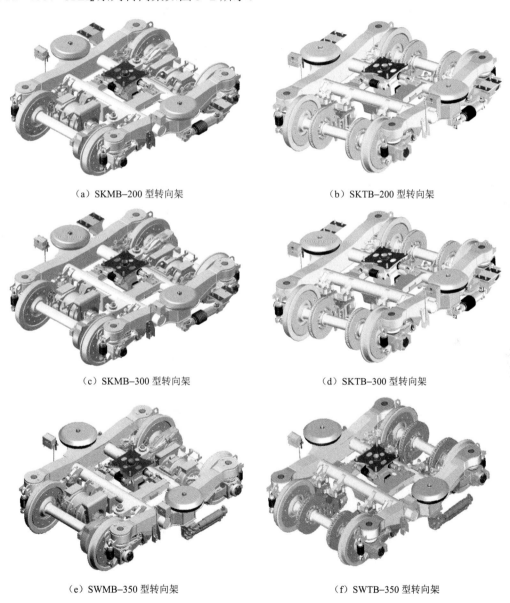

（a）SKMB-200 型转向架　　　　　　　　（b）SKTB-200 型转向架

（c）SKMB-300 型转向架　　　　　　　　（d）SKTB-300 型转向架

（e）SWMB-350 型转向架　　　　　　　　（f）SWTB-350 型转向架

图 3-2　CRH$_2$ 系列转向架

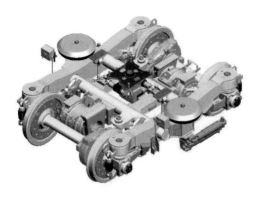

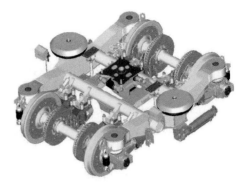

（g）SWMB–400 型转向架　　　　　　　　（h）SWTB–400 型转向架

图 3-2　CRH₂ 系列转向架（续）

**3. CRH₃ 型动车组转向架系列**

CRH₃ 型动车组转向架系列主要有 CW300（D）型和 CW400（D）型两种技术平台。其中，CW300（D）型转向架适用于 CRH₃C 型动车组，CW400（D）型转向架适用于 CRH380B/BL/CL 型动车组。CW300（D）型和 CW400（D）型转向架如图 3-3 所示。

（a）CW300（D）型动车转向架　　　　　　（b）CW300（D）型拖车转向架

（c）CW400（D）型动车转向架　　　　　　（d）CW400（D）型拖车转向架

图 3-3　CW300（D）型和 CW400（D）型转向架

**4. CRH₅ 型动车组转向架系列**

CRH₅ 型动车组转向架主要技术平台为 CW250（D）型，应用于 CRH₅A 动车组。CRH₅系列转向架如图 3-4 所示。

（a）CW250（D）型动车转向架　　　　　　　　（b）CW250（D）型拖车转向架

图 3-4　CRH5 系列转向架

## 3.1.1　结构设计

### 1. 设计原则

总体上，转向架设计应遵循以下原则，以确保列车的运行安全性、稳定性、可靠性，以及曲线通过能力等。

① 转向架各悬、吊装置应用可靠的防松、防脱安全措施，并应设有防止重要零部件损坏时可能危及行车安全的装置。

② 对于运行中可能脱落并危及车辆运行安全的装置，其组装紧固件应有可靠的防松措施，并设有必要的安全托、吊装置。

③ 转向架一系弹簧及二系弹簧应设有垂向挡装置，以保证在任何情况下车辆的安全性。

④ 采用空气弹簧装置的转向架，应采用下列措施保证车辆的安全性：空气弹簧装置失效时，应能保证车辆以不低于 120 km/h 速度运行的安全性；设有异常上升止挡或过充阀，以防止高度阀失灵而导致空气弹簧过充；空气弹簧采用四点支撑时，同一转向架的两个空气弹簧之间应设置差压阀，使其具有合适的动作压差值；必要时加装抗侧滚装置，以保证车辆具有足够的抗侧滚刚度。

⑤ 转向架的结构应方便对车钩高度、车体倾斜、轮重差等进行调整。

⑥ 转向架应采用空心车轴，轴端结构应便于日常探伤作业，其结构应便于制造、维护和检修。

⑦ 转向架设计应尽量减轻簧下质量，减轻转向架质量。

此外，在转向架设计中，要注意避免垂直、横向和纵向振动在常用速度范围内引发共振。转向架安装的各种设备应能承受动车组运行中的各种振动和冲击，在动车组转向架运行速度范围内不允许出现谐振现象。转向架所采用的新结构和重要零部件应经过充分试验和运用考验。转向架主要运动件应具有良好的耐磨性，橡胶件应具有良好的抗挤压、耐冲击、耐磨及耐老化性能。各零部件宜采用标准件和通用件。所有的材料、紧固件、工具等都采用公制标准，所有的尺寸采用国际单位制表示，管螺纹采用英制。转向架应采取抑制噪声和减少振动的设计，环境噪声应遵守中国有关环境保护的规定和要求。

动车组转向架应能满足地理条件、气候条件、建筑接近限界、坡道、最小曲线半径、缓和曲线、超高、轨底坡、道岔、不平顺等级等线路条件及运用条件。转向架及其主要部件应按技术条件要求进行规定的型式试验和例行试验。应确定动车组转向架的年可运用天数和年运营公里数，确定动车组转向架及其主要零部件的无故障工作时间（大修前的平均寿命、报废前的平均寿命、不进行维修的额定工作时间）、故障率（在规定时间内无故障工作概率）、修复最大时间、维修工作量等可靠性指标，以及维修、保养方法措施。

转向架的设计应有利于保养与维修，最大限度地减小维修工作量，降低维修成本，各主要零部件应尽可能等寿命，并按无维修、少维修的要求设计。转向架构架的设计寿命应当不低于 20 年。转向架应满足以下设计要求。

（1）黏着要求。

牵引动力装置可利用的黏着系数按最不利条件考虑。

动力车设黏着利用控制装置，对空转、滑行的保护功能必须有效。

应提出使轮轨间达到最大黏着的措施，保证最佳的黏着条件，即轴重转移应尽量小，且轮轨间不产生黏滑振动。

（2）清洗要求。

转向架及其设备在进行维护期间应不会由于使用清洗材料而使其功能下降。

动车组转向架的外形设计应便于机械化清洗作业。外部清洗后动车组转向架的外形及色彩不发生不利的变化，并保证在不采取其他外加防护措施的情况下，对动车组转向架及部件的外观及运用性能不产生不利的影响。

动车组转向架的内部清洗可与动车组转向架的维修结合，在不同阶段分层次进行，以保证每次出行都为旅客提供良好、舒适的卫生环境。

动车组转向架的结构及所选用的材料须适应于清洗的实施，并保证在清洗后内部装饰材料的外形及色彩不发生不利的变化。

转向架的布置须有利于清洗作业的进行，避免存在难以达到的死角，避免清洗作业对于零部件及设施产生腐蚀与损害。指定的清洗剂应是环保型的，可在中国市场采购到。

（3）抗腐蚀性。

转向架的设计应满足在沿海地区等高腐蚀环境下正常可靠运行。

转向架须设置各防护装置，如防护罩、绝缘罩、特殊涂装等，以延缓大气环境污染、雨雪及电化学腐蚀等因素对零部件的腐蚀。

**2. 转向架结构特点**

（1）CRH$_1$ 型动车组转向架。

CRH$_1$ 系列转向架是在 Regina 原型车转向架基础上加以改进、设计和生产完成的，固定轴距 2 700 mm。其构架、轮对、牵引装置、悬挂装置、制动装置等关键部件均在采用成熟技术的基础上，根据中国铁路线路及环境特点加以改进，能够满足高速列车的速度和承载各方面的要求。该转向架结构特点如下：

① 采用轻量化无摇枕 H 形焊接构架，转向架通过牵引拉杆、抗侧滚扭杆、减振器、安全吊绳等部件与车体连接。

② 采用单牵引拉杆式中央牵引装置。

③ 牵引电机采用架悬结构；齿轮箱大齿轮端压装在车轴上，小齿轮端通过联轴节与电机

连接；同时箱体通过吊杆与构架相连，箱体采用铸铁材料。

④ 车轮为整体车轮，车轴采用空心结构，满足轻量化设计要求。

⑤ 动车采用轮盘制动装置，拖车采用轴盘制动装置。

⑥ 在头车和尾车设有排障装置。

⑦ 车体和转向架间装有安全吊绳，用于车辆整体吊装时转向架的提吊和防止空气弹簧的过充。

⑧ 转向架设有轴温报警装置，用于实时监控轴箱轴承的温度。

⑨ 轴箱为分体式轴箱，这种结构有利于方便地进行轮对的更换；轴箱与构架之间采用转臂式定位，轴箱弹簧为螺旋钢弹簧组；轴箱上方设有弹性止挡，200 公里动车组转向架还同时设有剪切垫；轴箱与构架之间装有一系油压减振器；二系悬挂中空簧为气囊加橡胶堆的形式，附加空气室为安装在底架设备舱内的风缸；构架和车体间设有横向止挡；减振器包括两个二系横向减振器、两个二系垂向减振器、两个二系抗蛇行减振器，用以削减转向架到车体间的振动传递，抑制蛇行运动；同时构架和车体间装有抗侧滚扭杆，防止列车通过曲线和道岔时发生过大的侧滚，保证列车运行的动力学性能。

（2）CRH380D 型动车组转向架。

CRH380D 型动车组转向架是在德国 ICE3 的基础上设计的，固定轴距 2 700 mm，各模块的合理布置与集成，使该转向架具有足够的疲劳强度和承载能力。该转向架将确保在运用线路条件下（包括直线、道岔、曲线及缓和曲线）车辆具有良好的运行品质和舒适性，高速运行时具有良好的稳定性，同时降低轮轨作用力。转向架结构特点如下：

① 采用无摇枕式转向架，枕梁端部设有安装孔，用于和车体的连接，枕梁内腔同时可以充当附加空气室。

② 采用牵引拉杆+牵引销式的中央牵引装置，整体采用 H 形构架。

③ 在头车和尾车设有排障装置和轮缘润滑装置，在头车、中间车和尾车设有撒砂装置。

④ 每个转向架都设有失稳监控装置，用于实时监控转向架的平稳性能，保证列车运行的舒适性。

⑤ 转向架设有轴承温度监控系统，用于实时监控轴箱轴承和齿轮箱轴承的温度。

⑥ 轴箱为整体式轴箱，这种结构有利于保证加工及安装尺寸，避免由于安装误差对轴承产生额外的作用力，密封性能较好；轴箱与构架之间采用转臂式定位，轴箱弹簧为螺旋钢弹簧组，轴箱上方设有弹性止挡和剪切垫；二系悬挂中空簧为气囊加橡胶堆的形式，附加空气室为枕梁内腔；构架和枕梁间设有横向止挡；减振器包括一个二系横向减振器、两个二系垂向减振器、两个二系抗蛇行减振器，用以削减转向架到车体间的振动传递，抑制蛇行运动。

（3）CRH$_2$ 型动车组转向架系列。

CRH$_2$ 型动车组转向架固定轴距 2 500 mm，全部采用轻量化无摇枕结构。动车、拖车转向架主结构基本一致，采用 H 形焊接构架、无摇枕支承、轮对空心轴和铝合金齿轮箱结构，实现轻量化设计，提高动力学性能，降低对线路的冲击，适应国内既有线路条件。转向架主要由构架组成、轮对轴箱定位装置、二系悬挂及牵引装置、牵引电机及联轴节组装、基础制动装置、转向架配管配线和排障装置组成。其中，SWMB–400、SWTB–400 型转向架还安装了抗侧滚扭杆装置。转向架结构特点如下：

① 采用无摇枕 H 形构架。

② 采用轻量、小型、简洁的结构。

③ 采用小轮径（860 mm）车轮，以减轻簧下重量。

④ 采用空心车轴。

⑤ 轴箱采用转臂式定位，轴箱弹簧采用双圈钢圆簧。

⑥ 二系悬挂采用空气弹簧，构架设附加气室。

⑦ 采用抗蛇行减振器。

⑧ 采用单拉杆式牵引装置传递纵向力。

⑨ 电机采用架悬结构。

⑩ 采用挠性浮动齿式联轴节。

⑪ 全部车轮装设机械制动盘（轮盘）。

⑫ 拖车转向架车轴上装有机械制动盘（轴盘）。

⑬ 利用踏面清扫装置改善轮轨间黏着状态和降低运行噪声。

CRH₂ 型及 CRH380A 型转向架最大优点是中央悬挂装置结构简单，取消了传统的摇枕、摇动台和旁承等零部件，既减轻了转向架的质量，同时简化了转向架的结构，便于维修。车体载荷由转向架构架通过空气弹簧直接承受。当转向架相对车体转动时，空气弹簧将在前后和左右方向产生大幅度的位移。因此，转向架采用的空气弹簧为大位移空气弹簧。

（4）CRH₃ 型动车组转向架系列。

CRH₃ 型动车组转向架系列主要有 CW300（D）型和 CW400（D）型两种技术平台，固定轴距 2 500 mm。

CW400（D）型转向架是以引进西门子转向架技术为基础，消化吸收后研制出的动车组转向架。转向架的原型为 CW300（D）型转向架。CW400（D）型转向架与 CW300（D）型转向架相比，增加了二系垂向减振器，优化了转向架悬挂参数，增大了转向架构架等结构强度；在轮对、轴箱、一系及二系悬挂装置、齿轮箱和牵引装置、制动装置等各部件的设计结构上均继承成熟的技术，确保了高速动车组的速度和承载要求，具有较高的运行品质和安全可靠性。

CW300（D）型和 CW400（D）型动车转向架采用轮盘制动，拖车转向架采用轴盘制动；动车转向架安装了驱动系统，头、尾车转向架端部根据需要安装了排障器、轮缘润滑等相关的设备；转向架的构架主体结构相同，转向架的一系和二系悬挂系统基本一致。

CRH₃ 型动车组转向架结构特点如下：

① 采用 CW300（D）型和 CW400（D）型转向架的动车组整车为两点支撑。

② 动车转向架电机与构架之间采用柔性悬挂方式。

③ 动车转向架齿轮箱与构架之间采用 C 形支架连接。

④ 采用 H 形焊接构架，侧梁和横梁之间的大应力区由母材承担。

⑤ 车轴采用空心结构，车轮设有降噪结构。

⑥ 一系悬挂采用转臂式定位，轴箱弹簧采用双圈钢圆簧。

⑦ 二系悬挂采用大胶囊空气弹簧，附加气室在联系枕梁内。

⑧ 采用上置式抗侧滚扭杆。

⑨ 采用双抗蛇行减振器。

⑩ 采用 Z 形牵引拉杆装置传递纵向力。

⑪ 轴端安装轴箱轴承温度传感器。

⑫ 齿轮箱处安装大齿轮和小齿轮轴承温度传感器。

⑬ 构架安装横向加速度传感器。

动车转向架主要由构架、轮对、一系悬挂、二系悬挂、牵引装置、驱动装置和基础制动装置组成。各部位的主要结构形式和特点如下。

构架为 H 形焊接结构，由两根中间为凹形的侧梁和两根管状横梁组成，采用过渡元件实现侧梁与横梁的连接，以确保其连接强度和良好的工艺性。一系悬挂为螺旋钢弹簧和转臂式定位结构，装有垂向液压减振器，在螺旋钢弹簧下部设有适当厚度和性能的橡胶垫，为了轮对的更换便利，轴箱分为上下两体。二系悬挂采用大曲囊式高柔性空气弹簧，并装有抗侧滚扭杆和垂直、横向及抗蛇行油压减振器，空气弹簧悬挂装置采用两点式控制。通过置于空气弹簧上部的铝合金过渡枕梁简化车体与转向架之间的连接，同时利用该枕梁的内腔作为空气弹簧附加空气室，采用 Z 形双拉杆式牵引装置和非线性横向缓冲器。

每台动车转向架斜对称布置两台牵引电机。两台牵引电机安装在钢板焊接的电机吊架上，电机吊架通过 4 个板簧与构架连接，从而实现了电机的柔性悬挂。齿轮箱采用铸铝箱体，有效降低簧下质量，齿轮箱通过 C 形支架与构架连接，C 形支架与小齿轮箱体之间上下都安装有叠层橡胶弹簧。牵引电机和齿轮箱之间通过齿形联轴器连接。动车转向架采用轮装式制动盘，制动夹钳安装在构架侧梁的制动吊座上。

动车转向架按照不同使用位置可以分为头车动车转向架和中间动车转向架。头车动车转向架主要位于动车组头车和尾车一位端，为满足动车组车头流线型设计的要求，以及动车组 ATP 天线相关设备的安装要求，对头车动车转向架的构架和枕梁进行了适应性设计，在转向架端部安装了天线梁组成用于安装 ATP 天线设备。

拖车转向架与动车转向架的主要区别是没有安装驱动系统（电机和齿轮箱组成），拖车转向架的制动盘安装在车轴上，为轴装方式。

（5）CRH5 型动车组转向架系列。

① 动车转向架。

CRH5 动车组动车转向架固定轴距 2 700 mm，根据安装部件的不同分为三种：第一种安装于 1 车，第二种安装于 8 车，这两种转向架轴端布置有轴温传感器、ATP/LKJ2000 速度传感器及接地回流装置，1 车转向架前端安装轮缘润滑装置和扫石器；第三种动车转向架安装于 2、4、7 车，转向架上安装加速度传感器。

动车转向架主要由焊接构架组成、一系悬挂及轮对轴箱定位装置、二系悬挂及牵引装置、抗测滚扭杆装置、上枕梁、驱动装置（齿轮箱、万向轴等）、停放储能制动装置、基础制动装置、轴温报警装置与接地回流装置、撒砂器和 ATP 信号接收系统与轮缘润滑系统（列车头尾部动车转向架）等组成。

② 拖车转向架。

CRH5 动车组拖车转向架固定轴距 2 700 mm，根据安装部件的不同分为两种：一种安装于 3、6 车，另一种安装于 5 车。拖车转向架与动车转向架相比，没有驱动装置，在相应位置安置了一套制动单元。

## 3.1.2 参数设计

**1. 转向架质量计算**

转向架质量分为簧下质量、簧间质量和簧上质量。质量的分配对车辆临界速度、稳定性、平稳性和舒适性指标有一定影响。

（1）簧下质量。

在轴重不变的情况下，轮对转动惯量和质量变化（惯量随质量按比例变化）对运动稳定性的影响见图 3-5 和图 3-6（自变量均为相对原参数的百分比，计算截止速度为 625 km/h）。

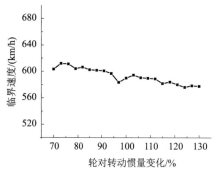

图 3-5　轮对转动惯量变化对运动稳定性的影响

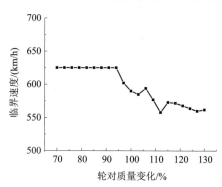

图 3-6　轮对质量变化对运动稳定性的影响

（2）簧间质量。

随着构架质量的增大，车体的横向、垂向平稳性指标和舒适度随之基本呈增大的趋势。构架的转动惯量对车体的平稳性指标和乘坐舒适度的影响不显著。见图 3-7 和图 3-8。

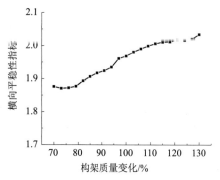

图 3-7　构架质量变化与横向平稳性的关系

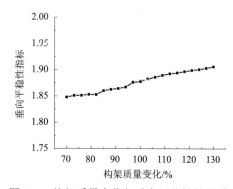

图 3-8　构架质量变化与垂向平稳性的关系

（3）簧上质量。

随着车体质量的增大，车体的横向平稳性指标先降低；在车体质量为原质量的 85%～118% 的范围内，车体的横向平稳性指标随车体质量的增大略有增大；在此后，随车体质量的增大，车体横向平稳性指标明显降低，见图 3-9 和图 3-10。

随着车体转动惯量的增大，车体的横向、垂向平稳性指标和舒适度随之基本呈降低的趋势，如图 3-11 和图 3-12 所示。

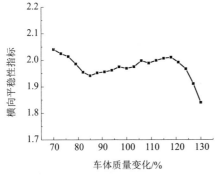

图 3-9 车体质量变化与横向平稳性的关系

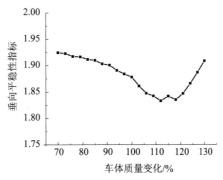

图 3-10 车体质量变化与垂向平稳性的关系

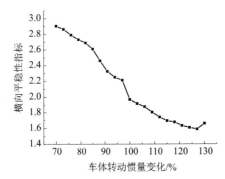

图 3-11 车体转动惯量变化与横向平稳性的关系

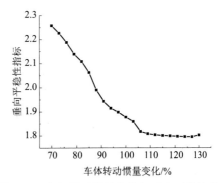

图 3-12 车体转动惯量变化与垂向平稳性的关系

**2. 转向架载荷条件计算**

转向架载荷条件计算首先要有总体提供的各车均衡计算资料，包括每车定员数量、空车时车体重量、整备时整车重量（包括水、油和相关随车工具等）。根据转向架质量分配换算出构架、一系弹簧和空气弹簧等承载载荷，主要用来进行构架、轴箱体、轴箱弹簧、空气弹簧及中心销等承载部件强度计算和性能参数校对。

**3. 转向架总体参数计算**

转向架转角计算与转向架定距、曲线半径、轴重和轮轨间隙等因素相关。同时，计算时须考虑曲线加宽和轮缘磨耗。

转向架转角主要用来校核车体与转向架连接部件关系，如车体抗蛇行减振器安装座与构架部件的关系、空簧与裙板及抗侧滚扭杆的关系、抗蛇行减振器和横向减振器行程及橡胶关节的转角、车间减振器行程、抗侧滚扭杆橡胶关节的扭转角度等。

**4. 车体与转向架关系调查**

转向架设计须要调查车体与转向架部件上下空间关系，主要包括车体上安装部件与转向架关系。

## 3.1.3 组装工艺

在轴箱定位节点梯形芯轴与构架的梯形槽配合面上涂一层锂基润滑脂，转向架落成前，齿轮箱吊杆端部螺纹涂 Molykote G-N Plus 润滑剂。

动车组转向架系统实践教程

转向架落成时，轴箱定位节点梯形芯轴与构架的梯形槽配合面应形成良好的密贴，弹性节点与定位臂连接螺栓 M16×100 在转向架落成时预紧连接，在尺寸调整时按下列要求紧固：紧固时注意顺序，须内外轮流紧固，使锥形均匀嵌入。紧固扭矩要求为：先用超程力 98 N·m 扭矩紧固，等锥形发挥作用（约紧固 2 min 后）松开，最后用 78 N·m 再次紧固即可，此螺栓 78 N·m 扭矩在转向架最终加载试验状态下须检查校核。

转向架落成后，在空车载荷条件下，应进行各部尺寸的调整与检测，如图 3-13、图 3-14 所示。调整后应满足下列尺寸要求。

① 轴距差。构架与轮对轴箱组装后检测两侧轴距 $A_1$，$A_2$ 及其差值，应满足：$A_1$，$A_2$ =（2 500±1.5）mm，$|A_1-A_2| \leqslant 1.0$ mm。

② 横向位置。分别检测轮辋内侧面距构架弹簧筒顶面基准凸台的距离及距离之差，应满足：$B_1$，$B_2$，$B_3$，$B_4 = 223.5^{+1}_{-2}$ mm，$|B_1-B_2| \leqslant 1.0$ mm，$|B_3-B_4| \leqslant 1.0$ mm。

③ 对角线差。检测四个车轮上的对角线之差，应满足 $|C_1-C_2| \leqslant 1.0$ mm。

④ 其他。其他具体检测要求按组装工艺文件的规定执行。

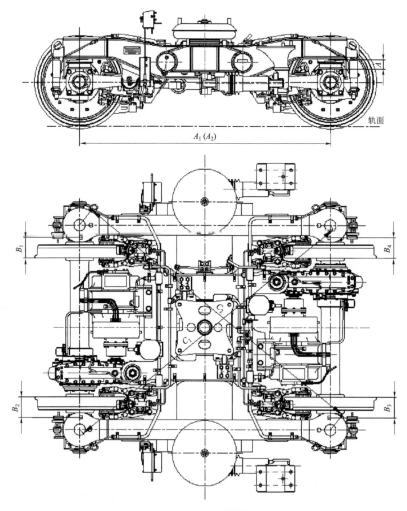

图 3-13　动车转向架组装尺寸要求

18

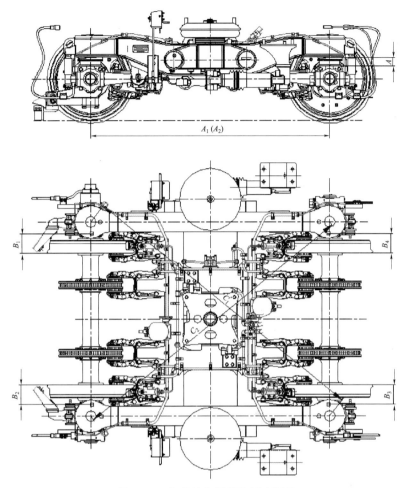

图 3–14　拖车转向架组装尺寸要求

## 3.1.4　转向架落成后试验

**1. 空气弹簧管路气密试验**

向空气弹簧及附加空气室充入（500±20）kPa 压力空气，保压 15 min，压力下降不超过 5 kPa，用肥皂水检查各管路及空气弹簧座平面，不得有泄漏。

**2. 差压阀压差试验**

① 差压阀压差试验在综合试验台位上自动进行。当空簧保压试验结束后，程序自动进入压差试验，动作压力差（150±20）kPa。

② 进行压差试验时，1、2 位空簧的初始压力为保压试验结束后的压力，约为 500 kPa，2 位空簧的气路执行排风动作，1 位空簧的气路保持关闭。当 2 位空簧气路的压力低于 0.5 kPa 时，系统自动记录 1 位空簧的残余压力值，从 1 位到 2 位的压差试验完成。

③ 从 1 位到 2 位的压差试验完成后，1 位和 2 位空簧的气路同时打开进行充风，充至约 500 kPa 时，停止充风，此时 1 位空簧气路执行排风动作，2 位空簧气路保持关闭。当 1 位空

簧的气路压力低于 0.5 kPa 时，系统自动记录 2 位空簧的残余压力，从 2 位到 1 位的压差试验完成。

④ 当上述步骤完成后，1、2 位空簧气路均执行排风动作，当 1、2 位压力均小于 3 kPa 后，压差试验完成，试验台执行下步动作。

**3. 基础制动装置试验**

压缩空气供应须满足下列要求：

① 压力不低于 700 kPa。

② 外接风源须达到下述净化指标：空气的相对湿度不超过 35%；含尘埃的颗粒度不大于 10 μm；含油率不超过 0.01‰。

③ 风压可进行调节。

**4. 气密性试验**

① 向制动卡钳及其供风管路内充入 700 kPa 的压力空气，保压 10 min，泄漏量不得超过 20 kPa，用肥皂水重点检查各接头处，不得出现泄漏。

② 向踏面清扫装置供风管路内充入 700 kPa 的压力空气，保压 10 min，泄漏量不得超过 40 kPa，用肥皂水重点检查各接头处，不得出现泄漏。

**5. 动作试验**

（1）制动卡钳装置动作试验。

向制动卡钳及其供风管路内充入 200 kPa 的压力空气，施行制动加压，检查制动卡钳闸片贴靠制动盘的动作是否灵活。压力缓解后，闸片应离开制动盘。反复进行 5 次，不得有卡滞、动作迟缓或其他异常。

缓解状态下，检查闸片与制动盘两侧表面的间隙。两侧间隙之和应为（4±1.6）mm，允许单侧虚抱。

（2）踏面清扫装置动作试验。

向踏面清扫装置供风管路内充入 500 kPa 的压力空气，检查踏面清扫装置研磨子贴靠车轮的动作是否灵活。压力缓解后，研磨子应离开车轮踏面。反复进行 5 次，不得有卡滞、动作迟缓或其他异常。

缓解状态下，检查研磨子与踏面的间隙，应在 15～22 mm 范围内。

（3）停放制动夹钳、远程缓解装置动作试验。

测试前，保持常用制动缓解状态且闸片间隙正常。

向制动夹钳停放制动缸进气口（RC1/4）充入（650±10）kPa 压力空气并排出，触发停放制动，反复此过程 3 次。

向制动夹钳停放制动缸进气口（RC1/4）充入 480 kPa 压力空气，停放制动须彻底缓解；排出停放制动缸压力空气过程中，停放制动须自动施加，过程重复 3～5 次；最后保持停放制动处于施加状态。

在停放制动施加状态，拔下管路铰接插座，向外拉出缓解手柄（拉力 100～300 N，拉出距离约 20 mm），停放制动缓解；向制动夹钳停放制动缸进气口（RC1/4）充入 480 kPa 压力空气并排出，停放制动再次施加。重复此过程 3 次后，手动缓解停放制动。

压入手柄，将管路铰接插座滑入叉形接头和手柄对应的孔中，并安全扣紧。

**6. 空车荷重试验（压磅试验）**

转向架落成后，应进行荷重试验。根据不同的车重，分别向两空气弹簧施加相当于车体空车状态下作用于空气弹簧的垂向载荷，在此状态下，检查转向架的尺寸和组装技术状态。

定位节点连接螺栓的紧固按以下规定进行：

① 转向架落成后，尺寸调整时，先用 98 N·m 扭矩紧固。

② 尺寸调整完毕后，放松一次，再用 78 N·m 扭矩紧固。

③ 试验状态下分别施加空车载荷和定员载荷（110 kN），反复加载进行 5 次。

④ 用 78 N·m 扭矩检查确认。

轴箱弹簧下夹板外圆（$\phi$261 mm 处）与后盖间隙不小于 3.5 mm。

## 3.1.5 转向架的尺寸检查

在空车载荷条件下，检查转向架轴距尺寸（$A_1$，$A_2$）和轴箱顶面距构架弹簧筒检查座的高度差尺寸 $A$，须满足：

① $A_1$，$A_2$=2 500±1.5 mm；且 $|A_1-A_2| \leqslant 1.0$ mm。

② $A=88_0^{+3}$ mm，且同一转向架四处的高度差 $|A_{max}-A_{min}| \leqslant 2$ mm。

③ 当达不到上述要求时，用调整板调整，使得尺寸 $A$ 满足上述要求。

④ 转向架的铭牌按图纸的规定安装于构架侧梁 1（8）位、2（7）位上。

## 3.1.6 车辆落成组装

**1. 牵引中心销安装**

① 车体底架上的牵引中心销安装面应平整，平面度不超过 0.5；中心销向车体安装前，检查安装面及周边，不得存在锐棱和毛刺，满足不低于 C2 的倒角。

② 中心销安装面及定位凸台表面应按相关规定涂装铬酸锌涂料，防止电化学腐蚀。

③ 中心销安装时，应注意方向，使中心销底部的拉杆安装面指向车体中心线方向（内端）。

**2. 抗蛇行减振器座（车体侧）安装**

① 车体底架上的抗蛇行减振器座安装面应平整，平面度不超过 0.5；安装前，检查抗蛇行减振器安装面及周边，不得存在锐棱和毛刺，满足不低于 C2 的倒角。

② 抗蛇行减振器座（车体侧）安装面应按相关规定涂装铬酸锌涂料，防止电化学腐蚀。

③ 抗蛇行减振器座安装时，应注意方向，使底部的减振器安装面指向车体外端方向（外端）。

④ 车体落下时，调整空气弹簧上进气口与车体锥孔的位置，在落上空气弹簧之前，去除空气弹簧进气口的防护帽并确认 O 形密封圈正常，使车体缓慢地落在空气弹簧上。

**3. 牵引拉杆组装**

牵引拉杆的一端预先安装在转向架上，落车过程中，当车体中心牵引销的拉杆安装孔与牵引拉杆的孔同心时，穿入安装螺栓，待高度调整完成后进行最终的紧固和防松。

**4. 减振器安装**

先安装中心销侧横向减振器，车辆落车后，安装抗蛇行减振器及转向架侧横向减振器。

为防止减振器的安装方向错误，减振器采取了防误操作设计，只有方向正确时，减振器才可以顺利安装。

**5. 横向止挡间隙调整**

车辆落车后，检查构架上横向缓冲挡与中心牵引销两侧面的横向间隙并安装调整垫，应满足单侧间隙 $20_0^{+2}$ mm 的要求，可通过调整垫进行调整，符合要求后紧固安装螺栓并防松。

**6. 排障托架组装**

① 先按 50 N·m 扭矩进行紧固后，使用 0.05 mm 的塞缝尺对排障板托架和安装臂配合面周边进行测量，插入深度不超过 10 mm（如超出要求，应更换排障板托架或安装臂）。

② 合格后再按 400 N·m 扭矩进行紧固，若特殊螺母与螺栓开口销孔未对准，继续紧固至两孔第一次对准，最大扭矩值不超过 450 N·m。

③ 目视检查排障板托架齿顶与安装臂齿底是否接触，若接触须更换排障板托架或安装臂。

④ 排障托架组装完成后，排障板托架的安装面和定位块与安装臂须贴靠，排障板距轨面高度为 $5_0^{+2}$ mm。

**7. 电气连接**

车辆落车后，连接转向架与车体间的各电气连接，包括温度传感器线缆、速度传感器线缆、接地装置线缆、牵引电机线缆、半主动控制装置线缆和 BIDS 线缆等，并按规定的线卡固定指示进行线缆的固定。

车辆落成后，须测量 M 车 1、2、3 和 4 位车轴车体与转向架齿轮箱接地线长度，具体要求参见相关图纸。同时，组装后须保证接地线缆不扭拧及接地线座板无变形。

## 3.1.7 落车试验

新车状态下，为调整车钩高度，在空气弹簧上支承面安装调整垫，调整垫可在 0～6 mm 范围内选配，当车轮磨耗后，调整垫最大厚度为 30 mm。

车辆落成后，为满足轮重差的要求，允许在轴箱弹簧下加减调整垫进行调整，总厚度不超过 21 mm，但须满足轴箱安装面与构架基准面的高度尺寸 $A$ 为 $88_0^{+3}$ mm，且同一转向架四处的高度差 $|A_{max} - A_{min}| \leqslant 2$ mm。

## 3.1.8 轮重测试

车辆落成时，在空气弹簧无气的状态下，测量构架横梁上空气弹簧的测量基准（样冲眼）与空气弹簧上盖的上平面高度差应为（295±5）mm。在空气弹簧充气之前，高度控制阀的调节杆长度调至 650 mm 左右（此长度不作检验依据）。用 900 kPa 压力空气给空气弹簧充气，调整高度控制阀的调节杆长度，使空气弹簧上支撑面与构架横梁堵板上的空气弹簧测量基准（样冲眼）的高度满足 $(330+t)_{-3}^{+6}$ mm（$t$ 为调整垫板厚度），同一转向架两侧之差不得大于 3 mm〔注意：高度控制阀调节杠杆有±（4.5～5.5 mm）的盲区位置，即调节杆上升或下降 4.5～5.5 mm 以后，空气弹簧才开始排气或充气。因此，当升高（或降低）空气弹簧至规定高度时，调节杆的长度回缩（增长）4.5～5.5 mm，以使调节更为准确）。经调整各空气弹簧满足上述规定要求后，测量车钩高度应满足 1 000 mm 的要求（该尺寸因装用不同的车钩而有所不同，根据整车的要求确定），并检查车体倾斜须合格。

上述项目完成后，进行空气弹簧及管路的泄漏试验。关闭空气弹簧进风管路的截断塞门，保压 10 min，上述高度差的变化不得大于 3 mm。各项要求合格后，在调节杆上部杆身处与标志杆上涂 3～5 mm 宽的白色油漆带。按美工技术条件中的车辆标记规定进行轴检标记。

车辆落成满足上述要求后，检查各轮轮重。轮重差超过要求的，可通过调整高度控制阀调整杆、轴箱弹簧垫或空气弹簧调整垫的厚度来满足要求。

# 3.2 构 架 组 成

铁道车辆转向架是一个在特定环境中运行的机械系统，它具有独特的工程分析方法。而转向架构架则是其中最能充分体现其专用特色的一个主要部分，是转向架的核心部件。构架作为转向架的骨架，直接承担车体载荷并传递至轮对，同时是转向架一系簧上功能部件的载体。车辆载荷传递路径、转向架功能部件布局及接口形式决定了构架的主体结构形式。作为铁道车辆结构件，其首先要满足强度要求，所以构架的载荷条件是其开展设计的重要且必要的因素。设计主要面对的是疲劳强度问题，整个构架的设计及质量控制以解决该问题为核心，包括材料选择、细部结构的形式、焊缝处理方法、焊接工序及热处理方式等，围绕构架的疲劳强度可靠性而形成构架设计体系。在构架设计过程中，推荐采用成熟结构，对于新结构，必须经过仿真分析及试验验证，必要时应通过线路试验测试进行评估。

## 3.2.1 材料选型

机车车辆构架一般为焊接结构，局部结构采用锻造或铸造件。其材料的选择主要从运用环境适应性、结构强度满足性、工艺性、经济性进行考虑，常用碳素钢、低合金钢板材。

**1. 运用环境适应性**

构架材料的选择首先应考虑车辆运用环境，包括温度适应性、耐腐蚀适应性等。

（1）温度适应性。

车辆运行过程中，转向架功能部件产生的温度不超过 120℃。对于金属材料，此温度区域内力学性能无变化，所以对于构架材料温度适应性主要考虑材料的低温环境。一般采用冲击韧性指标进行评估，主要目的在于避免材料在低温环境下发生脆性转变而断裂。冲击韧性指标的实际意义在于揭示材料的变脆倾向，用于反映金属材料对外来冲击负荷的抵抗能力，车辆设计中一般用冲击功（$A_k$）表示。

（2）耐腐蚀适应性。

构架作为外露部件，应考虑其长期服役过程中外部环境的腐蚀作用。除表面涂装外，从材料上也应予以考虑。一种是从材料厚度选择上，考虑腐蚀作用对壁厚的影响。另一种针对如沿海盐雾腐蚀条件恶劣地区，一般从材料特性上选择耐大气腐蚀的环境材料。通常选用的材料为耐候钢。耐候钢是通过在普通钢中添加一定量的合金元素制成的一种低合金钢，主要合金成分为 Cu、P、Cr、Ni 等元素。

**2. 结构强度满足性**

构架作为关键承载部件，其结构强度为主要考核指标。对结构强度的要求包括两个方面：一是在超常载荷条件下结构不能发生永久变形，二是在长期运营过程中不得出现疲劳破坏，即静强度和疲劳强度要求。这对应的材料机械性能为屈服强度和疲劳强度，可根据强度仿真分析选择构架各部件的材料。一般选用屈服强度 345 MPa 等级的钢材。

**3. 工艺性**

根据结构成型特点，考虑焊接工艺性、铸造稳定性、锻造稳定性等选择构架材料。在构架材料选择中首先关注焊接性能。

焊接性能包括两方面的内容：① 接合性能。金属材料在一定焊接工艺条件下，形成焊接缺陷的敏感性。决定接合性能的因素有工件材料的物理性能，如熔点、导热率和膨胀率，工件和焊接材料在焊接时的化学性能和冶金作用等。当某种材料在焊接过程中经历物理、化学和冶金作用而形成没有焊接缺陷的焊接接头时，这种材料就被认为具有良好的接合性能。② 使用性能。某金属材料在一定的焊接工艺条件下，其焊接接头对使用要求的适应性，也就是焊接接头承受载荷的能力，如承受静载荷、冲击载荷和疲劳载荷等，以及焊接接头的抗低温性能、抗高温性能和抗氧化、抗腐蚀性能等。钢材焊接性能的好坏主要取决于它的化学组成。而其中影响最大的是碳元素，也就是说金属含碳量的多少决定了它的可焊性。钢中的其他合金元素大部分也不利于焊接，但其影响程度一般都比碳小得多。钢中含碳量增加，淬硬倾向就增大，塑性则下降，容易产生焊接裂纹。通常，把金属材料在焊接时产生裂纹的敏感性及焊接接头区力学性能的变化作为评价材料可焊性的主要指标。含碳量越高，可焊性越差。所以，常把钢中含碳量的多少作为判别钢材焊接性的主要标志。含碳量小于 0.25% 的低碳钢和低合金钢，塑性和冲击韧性优良，焊后的焊接接头塑性和冲击韧性也很好。焊接时不需要预热和焊后热处理，焊接过程普通简便，因此具有良好的焊接性。随着含碳量增加，会大大增加焊接的裂纹倾向，所以，含碳量大于 0.25% 的钢材不应用于制造锅炉、压力容器的承压元件。

由于碳对焊接性能的影响最为明显，其他元素的影响可折合成碳的影响，称为碳当量，碳钢及低合金结构钢的碳当量经验公式为：

$$w=w(C)+(1/6)w(Mn)+(1/5)[w(Cr)+w(Mo)+w(V)]+(1/15)[w(Ni)+w(Cu)] \qquad (3-1)$$

根据经验：

当 $w<(0.4\%\sim0.6\%)$ 时，钢的焊接性良好，应考虑预热；

当 $w=(0.4\%\sim0.6\%)$ 时，焊接性相对较差；

当 $w>(0.4\%\sim0.6\%)$ 时，焊接性很不好，必须预热到较高温度。

**4. 常用材料**

构架主体结构材料应满足相关国际标准、国家标准、行业标准、产品设计图样的要求，目前国内动车组构架主体常用材料力学性能见表 3-1。

表 3-1　构架主体常用材料力学性能

| 材料 | 执行标准 | 屈服强度/MPa | | 抗拉强度/MPa | | 适用车型 |
|---|---|---|---|---|---|---|
| | | ≤16 mm | 16≤t≤40 | ≤16 mm | 16≤t≤40 | |
| S355J2W+N | EN 10025-5 | 355 | 345 | 470～630 | 470～630 | CRH380B、CRH380BL、CRH$_3$C、CRH380CL |
| S355J2+N | EN 10025-2 | 355 | 345 | 470～630 | 470～630 | CRH$_5$A |
| S355J2H | EN 10210-1 | 355 | 345 | 490～630 | 490～630 | CRH380B、CRH380BL、CRH$_3$C、CRH380CL、CRH$_5$A |
| SMA490BW | JIS G 3114 | 365 | 355 | 490～610 | 490～610 | CRH$_2$A、CRH$_2$B、CRH$_2$C（CRH$_2$C 一阶段、CRH$_2$C 二阶段）、CRH$_2$E、CRH380A、CRH380AL |
| P355NL1 | EN 10028 | 355 | 345 | 490～630 | 490～630 | CRH$_1$A/B/E/CRH380D |

注：t 为钢板厚度。

## 3.2.2　结构设计

### 1. 设计流程

在构架设计过程中，推荐采用成熟结构。对于新结构，必须经过仿真分析及试验验证，必要时应通过线路试验测试进行评估。对于新产品构架设计，可遵循如图 3-15 所示的流程。

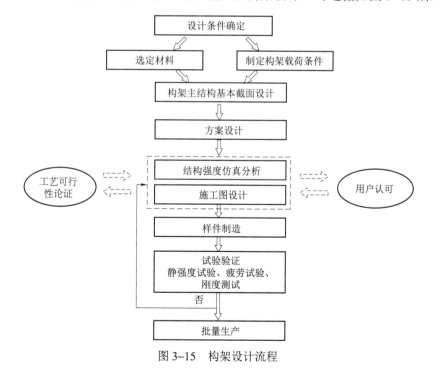

图 3-15　构架设计流程

### 2. 设计标准

一般情况下，用户将在技术条件中对构架所满足的技术规范提出要求，其内容要求是构架设计及性能所必须满足的。如强度设计标准要求按 UIC 615-4 执行，则构架载荷条件

及强度试验应按其规定的条件进行计算及试验。常用转向架构架设计相关标准规范如表 3–2
所示。

表 3–2　常用转向架构架设计相关标准规范

| 标准号 | 标准名称 | 替代信息 |
|---|---|---|
| ASTME 73：1983（2007） | 构架组件静态承载测试实施规范（英文） | |
| JIS E 4207：2004 | 铁路车辆—转向架—转向架构架设计通则（中文） | |
| prEN 13749：1999 | 铁路应用轮对和转向架规定转向架构架结构要求的方法（中文） | |
| TB/T 2368—2005 | 动力转向架构架强度试验方法 | 代替 TB/T 2368—1993 |
| TB/T 2637—2008 | 铁道客车转向架构架、摇枕及摇动台 | 代替 TB/T 2637—1995 |
| UIC 515–4:1993 | 客运车辆拖车转向架—走行机构转向架构架强度试验（中文） | |
| UIC 615–4:1994 | 动力车—转向架和走行装置—转向架构架的结构强度试验（英文） | |
| UIC 615–4:1994 | 动力车—转向架和走行装置—转向架构架的结构强度试验（中文） | |
| UIC 615–4:2003 | 动力车—转向架和走行装置—转向架构架的结构强度试验（英文） | |
| UIC 615–4:2003 | 动力车—转向架和走行装置—转向架构架的结构强度试验（中文） | |

### 3. 构架主要结构形式

（1）构架组成。

图 3–16 和图 3–17 所示分别为动车组构架和 SW160 客车转向架构架组成示意图。转向
架主体结构决定构架的结构，构架一般由侧梁、横梁组成，有时设置端梁，通过焊接组合成
H 形或"目"字形，构成构架主体结构。各功能部件安装结构以此作为基础，根据转向架总
体需要进行布置，根据功能需要安装的部件主要包括基础制动吊座、牵引座、电机吊座、齿
轮箱吊座、减振器安装座、抗侧滚扭杆座及各限位座等。对于以构架作为二系空气弹簧附加
气室的转向架，还应该包括一套气室连通结构。

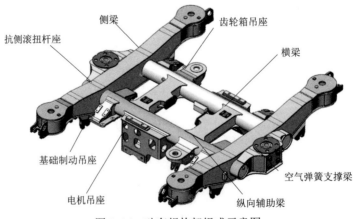

图 3–16　动车组构架组成示意图

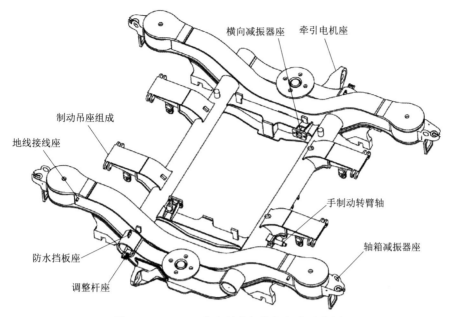

图 3-17　SW160 客车转向架构架组成示意图

（2）侧梁。

侧梁（见图 3-18）承担中部的二系弹簧载荷并均匀传递至两端的一系弹簧，可见其从力学模型上可简化为两端铰支梁，主体结构以承受弯矩为主。基于此，一般将其设计为薄壁箱型结构以实现轻量化设计。

侧梁结构尺寸在纵向上由转向架轴距决定，垂向上由一系弹簧上表面高度和二系弹簧下表面高度决定（下摇枕式转向架除外），截面尺寸则根据转向架载荷条件确定。除设置与悬挂装置的连接结构外，侧梁端部一般设置一系垂向减振器安装座，中部设置抗蛇行减振器安装座结构。

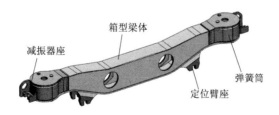

图 3-18　动车组构架侧梁示意图

（3）横梁。

横梁（见图 3-19）将两侧侧梁联系起来，在转向架中部承担牵引载荷（中央牵引式转向架）、制动装置等功能部件重量及载荷，并传递至侧梁。横梁在结构上主要有三种型式：双无缝钢管型、双箱型梁型、单箱型梁型，根据转向架总体结构需要可进行灵活布置。

（4）端梁。

端梁（见图 3-20）设置于构架端部，两端与侧梁连接。一般主要用于基础制动装置结构的安装，同时提高了构架的扭转刚度，可由薄壁箱型梁或钢管作为主结构。

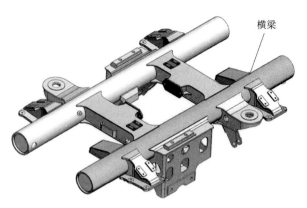

图 3-19　动车组构架横梁示意图

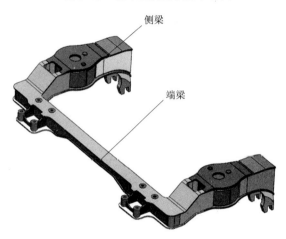

图 3-20　动车组构架端梁示意图

（5）悬吊结构。

悬吊结构为设置于横梁或端梁上的悬吊结构部件，以安装转向架上的功能部件，如电机、齿轮箱、制动夹钳等。这些结构一般附着在横梁或端梁等构架主体结构之上，保证载荷的合理传递。

**4. 设计载荷条件**

仿真分析是评估构架结构强度的首要手段，而载荷条件则是仿真分析及构架设计的基础。一般按设计标准、结合线路动载荷测试结果进行选取。

1）设计标准

构架强度设计可参照标准较多，常用标准如下。

① 《铁道车辆强度设计及试验鉴定规范》（TB/T 1335—1996）；

② 《动力转向架构架强度试验方法》（TB/T 2368—2005）；

③ 《铁路车辆—转向架—转向架构架设计通则》（JIS E 4207）；

④ 《动力车—转向架和走行装置—转向架构架的结构强度试验》（UIC 615-4）；

⑤ 《客运车辆拖车转向架—走行机构转向架构架强度试验》（UIC 515-4）；

⑥ 《铁路设施—转向架结构要求的规定方法》（BS EN 13749）。

其中 JIS E 4207 与 BS EN 13749 规范中的内容是两种不同的疲劳强度设计方法，具有一定的典型性和代表性，而其他标准与之相近。两种疲劳强度设计方法在某些方面都有着各自的优点及局限性。在构架载荷设计中，根据车辆运营特点、焊接工艺性及用户要求进行标准选择。

2）载荷传递关系

构架作为转向架主要承载部件，其重要载荷为垂向力、横向力、纵向力及由功能部件引起的局部载荷。分析转向架载荷传递路径有利于理解构架各载荷条件设定基础。作用于转向架三个方向主要载荷的传递过程分别为：

垂向力（即重力）：

车体→空气弹簧→构架→轴箱弹簧→轴箱→车轴→车轮→钢轨。

横向力（离心力等）：

```
         ┌─ 中心牵引销（力较大时）──→ 横向缓冲挡 ──→ 构架纵向连接梁 ──→ 构架横梁 ─┐
车体 ──→ ┤                                                                        ├─→ 构架
         └─ 空气弹簧（力小时）────→ 构架侧梁                                       ┘
┌────────────────────────────────────────────────────────────────────────────────┘
└─→ 轴箱弹簧及轴箱定位节点 ─→ 车轴 ── 车轮 ── 钢轨
```

纵向力（牵引力或制动力）：

（轮轨间黏着）车轮→车轴→轴箱→轴箱转臂定位（座）→构架→牵引拉杆座→中央牵引拉杆→中心牵引座→车体→车钩。

3）载荷计算

以 BS EN 13749 标准在动车组转向架上应用为例说明构架载荷条件的计算。

（1）超常载荷。

考虑构架服役周期内可能出现的最大载荷作为超常载荷，要求构架在此条件下不应出现永久变形。具体到仿真分析过程即为构架各点计算应力不超过材料屈服强度。

① 垂向载荷。

作用在构架每侧二系悬挂位置的垂向最大载荷，推荐使用式（3–2）计算：

$$F_{z\max} = \frac{1.4g}{2n_b}(m_v + c_1 - n_b m^+) \tag{3–2}$$

在运营条件特别恶劣的情况下，公式中的因数 1.4 可以增加到 2。

式中：$F_{z\max}$ ——转向架两侧的垂向试验载荷，N；

　　　　$g$——重力加速度，取 9.81，m/s$^2$；

　　　　$n_b$ ——每车转向架数量；

　　　　$m_v$ ——整备状态下的空车重量，kg；

　　　　$m^+$ ——每个转向架质量（包括摇枕质量），kg；

　　　　$c_1$ ——超常运营载荷，包括：

（a）每个座位（或铺位）1 名乘客；

（b）站立区每平方米按 4 人计算，乘客质量为 80 kg/人；

（c）每平方米大件行李间按 300 kg 计算。

② 横向载荷。

每个转向架上受到的横向最大载荷，推荐使用式（3–3）计算：

$$F_{y\max} = 2 \times \left[ 10^4 + \frac{(m_v + c_1)g}{3n_e n_b} \right] \tag{3-3}$$

式中：$n_e$——每台转向架轮对数量。

作用在左右二系悬挂位置的横向载荷总值为：

$$F_{y\max s} = 2 \times K_y \times D_b \tag{3-4}$$

式中：$K_y$——空气弹簧横向刚度；

$D_b$——横向止挡自由间隙与弹性间隙之和。

横向止挡上的载荷为：

$$F_{y\max b} = F_{y\max} - F_{y\max s} \tag{3-5}$$

③ 扭曲载荷。

在弹性支承下，通过10‰扭曲线路时构架的斜对称变形，使一个模拟车轮产生垂向的位移量来实现，推荐使用式（3-6）计算位移量：

$$\delta_{\max} = 0.01 \times L_e \tag{3-6}$$

式中：$L_e$——转向架轴距。

④ 空车脱轨时的构架载荷。

对应于转向架一个车轮100%减载时的构架扭曲载荷，以模拟空车脱轨时的情况。

⑤ 纵向冲击载荷。

此载荷均匀地施加到前后两个车轴上，推荐使用式（3-7）计算：

$$F_{x\max} = m_b \times 5g \tag{3-7}$$

式中：$m_b$——转向架二系簧下质量，kg。

⑥ 齿轮箱吊座载荷。

电机短路扭矩引起的齿轮箱吊座上的载荷。

⑦ 制动吊座紧急制动载荷。

制动吊座上施加紧急制动引起载荷的1.3倍。

⑧ 电机吊座载荷。

电机吊座载荷应考虑电机短路扭矩和电机振动引起的最大载荷。

⑨ 抗侧滚扭杆座载荷。

考虑车体最大扭转角产生的抗侧滚扭杆座载荷。

⑩ 减振器座载荷。

根据图样要求来确定，如果无特殊规定，通常考虑载荷不小于设计卸荷力的1.5倍。

（2）模拟运营载荷。

① 垂向载荷。

构架每侧二系悬挂位置的垂向载荷，推荐使用式（3-8）计算：

$$F_z = \frac{g}{2n_b}(m_v + 1.2c_2 - n_b m^+) \tag{3-8}$$

式中：$c_2$——模拟运营载荷，包括：

（a）每个座位（或铺位）1名乘客；

（b）站立区每平方米按 2 人计算，乘客质量为 80 kg/人；

（c）每平方米行李间按 300 kg 计算。

② 横向载荷。

曲线及缓和曲线运行时每个转向架上受到的横向载荷，推荐使用式（3–9）计算：

$$F_y = 0.5 \times (F_z + 0.5m^+g) \qquad (3-9)$$

其中作用在左右二系悬挂位置的横向载荷总值为：

$$F_{ys} = 2 \times K_y \times D_b \qquad (3-10)$$

横向止挡上的载荷为：

$$F_{yb} = F_y - F_{ys} \qquad (3-11)$$

③ 扭曲载荷。

通过 5‰扭曲线路时构架的斜对称变形，通过使一个模拟车轮产生垂向的位移量来实现，推荐使用式（3–12）计算位移量：

$$\delta = 0.005 \times L_e \qquad (3-12)$$

④ 纵向载荷。

由列车牵引和制动引起的载荷的 1.1 倍，均匀地施加到前后两个车轴上。

⑤ 齿轮箱吊座载荷。

电机最大牵引扭矩引起的齿轮箱吊座载荷的 1.1 倍。

⑥ 制动载荷。

常用制动引起的制动吊座载荷的 1.1 倍。

⑦ 电机吊座载荷。

电机吊座载荷应考虑正常运营时电机的最大扭矩和电机振动引起的最大载荷。

⑧ 抗侧滚扭杆座载荷。

考虑正常运行中最大扭转角产生的抗侧滚扭杆座载荷。

⑨ 减振器座载荷。

减振器座受到的载荷取其设计卸荷力的 1.5 倍。

采用 JIS E 4207 标准计算动载荷条件相对简单实用，由于线路条件、速度条件和动载荷发生频率的差异，故对动载荷，标准中仅给出了载荷范围。动载荷为静载荷与动载系数乘积，以及根据安装部件的功能特性所决定的载荷，其大小通常如表 3–3 所示。

表 3–3　构架设计相关标准规范

| 分类 | 起　　因 | | 动载荷 | 备注（例） |
|---|---|---|---|---|
| 垂向 | 由静载荷垂直振动产生的载荷 | | $(0.2 \sim 0.5) \times W$ | |
| | 由安装部件的振动引起的载荷 | 侧梁上 | $(1 \sim 2) \times L_P$ | 制动部件 |
| | | 横梁上 | $(3 \sim 10) \times L_P$ | 牵引电机、驱动装置 |
| | | 端梁上 | $(5 \sim 10) \times L_P$ | 制动部件、排障器 |
| | 由驱动力引起的载荷 | | $(0.2 \sim 0.4) \times L_a$ | |
| | 由制动引起的载荷 | | $P \times f$ | |

续表

| 分类 | 起　　因 | 动载荷 | 备注（例） |
|------|---------|--------|-----------|
| 垂向 | 由垂向减振器引起的载荷 | 决定于减振器特性 | |
| | 由抗侧滚装置引起的载荷 | 决定于抗侧滚装置特性 | 抗侧滚装置 |
| 横向 | 由横向振动和离心力引起的载荷 | （0.2～0.4）×W | |
| | 由安装零部件的振动引起的载荷 | （2～4）×$L_P$ | 牵引电机、制动件 |
| | 由横向减振器引起的载荷 | 决定于减振器特性 | 横向减振器 |
| 纵向 | 由纵向振动和牵引力引起的载荷 | （0.2～0.4）×W | |
| | 由安装零部件的振动引起的载荷 | （1～3）×$L_P$ | 牵引电机、制动装置 |
| | 由制动引起的载荷 | P | |
| 扭转 | 由外轨超高等引起的载荷 | 按转向架对角车轮位置变位 10～15 mm 时的静载荷计算 | |

注：W 为构架上的静载荷；$L_P$ 为安装的零部件的自重；$L_a$ 为轴重；P 为闸片压力；f 为闸片与制动盘间（或闸瓦与踏面）的摩擦系数。

另外，根据实际适用的动载系数的大小，以及部件的功能特性所决定的载荷大小，须要考虑线路条件，以及车辆的实际振动和预测振动的大小，并根据交接当事人之间的协议解决。

### 3.2.3　有限元模型

通过 FEA 进行转向架构架的强度分析时，所使用的单元类型、单元大小、载荷条件、约束条件，不依赖有限元分析程序及转向架构架的材料及结构。

**1. 有限元网格划分**

构架的有限元模型以 2D 壳单元为基础，一部分采用 3D 实体单元；薄壁结构采用 2D 壳单元，各种安装座采用 3D 实体单元。有限元模型主要采用 2D 壳单元，一方面减少了单元数，缩短了计算时间，节约计算成本；另一方面，用 2D 壳单元来模拟薄壁结构，结果更加接近实际情况。当应力梯度较大时采用 8 节点单元，梯度不大时可采用 4 节点单元。

同时，对于焊接焊缝处的应力，单元的划分与评估方法相关。如采用热点应力法进行评估，一般遵循以下原则：

① 对于板或管子垂直相交曲线的单元尺寸，应当保证从该单元中心到焊趾的距离 a 小于 0.4T（板厚）（见图 3-21）。例如，钢管厚度 T 为 13 mm，立板厚度 t 为 10 mm，焊角为 8 mm，单元的大小为（8+0.4×13）×2=18.4 mm。

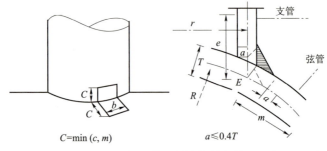

图 3-21　用于板和管子结构的最大单元尺寸

② 有限元模型应能反映应力沿焊趾的变化,对管接头来说,单元尺寸 $b$ 应当小于 1/24 相交线的长度。

③ 单元的最大尺寸和最小尺寸的比值应当不大于 3。

④ 单元尺寸的转化应当是逐渐的。

对于明显存在应力集中的部位,应根据实际情况建立局部结构更细致的模型进行仿真分析。成熟构架仿真模型的建立是基于大量台架试验数据修正的结果。

**2. 约束条件**

仿真模型的约束条件应能正确模拟转向架实际工作条件,必要时可对不同的载荷条件建立相应的约束条件,以准确地模拟构架在计算载荷作用下的应力分布规律。构架模型建立有正确刚度值的一系悬挂装置弹簧模型和车轴模型,各向约束边界条件施加于构架的一系弹性悬挂系统定位区域,且各向约束均为弹性约束,避免因施加约束引起的局部应力集中,影响构架的应力分布规律。

## 3.2.4 强度评估

构架仿真分析的最终目的是进行结构强度评估。包括两个方面,一是静强度评估,二是疲劳强度评估。

静强度评估,提取各超常载荷工况条件下等效应力,与材料许用屈服强度进行比较,要求不能超过屈服强度。

疲劳强度评估方法较多,均以 Goodman 准则为基础,各标准的修正及表现形式不同。常用疲劳强度评估曲线如图 3-22 所示。

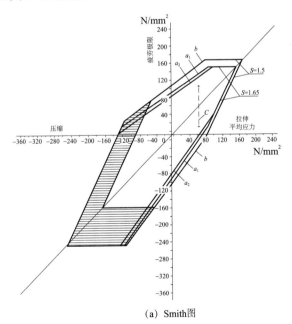

(a) Smith图

图 3-22 常用疲劳强度评估曲线

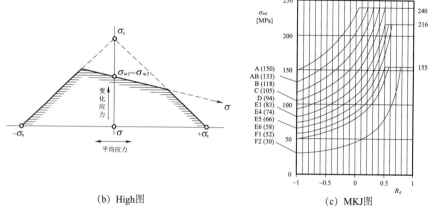

(b) High图        (c) MKJ图

图 3-22　常用疲劳强度评估曲线（续）

　　所用疲劳极限或疲劳曲线应根据接头形式及焊接工艺选择。但相同的是，对于仿真结果的处理，均须计算各正常运行载荷下的最大应力和最小应力，并计算平均应力（或应力比）和应力幅值。将相应数值带入疲劳极限图中，不应超过相应曲线限值。

## 3.2.5　制造工艺

### 1. 材料准备

　　构架材料准备包括钢板切割下料，以及铸造、锻造件准备等，是保证后续工艺的重要程序。钢板下料切割面的表面粗糙度及棱边状态应满足图样要求。

　　对于铸造类产品，则至少应满足图样及下述要求：

① 铸件的非加工面上的浇、冒口须要打磨平整，应与铸件本体圆滑过渡。

② 铸件热处理方式按相应标准执行。热处理前铸件应进行清理，铸件内腔不得留有成块的造型材料或被造型材料堵塞。

③ 铸件热处理后须进行打砂处理，清除表面粘砂、氧化皮。

④ 铸件应根据图样的要求进行探伤，并给出探伤报告。

⑤ 应有可追溯性标记。

　　对于锻造类产品，则至少应满足图样及下述要求：

① 供应商应向用户提供原材料检验合格证书。

② 锻造后正火处理，去氧化皮。任何类别的锻件都不允许过热或过烧。

③ 表面不得有裂纹、折叠、重皮、夹杂物等缺陷。

④ 去除毛刺并打砂处理。

⑤ 应有可追溯性标记。

　　在满足焊接质量要求的前提下，可将焊接用引弧板、收弧板改为工艺引弧板、收弧板结构。构架料件上的孔宜采用加工方式，如采用其他下料方式应保证孔边缘无切割缺陷。钢板边缘应去除棱角锐边。

### 2. 焊接过程

　　对于焊接构架，其每一条焊缝的焊接都应有对应的焊接工艺规程，焊接过程严格按照相应位置的焊接工艺规程执行，包括去除焊接用引弧板和收弧板的方式等均须给予说明，并且一般对焊接前零件的处理及焊接方式做出附件要求。

① 施焊部位及两侧 20 mm 范围内的表面应无潮湿和污物，例如污垢、锈、氧化皮、焊渣、油污及油漆等。

② 当工件温度低于 5℃时，焊前应进行预热处理，如存在此种情况，应编制焊前预热处理工艺文件。

③ 焊接场地在焊接时应防止不利天气及环境影响（如风、雨、雪及车间内气流）。

④ 对接和要求焊透的 T 形接头均不应采用向下焊接的方式。

⑤ 对于个别须要在构架机加工完成后进行的焊接，在制定有关工艺文件时，应考虑后续的焊接对机加工尺寸的影响，以及应采取的相关措施。

⑥ 不应采用吹风、周边淋水等方法使焊缝急冷，如无特殊说明均要求在室温情况下自然降温。

**3. 焊接调修**

焊接或热处理后，若尺寸超过规定范围，一般可进行调修处理，调修应在构架机加工前进行。方法上分为热调和冷调，前者在调修前对构架局部进行加热，后者则直接采用机械调修。在构架制造中，为避免局部出现过变形或拉裂，一般不采用热调方式。如果采用热调方式，应对温度进行监控，任何时候均不应造成母材过烧、熔化等情况。无论采用热调还是冷调，均应编制调修工艺文件。同一位置的热调次数不宜超过 3 次。

如在焊接过程中存在焊接缺陷修复，应有焊接缺陷修复工艺文件。对于重大返修应出具详细返修方案。同一处重复出现焊接缺陷时，应对焊接缺陷修复工艺方案进行评价或调整。同一处焊修次数不宜超过 3 次。

**4. 焊接残余应力处理**

焊接残余应力应尽量减少，其去除方法包括退火、机械振动等方式。构架焊后如须要采用退火方法进行降低焊缝残余应力处理，则应制定退火工艺文件，并在构架焊接后、机加工前进行退火。退火工艺文件一般至少应包括以下内容：

① 工件进炉的最高温度及升温速率。

② 退火温度及保温时间。

③ 降温速率及最高的出炉温度。

④ 明确构架支承位置。

构架出炉后，应在干燥、静止的空气中继续冷却，不应采取强迫冷却的措施。

**5. 机械加工**

当前大部分构架最终接口结构采用整体加工方式完成。每个零部件加工前应制定相应的加工工艺文件。明显的接刀痕迹应进行处理，以防止出现应力集中。加工件的表面粗糙度应满足图样要求。加工用冷却液不得对构架母材造成污染、腐蚀。构架内腔残留冷却液和加工铁屑应予以清除。

**6. 喷丸、涂装防腐**

应对构架进行喷丸处理，可起到两个方面的作用，一方面清洁表面，另一方面可起到强化表面、去除残余拉应力的作用。

最后对构架进行防腐涂装处理。涂装前，可按 GB/T 8923.1—2011 标准对构架表面进行

处理，表面等级不低于 Sa2（1/2）（局部允许到 Sa2 级，手工除锈时允许到 St2 级）。表面清理时，应注意对有配合要求（包括有特定表面粗糙度要求）的机加工面进行防护。涂装后，应对涂层进行检测。涂层附着力可按照 GB/T 9286—1998 标准采用划格法，或按照 EN 24624 标准采用拉开法检测。

# 3.3 轮对轴箱装置

轮对轴箱装置主要由轮对组成（包括车轴、车轮、齿轮箱组成、制动盘等）、轴箱轴承、轴箱体、轴箱前盖、后盖和定位节点等组成。轮对组成作为车辆与线路的系统界面，直接向钢轨传递重力，通过轮轨间的黏着产生牵引力或制动力，并通过车轮的回转实现车辆在钢轨上的运行（平移）；轴箱体是连接构架与轮对的活动关节，它除了保证轮对进行回转运动外，还能使轮对适应线路不平顺等条件，相对于构架做垂向、横向和纵向运动。

## 3.3.1 车轴

**1. 材料选型**

目前动车组用车轴的材质主要有 EA4T、30NiCrMoV12 和 S38C，其性能参数对比如下。

1）化学成分

表 3–4 给出了各种车轴材质化学成分的百分比含量值。

表 3–4 车轴材质化学成分　　单位：%

| 材质 \ 元素 | C | Si | Mn | P | S | Cr | Cu | Mo | Ni | V | Al | Cr+Ni |
|---|---|---|---|---|---|---|---|---|---|---|---|---|
| EA4T | 0.22~0.29 | 0.15~0.40 | 0.50~0.80 | 0.02 | 0.015 | 0.90~1.20 | 0.3 | 0.15~0.3 | 0.3 | 0.06 | — | — |
| 30NiCrMoV12 | 0.26~0.31 | 0.40 | 0.50~0.70 | 0.015 | 0.008 | 0.70~0.90 | 0.20 | 0.45~0.55 | 2.9~3.3 | 0.08~0.13 | 0.045 | — |
| S38C | 0.35~0.42 | 0.15~0.35 | 0.60~0.90 | 0.02 | 0.015 | 0.15 | 0.15 | 0.15 | 0.15 | 0.05 | — | — |

2）机械性能

（1）拉伸试验。

不同材质的车轴，其拉伸性能应满足表 3–5 的要求。

表 3–5 车轴材质拉伸性能

| 材质 | 屈服强度/MPa | 抗拉极限/MPa | 伸长率 $A_5$/% |
|---|---|---|---|
| EA4T | ≥420 | 650~800 | ≥18 |
| 30NiCrMoV12 | ≥850 | 950~1 079 | ≥15 |
| S38C | ≥294 | ≥539 | ≥25 |

（2）冲击试验。

不同材质的车轴，其冲击性能应满足表3-6的要求。

表3-6　车轴材质的冲击性能

| 材　质 | 20℃时的纵向 KU/J | 20℃时的横向 KU/J |
|---|---|---|
| EA4T | ≥40 | ≥25 |
| 30NiCrMoV12 | ≥50 | ≥30 |
| S38C | 68.6 J/cm² 以上 | |

（3）疲劳特性。

EA4T 及 S38C 材质的车轴，疲劳性能要求见表3-7。

表3-7　疲劳性能

| 材　质 | $F_1$/MPa | $F_2$/MPa | $F_3$/MPa | $F_4$/MPa |
|---|---|---|---|---|
| EA4T | ≥240 | ≥96 | ≥145 | ≥132 |
| 30NiCrMoV12 | ≥300 | ≥120 | — | ≥175 |
| S38C | ≥181.4 | — | ≥147.1 | ≥147.1 |

轴颈直径与轴孔直径比值大于3或轮座直径与轴孔直径比值大于4时，可按照实心车轴评估疲劳特性。S38C 材质用 M 车轴进行试验。

车轴相应部位应在 $F_1$、$F_2$、$F_3$、$F_4$ 作用下完成 $10^7$ 次应力循环后，用磁粉或超声波探伤方法对车轴进行检测，以检测疲劳试验过程中是否出现裂纹。

3）材料的清洁度检测

EA4T 及 30NiCrMoV12 材质的车轴材料清洁度要求见表3-8。

表3-8　EA4T 及 30NiCrMoV12 材质车轴材料清洁度要求

| 包含物类型 | 类别 1 | | 类别 2 | |
|---|---|---|---|---|
| | 粗系 | 细系 | 粗系 | 细系 |
| | （最大） | （最大） | （最大） | （最大） |
| A（硫化物） | 1.5 | 1.5 | 1.5 | 2 |
| B（氧化铝） | 1 | 1.5 | 1.5 | 2 |
| C（硅酸盐） | 1 | 1.5 | 1.5 | 2 |
| D（球状氧化物） | 1 | 1.5 | 1.5 | 2 |
| B+C+D | 2 | 3 | 3 | 4 |

类别 1　适用于速度大于 200 km/h 的动车组。

类别 2　适用于速度小于或等于 200 km/h 的动车组。

S38C 材质的车轴材料的清洁度要求参照表3-9。

表 3–9　S38C 材质车轴材料清洁度要求

| 包含物类型 | S38C | |
|---|---|---|
| | 粗系 | 细系 |
| | （最大） | （最大） |
| A（硫化物） | 1.5 | 1.5 |
| B（氧化铝） | 1 | 1.5 |
| C（硅酸盐） | 0.5 | 1.0 |
| D（球状氧化物） | 0.5 | 1.0 |
| B+C+D | 2 | 3 |

4）微观结构特性

EA4T、30NiCrMoV12 材质的车轴微观结构特性要求见表 3–10。S38C 材质的车轴微观结构特性，要求在感应淬火后表面为马氏体组织。

表 3–10　两种车轴材质的微观结构特性要求

| 材　　质 | 微观结构特性 | 晶粒度 |
|---|---|---|
| EA4T | 贝氏体 / 回火马氏体 | 5 级以上 |
| 30NiCrMoV12 | 贝氏体 / 回火马氏体 | 5 级以上 |

**2. 结构设计**

车轴的工作条件是零部件中最恶劣的之一。车轴在承担机车车辆重量的情况下，还要承受来自车辆重量产生的动载荷，以及由于轨道接缝产生的轮轨间持续不断的冲击载荷。

1）车轴的基本概念

车轴分为动力车轴和非动力车轴。动力车轴的主要结构包括轴颈、防尘座、轮座、制动盘安装座及齿轮箱安装座。非动力车轴的主要结构包括轴颈、防尘座、轮座和制动盘安装座。

空心车轴：中心设有通孔结构的车轴。

轮座：车轴上与车轮配合的部位。

轴颈：安装轴承，承担车辆重量，传递静、动载荷的部位。

防尘座：车轴上与防尘挡圈配合的部位。

齿轮箱安装座：动力车轴上与齿轮箱内大齿轮、轴承、密封圈零部件配合的部位。

制动盘安装座：车轴上与制动盘配合的部位。

轴身：轮座、制动盘安装座、齿轮箱安装座之间不安装其他零部件的部位。

2）现有动车组车轴参数

（1）CRH₁ 型动车组车轴。

CRH₁–250 型动车组车轴材质为 EN 13261 规定的 EA4T 合金钢。动车、拖车车轴的结构分别如图 3–23 和图 3–24 所示。结构设计按照 EN 13103 及 EN 13104 的规定执行，相关型式试验按照 EN 13261 规定执行。轴颈中心距为 2 070 mm，轴颈直径为 130 mm。采用空心车轴，车轴中心孔为 $\phi$ 30 mm。每个动车车轴设有一个齿轮箱安装座，每个拖车车轴设有三个制动盘安装座。

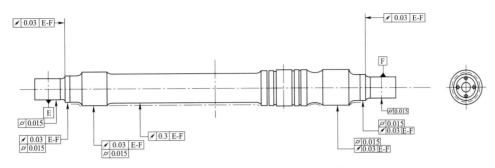

图 3-23　CRH$_1$-250 型动车组动车车轴

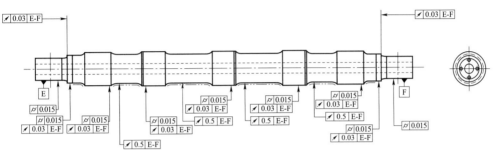

图 3-24　CRH$_1$-250 型动车组拖车车轴

CRH380D 型动车组车轴材质为 EN 13261 规定的 EA4T 合金钢。动车、拖车车轴的结构如图 3-25 和图 3-26 所示。结构设计按照 EN 13103 及 EN 13104 的规定执行，相关型式试验按照 EN 13261 的规定执行。轴颈中心距为 2 020 mm，轴颈直径为 130 mm，采用空心车轴，车轴中心孔为 $\phi$ 30 mm。每个动车车轴设有一个齿轮箱安装座，每个拖车车轴设有三个制动盘安装座。

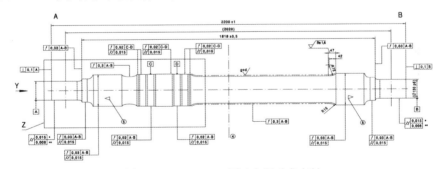

图 3-25　CRH380D 型动车组动车车轴

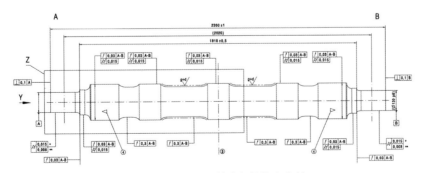

图 3-26　CRH380D 型动车组拖车车轴

动车组转向架系统实践教程

（2）CRH$_2$ 型动车组车轴。

CRH$_2$ 型动车组车轴材质为碳素钢 S38C，按照 JIS 4501/4502 进行设计和生产。动力、非动力车轴的结构分别如图 3-27 和图 3-28 所示。车轴尺寸见表 3-11。采用空心车轴，车轴中心孔为 $\phi$60 mm。每个动力车轴设有一个齿轮箱安装座，每个非动力车轴设有两个制动盘安装座。

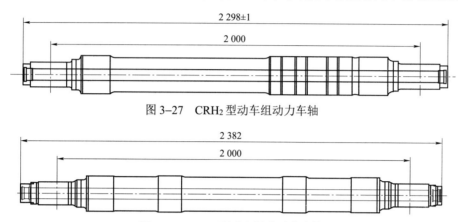

图 3-27　CRH$_2$ 型动车组动力车轴

图 3-28　CRH$_2$ 型动车组非动力车轴

**表 3-11　CRH$_2$ 型动车组车轴尺寸**　　　　　　单位：mm

| 序号 | 名称 | 动车 | 拖车 |
|---|---|---|---|
| 1 | 车轴总长 | 2 298 | 2 382 |
| 2 | 轴径直径 | 130 | |
| 3 | 轴径中心距 | 2 000 | |
| 4 | 轴身直径 | 182 | 192 |

CRH380A 型动车组车轴材质为 EA4T 合金钢，结构设计按照 EN 13103 及 EN 13104 的规定执行，相关型式试验按照 EN 13261 的规定执行。动力、非动力车轴的结构如图 3-29 和图 3-30 所示。车轴尺寸见表 3-12。采用空心车轴，车轴中心孔为 $\phi$60 mm。每个动力车轴设有一个齿轮箱安装座，每个非动力车轴设有两个制动盘安装座。

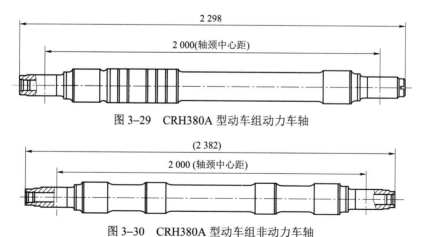

图 3-29　CRH380A 型动车组动力车轴

图 3-30　CRH380A 型动车组非动力车轴

表 3-12　CRH380A 型动车组车轴尺寸

单位：mm

| 序号 | 名称 | 动车 | 拖车 |
|---|---|---|---|
| 1 | 车轴总长 | 2 298 | 2 382 |
| 2 | 轴径直径 | 130 | |
| 3 | 轴径中心距 | 2 000 | |
| 4 | 轴身直径 | 170 | 170 |

（3）CRH$_3$ 型动车组车轴。

CRH$_3$ 型动车组包括如下车型：CRH3C、CRH380B 高寒动车组、CRH380BL 及 CRH380CL。动力、非动力车轴的结构如图 3-31 和图 3-32 所示。

车轴材质为 EN 13261 规定的 EA4T 合金钢。结构设计按照 EN 13103 及 EN 13104 的规定执行，相关型式试验按照 EN 13261 的规定执行。轴颈中心距为 2 000 mm，轴颈直径为 130 mm，采用空心车轴，车轴中心孔为 $\phi$30 mm。每个动力车轴设有一个齿轮箱安装座，每个非动力车轴设有三个制动盘安装座。

图 3-31　CRH$_3$ 型动车组动力车轴

图 3-32　CRH$_3$ 型动车组非动力车轴

（4）CRH$_5$A 型动车组车轴。

车轴分为动力车轴和非动力车轴。车轴为空心轴，中空直径为 65 mm，材质为 30NiCrMoV12 钢，依据 UNI 6787-71 标准加工制造。外形结构如图 3-33 和图 3-34 所示。车轮和制动盘安装座的直径和公差见表 3-13。

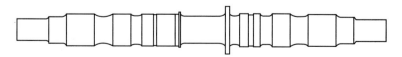

图 3-33　CRH$_5$ 型动车组动力车轴

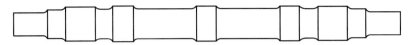

图 3–34　CRH₅型动车组非动力车轴

表 3–13　车轮和制动盘安装座直径和公差

| 安装方法 | 直径/mm | 公差/mm | |
|---|---|---|---|
| | | 最小 | 最大 |
| 车轮 | 192 | +0.240 | +0.265 |
| 侧制动盘 | 194 | +0.254 | +0.285 |
| 中心制动盘 | 196 | +0.254 | +0.285 |

　　动车转向架上装有一根动力车轴和一根非动力车轴，拖车转向架上两根均为非动力车轴。在动车转向架上，非动力车轴装在转向架的外端，动力车轴装在转向架的内端，接受悬在车体上的电机通过万向轴传来的动力。

**3. 仿真分析**

　　在转向架轮对组成部件设计过程中，车轴的结构安全性是第一位的。作为承载旋转部件，其损伤形式主要是疲劳破坏。疲劳破坏主要有两种形式，一是光轴表面的疲劳断裂，如卸荷槽、轴身、轴肩过渡部位；二是压装部位的磨蚀疲劳破坏，如轮座内侧边缘、齿轮座边缘。而后者是困扰车轴设计者的主要问题。针对压装部位的磨蚀疲劳问题，从局部结构设计、材料、热处理工艺等方面，国内外专家做了大量工作，并形成了两套不同的设计理念，即欧洲标准和日本标准。本节主要依据欧洲标准对车轴强度计算方法及结构设计方法做了介绍，编制程序以实现快速计算，并对日本标准的车轴计算方法做了论述。

　　车轴的仿真分析过程如下。

　　1）载荷确定

　　传统及标准的车轴计算依据材料力学，将轮对简化为如图 3–35 所示的钢架，计算车轴各截面的弯矩及扭矩，并将车轴作为简支梁结构求算其表面应力。

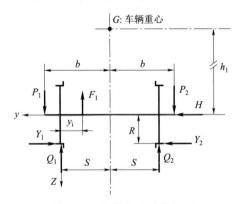

图 3–35　车轴载荷计算模型

　　（1）载荷条件。

　　直接作用在车轴上的载荷主要有两部分，一部分由其承担的相关部件重量及振动引起，另一部分为齿轮箱、制动装置作用的功能载荷。

（2）相关质量引起的载荷。

影响车轴强度的主要成分是车轴以上作用在轴颈上的车辆自重及振动产生的载荷。虽然标准中都有描述该部分质量 $m_1$ 的算法，但在设计过程中更常用的是由最大轴重 $m$ 减去轮对组成质量 $m_2$ 所得。其中 $m_2$ 包括车轮、车轴及制动盘、驱动齿轮等直接与车轴相连部件的质量。

在所有标准中，对于该质量引起的载荷均由三部分构成：静态自重载荷、车辆垂向振动载荷、车辆横向振动载荷。对于静态自重载荷是毋庸置疑的。垂向及横向动载荷一般以动载系数乘以静载形式表达，而动载系数的取值与车辆结构形式、是否为导向轴、线路条件、运营速度有关，在欧洲与日本标准中有着不同的规定。以 EN 13104 中的垂向载荷及横向载荷公式进行分析：

$$P_1 = (0.625 + 0.087\,5h_1 / b)m_1g \tag{3-13}$$

$$P_2 = (0.625 - 0.087\,5h_1 / b)m_1g \tag{3-14}$$

$$Y_1 = 0.35m_1g \tag{3-15}$$

$$Y_2 = 0.175m_1g \tag{3-16}$$

可见其垂向动载系数为（0.625−0.5）×2=0.25，车辆横向动载系数为 0.087 5×2=0.175。横向动载荷在轮轨上的平衡考虑了左右轮对均有导向力，两侧轮轨横向力 1:2 分配，而得到增载侧 0.35、减载侧 0.175 的动载系数。表 3-14 中列出基于欧洲标准的车轴动载系数。

表 3-14　基于欧洲标准的车轴动载系数

| 标准 | 分类 | 增、减载侧垂向载荷 P | 增载侧轮轨横向力 $Y_1$ | 减载侧轮轨横向力 $Y_2$ | 垂向动载系数 | 车辆横向动载系数 | 增载侧轮轨横向动载系数 |
|---|---|---|---|---|---|---|---|
| EN 13104 | 准轨动力轴 | $(0.625 \pm 0.087\,5h_1 / b)m_1g$ | $0.35m_1g$ | $0.175m_1g$ | 0.25 | 0.175 | 0.35 |
| EN 13103 | 准轨导向非动力轴 | $(0.625 \pm 0.087\,5h_1 / b)m_1g$ | $0.35m_1g$ | $0.175m_1g$ | 0.25 | 0.175 | 0.35 |
| | 准轨非导向非动力轴 | $(0.625 \pm 0.075h_1 / b)m_1g$ | $0.30m_1g$ | $0.15m_1g$ | 0.25 | 0.15 | 0.3 |
| UIC 515-3 | 准轨或宽轨导向轴 | $(0.625 \pm 0.087\,5h_1 / b)m_1g$ | $0.35m_1g$ | $0.175m_1g$ | 0.25 | 0.175 | 0.35 |
| | 准轨或宽轨非导向轴 | $(0.625 \pm 0.075h_1 / b)m_1g$ | $0.30m_1g$ | $0.15m_1g$ | 0.25 | 0.15 | 0.3 |
| | 窄轨或米轨导向轴 | $(0.65 \pm 0.114h_1 / b)m_1g$ | $0.40m_1g$ | $0.175m_1g$ | 0.30 | 0.228 | 0.4 |
| | 窄轨或米轨非导向轴 | $(0.65 \pm 0.097\,5h_1 / b)m_1g$ | $0.35m_1g$ | $0.15m_1g$ | 0.30 | 0.195 | 0.35 |

在日本标准 JIS E 4501 中对车轴动载系数的规定与轨距、轴位无关，而是与车辆设计运营速度及轨道条件有关，见表 3-15。垂向及横向载荷可表达如下：

$$P_1 = [0.5 + a_V / 2 \pm a_L h_1 / (2b)]m_1g \tag{3-17}$$

$$Y_1 = a_L m_1 g \qquad (3-18)$$

不考虑减载侧轮轨横向力。

注：在 JIS E 4501 中的重心高度 $h$ 指的是整车重心，不同于欧标中的 $m_1$ 重心。以下讨论忽略该差别。

表 3–15　基于日本标准的车轴动载系数

| 标准 | 分　类 | | 速度级别 $V/$ (km/h) | 垂向动载系数 | 横向动载系数 |
| --- | --- | --- | --- | --- | --- |
| | 轨道系统 | 级别 | | | |
| JIS E 4501 | 系统 1 | SA | 200～350 | 0.002 7$V$ | 0.030+0.000 60$V$ |
| | | A | 150～280 | 0.002 7$V$ | 0.030+0.000 85$V$ |
| | 系统 2 | A | 60～160 | 0.002 7$V$ | 0.030+0.001 2$V$ |
| | | | <60 | 0.16 | 0.11 |
| | | B | 60～130 | 0.005 2$V$ | 0.060+0.001 8$V$ |
| | | | <60 | 0.31 | 0.17 |

关于轨道系统级别分类详见相关标准。由图 3–36 可知速度与 EN 13104 标准中动载系数的

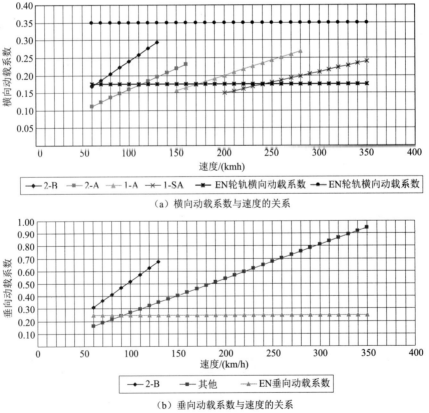

（a）横向动载系数与速度的关系

（b）垂向动载系数与速度的关系

图 3–36　动载系数与速度的关系

关系。EN 标准中车辆动载系数偏小,但其考虑轮对导向力作用而使增载侧轮轨横向动载系数偏大。对车轴截面弯矩产生的效果为轴颈至滚动圆端弯矩减小,轮座内侧截面弯矩增大。假定车辆参数如下,计算由动载荷引起的轮座内侧截面和轴颈上截面的弯矩系数随速度的关系如图 3-37 所示。

$h_1$=1 200 mm;$b$=1 000 mm;$s$=0.746 mm;$R$=430 mm;轮座内侧面距滚动圆 82 mm。

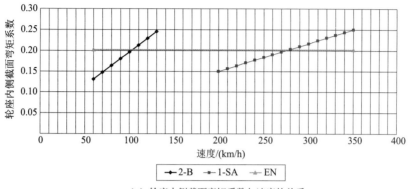

(a)轮座内侧截面弯矩系数与速度的关系

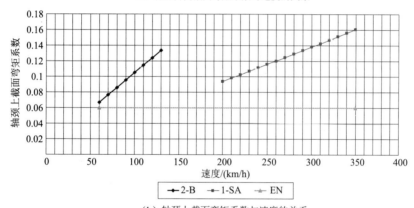

(b)轴颈上截面弯矩系数与速度的关系

图 3-37 截面弯矩系数与速度的关系

对于客运专线上运行的高速列车,轮座内侧截面弯矩,二者平衡点在 274 km/h。当然这与车辆参数有关,如采用大轮径车轮 $\phi$1 000 mm 的话,平衡点为 292 km/h。

这里的焦点在于车轴动载系数与车辆设计运营速度的关系是否呈线性增长。欧洲标准中动载系数的来源尚无资料;日本标准中的动载系数由线路测试总结而得,横向动载系数根据车轴动应力与车辆横向加速度的关系统计,垂向动载系数由车轴动应力与车轮动载荷的关系统计。国内对 CRH$_2$ 系列车型进行了车轴动应力测试,结果如图 3-38 所示。前两者为截面最大应力幅值随速度级的变化,后者为基于累计损伤的等效应力值随速度的变化。可见无论是最大应力幅值还是等效应力值均无明显随速度增大而增大的趋势,而且测试结果均小于按欧洲标准计算得到的应力,可见对于正常车辆及线路,欧洲标准中的动载系数还是具有一定覆盖性的。

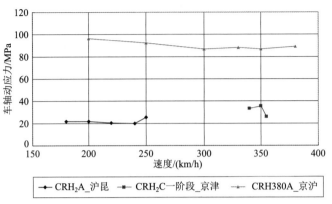

图 3-38　CRH2 系列车型车轴动应力与速度的关系

不过对于特殊线路，应适当考虑调整。如昆明米轨线路，曲线半径小且密集，经常造成较高的轮轨横向力。按照 UIC 515-3，增载侧轮轨横向力不应超过 50 kN，而实测单程超过计算值的达 1 292 次，发生率 23.4%，最大值达 100 kN。

另外，与车轴直接连接部件质量产生的载荷在计算中也应考虑进去，如齿轮箱、报轴箱、轮装制动盘的质量。一般按相对恶劣的条件，对于轴箱外置式，考虑载荷方向向上。该载荷对车轴应力影响甚小，其加速度值可适当考虑。

（3）机械制动载荷。

这里面主要的输入参数为制动压力、摩擦系数，一般根据车辆紧急制动条件计算。摩擦系数的选取根据摩擦副特点测算，如无条件，相关标准中有推荐值。在日本标准车轴设计中常按车辆打滑条件计算，取轮轨摩擦系数为 0.3～0.4 为其传统算法。对于机械制动条件下力的传递关系，不同制动方式下，载荷简化方式是不同的，但都应着眼于整个转向架来确定力的传递方式。以双轴盘形式为例，图 3-38 所示为双轴转向架轴盘制动时，前后两轴所受载荷简图。可由制动半径 $R_b$、制动力 $R_f$ 求得。

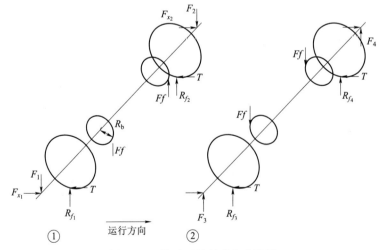

图 3-39　前后两轴所受载荷简图

在 $x$ 方向：

$$T = -F_{x_1} = -F_{x_2} = \frac{FfR_b}{R} \tag{3-19}$$

在 $z$ 方向：轴距为 $l$，则有：

$$F_1 = F_2 = -F_3 = -F_4 = \frac{Ff(l-2R_b)}{l} \tag{3-20}$$

$$R_{f_1} = R_{f_2} = -R_{f_3} = -R_{f_4} = Ff - F_1 \tag{3-21}$$

式中：$F$——制动压力；

　　　$f$——摩擦系数；

　　　$R_b$——制动半径；

　　　$R$——车轮半径。

从 $F_1$ 的表达式及一般转向架尺寸上看，由制动力引起的轴颈垂向载荷比制动盘上的制动力小，其数值大约为制动力的 80%。欧洲标准中采用二者相等的简化算法，相对简洁、安全。

另外，对车轴上的扭矩考虑为 $0.3P'R$，其中 $P'$ 为静态轮重。这里考虑了制动不平衡的因素，值得注意的是 0.3 的系数与常用的打滑时轮轨摩擦系数相当。

（4）电制动载荷或牵引启动载荷。

牵引驱动装置在电制动或启动时产生的载荷，一般来自于电机最大电制动扭矩和最大启动扭矩。载荷传递关系与驱动装置结构形式有关，在车轴计算过程中，以计算与车轴装配部位的载荷为目标进行简化推算。这些位置一般包括大齿轮安装座、车轴上两齿轮箱轴承座载荷。这里以两级传动的驱动装置为例进行说明。

如图 3-40 所示，将齿轮箱体作为简支梁计算车轴侧轴承及齿轮箱吊杆载荷。大齿轮座上的载荷为 $F_1$。进一步将构架作为简支梁，并将齿轮箱吊杆载荷向两轴颈上分配即可得轴颈上的载荷。这里要注意的是各载荷的方向。

2）计算工况

在设计计算过程中人们总是试图寻找截面发生的最大应力，不同类型载荷引起的车轴上的弯矩形式不同，所以按实际条件对上述载荷条件进行组合计算是有必要的。一般分为载荷形成的曲线通过工况，与机械制动载荷组合工况，与电制动或牵引启动组合工况，甚至与电制动、机械制动同时组合的工况。这与车辆运营条件有关，计算时应观察各截面应力，以发生最大应力时的工况作为评估条件。

3）计算截面的选取

计算截面一般选取各配合安装座的边缘和截面尺寸变化起始处。前者由于存在磨蚀疲劳问题，许用应力低；后者多因存在应力集中而使应力较高。不过对目前一般动车组及地铁车辆，最危险部位多为轮座内侧截面和车轮与大齿轮座间的卸荷槽部位。在设计之初确定这两处的应力水平是首要的。

4）应力计算与评价

（1）应力计算。

工况组合条件下，截面上存在两个方向的弯矩和绕轴线的扭矩，在欧洲标准中将其按式

（3-22）合成为一个力矩 $M_R$，计算公式如下：

$$M_R = \sqrt{M_x{}^2 + M_y{}^2 + M_z{}^2} \tag{3-22}$$

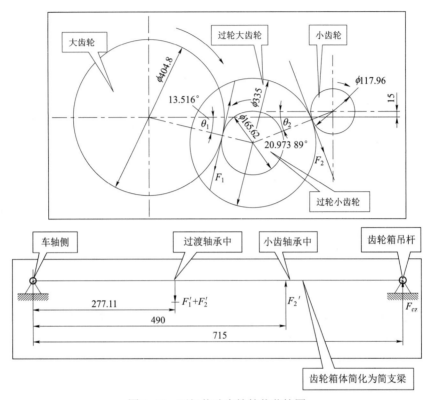

图 3-40 两级传动齿轮箱载荷简图

该力矩在材料力学中被称为"圆轴的第三强度理论相当弯矩"，除以截面抗弯截面系数 $W$ 得名义应力 $\sigma = M_R/W$，乘以应力集中系数即为实际应力。该应力与材料力学中的第三强度理论得到的值相同，即为 $\sqrt{\sigma_b{}^2 + 4\tau^2}$。其中 $\sigma_b$ 为弯曲应力，$\tau$ 为扭转切应力。该理论一般用来评价材料屈服强度，在此作为疲劳评价尚不知依据。不过此方法与 TB/T 2395—2008 中的方法相同，简洁实用。

日本方面是将弯曲应力和扭转切应力分别计算的，评价公式如下：

$$S_f = \cfrac{1}{\beta_k \sqrt{\left(\dfrac{\sigma_b}{\sigma_{wb}}\right)^2 + \left(\dfrac{\tau}{\tau_e}\right)^2}} \geqslant S_{f_0} \tag{3-23}$$

式中：$\sigma_{wb}$——许用弯曲应力；

$\tau_e$——许用扭转应力；

$\beta_k$——应力集中系数；

$S_f$——计算安全系数；

$S_{f_0}$——安全系数基准值。

（2）应力集中系数。

应力集中系数在欧洲标准中是有计算公式及曲线图可查的，主要与图 3-41 所示的 3 个参数有关。

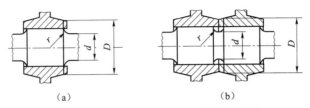

（a）　　　　　　　　　　（b）

图 3-41　欧标中的应力集中系数相关参数

在这里注意两点问题。

① $D$ 的选取。$D$ 指与车轴过盈压装部件等效直径，如车轮轮毂外径、滚动轴承内圈外径等，对非压装件直接取安装座直径。

② 双段圆弧卸荷槽。若在图 3-41 所示的卸荷槽位置设计了双段圆弧，直接套用标准中的公式不一定合适。在卸荷槽足够宽、大半径圆弧所占空间比例较大情况下适用；如卸荷槽较窄，两圆弧所占空间比例相当，建议采用 FEA 计算应力集中系数。

（3）许用应力及评价。

车轴各部位的许用应力在欧洲标准中都有规定，采用将全尺寸试样疲劳试验的疲劳极限除以安全系数得到。前者为中值疲劳，即断裂概率为 50%情况下的疲劳极限。而除以 1.5 的安全系数对应的断裂概率为（$2\times10^{-5}$）%，即 200 万根断裂 1 根，说明在许用应力中已经考虑了一些不确定因素，所以其与计算应力的比值是满足要求的。对于其他材料，则在相关标准中给出了试验方法及安全系数计算方法。

（4）防护涂装。

为保证车轴全寿命周期的安全性，应对车轴外露部位进行涂装防护，在 EN 13260 中对车轴的防护涂层进行了明确的规定。动车组车轴至少应满足 EN 13260 中 3 级防护的要求，对于运用环境恶劣的车轴应采用 1 级防护涂层。

**4. 制造工艺**

车轴制造工艺如图 3-42 所示，前四步工序主要用于车轴钢坯的生产，后续工序为车轴制造过程。一般情况下，车轴钢的化学成分、氢含量在浇筑时取样检测，车轴的机械性能在半成品（热处理完成后）或成品时进行检验，尺寸检测、磁粉探伤及超声波探伤在成品时检验。另外在新产品研制时，还须在机加工后对车轴表面进行残余应力测试和疲劳试验。

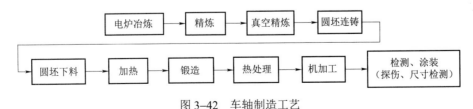

图 3-42　车轴制造工艺

目前常见的车轴制造设备如图 3-43 所示。

（a）电炉

（b）精炼炉

（c）真空炉

（d）圆坯连铸机

（e）轧制机

（f）圆坯下料机

（g）车轴机加工设备

（h）车轴超声波探伤设备

图 3-43　常见的车轴制造设备

## 3.3.2　车轮

**1. 材料选型**

目前动车组用车轮的材质主要有 ER8、ER9、ER8C 及 SSW–Q3R，其性能参数对比如下。

1）化学成分

表 3–16、表 3–17 中给出了各种车轮材料化学成分的百分比含量值。

表 3–16　车轮材料化学成分的百分比/含量值　　　　　单位：wt%

| 材质 | C | Si | Mn | P | Cr | Cu |
|---|---|---|---|---|---|---|
| ER8 | max 0.56 | max 0.40 | max 0.80 | max 0.02 | max 0.30 | max 0.30 |
| ER9 | max 0.60 | max 0.40 | max 0.80 | max 0.020 | max 0.30 | max 0.30 |
| ER8C | 0.50～0.56 | 0.90～1.10 | 0.90～1.10 | max 0.015 | max 0.30 | max 0.30 |
| SSW–Q3R | 0.60～0.68 | 0.15～0.35 | 0.60～0.90 | max 0.020 | max 0.20 | max 0.10 |
| 材质 | Ni | Mo | Cr+ Ni+ Mo | V | S | |
| ER8 | max 0.30 | max 0.08 | max 0.50 | max 0.06 | max 0.015 | |
| ER9 | max 0.30 | max 0.08 | max 0.50 | max 0.06 | max 0.015 | |
| ER8C | max 0.30 | max 0.08 | max 0.50 | max 0.08 | max 0.006 | |
| SSW–Q3R | max 0.10 | max 0.08 | max 0.50 | max 0.05 | max 0.015 | |

表 3–17　ER8C 车轮材料化学成分的百分比含量值　　　　　单位：wt%

| 材质 | Al | N | H | O | Ti | Ca |
|---|---|---|---|---|---|---|
| ER8C | Max 0.015（0.025 极限值） | Max $8.0\times10^{-5}$（$9.0\times10^{-5}$ 极限值） | Max $2.0\times10^{-6}$ | Max $1.0\times10^{-5}$（$1.6\times10^{-5}$ 极限值） | 记录参数，不作为评判依据 | 记录参数，不作为评判依据 |

2）机械性能

（1）抗拉试验性能。

不同材质的车轮，其拉伸性能应满足表 3–18 的要求。

表 3–18　车轮轮辋和辐板的拉伸性能要求

| 钢种 | 轮辋 | | | | 辐板 | | | |
|---|---|---|---|---|---|---|---|---|
| | $R_{eH}$/MPa[①] | $R_m$/MPa | $A_5$/% | $Z$/% | $R_{P0.2}$/MPa | $R_m$/MPa | $A_5$/% | $Z$/% |
| ER8 | ≥540 | 860～980 | ≥13 | — | — | ≥120[②] | ≥16 | — |
| ER9 | ≥580 | 900～1 050 | ≥12 | — | — | ≥130[②] | ≥14 | — |
| ER8C | ≥570 | 900～1 000 | ≥14 | ≥40 | — | ≤880[③] | ≥16 | ≥40 |
| SSW–Q3R | ≥580 | 940～1 140 | ≥11 | — | — | ≥130 | ≥12 | — |

① 如果没有明显的屈服强度出现，应确定应力 $R_{P0.2}$；

② 同一车轮上相对于轮辋抗拉强度的减小值；

③ 为辐板抗拉强度要求。

（2）轮辋硬度。

对于材质为 ER8、ER8C 的车轮，在轮辋磨耗区域布氏硬度值应不小于 245 HBW；如果磨耗区深度大于 35 mm，标称踏面下 35 mm 检测的布氏硬度值应不小于 245 HBW。对于材质为 ER9 的车轮，在轮辋磨耗区域布氏硬度值应不小于 255 HBW；如果磨耗区深度大于 35 mm，标称踏面下 35 mm 检测的布氏硬度值应不小于 255 HBW。材质为 SSW–Q3R 的车轮，轮辋磨耗区域布氏硬度值不低于 270 HBW；如果磨耗区域深度超过 35 mm，公称踏面下 35 mm 处测量的布氏硬度值不低于 270 HBW。在轮辋—辐板过渡处（图 3–44 点 A），硬度值应至少比轮辋磨耗极限区域硬度值小 10 HBW。

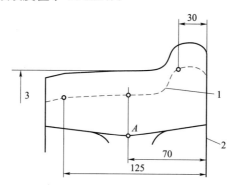

图 3–44　取自轮辋径向截面的硬度测试位置

1—磨耗极限或最终运用直径；2—加工后的车轮内侧面；3—标称直径

（3）冲击试验性能。

不同材质的车轮，其冲击试验性能应满足表 3–19 的要求。

表 3–19　车轮冲击试验性能要求

| 钢种 | +20℃时　KU/J | | −20℃时　KV/J | |
|---|---|---|---|---|
| | 平均值 | 最小值 | 平均值 | 最小值 |
| ER8 | ≥17 | ≥12 | ≥10 | ≥5 |
| ER9 | ≥13 | ≥9 | ≥8 | ≥5 |
| ER8C | ≥17 | ≥12 | ≥10 | ≥7（极限值 5） |
| SSW–Q3R | ≥13 | ≥9 | ≥6 | ≥4 |

3）疲劳特性

任何一种材质的车轮，其辐板在 ±240 MPa 的最大径向试验应力下，经过 $10^7$ 次循环后，车轮不应产生裂纹。

**2. 结构设计**

车轮的工作条件是零部件中最恶劣的之一。车轮在承担机车车辆质量的情况下，还要承受来自车辆质量产生的动载荷，以及由于轨道接缝产生的轮轨间持续不断的冲击载荷。另外，对于踏面制动的车轮还将承受制动产生的热负荷。

1）车轮的基本概念

车轮结构示意图见图 3–45。

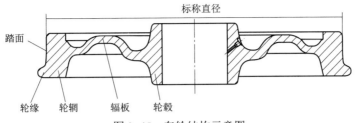

图 3-45　车轮结构示意图

踏面——车轮与钢轨的接触面。

轮缘——车轮踏面上保持车辆沿钢轨运行，防止脱轨的突出圆弧部分。

轮辋——车轮踏面下最外的一圈。轮辋的硬度原则上应小于钢轨的硬度。

轮毂——轮与轴互相配合的部分。

辐板——连接轮辋与轮毂的部分。

标称直径——距离轮辋内侧面 70 mm 处测量所得的直径。

2）车轮的分类

根据车轮组成结构不同可为分体车轮和整体车轮。

分体车轮一般由轮心和轮毂组成，某示意图如图 3-46 所示。在以往的机车设计中，为降低成本，普遍采用分体车轮。

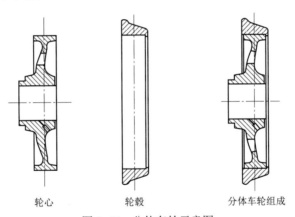

图 3-46　分体车轮示意图

在现代城市轨道车辆设计中，为减振、降噪，常使用弹性分体车轮，其示意图如图 3-47 所示。

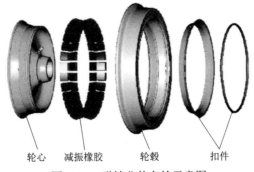

图 3-47　弹性分体车轮示意图

现代机车车辆普遍采用整体碾钢车轮，根据车轮辐板型式不同分为直辐板车轮和曲辐板车轮。不同辐板型式车轮如图 3-48 所示。对于安装轮装制动盘的车轮宜采用直辐板结构。

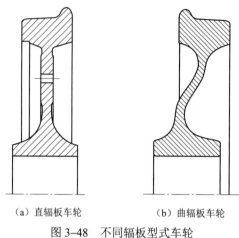

（a）直辐板车轮　　　　（b）曲辐板车轮

图 3-48　不同辐板型式车轮

为降低轮轨噪声，在车轮轮辋或辐板部位安装降噪阻尼器，如图 3-49 所示。

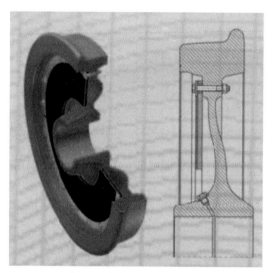

图 3-49　安装有降噪阻尼器的车轮

3）设计要素

（1）车轮辐板型式。

车轮的辐板型式主要与制动盘型式（是否采用轮装制动盘）、车轮轮毂在车轴上的位置有关。一般来说，如果采用轮装制动盘，则必须采用直辐板结构型式，而轮毂与轮辋横向距离偏大时宜采用曲辐板结构型式。

（2）车轮踏面型式。

踏面型式与动力学性能相关，应根据动力学仿真结果确定车轮踏面的型式。目前动车组的踏面型式主要有 LMA、XP55、S1002G 等。

（3）降噪设计。

轮轨噪声是机车车辆噪声的主要来源。为降低轮轨噪声，可在辐板或轮辋部位安装降噪设备，但这会对辐板的设计有一定影响。

4）现有动车组车轮

（1）CRH₁型动车组车轮。

CRH₁型动车组转向架采用整体车轮，踏面外形采用 LMA（初期）和 LMD（后期更换）踏面，车轮材料 ER9，新轮直径 915 mm，磨耗轮直径 835 mm；CRH380D 型动车组转向架同样采用整体车轮，S1002CN 踏面，车轮材料 ER8，新轮直径 920 mm，磨耗轮直径 850 mm。动力车轮上安装制动盘（见图 3–50），车轮辐板中部有制动盘安装孔；非动力车轮上不安装制动盘（见图 3–51）。

图 3–50　动力车轮　　　　　　　　图 3–51　非动力车轮

（2）CRH₂型和 CRH380A 型动车组车轮。

CRH₂型和 CRH380A 型动车组转向架动力、非动力车轮全部采用整体辗钢直辐板车轮，如图 3–52 和图 3–53 所示。新造车轮滚动圆直径为 860 mm，磨耗到限直径为 790 mm，轮辋厚度为 135 mm，车轮踏面为 LMA 型踏面。CRH₂型和 CRH380A 型动车组转向架车轮差别如下。

CRH₂型动车组转向架车轮按《铁道车辆—碳素钢整体辗压车轮》（JIS E 5402）设计和制造，材料为 SSW–Q3R。根据制动盘安装要求，在靠近轮毂的辐板部位有 12 个螺栓安装孔。动力、非动力车轮轮毂内孔直径不同。

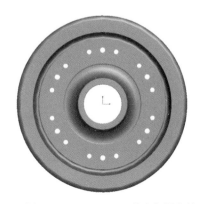

图 3–52　CRH₂型动车组车轮　　　　图 3–53　CRH380A 型动车组车轮

CRH380A 型动车组转向架车轮按照 EN 13979 及 EN 13262 设计、制造，材料为 ER8。根据制动盘安装要求，在辐板中部有 12 个螺栓安装孔及 6 个定位销安装孔。动力、非动力车轮完全互换。

（3）CRH$_3$ 型动车组车轮。

CRH$_3$ 型动车组动力车轮如图 3–54（a）所示，车轮新轮直径 920 mm，磨耗到限 830 mm；采用直辐板，辐板上 605 mm 圆周上均布 6 个 $\phi$ 25 mm 孔和 12 个 $\phi$ 22 mm 孔，用于安装制动盘。非动力车轮如图 3–54（b）所示，车轮新轮直径 920 mm，磨耗到限 860 mm；采用曲辐板，辐板上安装一层降噪板。同时非动力车轮也有直辐板结构，采用降噪块方式。车轮材质为 EN 13262 标准中的 ER8。

（a）动力车轮　　　　　　　　　　　　　（b）非动力车轮

图 3–54　CRH$_3$ 型动车组车轮

（4）CRH$_5$ 型动车组车轮。

CRH$_5$ 型动车组车轮如图 3–55 所示，采用整体车轮，踏面型式 XP55，材质为符合 UIC 标准的 ER8C，车轮直径 890 mm，磨耗到限 820 mm，采用曲辐板。车轮设计和制造标准执行 EN 13262 和 UIC 812–2。

图 3–55　CRH$_5$ 型动车组车轮

**3. 仿真分析**

车轮的仿真分析过程如下。

1）载荷确定

依据标准 EN 13979-1 和 UIC 510-5 中所给的载荷组合和载荷施加点进行结构验证。图 3-56 和图 3-57 中分别给出了施加点和施加面的配置方案，以下给出了载荷数值与使用组合。

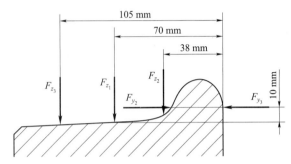

图 3-56　车轮踏面的载荷及其施加点

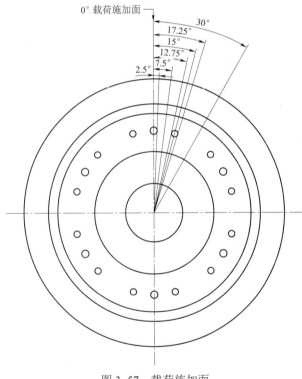

图 3-57　载荷施加面

（1）项目载荷。

依据标准 EN 13979-1，施加载荷（$F_z$ 垂向载荷和 $F_y$ 横向载荷）可以通过式（3-24）由施加在轨道上的质量计算而得。

$$P=\frac{m_1+m_2}{2}\cdot g \qquad (3-24)$$

式中：$P$ 为每个轮对作用于轨道垂向力的一半。

对于直线运行工况、过曲线工况和过道岔工况（分别被称作工况 1、工况 2 和工况 3），采用了相关标准中给出的表达式，计算所得数值如下。

工况 1：

$$F_{z_1} = 1.25P; \quad F_{y_1} = 0 \tag{3-25}$$

工况 2：

$$F_{z_2} = 1.25P; \quad F_{y_2} = 0.7P \tag{3-26}$$

工况 3：

$$F_{z_3} = 1.25P; \quad F_{y_3} = 0.42P \tag{3-27}$$

（2）异常载荷工况。

依据标准 UIC 510–5，异常载荷工况的静强度验证只考虑工况 2（过曲线工况），数值如下。

① 垂向载荷。

通过式（3–28）定义异常垂向载荷：

$$F_{z_{\lim}} = 90\,000 + Q \tag{3-28}$$

式中：$Q$ 为车轮载荷（等于 $P$），N。

② 横向载荷。

通过式（3–29）定义异常横向载荷：

$$F_y = \alpha \cdot \left(10\,000 + \frac{P_0}{3}\right) \tag{3-29}$$

式中：$P_0$ 为轴重，N。

③ 离心力。

车轮上的离心力作用按照列车最高速度进行计算：

$$\omega = \frac{2v_{\max}}{d} \tag{3-30}$$

2）载荷施加点和施加面

为了重现车轮疲劳循环，按图 3–57 所示，将不同的载荷组合施加在依据车轮几何形状选取的 7 个不同角度的截面上。有限元模型建立主要如下。

依据标准 EN 13979–1，对于具有制动盘安装用销孔的非对称车轮，在静强度验证和疲劳强度验证时必须使用 3D 有限元模型。整个车轮模型均采用 ANSYS 软件里的实体单元 SOLID45。载荷以集中力的方式施加在如图 3–56 所示的施加点上。过盈配合作用通过在车轮节点与对应的计算用虚拟轴上的耦合节点间建立约束方程来模拟。

施加绕车轮轴线的角速度以考虑离心力作用，角速度值按照新轮和全磨耗轮两个条件下计算所得。

在虚拟轴的两端加径向和周向约束，一端加轴向约束。

取车轮辐板的厚度下限，建立模型。图 3–58 和图 3–59 所示为新轮和全磨耗轮的 3D 有限元模型示例。

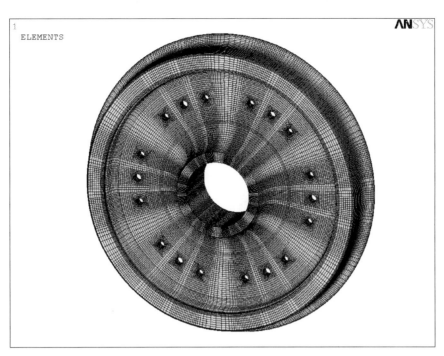

图 3-58　新轮的 3D 有限元模型

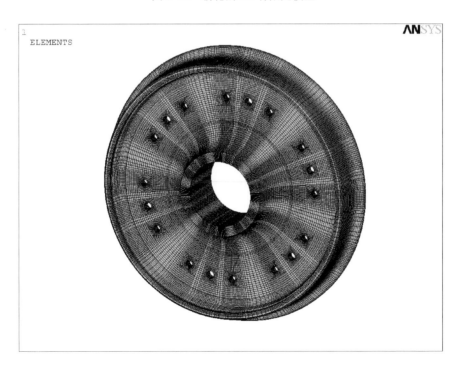

图 3-59　全磨耗轮的 3D 有限元模型

　　为研究车轮与车轴间过盈配合的影响,采用 ANSYS 软件里的轴对称谐波单元 PLANE 25
建立轴对称的有限元模型。通过在轮毂孔和车轴的节点间建立约束方程的方法施加过盈量。

约束车轴上所有节点的径向位移，以模拟轴对称，其中一个节点的轴向位移也要被约束。图 3-60 和图 3-61 所示为轴对称有限元模型。

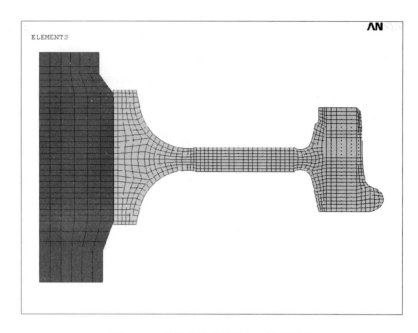

图 3-60　新轮和轴的轴对称有限元模型

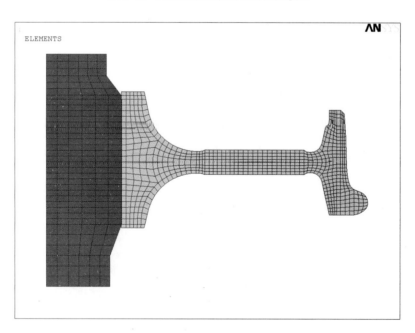

图 3-61　全磨耗轮和轴的轴对称有限元模型

3）计算程序

（1）静强度验证。

由有限元模型得到的静强度验证结果以等效应力或 von Mises 应力的形式来表示。等效应力由主应力通过式（3–31）来计算。

$$\sigma_{eqv} = \sqrt{\frac{1}{2}\left[(\sigma_1 - \sigma_2)^2 + (\sigma_2 - \sigma_3)^2 + (\sigma_3 - \sigma_1)^2\right]} \tag{3–31}$$

因此，安全系数为：

$$\eta_{vM} = \frac{Re}{\sigma_{eqv}} \tag{3–32}$$

（2）疲劳强度验证。

疲劳强度验证时（依据标准 EN 13979–1 和 UIC 510–5），考虑了三种不同的载荷工况、最大过盈量的影响和离心力的影响，对包含于四个不同车轮截面的辐板内外表面的所有节点和包含销孔的所有节点进行疲劳验证。

进行车轮辐板上的节点验证时，选取车轮不同截面进行计算，对车轮的辐板及各安装孔进行强度分析。

考虑模型的几何对称性，以 360° 为基础确定载荷循环。在加载面运行一周的过程中，将三个工况的计算结果进行组合，从而对每个节点进行评判。

① 车轮辐板节点验证。

下面的程序依据 EN 13979–1。注意：$XYZ$ 为柱坐标系，$X$ 为径向方向，$Y$ 为圆周方向（或切向），$Z$ 为轴向方向；

$\sigma_1$，$\sigma_2$，$\sigma_3$ 为在给定工况下，给定半径位置的指定节点的主应力；

$n_{\sigma_X}$，$n_{\sigma_Y}$，$n_{\sigma_Z}$ 为应力 $\sigma$ 在 $XYZ$ 参考坐标系的方向余弦。

$$\begin{bmatrix} \sigma_X & \sigma_{XY} & \sigma_{XZ} \\ \sigma_{XY} & \sigma_Y & \sigma_{YZ} \\ \sigma_{XZ} & \sigma_{YZ} & \sigma_Z \end{bmatrix}_{i,\theta}$$ 其中 $i$=1，2，3，$\theta$ 取决于所选加载面和方向。

工况 $i$ 下，加载面倾角为 $\theta$ 时，一节点在参考坐标系下的应力张量：

$\sigma_{11max}$ 为在所有计算工况（加载面的角度 $\theta$ 由 0° 变到 360°，对每个指定的 $\theta$ 包含三个工况）中，节点的最大 $\sigma_1$ 应力。

$\sigma_{12max}$ 为所在工况的节点的 $\sigma_2$ 应力。

$\sigma_{21max}$ 为所在工况的节点的 $\sigma_1$ 应力。

$\sigma_{22max}$ 为在所有计算工况（加载面的角度 $\theta$ 由 0° 变到 360°，对每个指定的 $\theta$ 包含三个工况）中，节点的最大 $\sigma_2$ 应力。

$\sigma_{33max}$ 为在所有计算工况（加载面的角度 $\theta$ 由 0° 变到 360°，对每个指定的 $\theta$ 包含三个工况）中，节点的最大 $\sigma_3$ 应力。

参照图 3–57，角度 $\theta$ 定义了加载面关于考察截面的角度位置。角度为顺时针时，角度值 $\theta$ 为正。

计算程序（对一节点）如下：

（a）从所有计算工况（加载面的角度 $\theta$ 由 0° 变到 360°，对每个指定的 $\theta$ 包含三个工况）中确定节点的 $\sigma_1$，$\sigma_2$，$\sigma_3$ 的最大值和方向余弦。

（b）考虑主应力中的 $\sigma_{11max}$，$\sigma_{12max}$，$\sigma_{21max}$，$\sigma_{22max}$，$\sigma_{33max}$ 的值和方向余弦。

（c）将所有计算工况（加载面的角度 $\theta$ 由 0° 变到 360°，对每个指定的 $\theta$ 包含三个工况）

的节点应力张量向 $\sigma_{11max}$ 的方向投影，从而得到其在该方向的应力。

$$\sigma_{11min,i} = \begin{bmatrix} n\sigma_{11max}x & n\sigma_{11max}y & n\sigma_{11max}z \end{bmatrix} \begin{bmatrix} \sigma_X & \sigma_{XY} & \sigma_{XZ} \\ \sigma_{XY} & \sigma_Y & \sigma_{YZ} \\ \sigma_{XZ} & \sigma_{YZ} & \sigma_Z \end{bmatrix}_i \begin{bmatrix} n\sigma_{11max}x \\ n\sigma_{11max}y \\ n\sigma_{11max}z \end{bmatrix} \tag{3-33}$$

式中：$i=1$，$2$，$3$，$\theta$ 取决于考察截面和加载面。

从所有投影结果中找出应力的最小值标记为 $\sigma_{11min}$。对 $\sigma_{12max}$，$\sigma_{21max}$，$\sigma_{22max}$ 和 $\sigma_{33max}$ 执行同样的程序，从而得到 $\sigma_{12min}$，$\sigma_{21min}$，$\sigma_{22min}$ 和 $\sigma_{33min}$。

（d）对于一般的单轴应力循环采用下面的表示法：

$\sigma_{max}$        最大应力

$\sigma_{min}$        最小应力

$$\sigma_m = \frac{\sigma_{max} + \sigma_{min}}{2} \quad \text{平均应力}$$

$$\sigma_a = \frac{\sigma_{max} - \sigma_{min}}{2} \quad \text{应力幅值}$$

对每个考察节点，表 3-20 中总结了 5 个单轴应力循环。

表 3-20 单轴应力循环

| | $\sigma_{11}$ 方向的循环 | $\sigma_{12}$ 方向的循环 | $\sigma_{21}$ 方向的循环 | $\sigma_{22}$ 方向的循环 | $\upsilon_{33}$ 方向的循环 |
|---|---|---|---|---|---|
| $\sigma_{max}$ | $\sigma_{11max}$ | $\sigma_{12max}$ | $\sigma_{21max}$ | $\sigma_{22max}$ | $\sigma_{33max}$ |
| $\sigma_{min}$ | $\sigma_{11min}$ | $\sigma_{12min}$ | $\sigma_{21min}$ | $\sigma_{22min}$ | $\sigma_{33min}$ |
| $\sigma_m$ | $\dfrac{\sigma_{11max} + \sigma_{11min}}{2}$ | $\dfrac{\sigma_{12max} + \sigma_{12min}}{2}$ | $\dfrac{\sigma_{21max} + \sigma_{21min}}{2}$ | $\dfrac{\sigma_{22max} + \sigma_{22min}}{2}$ | $\dfrac{\sigma_{33max} + \sigma_{33min}}{2}$ |
| $\sigma_a$ | $\dfrac{\sigma_{11max} - \sigma_{11min}}{2}$ | $\dfrac{\sigma_{12max} - \sigma_{12min}}{2}$ | $\dfrac{\sigma_{21max} - \sigma_{21min}}{2}$ | $\dfrac{\sigma_{22max} - \sigma_{22min}}{2}$ | $\dfrac{\sigma_{33max} - \sigma_{33min}}{2}$ |

（e）将（$\sigma_m$；$\sigma_a$）插入 Haigh 曲线中，从而得到考察点的安全系数 $\eta_{11}$，$\eta_{12}$，$\eta_{21}$，$\eta_{22}$ 和 $\eta_{33}$。

② 销孔节点验证。

对于车轮辐板销孔的疲劳验证，采用 Crossland 标准来考虑孔表面的多轴应力状态。

该验证标准采用最大应力分量，并且认为安全性随变量 $\tau_{ott,a}$（动态八面体剪应力）而变。

$$\tau_{ott,a} = \frac{\sqrt{2}}{3}\sqrt{\sigma_{Ia}^2 + \sigma_{IIa}^2 + \sigma_{IIIa}^2 - \sigma_{Ia}\sigma_{IIa} - \sigma_{Ia}\sigma_{IIIa} - \sigma_{IIa}\sigma_{IIIa}} \tag{3-34}$$

式中：$\sigma_{Ia}$，$\sigma_{IIa}$ 和 $\sigma_{IIIa}$ 是所有被考察载荷循环的主应力幅值。

将该参数与一极限变量进行比较，此极限变量取决于材料特性并与最大第一变量 $I_{I,max}$ 呈线性关系。

$$\sigma_{I,max} + \sigma_{II,max} + \sigma_{III,max} = I_{I,max} \tag{3-35}$$

式中：$\sigma_{I,max}$，$\sigma_{II,max}$ 和 $\sigma_{III,max}$ 是所有被考察载荷循环的最大主应力值。

Crossland 标准的公式如下：

$$\tau_{\text{ott,a}} = \frac{\sqrt{2}}{3}\sqrt{\sigma_{\text{I a}}^2 + \sigma_{\text{II a}}^2 + \sigma_{\text{III a}}^2 - \sigma_{\text{I a}}\sigma_{\text{II a}} - \sigma_{\text{I a}}\sigma_{\text{III a}} - \sigma_{\text{II a}}\sigma_{\text{III a}}} \leqslant B - \beta(\sigma_{\text{I,max}} + \sigma_{\text{II,max}} + \sigma_{\text{III,max}})$$

$$(3-36)$$

式中：常数 $B$ 和 $\beta$ 取决于材料特性：

$$B = \frac{\sqrt{2}}{3} \times \sigma_{\text{A}} \times \left[1 + \frac{\frac{\sigma_{\text{A}}}{\sigma_{\text{P}}} - 1}{2 - \frac{\sigma_{\text{A}}}{\sigma_{\text{P}}}}\right] \qquad \beta = \frac{\sqrt{2}}{3} \times \frac{\frac{\sigma_{\text{A}}}{\sigma_{\text{P}}} - 1}{2 - \frac{\sigma_{\text{A}}}{\sigma_{\text{P}}}} \qquad (3-37)$$

因此安全系数 $\eta_1$ 和 $\eta_2$ 为：

$$\eta_1 = \frac{B - \beta \cdot I_{\text{I,max}}}{\tau_{\text{ott,a}}} \qquad (3-38)$$

$$\eta_2 = \frac{B}{\tau_{\text{ott,a}} + \beta \cdot I_{\text{I,max}}} \qquad (3-39)$$

（3）配合分析。

对具有最大配合过盈量的新轮和具有最小配合过盈量的全磨耗轮两种极限情况进行配合分析。

依据标准 EN 13260，可靠的连接必须能承受式（3-40）计算出来的力而不打滑。

$$P_{\text{Fmin}} = 4D\,(\text{kN}) \qquad (3-40)$$

式中：$D$ 为轮毂孔的直径，mm。

保证连接可靠的最小摩擦系数可以通过式（3-41）进行计算：

$$f_{\text{min}} = \frac{P_{\text{Fmin}}}{p_{\text{m}} \cdot A_{\text{bore}}} \qquad (3-41)$$

将对应于最小过盈量的全磨耗轮的最大等效应力与极限应力（材料的弹性极限）进行比较。

$\sigma_{\text{eq,max}} <$ 材料的弹性极限。

**4. 制造工艺**

车轮制造工艺流程图如图 3-62 所示，前四步工序主要用于车轮钢圆坯的生产，后续工序为车轮制造过程。一般情况下，车轮钢的化学成分、氢含量在浇筑时取样检测，车轮的机械性能在半成品（热处理完成后）或成品时进行检验，尺寸检测、静平衡、磁粉及超声波探伤在成品时检验。另外，在新产品研制时，还须在热处理后对车轮轮辋部位进行残余应力测试。

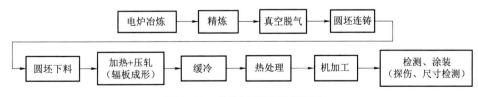

图 3-62　车轮制造工艺流程图

目前常见的车轮制造设备如图 3-63 所示。

（a）电炉

（b）精炼炉

（c）真空炉

（d）流圆坯连铸机

（e）圆坯下料机

（f）加热设备

图 3-63　常见的车轮制造设备

（g）压轧（成形）设备

（h）缓冷设备

（i）车轮机加工设备

（g）车轮静平衡设备

（k）车轮超声波探伤设备

图3-63　常见的车轮制造设备（续）

### 3.3.3　轮对组成

在动车组相关部件中，轮对组成作为车辆与线路的系统界面，直接向钢轨传递重力，通过轮轨间的黏着产生牵引力或制动力，并通过车轮的回转实现车辆在钢轨上的运行，是动车组的关键基础构件。一般来说，轮对组成分为动力轮对和非动力轮对，动力轮对组成安装有齿轮箱装置，非动力轮对组成安装有轴装制动盘。轮对组成示意图如图 3-64 所示。

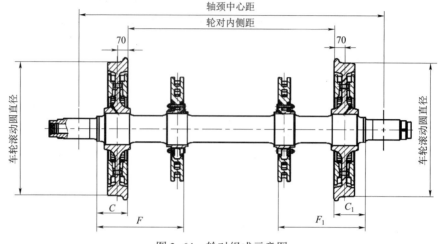

图 3-64 轮对组成示意图

注：① 本示意图为拖车轮对；

② |$C-C_1$|为轮位差；

③ |$F-F_1$|为盘位差。

**1. 材料选型**

高速动车组轮对组成一般由车轮、车轴、轴装制动盘、轮装制动盘及驱动装置组成。常用的动车组轮对设计标准有 EN 13260、JIS E 4504。一般来说，组成同一轮对的车轴和车轮应选择同一标准体系的材质，如材质为 EA4T 的车轴与 ER8 材质的车轮匹配，材质为 EA4TS38C 的车轴与 SSW-Q3R 材质的车轮匹配。

**2. 结构设计**

轮对组成的重要参数如下。

① 轮对内侧距：指一条轮对两个车轮的轮辋内侧面之间的距离。在车轮踏面型式确定的前提下，轮对内侧距越大，轮缘与钢轨之间的间隙越小。轮缘与钢轨之间的间隙过小，可能会造成轮缘与钢轨的严重磨耗，反之会使轮对蛇行运动的振幅增大，影响车辆运行品质。因此应选择合理的轮对内侧距。目前国内动车组轮对内侧距为 $1\,353^{+2}_{0}$ mm 或 $1\,353^{+2}_{-1}$ mm。

② 车轮滚动圆直径：指距车轮内侧面 70 mm 处车轮的标称直径。轮径小可以降低车辆重心，增大车辆承载能力；同时，减小车辆簧下质量，缩小转向架固定轴距；对于地铁车辆还可以减小建筑限界，降低工程成本。但是，小直径车轮会使车轮阻力增加，轮轨接触应力增大，踏面磨耗较快，通过轨道凹陷和接缝处对车辆振动的影响增大。轮径大的优缺点则与之相反。目前国内动车组车轮直径有 920 mm、915 mm、890 mm 和 860 mm 四种。

另外，为确保车辆的动力学性能，应严格控制同一条轮对、同一转向架及同一辆车的车轮滚动圆直径的差值（简称"轮径差"）。目前国内新造动车组同一条轮对、同一转向架及同一辆车的轮径差要求分别为 0.2 mm、0.5 mm 和 1 mm。

③ 轴颈中心距：指一条轮对两个轴箱轴承载荷的作用点之间的距离。该值与转向架结构设计有关，在设计结构允许的条件下应尽可能地小。

④ 轮位差：指一条轮对两个车轮相对于各自轴肩距离之差。该值用于控制车轮相对于车轴中心的对称度。目前国内动车组轮对组成轮位差要求为不大于 1 mm。

⑤ 盘位差：指一条轮对两个轴装制动盘相对于各自轴肩距离之差。该值用于控制轴装制动盘相对与车轴中心的对称度。目前国内动车组轮对组成盘位差要求为不大于 1 mm。

⑥ 过盈量：车轴安装座和车轮安装孔的配合部分，在组装前用孔的直径减去轴的直径，所得的差为负值时，该差值称过盈量。目前国内动车组轮对组成过盈量的选取按照 EN 13260 或 JIS E 4504 执行。另外，国内普通车辆过盈量按照 TB/T 1718—2003 执行，国内机车按照 TB/T 1463—2015 执行。

⑦ 动平衡：轮对为高速旋转部件，动平衡值过大会影响车辆的动力学性能。目前国内动车组轮对组成动平衡按照表 3–21 控制。

表 3–21 动平衡最大值

| 速度/（km/h） | 车轮平面内的动平衡最大值/（g·m） |
| --- | --- |
| 120＜V≤200 | 75 |
| V＞200 | 50 |

国内现有 CRH$_1$、CRH$_2$、CRH$_3$ 及 CRH380 系列动车组动力轮对主要由动力车轴、动力车轮、轮装制动盘及齿轮箱组成，如图 3–65 所示。

（a）动力轮对示意图　　　　（b）非动力轮对示意图　　（c）CRH$_2$ 系列动车组非动力轮对示意图

图 3–65 轮对示意图

CRH$_1$、CRH$_3$ 和 CRH380B/BL/CL/D 型动车组非动力轮对主要由非动力车轮、非动力车轴、轴装制动盘组成。

CRH$_2$ 型动车组转向架系列动力轮对组成主要由动力车轴、动力车轮、轮装制动盘、齿轮箱及联轴节组成。非动力轮对组成主要由非动力车轴、非动力车轮、轮装制动盘、轴装制动盘组成。

CRH$_5$ 型动车组轮对分动力轮对组成和非动力轮对组成。动力轮对轴箱装置和非动力轮对轴箱装置的主要区别是：动力轮对车轴上安装有一个齿轮箱组成和两个制动盘，而非动力轮对车轴上安装有三个制动盘，如图 3–66 所示。

（a）动力轮对轴箱装置 　　　　　　　　（b）非动力车轮对轴箱装置

图 3-66　CRH₅ 型动车组轮对组成

轮对组成的设计原则：

① 根据轨距要求选择合理的轮对内侧距。

② 根据制动夹钳安装要求选择合理的盘位差。

③ 根据运营速度要求选择合理的轮径差及轮位差。

④ 根据制动系统要求选择制动盘的形式及数量，原则上在满足制动需求的前提下，制动盘的数量越少越好。

⑤ 根据速度等级要求选择合理的动平衡要求。

⑥ 根据运营环境要求，选择合理的涂装防护涂层，对于应用环境不同按照 EN 13261 要求选择不同的涂装方式。

**3. 制造工艺**

1）轮对组装的一般工艺

车轴轮座（制动盘座）外径、车轮轮毂（制动盘毂）内孔测量→过盈量确认→轮对（制动盘）压装→尺寸检查（包括轮对内侧距、轮位差、盘位差、车轮跳动、轮径差等参数）→检压→轮对压装部位超声波探伤→动平衡测试（不合格时须在车轮规定位置进行去重）→组装标记刻打→车轴表面涂装→轮对组成交出。

另外，对于动车轮对在轮对组装前应完成齿轮箱驱动装置的组装。

在轮对组成制造工艺中，车轮与车轴的压装极为重要，因此轮对组成应选择合理的组装方式，并对压装力及压装曲线进行严格的控制。

2）欧系轮轴压装工艺

CRH₁A/CRH₁B/CRH₁E/CRH380D、CRH2C 二阶段、CRH380A/CRH380AL、CRH₃C/CRH380B/CRH380BL/CRH380CL 及 CRH₅A 型动车组采用欧系轮轴，普遍采用冷压方式组装，具体参数如下。

（1）轮轴配合过盈量。

轮轴配合过盈量与车轮组装方式有关，车轮采用冷压组装方式的轮轴配合过盈量 $j$ 满足如下要求：

$$0.001\,0d_m \leqslant j \leqslant 0.001\,5d_m + 0.06$$

式中：$d_m$——压装部位平均直径，mm。

（2）轮轴压装曲线。

采用冷压的方式压装时，当 $0.8d_m <$ 压装长度 $< 1.1d_m$ 时，最终压装力值（以 MN 为单位）

是 $F$ 的一个函数，它应在以下范围内：

$$0.85F \leqslant 最终压装力值 \leqslant 1.45F$$

$$F=4\times10^{-3}d_m$$

　　压装力应当在车轮压装至轮毂上的 30 mm 内开始增加。然后该压装力应当持续增加，但是不应超过规定的限度曲线外。允许出现以下情况：

　　① 通过注油槽处压装力允许减小。但在该点经过 25 mm 位移后，压装力应当恢复到之前的压装力最大值。在力减小的过程中，压装力可以小于图 3–67 下部曲线规定的值。

　　② 在末端 25 mm 的位移上，压装力的最大减小量为 50 kN。

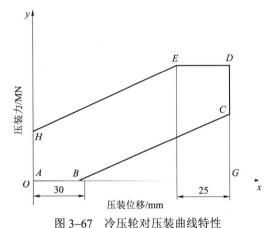

图 3–67　冷压轮对压装曲线特性

注：（a）$AB$、$BC$、$HE$ 和 $ED$ 是直线段，$AG$ 等于轮座长度。

（b）对于车轮，各不同点的位置如下：$Y_H=1.3d$；$Y_C=0.85F$；$Y_D=Y_E=1.45F$；$d$ 为压装部位的名义直径。

（3）动平衡。

　　对于采用轴盘制动的轮对，同一轮对两个车轮的静不平衡位置应在同一平面内，且在车轴的同一侧。制动盘的静不平衡位置应与车轮的静不平衡位置在同一平面内，但在车轴相反侧。

　　对于采用轮盘制动的轮对，每个车轮的静不平衡位置应与轮装制动盘的静不平衡位置在同一平面内，但在车轴的相反侧；两个车轮（带制动盘）的静不平衡位置应在同一平面内。

　　车轮平面内测量的动态不平衡最大值见表 3–22。

表 3–22　动态不平衡最大值

| 速度/（km/h） | 车轮平面内的动态不平衡最大值/（g·m） |
| --- | --- |
| $120<V\leqslant200$ | 75 |
| $V>200$ | 50 |

（4）电阻。

　　被测量轮对的两个车轮踏面之间的电阻不应超过 0.01 Ω。

（5）装配机械阻力。

　　对于采用冷压工艺的轮对，应在压装 48 h 后进行装配机械阻力检查，检查压力为 $F$，在轮毂和轴的一个端面上沿轴向施加，持续时间为 30 s。检查压力过程中，各组件间不应发生相对位移。

3）日系轮轴压装工艺

由于 $CRH_2$ 型（$CRH_2A$/$CRH_2B$/$CRH_2C$ 一阶段）与其他型号动车组轮轴材质及热处理不尽相同，因此，在车轮与车轴的装配工艺上存在差异。$CRH_2$ 型动车组车轮与车轴组装采用注油压装及退卸，为保证轮轴在装配后形成规定的压装力，在轮轴装配后逐条进行检压试验。具体技术参数如下。

（1）轮轴配合过盈量。

轮轴配合过盈量 $j$ 应满足的要求如下：

$$0.000\,9d_m \leqslant j \leqslant 0.001\,5d_m + 0.06$$

其中，$d_m$ 为压装部位平均直径，mm。

（2）轮轴压装曲线。

压装曲线应无异常波动，最大压装力 $F_{max}$（kN）应满足以下要求：

$$F_{max} \leqslant 7d_m$$

（3）动平衡。

同一轮对两个车轮的静不平衡位置应在同一平面内，且成相反方向布置。制动盘的静不平衡位置应与车轮的静不平衡位置在同一平面内，方向与其临近的车轮静不平衡位置相反放置。轮对的合成动平衡值应≤50 g·m。

（4）电阻。

被测量轮对两个车轮踏面之间的电阻不应超过 0.01 Ω。

（5）装配机械阻力。

轮对可在压装 48 h 后进行装配机械阻力检查，但该时间可以根据需要缩短（最小不小于 2 h）。检查压力应小于 $7d_m$ kN（$d_m$ 为压装部位平均直径）。压力检查过程中各组件间不得发生相对位移。应逐个进行检查。

4）常见的轮对组成制造设备

（1）轮对压装机。

轮对压装机也称轮轴压装机，是铁路车辆系统车轮与车轴、车轴与轴盘压装的专业设备。传统的压装机只能进行轮轴压装，需要人工控制压装尺寸并通过机械式记录仪记录压装力及压装曲线，而且一般只能完成单侧轮轴的压装。现代压装机除具备传统压装机的功能外，能够同时完成两个车轮（轴盘）的压装，并且能够自动完成轮对内侧距和轮位差、盘位差等压装尺寸的控制和测量。目前常用的动车组轮对压装机如图 3-68 所示。

（2）轮对动平衡机。

动车组运行速度高，须严格控制轮对组成的动平衡值，因此在轮对组成完成后须逐条进行动平衡测试。目前动车组常用的轮对动平衡机如图 3-69 所示。

（3）超声波探伤机。

为控制轮对压装质量，在轮对压装完成后须对压装部位进行超声波探伤，目前动车组常用的轮对超声波探伤机如图 3-70 所示。

（a）轮对压装机-1

（b）轮对压装机-2

图 3-68　轮对压装机

图 3-69　轮对动平衡机

图 3-70　轮对超声波探伤机

### 3.3.4 轴箱轴承

**1. 材料选型**

目前动车组轴箱轴承主要分为两种，一种是日系轴承（NTN、NSK），另一种是欧系轴承（FAG、SKF），其材料参数如下。

（1）轴承钢。

轴承钢应符合 ISO 683–17：1999 标准要求。轴承钢化学成分应符合表 3–23，轴承套圈及滚子化学成分允许偏差应符合表 3–24，轴承钢非金属夹杂物合格级别应符合表 3–25。

表 3–23　轴承钢化学成分　　　　　　　　　　　单位：%

| C | Si | Mn | Cr | Ni | Mo | Cu | P | S | Al | As | Sn | Ti | Sb | Pb | Ca | O |
|---|---|---|---|---|---|---|---|---|---|---|---|---|---|---|---|---|
| 0.93~1.05 | 0.15~0.35 | 0.25~0.45 | 1.35~1.60 | ≤0.30 | ≤0.10 | ≤0.30 | ≤0.025 | ≤0.015 | ≤0.050 | ≤0.040 | ≤0.030 | ≤0.030 | ≤0.005 | ≤0.002 | ≤0.001 | ≤0.001 5 |

表 3–24　轴承套圈及滚子化学成分允许偏差　　　　　单位：%

| C | Si | Mn | Cr | Ni | Mo | Cu | P | S | Al | Sn | Ti | Ca |
|---|---|---|---|---|---|---|---|---|---|---|---|---|
| ±0.03 | ±0.03 | ±0.04 | ±0.05 | — | ±0.03 | +0.030 | +0.0050 | +0.0050 | +0.0100 | — | — | — |

表 3–25　轴承钢非金属夹杂物合格级别

| A（硫化物夹杂） | | B（氧化物夹杂） | | C（硅酸盐夹杂） | | D（点状夹杂） | | DS（单颗氧化物类） |
|---|---|---|---|---|---|---|---|---|
| 粗系 | 细系 | 粗系 | 细系 | 粗系 | 细系 | 粗系 | 细系 | |
| 1.5 | 2.5 | 1.0 | 2.0 | 0.5 | 0.5 | 1.0 | 1.0 | 1.5 |

（2）工程塑料保持架。

工程塑料保持架材料采用玻璃纤维加强的聚酰胺。

（3）硬度。

采用渗碳钢制造的轴承套圈表面硬度应为 59~63 HRC，心部硬度应不低于 32 HRC，滚子表面硬度应为 60~64 HRC；采用高碳铬轴承钢制造的轴承套圈表面硬度应为 58~62 HRC，滚子表面硬度应为 60~64 HRC。同一零件的表面硬度差不大于 2 HRC。

（4）渗碳层有效深度（非渗碳钢除外）。

用渗碳钢制成的轴承套圈，渗碳层有效深度应符合产品图样的规定。

（5）尺寸稳定性。

轴承经过热处理后，在工作温度达到 150℃时（1 小时以上）仍能保持其尺寸稳定性不变。

（6）润滑脂。

轴承润滑脂性能应符合 EN 12081：2007 的有关规定。轴承润滑脂注脂量应符合产品图样的规定。

**2. 结构设计**

动车组轴箱轴承位于转向架轮对轴端处，主要作用是把车体重量和载荷传递给轮对，润

N

滑轴颈，减少摩擦，降低运行阻力，是动车组转向架的关键零部件，对运行安全有重大影响。

（1）轴箱轴承的基本概念。

轴箱轴承组成分为圆柱轴承和圆锥轴承，一般由内圈、外圈、保持架、滚动体、润滑脂、密封和中隔圈组成。

轴箱轴承：安装于轴箱体内，包括有滚道的零件和带或不带隔离或引导件的滚动体。

轴承套圈：具有一个或几个滚道的向心滚动轴承的环形零件。

外圈：滚道在内表面上的轴承套圈。

内圈：滚道在外表面上的轴承套圈。

滚子：具有对称轴线并在垂直该轴线的任一平面内的横截面均呈圆形的滚动体。

滚道：滚动轴承载部分的表面，适于作滚动体的滚动轨道。

密封：由一个或若干个零件组成的环形罩，固定在轴承的一个套圈或垫圈上并伸向另一个套圈或垫圈，与其接触或形成狭窄的迷宫间隙，以防止润滑剂的漏出或外物的侵入。

保持架：包容全部或若干滚动体，并随之运动的轴承零件。它用以隔离滚动体，并且通常还引导滚动体和（或）将其保持在轴承中。

中隔圈：两列或多列滚子轴承中的可分离圈，用于隔开并引导各列滚子。

径向游隙：在不同角度方向，不承受任何外载荷条件下，一套圈相对另一套圈从一个径向偏心极限位置移到相反的极限位置的径向距离的算术平均值。

轴向游隙：不承受任何外载荷条件下，一套圈或垫圈相对于另一套圈或垫圈从一个轴向极限位置移到相反的极限位置的轴向距离的算术平均值。

（2）现有动车组轴箱轴承现状。

CRH380A 型动车组采用 NTN、NSK 公司生产的轴箱轴承，为自密封双列圆锥滚子轴承，带挡油环和后挡圈。挡油环通过轴端锁紧螺母固定，后挡圈固定在车轴轴肩上，与轴箱后盖之间有迷宫槽式密封。轴承外圈由轴箱后盖和轴箱体止挡座固定，如图 3-71、图 3-72（部件名称注释同图 3-71）所示。

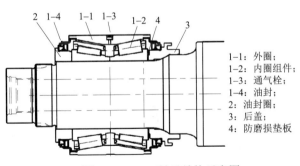

1-1：外圈；
1-2：内圈组件；
1-3：通气栓；
1-4：油封；
2：油封圈；
3：后盖；
4：防磨损垫板

图 3-71　NTN 轴承结构示意图

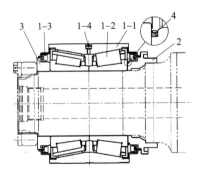

图 3-72　NSK 轴承结构示意图

CRH₃ 型动车组装用舍弗勒公司的 FAG 自密封圆锥滚子轴承和 SKF 自密封圆柱滚子轴承，轴承本身不带挡油环和后挡圈。轴承内圈一侧通过轴端压盖固定，另一侧通过后挡圈固定在车轴轴肩上。轴承外圈由轴箱前盖和轴箱体止挡座固定，如图 3-73、图 3-74 所示。

CRH₁ 型动车组、CRH₅ 型动车组采用 SKF 自密封圆柱滚子轴承，轴承安装情况基本同 CRH₃ 型动车组相同，如图 3-75、图 3-76 所示。

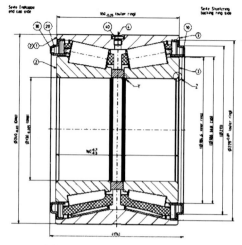

图 3-73　FAG 轴承结构示意图

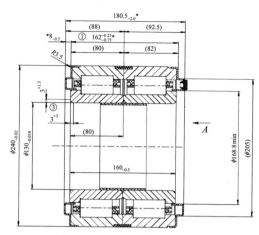

图 3-74　SKF 轴承结构示意图

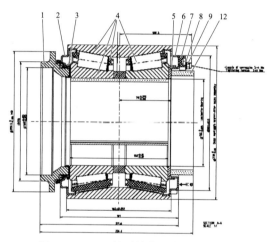

图 3-75　SKF 轴承结构示意图（CRH₁）

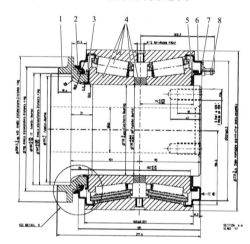

图 3-76　SKF 轴承结构示意图（CRH₅）

各型动车组用轴箱轴承型号、轴重、密封结构、外形尺寸等具体对比结果见表 3-26。

表 3-26　轴承对比结果

| 车型 | 轴承型号 | 轴重/t | 密封结构 | 内径/mm | 外径/mm | 宽度/mm | 厂家 |
|---|---|---|---|---|---|---|---|
| CRH₁ | BT2-8555B | 16.5 | 唇形迷宫式 | 130 | 230 | 160 | SKF |
| CRH₂A/B/E/CRH₂C 一阶段 | CRI-2677 | 14 | 轻接触式的三唇自密封 | 130 | 230 | 160 | NTN |
| CRH₂C 二阶段/CRH380A（L） | CRI-2692 | 15 | 轻接触式的三唇自密封 | 130 | 240 | 165 | NTN |
| | J-936B*UNIT | 15 | 接触式密封 | 130 | 240 | 165 | NSK |
| CRH₂A 统型动车组 | CRI-2695 | 16 | 轻接触式的三唇自密封 | 130 | 230 | 165 | NTN |
| | J-937*UNIT | 16 | 接触式密封 | 130 | 230 | 165 | NSK |
| CRH₃ | BC2-0375 | 17 | 非接触式密封 | 130 | 240 | 162 | SKF |
| CRH₃ | TAROL130/240-B-TVP | 17 | 非接触式密封 | 130 | 240 | 160 | FAG |
| CRH₅ | BT2-8545AD | 17 | 接触式密封 | 130 | 230 | 160 | SKF |

从表 3–26 可以看出,目前各型动车组用轴箱轴承密封结构主要为轻接触式唇形密封结构和非接触式密封结构。日系轴承为轻接触式唇形密封结构,欧系轴承为非接触式密封结构。两种密封结构均满足运用要求,但轻接触式唇形密封结构能有效防止轴承润滑脂泄漏,防止水、灰尘等进入,可有效延长润滑脂的使用寿命,提高轴承运用可靠性。

**3. 仿真分析**

在正常使用条件下,轴承使用寿命应不低于 $240^{+12}_{0}$ 万公里。新研发的轴承为保证能达到该要求,设计时须先进行轴承寿命计算。

（1）使用条件。

轴承寿命在计算前,须主机厂提供轴承的使用条件,如轴重、簧下重量、平均车轮外径、径向负荷系数等。

（2）轴承规格。

轴承制造商根据主机厂提供轴承的接口和使用条件,研发出新的轴承,将轴承规格填入表 3–27 中。

表 3–27　轴承规格

| 轴承类型 | | |
|---|---|---|
| 主要尺寸/mm | | |
| 基本额定动负荷：$C_r$ | | |
| 基本额定静负荷：$C_{or}$ | | |
| 径向当量动负荷系数 | | |
| 润滑剂 | 润滑脂 | |

（3）额定基本寿命计算式。

① 径向静负荷 $F_{rs}$。

$$F_{rs} = (W_p - W_a)/2 \tag{3–42}$$

式中：$W_p$ 为轴重；$W_a$ 为簧下重量。

② 径向动负荷 $F_r$。

$$F_r = f_r \cdot F_{rs} \tag{3–43}$$

式中：$f_r$ 为径向负荷系数,$f_r=1+0.002\,7\times V$。根据 JIS E 4501,$V$=200 km/h,$f_r$=1.5；$V$=250 km/h,$f_r$=1.7。

③ 轴向动负荷 $F_a$。

在车轴上发生的轴向负荷被两侧的轴承均动支持是前提,根据式（3–44）计算轴向动载荷。

$$F_a = f_a \cdot F_{rs} \tag{3–44}$$

式中：$f_a$ 为轴向负荷系数（0.3）。

④ 径向当量动负荷 $P$。

$$P = X \cdot F_r + Y \cdot F_a \tag{3–45}$$

式中：$X$ 为系数,$X$=1.00；$Y$ 为系数,$Y$=2.51。

⑤ 平均径向当量动负荷 $P_m$。

轴向负荷作用于全运行距离的 3% 是前提，根据式（3–46）计算平均径向当量动负荷。

$$P_m=(0.97F_r\times10/3+0.03P\times10/3)\times3/10 \tag{3–46}$$

⑥ 额定寿命 $L$。

$$L=(C_r/P_m)\times10/3 \tag{3–47}$$

⑦ 运行距离寿命 $L_s$。

$$L_s=a_2\times L\times3.14\times D_{mean} \tag{3–48}$$

式中：$a_2$ 为轴承特性系数；

$D_{mean}$ 为平均车轮直径。

（4）计算结果。

轴承寿命计算完成后，将计算结果填入表 3–28 中。

表 3–28　轴承寿命

| 条　　件 | 规格 1 | 规格 2 |
|---|---|---|
| 径向静负荷/kN | | |
| 径向动负荷/kN | | |
| 轴向动负荷/kN | | |
| 径向当量动负荷/kN | | |
| 平均径向当量动负荷/kN | | |
| 额定寿命/（$10^6$ rev） | | |
| 运行距离寿命/（$10^4$ km） | | |

## 3.3.5　轴箱体

**1. 轴箱体的结构型式**

目前我国铁路上常用的轴箱定位型式主要有如下三种。

（1）导柱式。

利用分别压装在弹簧支柱和支持环上的内、外套实现纵、横向定位，见图 3–77。结构简单、制造、检修容易。但不能适应高速运行要求。

（2）拉杆式。

拉杆两端芯轴与构架、轴箱为楔形连接，见图 3–78。拉杆通过芯轴、橡胶套管和压缩的橡胶垫板等金属零件弹簧性地传递给轮对、轴箱与构架纵、横作用力，缓和了冲击，避免了金属的直接摩擦。

结构较复杂，定位刚度较小，满足不了速度进一步提高的要求。

（3）转臂式。

定位转臂一端与圆筒形的轴箱体固接，另一端以橡胶弹性节点与焊接在构架上的定位臂相连接，见图 3–79。此种结构的橡胶金属节点数量少，没有磨耗件。定位刚度适于高速运行，

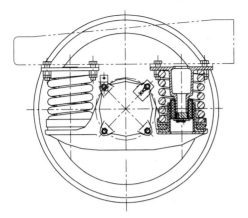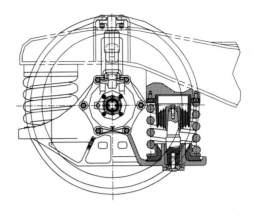

图 3-77　导柱式定位轴箱

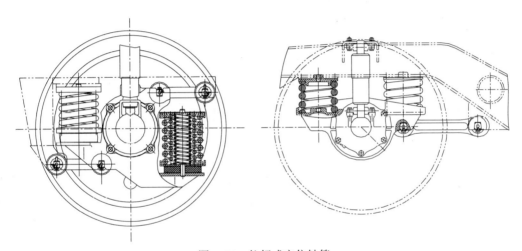

图 3-78　拉杆式定位轴箱

定位性能稳定。构架侧梁较短，减轻了转向架自重。但该类型结构比较复杂，组装调整较困难，零部件互换性差。

为适应轮对更换的需要，轴箱体又分为分体式和整体式。分体式结构有利于方便地进行轮对的更换；整体式轴箱结构有利于保证加工及安装尺寸，避免由于安装误差对轴承产生额外的力，且密封性能较好。

**2. 轴箱装置**

轴箱装置主要由轴箱、轴承、轴箱盖、防尘挡圈、轴承压板、轴箱装置等零部件组成。以下主要对 CRH$_1$、CRH$_2$、CRH$_3$ 及 CRH380 系列动车组的轴箱装置进行详述。CRH$_1$、CRH$_2$、CRH$_3$ 及 CRH380 系列动车组的轴箱装置采用转臂式轴箱定位装置，安装有一系橡胶节点，实现对轮对纵、横向弹性定位。CRH$_5$ 型动车组采用双拉杆式轴箱定位，上拉杆和下拉杆上安装有一系橡胶节点，实现对轮对纵、横向弹性定位，轴箱轴承为单元式自密封免维护轴承。

1）CRH$_1$ 及 CRH380D 型动车组轴箱装置

CRH$_1$ 及 CRH380D 型动车组转向架轴箱装置如图 3-80 和图 3-81 所示。

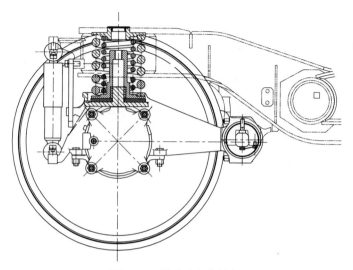

图 3-79　转臂式定位轴箱

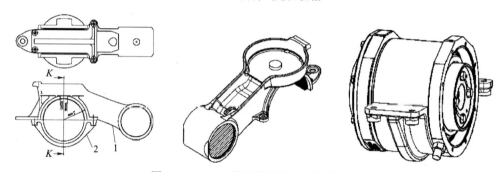

图 3-80　CRH₁ 型动车组转向架轴箱装置

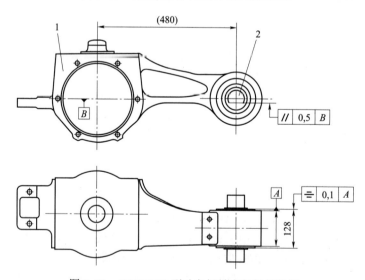

图 3-81　CRH380D 型动车组转向架轴箱装置

　　CRH₁ 型动车组轴箱装置为分体式，主要包括以下部件：定位臂、轴箱体轴承、轴端压盖、前盖、后盖、弹性定位节点等。CRH380D 型动车组轴箱装置为整体式，主要包括以下部件：

轴箱转臂、轴承、轴端压盖、前盖、后盖、弹性定位节点等。

（1）定位臂。

CRH$_1$ 型动车组轴箱体材料采用铸钢材料 G20Mn5（EN 10213–3），为分体式结构。定位臂内部是轴箱体（包括轴承），上部是一系簧安装座，定位臂另一端通过橡胶节点与构架相连。定位臂和轴箱体间采用间隙配合，轴箱体内部的轴承外圈通过轴箱前盖、后盖固定，轴承内圈通过轴端压盖固定。

（2）轴箱前盖。

CRH$_1$ 和 CRH380D 型动车组轴箱前盖均采用铸铁材料 EN–GJS–400–18U–LT（EN 1563）。

（3）轴箱体。

CRH$_1$ 型动车组轴箱体包括轴承、后盖、轴端压盖，CRH380D 型为整体式转臂轴箱。

CRH$_1$ 型转向架采用双列圆锥滚子轴承，外形尺寸为 130 mm×230 mm×160 mm；CRH380D 型转向架采用双列圆柱滚子轴承，外形尺寸为 130 mm×240 mm×160 mm，内部润滑油润滑，采用迷宫环式密封结构。

CRH$_1$ 型轴箱体及后盖采用铸铁材料 EN–GJS–400–15（EN 1563），轴端压盖采用碳钢材料 S355JO（EN 10025），内部安装车轴防护堵。

CRH380D 型转向架采用整体式转臂轴箱，材料为铸铁 EN–JS1049，内部安装轴承，上部是一系簧安装座，另一端通过橡胶节点与构架相连。CRH380D 型轴箱后盖及轴端压盖所用材料为合金钢。

（4）橡胶弹性定位节点。

CRH$_1$ 型转向架和 CRH380D 型转向架轴箱均通过弹性定位节点与构架实现柔性连接，用以传递轮对和构架之间的牵引力和制动力。

2）CRH$_2$ 型动车组轴箱装置

CRH$_2$ 型动车组转向架轴箱装置结构型式一致，主要包括如下主要部件：轴箱体、轴箱压盖、轴箱前盖、轴箱后盖、轴承组、橡胶弹性定位节点、轴温检测器及橡胶盖。轴箱装置如图 3–82 所示。

（1）轴箱体。

SKMB–200、SKTB–200 型转向架轴箱体材料为铸钢。其他 CRH$_2$ 型及 CRH380A 型动车组转向架轴箱体采用铝合金材料，箱体内安装轴承，其顶部用于安装轴箱弹簧，轴箱转臂的另一端通过压盖与橡胶弹性定位节点连接，构成轮对的定位装置。轴箱内的轴承外圈通过轴箱前后端盖来定位。

（2）轴箱前盖。

为降低转向架簧下重量，CRH$_2$ 型动车组转向架轴箱前盖均采用铝合金材料。为防止铝制材料与钢铁零件接触面产生电化学腐蚀，须要在接合面进行特殊涂装。

前盖底部设有一孔，用于排出车轴超声波探伤时使用的润滑油。通常情况下前盖的孔用螺栓塞住，以防运行时灰尘进入。

（3）轴箱后盖。

CRH$_2$ 型及 CRH380A 型动车组转向架轴箱后盖都采用分体式结构，SKMB–200、SKTB–200 型转向架后盖材料为锻钢材料，其他 CRH$_2$ 型及 CRH380A 型动车组转向架后盖

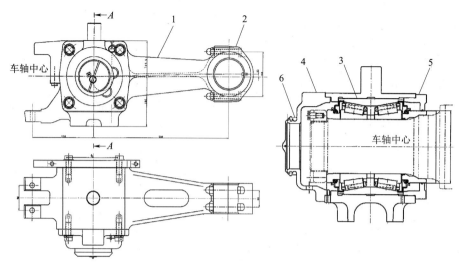

图 3-82　CRH₂ 型和 CRH380A 型动车组轴箱装置

1—轴箱体；2—定位节点压盖；3—轴箱轴承；4—前盖；5—后盖；6—橡胶盖

材料为铝合金。组装时先将分体后盖组成完整的挡圈后，再与轴箱通过螺栓连接。轴箱后盖设有双重迷宫槽的防尘结构。

（4）橡胶弹性定位节点。

轴箱与构架连接的一端为橡胶弹性定位节点，用以传递轮对与构架之间的牵引力和制动力。

3）CRH₃ 型动车组转向架轴箱装置

CRH₃ 型动车组转向架采用轴箱与转臂一体式结构，具有简化结构、降低自重、便于维护和检修等优点。

轴箱装置包括以下主要部件：轴箱转臂、转臂箍、轴承、防尘板和轴承压板。如图 3-83 所示。

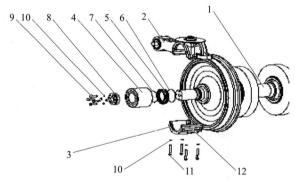

图 3-83　CRH₃ 型动车组轴箱装置

1—轮对；2—轴箱转臂；3—转臂箍；4—轴承；5—防尘挡圈；6—密封圈；7—密封圈；8—轴承压盖；

9、10、11—紧固件；12—定位销

（1）轴箱体。

轴箱采用分体式结构，主要由转臂、转臂箍两个部分组成。两个部分使用螺栓连接，便于轮对的拆卸与安装。转臂与转臂箍材料为 EN–GJS–400–DIN（EN 1563）。转臂的另一侧通过弹性橡胶节点与构架连接。

（2）轴承压板和防尘板。

防尘板过盈装配在车轴轴肩处，不仅对轴承内侧起定位作用，同时也和轴箱结构一起形成迷宫式密封，对轴箱起到防尘作用。

轴承压板通过高强度螺栓连接在轴端，对轴承外侧起定位作用。轴承压板有轴端装置安装螺纹孔，可连接测速齿轮等部分轴端装置；另外其中心螺纹孔结构可方便连接探伤仪，便于车轴探伤。

4）CRH$_5$ 型动车组转向架轴箱装置

CRH$_5$ 型动车组轴箱装置包括如下主要部件：轴箱体、轴箱中间前盖、轴箱前盖、轴箱后盖、轴箱轴承、轴承压盖、集成传感器。轴箱装置如图 3–84 所示，轴箱上有一系弹簧座，上、下拉杆座和垂向减振器座。轴箱为铸造件，轴箱上簧盘相对车轴中心线外侧距离为 275 mm，内侧距离为 234 mm。这一结构与转向架轴端整体结构布置有关。轴箱上安装有集成传感器，根据需要一些轴端还安装有速度传感器和接地装置。

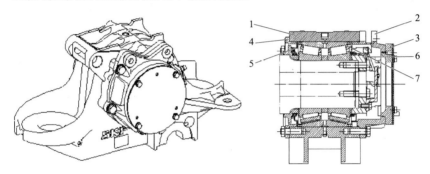

图 3–84　CRH$_5$A 型动车组轴箱装置

1—轴箱体；2—轴箱中间前盖；3—轴箱前盖；4—轴箱后盖；5—轴箱轴承；6—轴承压盖、防尘板；7—集成传感器

（1）轴箱体。

CRH$_5$A 型动车组轴箱体材料为球墨铸铁，牌号为符合标准 EN 1563 的 EN–GJS–400–18–LT。箱体内安装轴承，其两侧用于安装一系弹簧。轴箱纵向外侧设有上拉杆安装座，轴箱纵向内侧设有下拉杆定位座和垂向减振器座。

（2）轴箱中间前盖。

为降低转向架簧下重量，轴箱中间前盖采用了铝合金铸件材料，表面进行了阳极氧化处理，避免了与轴箱体之间的电化学腐蚀。轴箱中间前盖设有垂向挡安装座以及集成传感器安装座。

（3）轴箱前盖。

轴箱前盖同样采用了铝合金铸件材料，按不同的轴端配置分为不同结构型式。

（4）轴箱后盖。

轴箱后盖材料为铸铁件，通过螺栓固定到轴箱体上，后盖与中间前盖一起起到定位轴承外圈的作用。

（5）轴承压盖、防尘板。

轴承压盖通过高强度螺栓连接在轴端，对轴承内圈起定位作用。轴承压盖有轴端装置安装螺纹孔，可连接动型板、接地回流盘等部分轴端装置；另外其中心孔结构可方便连接探伤仪，便于车轴探伤。

防尘板过盈装配在车轴轴肩处，对轴承内圈起定位作用，和轴箱后盖一起形成迷宫式密封，对轴箱起到防尘作用。

**3. 轴箱体及端盖制造工艺**

轴箱体及端盖采用球墨铸铁、铸钢或铸、锻造铝合金材料，铸造主要为砂型铸造和精铸，而锻造则采用模锻。

铸造和锻造完成的毛坯须进行热处理，其工艺应能确保产品的各项性能，并应对热处理曲线进行记录、保存以备检查。

轴箱体及端盖内表面粘砂、氧化皮、浇冒口、披缝、毛刺应处理干净。不允许存在目视可见的裂纹、缩孔、冷隔。

对于球墨铸铁及铝合金材质的轴箱体，禁止在生产的任何阶段进行补焊；对于铸钢轴箱体，完成精加工后的产品不允许采用焊接方式进行修复。

检查合格的毛坯进行机加工，目前主要采用数控机床完成粗机加工。加工完成后，按照产品图样要求进行尺寸检查。

对轴箱体及端盖试样或本体取样进行机械性能检查。对铝合金轴箱体和后盖还须对内部组织进行晶粒流动性检验和导电率检查。

关键部位根据材质、结构可选择不同的探伤方式，在适当的工序，对部件内部及表面进行探伤检测。铸钢材料的轴箱体及端盖主要采取射线探伤和磁粉探伤；铝合金材料的轴箱体及端盖主要采取超声波探伤和渗透探伤。

最后，对检验合格的轴箱体及端盖进行涂装，满足产品图样的要求。

**4. 轴箱体强度计算**

轴箱体强度计算主要是指利用有限元分析对轴箱的强度进行确认。分析计算前首先确定轴箱所使用的材料以及对疲劳的容许应力，然后对轴箱体的载荷条件进行分析确认（一般包括垂向载荷、纵向载荷、横向载荷及轴弹簧减振器载荷等），再确定轴箱体的载荷施加位置及约束条件。计算分析后对计算结果进行判定，各载荷产生应力如果均低于疲劳容许应力，则证明该轴箱体具有充分的强度。否则，不满足设计要求。

## 3.3.6 轴端结构

动车组轮对轴端主要包括压盖、测速齿轮、过渡压盖和接地装置集流环（摩擦盘）等零部件。结构主要有四种：普通轴端、速度传感器轴端、LKJ2000 速度传感器轴端和接地装置轴端。

**1. 压盖**

普通轴端直接使用压盖压紧轴承。$CRH_2$ 及 CRH380A 型动车组轴端压盖采用轴端锁紧螺母和止转片结构，如图 3-85 所示。直接在车轴轴端加工外螺纹和键槽，使用锁紧螺母压紧轴承，使用止转片保证螺母不松动。

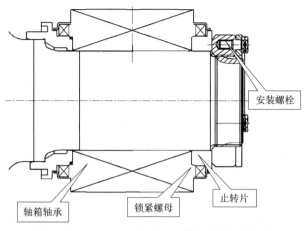

图 3-85　CRH$_2$ 及 CRH380A 型动车组轴端压盖

CRH$_3$ 型、CHR$_5$ 型动车组采用轴端压盖和轴端螺栓结构，轴端压盖套在车轴上压紧轴承，通过轴端螺栓紧固，通过制造垫片防松。具体结构如图 3-86 所示。

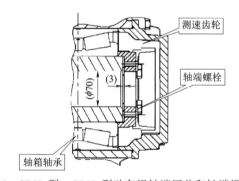

图 3-86　CRH$_3$ 型、CRH$_5$ 型动车组轴端压盖和轴端螺栓结构

**2. 测速齿轮**

带速度传感器的轴端须安装测速齿轮，通过螺栓紧固在压盖上，如图 3-87 所示。根据速度传感器型号、功能不同，测速齿轮的模数、齿数不同。

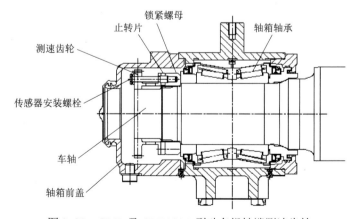

图 3-87　CRH$_2$ 及 CRH380A 型动车组轴端测速齿轮

### 3. 过渡压盖

带 LKJ 速度传感器的轴端须安装过渡压盖，通过螺栓紧固在压盖上，如图 3-88 所示。

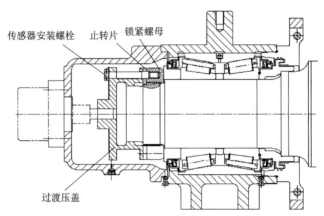

图 3-88　CRH₂ 及 CRH380A 型动车组轴端过渡压盖

### 4. 接地装置集流环（摩擦盘）

动车组转向架接地装置按照磨耗形式，可分为端磨接地和环磨接地。

（1）CRH₁ 型动车组。

CRH₁ 型动车组接地装置设置在轴端，摩擦盘安装在轴端压盖上，接地盖通过 8 个螺栓连接在轴箱盖上，属于轴端端磨接地，如图 3-89 所示。

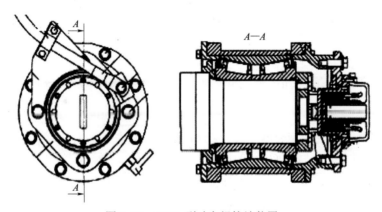

图 3-89　CRH₁ 型动车组接地装置

（2）CRH₂ 及 CRH380A 型动车组。

CRH₂ 型动车组动车转向架和拖车转向架安装了不同结构的环磨接地装置。

在拖车转向架的轴箱前盖侧面安装接地装置，在轴端部位安装集流环，属于轴端环磨接地。图 3-90 所示为 CRH₂ 及 CRH380A 型动车组接地装置。

（3）CRH₃ 型动车组。

CRH₃ 型动车组在动车转向架和拖车转向架均安装相同结构的接地装置。接地装置设置在轴端，摩擦盘安装在轴端压盖上，接地盖通过 6 个螺栓连接在轴箱盖上，属于轴端端磨接地，如图 3-91 所示。

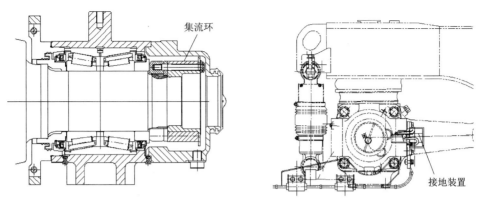

图 3-90　CRH$_2$ 及 CRH380A 型动车组接地装置

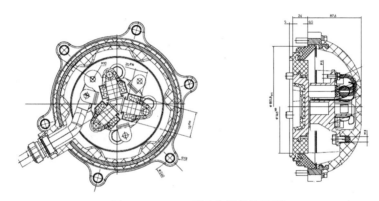

图 3-91　CRH$_3$ 型动车组接地装置

（4）CRH$_5$ 型动车组。

CRH$_5$ 型动车组接地装置设置在轴端，摩擦盘安装在轴端压盖上，接地碳刷通过 3 个螺栓连接在轴箱盖上，属于轴端端磨接地，如图 3-92 所示。

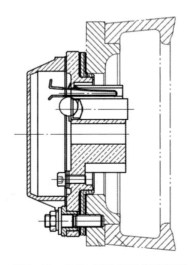

图 3-92　CRH$_5$ 型动车组接地装置

# 3.4 悬挂系统及牵引装置

## 3.4.1 一系悬挂装置

轴箱和构架之间安装有一系悬挂装置，采用转臂式轴箱定位结构，由定位转臂、定位节点、轴箱弹簧组、防振橡胶、垂向油压减振器等部件组成。一系悬挂装置结构如图 3-93 所示。

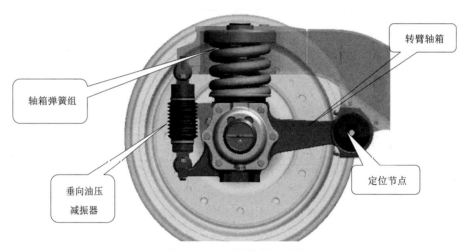

图 3-93　一系悬挂装置结构

转臂式轴箱定位是将轴箱与定位转臂结合在一起，组成转臂轴箱一体式结构。转臂一端通过轴箱弹簧组与构架安装座相连，实现垂向定位，承担垂向载荷；另一端通过定位节点与构架相连，实现纵向和横向无间隙、无磨耗弹性定位，承担纵向、横向载荷。转臂式轴箱定位方式的优点为：

① 根据定位节点，可以选择轴箱纵向、横向刚度。

② 垂向采用轴箱顶置钢弹簧，弹簧刚度选择范围大，并且与纵向、横向刚度几乎无关，可以单独设计。

③ 零部件数量较小，结构简化，可靠性较高。

④ 便于一系悬挂的分解和组装作业。

⑤ 无磨耗，实现免维护。

一系悬挂装置设计的好坏直接影响转向架的性能。适当的轴箱弹性定位不仅可以防止转向架蛇行运动造成失稳，还能使得车辆通过曲线时具有良好的导向性能，从而减小或缓和轮对与钢轨之间的冲击和侧压力，减轻车轮轮缘与钢轨的磨耗。另外，轴箱定位参数在一定程度上还影响系统的乘坐舒适性。一系悬挂的三向定位的刚度特性可通过车辆的动力学仿真优化确定。

**1. 转臂轴箱体**

作为连接轮对与构架的重要部件，为了简化结构，降低自重，宜采用转臂轴箱体一体化结构，便于组装和维护检修。转臂轴箱体的一端通过弹性橡胶节点安装在构架上，另一端通过轴箱轴承及轴承压盖与车轴连接在一起。

轴箱体转臂长度的选取原则如下。

① 轴箱体转臂越长，由定位节点纵向、扭转刚度等效到一系钢弹簧的垂向刚度越小，一系垂向的等效刚度越小。由于一系垂向刚度增加会导致垂向平稳性及舒适度下降，因此须要增加定位转臂的长度，以减少定位节点纵向、扭转刚度对一系垂向等效刚度的影响。

② 轴箱体转臂越长，车辆临界速度越低，分析结果如图 3-94 所示。

③ 轴箱体转臂的长度受到轴距及构架结构的限制。

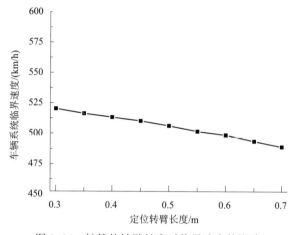

图 3-94　轴箱体转臂长度对临界速度的影响

综上所述，轴箱体转臂的长度要结合转向架轴距及构架结构并通过动力学仿真进行优化。

**2. 轴箱弹簧组**

轴箱弹簧组由两个嵌套的螺旋钢弹簧、安装在弹簧下面的橡胶减振垫、弹簧上下夹板组成，主要承受构架的垂向载荷，以及隔离来自轨道的振动。

转向架轴箱弹簧采用的螺旋钢弹簧，其特点是结构简单，特性稳定，并能提供较大的静挠度。轴箱弹簧设计计算的主要内容包括：根据总体分配的载荷、挠度、结构尺寸要求确定弹簧的材料、棒料直径 $d$、弹簧中径 $D$、工作圈 $n$、总圈数 $n_t$ 及合理的结构，并对应力水平、垂向及横向特性、疲劳寿命等进行计算。轴箱弹簧设计的优劣直接影响其性能和使用寿命，并对高速动车组的动力学性能和安全性产生影响。

轴箱弹簧结构选择主要如下。

（1）支撑圈结构形式。

支撑圈只起支撑作用，工作时不参与变形。目前比较普遍的两种支撑圈结构形式为支撑圈并紧并磨平、支撑圈辗尖并磨平，具体如图 3-95 所示。从接触力学角度考虑，形式 2 能提供更为可靠的接触。

（2）支撑圈圈数。

为了错开截面和应力变化的位置，减缓局部产生过大应力的可能性，同时减少螺旋升角，

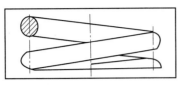
形式1：
并紧并磨平

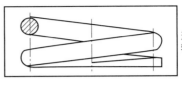
形式2：
辗尖并磨平

图 3-95　支撑圈结构形式

提高支撑圈与工作圈的接触能力，在满足弹簧的绝对间隙的前提下弹簧支撑圈尽量采用每端各 1 圈的结构。

（3）支撑圈与端圈接触要求。

在工作载荷 70%～80% 之间的垂直载荷内，两尾尖将靠在第一个绕圈上，在剩余垂直载荷区域，接触必须按照连续接触的方式并且在支撑点没有倾倒和扭结，并且接触线的开始端到端圈端部的范围不超过 60°。弹簧支撑圈端部与工作圈相邻部位应进行圆角过渡，半径不应小于 2.5 mm。具体如图 3-96 所示。

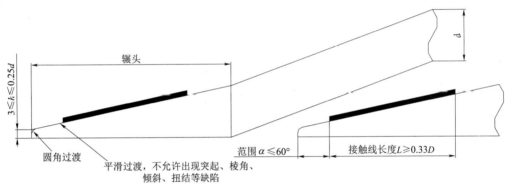

图 3-96　支撑圈要求

### 3. 垂向油压减振器

垂向油压减振器用于吸收振动能量，以减缓由于轨道不平顺等引起的振动和冲击。减振器安装在轴箱外侧，在构架端部和转臂轴箱体之间，方便检查与维护。减振器的结构如图 3-97 所示，各部件作用见表 3-29。

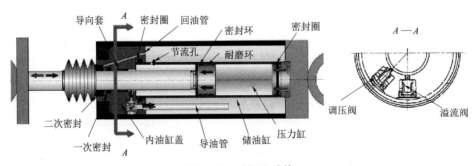

图 3-97　减振器结构

表 3-29 减振器各部件作用

| 序号 | 名称 | 作 用 |
|---|---|---|
| 1 | 导向套 | 保证活塞杆、活塞、压力缸运动的同轴度，减少偏磨 |
| 2 | 一次密封 | 为系统主密封，承受较高的系统压力 |
| 3 | 二次密封 | 为系统副密封，在正常工作情况下，只承受很低的压力，它具有低压密封性好及摩擦磨损小的特性 |
| 4 | 回油管 | 平衡二次密封与储油缸之间的内压，有效减少渗油 |
| 5 | 节流孔 | 通过小孔节流作用，产生阻尼 |
| 6 | 密封环 | 在拉伸时保证压力室的密封，保证阻尼性能稳定 |
| 7 | 耐磨环 | 减少活塞与压力缸内壁的摩擦，提高活塞寿命 |
| 8 | 调压阀 | 与阻尼孔配合，产生线性阻尼 |
| 9 | 溢流阀 | 当活塞达到一定速度时，溢流阀打开，产生卸荷作用 |
| 10 | 导油管 | 将从阻尼孔、调压阀和溢流阀中高速喷出的油液，引入储油缸，减少紊流、气泡产生，保证阻尼力的稳定 |

高速列车从轮轨传递上来的高频振动成分较多，为了隔离高频振动，可以把一系垂向减振器的橡胶接头刚度取小一些，但较小的接头刚度会弱化减振器的减振能力。因此，可把一系垂向减振器的等效阻尼值适当取大一点来提高其减振能力。一系垂向刚度及阻尼可根据动力学仿真进行优化。

**4. 转臂定位节点**

结构采用金属—橡胶硫化的弹性元件，由芯棒、橡胶、外筒组成，如图 3-98 所示。此种定位节点为成熟产品，结构符合故障导向安全原理，安装可靠。即使有橡胶部件损坏失效的情况下，也可以最大限度保证车辆的安全。

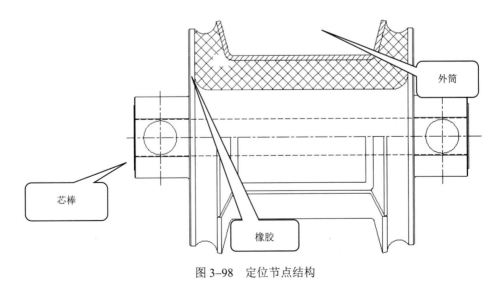

图 3-98 定位节点结构

## 3.4.2　二系悬挂装置

在转向架构架与车体之间设置有二系悬挂装置。二系悬挂装置主体结构型式沿用CRH380A型动车组四点控制空气弹簧悬挂方式，即每个转向架设置两个高度阀和一个差压阀。二系悬挂装置由空气弹簧、抗侧滚扭杆、二系横向减振器、抗蛇行减振器、自动高度调整阀、差压阀、水平杠杆、调整杆、调整垫等组成。二系悬挂装置的结构如图3-99所示。

二系悬挂装置主要承担了提高转向架平稳性的重任，又具有抑制转向架蛇行运动的作用，设计大柔度的悬挂刚度和适当的回转阻力矩是高速转向架的主要任务之一。二系悬挂参数通过车辆的动力学仿真优化确定。

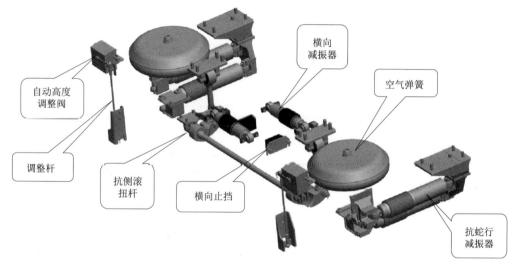

图3-99　二系悬挂装置结构

### 1. 空气弹簧

空气弹簧系统由空气弹簧、高度阀和附加空气室通过管路连接而成，是转向架构架与车体之间的悬挂装置。空气弹簧系统确保车辆保持高度不变。

高速动车组空气弹簧采用非线性结构形式，在较大的载荷下仍能提供较低的横向、垂向刚度，有利于提高垂向乘坐舒适度；车辆在直线工况下能够提供较小的横向刚度，在曲线工况下能够提供较大的横向刚度，有利于提高曲线通过时的乘坐舒适度并提高曲线通过动力学性能。非线性空气弹簧直线、曲线工作原理如图3-100所示。

空气弹簧中设置阻尼节流孔来衰减车辆的垂向振动，无须设置二系垂向减振器，这有利于转向架轻量化。空气弹簧节流孔直径的变化影响空簧节流孔衰减系数，主要对动车组的垂向平稳性及舒适度产生影响。阻尼孔选择过小，对低频衰减较好，但对高频不利；阻尼孔选择过大，对低频衰减不利，但对高频较好。高速动车组速度较高，频率范围很宽，因此空气弹簧阻尼孔的选择既要考虑低频的影响，又要考虑高频的影响，通过仿真计算、台架试验及线路试验比选出最优阻尼孔。

空气弹簧参数的选择应满足车辆良好动力学性能的要求，具体参数根据动力学仿真优化确定。

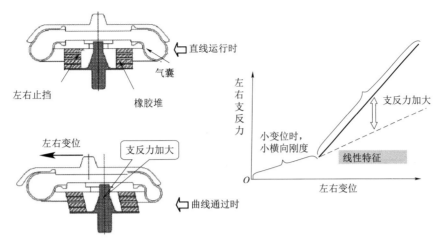

图 3-100  非线性空气弹簧直线、曲线工作原理

### 2. 抗侧滚扭杆

抗侧滚扭杆装置是在不增加车辆的垂向和横向悬挂刚度的前提下，提高车辆的抗侧滚刚度，以限制车辆在较大线路不平顺时的侧滚角，保证车辆在动态情况下不超出允许的车辆限界。抗侧滚扭杆实质上就是一个扭力弹簧，对车辆系统的柔度系数影响显著，增大刚度可以降低柔度系数。抗侧滚扭杆不约束车辆的伸缩、横移、沉浮、点头及摇头等运动，对车辆系统临界速度、振动加速度、运行平稳性影响小，但在车体发生侧滚时可产生较大的复原力矩，减小车辆系统过曲线和道岔时的轮重减载率和车辆倾覆系数，提高车辆抗倾覆稳定性，但对脱轨系数影响较小。

抗侧滚扭杆由扭杆、两个扭臂和两个吊杆组成，整体连接在构架横梁和车体枕梁间，每个转向架装有一套抗侧滚扭杆，抗侧扭杆装置结构如图 3-101 所示。

图 3-101  抗侧扭杆装置结构

抗侧滚扭杆是免维护的，其主要优点还在于：离心力、侧风或车体的不平衡重量引起的持续侧向力不会影响乘坐舒适性，也不会影响二系悬挂装置的垂向和横向的特性，保证车辆的大风抗倾覆性能。

抗侧滚扭杆装置扭转刚度根据动力学仿真优化确定。

### 3. 减振装置

转向架采用两个横向油压减振器，安装在构架辅助梁与牵引销之间，以衰减车辆的横向振动。转向架设置单侧双抗蛇行减振器，提高安全冗余。抗蛇行减振器安装在构架与车体之间，抑制车辆的蛇行运动，保证车辆运行的稳定性。在车体之间安装车间减振器，有效抑制车体一次蛇行运动。

抗蛇行减振器对车辆的安全性影响至关重要，抗蛇行减振器安装在车体与转向架之间，提供抗蛇行运动的回转阻尼。当转向架产生蛇行振动时，构架与车体将产生相对摇头运动，抗蛇行减振器即根据这两者之间的相对运动速度产生阻尼力，相对速度越高，阻尼力越大，直到达到恒定值，从而阻止蛇行振动，提高车辆的临界速度。同时，在抗蛇行减振器失效后要有足够的裕量能够保证动车组的高速运行，这样才能保证动车组的运行安全，因此高速动车组转向架采用单侧双抗蛇行减振器。抗蛇行减振器通常安装在靠近转向架横向中心线的位置，一端连在转向架构架上，另一端连在车体上。在车辆限界许可的条件下，离转向架和车体的纵向中心线越远越好，以提高减振器对摇头振动的敏感性。且垂向的安装高度也应选择合适高度位置，抗蛇行减振器在转向架产生纵向或点头振动时有可能把振动力传送到车体上，形成弯曲力矩，激励起车体的弯曲振动。因此理论上减振器最佳的安装高度也就是车体中心所产生的垂向加速度最小时的高度。

各型减振器参数的选择应满足车辆良好动力学性能的要求，通过动力学仿真进行优化。

### 4. 自动高度调整装置

自动高度调整装置主要包括高度阀、调整杆、水平杆等部件。

二系悬挂系统采用四点支撑方式，在每辆车的转向架和车体之间安装四个高度调整阀，维持车体在不同静载荷下都与轨面保持一定的高度；在直线上运行时，车辆在正常振动情况下不发生进、排气作用。

水平杆杆和调整杆的功能是将由于车辆负载引起的高度变化信息，准确地传递给高度调整阀。调整杆两端使用球形关节轴承，能满足车体与转向架间的位移。

### 5. 差压阀

每个转向架设置有一个差压阀，差压阀保证转向架两侧空气弹簧的内压之差，不能超过行车安全规定的某一定值。若超出时，差压阀将自动连通左右两侧的空气弹簧，使压差维持在定值以下。

### 6. 横向止挡

横向止挡用来限制车体的横向摆动，同时构架设有刚性止挡座起到横向限位作用。横向止挡使用弹性橡胶堆，具有适当的弹性以满足运行平稳性（舒适度）要求。

为了充分发挥横向止挡的作用，横向止挡垂向位置设置尽量远离上心滚摆与下心滚摆中心，并结合结构的可实现性确定横向止挡垂向位置。

### 7. 垂向止挡

在转向架中心销与构架之间设置垂向限位止挡，垂向限位止挡的功能是：当车辆出现异常状态时，即空气弹簧处于过充状态、高度调整阀、差压阀同时处于故障状态时，由垂向限位止挡将车体和构架相对限位，限制空气弹簧的高度，保证车辆与限界之间的有效安全距离，从而达到保证车辆的行车安全。

**8. 半主动横向减振器**

随着运行速度的提高，来自轨道的激振以及高速运行导致的空气动力作用引起车辆系统的振动显著增加，主要表现在高速列车通过隧道时，会发生空气动力作用直接激振于车体的现象。这种振动是由隧道内车体周围空气紊流造成的压力差引起的，这一现象在装有受电弓的车厢和尾车上尤为明显。

为了提高悬挂装置的性能，高速动车组头尾车采用半主动横向减振器。该技术是利用动态控制来改善减振器特性的一种方式，但这种方式不需要产生阻尼力的动力源，只是使减振器的特性可变，通过动态控制产生适合车体振动状态的阻尼力，从而达到与主动悬挂装置接近的减振效果。它有以下特征：

① 半主动悬挂本质上是减振器，因此它具有较高的稳定性，在故障等异常动作时，可确保行车安全。

② 与主动悬挂不同，不需要油压和气压等动力源，装置构成成本较低，改造简单。

③ 与主动悬挂相同，可以根据车体振动实时地控制阻尼力。因此，即使阻尼系数设定得很大，也不会因轨道不平顺而使振动增大。

半主动悬挂控制原理采用的是天棚阻尼器控制理论，控制的原理如图 3-102 所示。假定车体的旁边有一面不动的墙，在这面墙和车体之间安装有减振器（即天棚阻尼器），该减振器阻尼系数越大，就越能够有效地抑制振动。

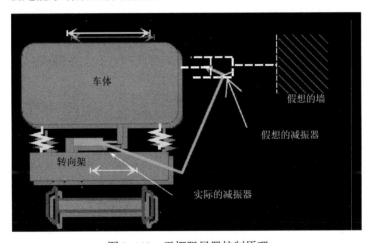

图 3-102　天棚阻尼器控制原理

## 3.4.3　牵引装置

中央牵引装置沿用 CRH380A 型动车组单牵引拉杆方式，每台转向架设有一套中央牵引装置。牵引组装置作用如下：

① 传递牵引力和制动力。

② 单连杆可以起到防止车体异常上升的作用。发生一定程度上的车体上升时，单牵引拉

杆车体侧端头会顶住转向架构架，以防止车体过度上升。

牵引装置主要包含的零部件有中心销、牵引拉杆、节点等，主要部件均可以方便地进行检查、更换，中央牵引装置如图 3-103 所示。

图 3-103　中央牵引装置

**1. 中心销**

采用钢板焊接结构，通过螺栓固定在车体的枕梁中心，下端通过牵引拉杆与转向架连在一起，实现牵引力、制动力在车体与转向架之间的传递。

**2. 牵引拉杆**

杆体采用钢管焊接结构，拉杆两端安装橡胶牵引节点，牵引拉杆的一端与构架相连，另一端与中心销相连。

牵引拉杆理想的配置高度（牵引高度）应该为转向架重心高度。这样转向架纵摇不容易传到车体上，而且在车辆启动与制动时轴重转移达到最小。

一般拉杆的长度越长越好，这是因为转向架纵摇不容易传递到车体。但是，在实际的构成上，拉杆过长会与转向架上安装的其他部件（主电机、制动装置等）发生干涉。因此牵引拉杆长度确定应综合考虑结构影响。

牵引拉杆结构参数与性能参数通过动力学仿真优化确定。

# 3.5　驱动装置（动车）

## 3.5.1　电机悬挂

**1. 牵引电机安装方式**

轨道车辆牵引电机安装方式分为体悬式、架悬式（刚性架悬、弹性架悬）、轴悬式。体悬式电机一般通过万向轴与齿轮箱连接，架悬式电机一般通过联轴节与齿轮箱连接，轴悬式电机一般与齿轮箱直接连接。

高速列车牵引电机的安装方式主要分为体悬式、刚性架悬式及弹性架悬式，各种安装方式的特点如下。

　　① 体悬，即把电机悬挂在车体底架上，图 3-104 所示的 TGV 动力转向架就是采用电机体悬方式。这种悬挂方式主要适用于大质量电机，因为此时的电机属于簧上质量，不会增加簧间质量，对改善转向架的动力学性能有帮助。不过，该种电机悬挂方式的电机与齿轮箱之间的相对位移较大，需要采用万向轴等位移补偿机构来实现力矩的传递，结构设计非常复杂。

　　② 刚性架悬，即把电机直接刚性固定在构架上，图 3-105 所示的 $CRH_2$ 型动车组动力转向架就是采用这种电机悬挂方式。这种电机悬挂方式非常简单，但主要适用于小质量电机。

　　③ 弹性架悬，即把电机通过弹性元件悬挂在构架上。这种电机悬挂主要适用于中等质量的电机。电机弹性架悬通常又可分为吊杆式弹性架悬和节点式弹性架悬，采用吊杆式弹性架悬（见图 3-106）可以把横向刚度做得很小，但结构较复杂；节点式弹性架悬（见图 3-107）的结构比较简单，但横向刚度不易做小。

图 3-104　TGV 的动力转向架（电机体悬）

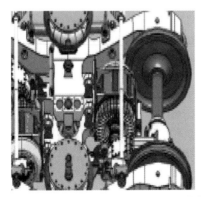

图 3-105　$CRH_2$ 型动车组动力转向架（电机刚性架悬）

　　从图 3-108 可以看出，不同的电机悬挂方式对车辆系统的稳定性有较大的影响，一般规律是：电机体悬的临界速度较高；电机刚性架悬的临界速度较低；对于弹性架悬来说，车辆的临界速度与电机的悬挂刚度有关。当电机的悬挂刚度选取合理时可以达到很高的临界速度，当电机的悬挂刚度选取不合理时临界速度就比较低，从图 3-109 也可看出这一规律。

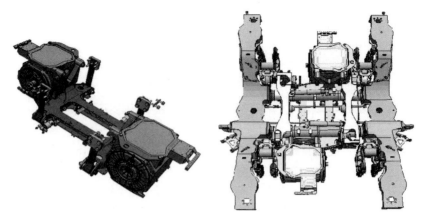

图 3-106　ICE 的动力转向架（电机弹性吊杆架悬）

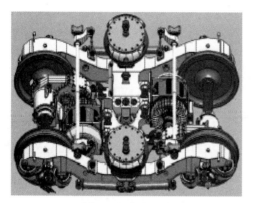

图 3-107　AGV 的动力转向架（电机弹性节点架悬）

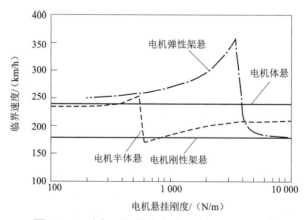

图 3-108　电机不同悬挂方案对临界速度的影响

　　通过非线性动力学仿真分析发现，随着电机质量的增加，车辆系统的临界速度会逐渐下降，如图 3-110 所示。同时轮轨横向力会逐渐增加，如图 3-111 所示。从图 3-112 可以看出，当电机横向刚度在 0.1～1 MN/m 之间，同时匹配以合适的阻尼时，车辆临界速度才有很大的提高。采用吊杆式电机弹性悬挂容易达到较小的横向刚度；而对于节点式电机弹性悬挂很难使横向刚度处于较小的范围内。

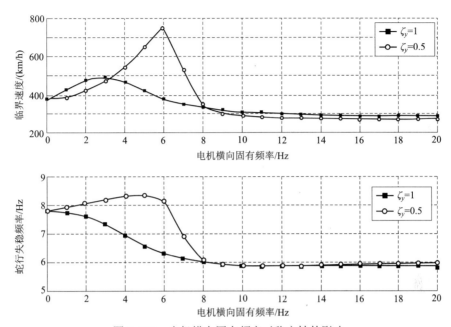

图 3-109　电机横向固有频率对稳定性的影响

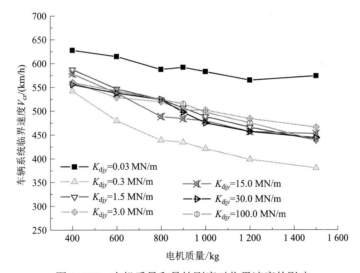

图 3-110　电机质量和悬挂刚度对临界速度的影响

## 2. 牵引电机吊挂方式

对于动车转向架，在构架横梁上的两电机吊座上分别安装已预组联轴节的牵引电机。组装前，规定要求对组装部位进行表面涂装。组装过程中，应按图纸要求使电机卡槽的端面与构架组装座的凸台加工端面重合，如图 3-113 所示。

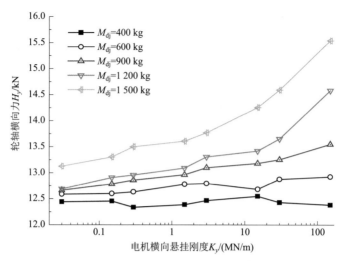

图 3-111 电机质量和悬挂刚度对轮轴横向力的影响

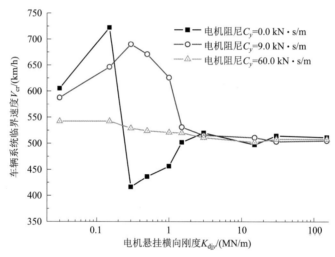

图 3-112 架悬式电机的横向阻尼对临界速度的影响

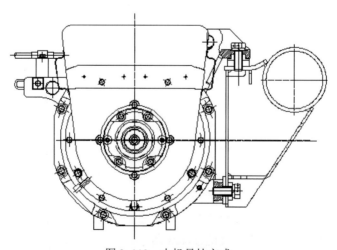

图 3-113 电机吊挂方式

## 3.5.2 齿轮传动装置

**1. 齿轮传动装置功能及分类**

齿轮传动装置又称齿轮箱，是动车组的动力传递单元，属于转向架关键零部件。车辆启动或正常运行时，齿轮箱将牵引电机的扭矩（转动能）通过连接单元传递并输入齿轮轴，经过齿轮啮合将扭矩传递给与车轴过盈配合的输出齿轮，从而带动车轴、车轮转动，驱动转向架及整车前进；车辆减速、停车时，齿轮箱将轮轴的扭矩逆向传递至牵引电机，实现电机的再生制动（此时电机变为发电机，将动能转化为电能存储起来）。齿轮箱须满足传动平稳、低噪声、高转速、轻量化、长寿命、高可靠性等要求。

① 动车组齿轮箱可按与构架连接方式、箱体分箱方式、材质、传动方式等进行分类。按齿轮箱与构架连接方式不同可分为球关节吊挂、垂直吊挂、C 型支架吊挂。几种设计结构均满足调整齿轮箱小端高度的要求。其中球关节吊挂及垂直吊挂设计结构相对较为简单，但球关节吊挂对于关节橡胶的可靠性要求较高；垂直吊挂与 C 型支架吊挂均采用橡胶饼吸收振动及构架轮对之间的相对位移变动，但 C 型支架吊挂结构稍为复杂。$CRH_1$ 系列动车组齿轮箱采用球关节吊挂，$CRH_2$ 系列动车组齿轮箱采用垂直吊挂，$CRH_3$ 系列动车组齿轮箱采用 C 型支架吊挂。

② 按齿轮箱箱体分箱方式不同可分为整体箱和上下分体箱。整体箱强度较高，加工方便，齿轮箱密封性能好，但对齿轮箱组装工艺水平要求较高。$CRH_2$ 系列动车组齿轮箱箱体采用整体箱，其余动车组齿轮箱箱体采用上下分体箱。

③ 按齿轮箱箱体材质不同可分为铸铁箱体、铝合金箱体。铝合金箱体能够大幅降低一系簧下质量，降低轮轨力，对于速度等级较高的车辆适合采用铝合金箱体。$CRH_1$ 系列、$CRH_5$ 型动车组齿轮箱箱体为铸铁材质，其余动车组齿轮箱箱体为铝合金材质。

④ 按传动方式可分为平行传动和垂直传动。齿轮箱的传动方式主要根据牵引电机的安装方式来确定，如果牵引电机为架悬结构，则齿轮箱一般采用平行传动方式；如果牵引电机采用体悬结构，则齿轮箱一般采用垂直传动方式。$CRH_5$ 型动车组齿轮箱采用垂直传动，其余动车组齿轮箱采用平行传动。

**2. 齿轮箱结构介绍**

通常，齿轮箱大端安装在动车车轴上，另一端通过吊挂装置连接在转向架构架上，小齿轮轴通过连接单元（联轴节或万向轴）与牵引电机连接。齿轮箱包括箱体、传动齿轮副、轴承、密封件、吊挂装置、油位视窗（或油位计）等。

动车组运行速度高，线路振动冲击大，齿轮箱一般采用斜齿轮传动方式。为了吸收轮轨垂向力与横向力，齿轮箱大端轴承一般采用圆锥滚子轴承，小端轴承根据运用环境温度而定。−25 ℃环境温度以上，可采用圆锥滚子轴承；低于此温度，考虑到润滑油因流动性差而对轴承的润滑不足，采用圆锥滚子轴承存油性差，故一般采取深沟球轴承+圆柱滚子轴承组合方式。考虑到动车组运行速度高，故齿轮箱一般采用油润滑方式，润滑油的选择与齿轮箱运用环境温度、运转速度、振动冲击工况、载荷等级等直接相关，一般选择 GL−5 质量等级，−25 ℃环境温度下选择低温黏度等级 80 W 或 75 W（−40 ℃及以下环境温度选择 75 W 或 70 W）/80/85/90 牌号润滑油。密封结构可采用纯迷宫式密封或"迷宫+接触式"组合方式，如有必要，箱体可增设通气装置以平衡箱体内外气压差。

1）平行传动齿轮箱

（1）CRH$_1$/CRH380D 型动车组齿轮箱。

CRH$_1$-200 型动车组齿轮箱传动比为 3.71，CRH$_1$-250 型动车组齿轮箱传动比为 3.27，CRH380D 型动车组齿轮箱传动比为 2.436，如图 3-114 所示。CRH$_1$/CRH380D 型动车组齿轮箱包括箱体、传动齿轮副、球关节吊挂等。箱体采用上下分箱方式，从轴中心线剖分，边缘结合处采用专用的高强度螺栓紧固。箱体为铸铁材质。传动齿轮副由主动齿轮轴和安装在车轴上的从动齿轮组成。齿轮为斜齿轮，经过硬化热处理，其工作表面经过磨削，能在牵引电机与车轴之间进行平滑而稳定的动力传递。箱体由直接安装在车轴上的圆锥轴承支承，主动齿轮轴位于齿轮箱中，由两个圆柱轴承和一个四点接触球轴承支承。从联轴节传递来的电机扭矩通过主动齿轮轴和从动齿轮之间的啮合传动传递到车轴上。

主动齿轮轴和驱动轴的贯通部位采用迷宫式密封结构，每个迷宫结构上有通向齿轮箱集油槽的回油孔。

齿轮箱下部设置有油位视窗，可以检查油位。为防止线路运行时，飞石等对齿轮箱的打击，在齿轮箱后部设有保护板。齿轮箱底部设有一个排油螺堵和一个注油螺堵。通过排油螺堵可放出箱体内润滑油。排油螺堵带磁性，可吸附润滑油中可能存在的铁屑。

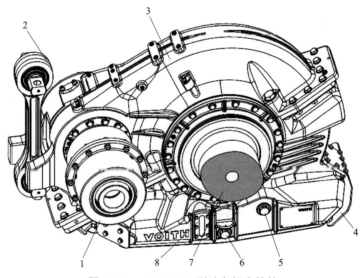

图 3-114　CRH380D 型动车组齿轮箱

1—联轴节；2—球关节吊挂；3—箱体；4—保护板；5—加油螺堵；6—排油螺堵；7—车轴；8—油位视窗

（2）CRH$_2$/CRH380A 型动车组齿轮箱。

CRH$_2$/CRH380A 型动车组齿轮箱主要由箱体、传动齿轮副、轴承、垂直吊挂、接地装置等构成，传动比分别为 3.036 和 2.379。与 CRH$_2$ 型动车组齿轮箱相比，CRH380A 型动车组齿轮箱增加了油量调节装置，可对齿轮箱温度进行自动调节，防止齿轮箱内部温度过高，如图 3-115 所示。

传动齿轮副由主动齿轮轴和从动齿轮组成。从动齿轮压装在车轴的齿轮座上，两侧为圆锥滚子轴承，轴承座与箱体通过螺栓连接，对轴承外圈进行轴向定位。箱体采用整体箱结构，可提高箱体的刚度和可靠性。箱体采用铸铝材料，可降低簧下重量。在齿轮箱内侧轴承压盖的外侧车轴上，安装了集流环，接地装置的碳刷在弹簧弹力的作用下与集流环保持径向密贴，可将车上的漏电电流直接传导至车轴继而形成接地，防止电流对轴承造成电蚀。

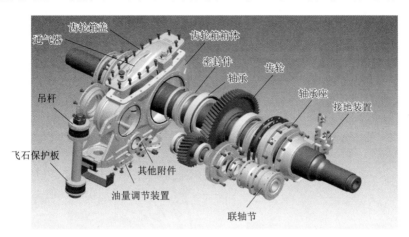

图 3-115　CRH380A 型动车组齿轮箱

齿轮箱上设置有油位视窗，可随时观察润滑油液面高度。为防止飞石打击，齿轮箱设有飞石保护板。为保持高速运行时齿轮箱内外压力平衡，CRH$_2$/CRH380A 型动车组齿轮箱设置有通气器。另外，为保证密封可靠，实现双向密封，齿轮箱采用了接触式密封圈及非接触式迷宫密封相结合的密封方式，能够有效应对沙尘等恶劣运行环境，避免齿轮箱漏油。

（3）CRH$_3$ 系列动车组齿轮箱。

如图 3-116 所示，CRH$_3$ 系列动车组齿轮箱由箱体、传动齿轮副、C 型支架等组成。CW300（D）型转向架齿轮箱传动比为 2.793，CW400（D）型转向架齿轮箱传动比为 2.429。

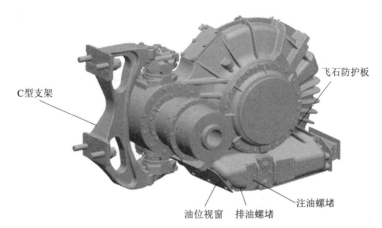

图 3-116　CRH$_3$ 系列动车组齿轮箱

箱体采用上下分箱方式，便于组装拆卸。箱体为铝合金材料，满足齿轮箱轻量化要求。C 型支架采用铸钢材料，保证结构刚度和强度。C 型支架上设有叠层弹簧，以减小齿轮箱与构架之间的动态及静态载荷。齿轮箱内大齿轮端通过两套轴承支承在车轴上，齿轮箱内主动齿轮端通过安装在主动齿轮侧的 C 型支架支承在构架上，将齿轮箱质量分散于簧下与簧间，

适应高速运行需要。齿轮箱箱体底部设置有油池，内部还设置有挡油板等，有助于齿轮箱内部润滑。齿轮箱上设有油位视窗，可随时观察油液面高度。为防止漏油，采用非接触式迷宫密封结构。齿轮箱底部还设置有注油螺堵和排油螺堵，其中注油螺堵位置和箱体内油池正常油位平齐，避免箱体内加油过多等误操作出现。为防止飞石对齿轮箱造成冲击破坏，在齿轮箱上还设置有飞石防护板。

2）垂直传动齿轮箱

CRH₅型动车组齿轮箱属于垂直传动齿轮箱，齿轮箱基本结构如图 3-117 和图 3-118 所示，齿轮箱传动比原为 2.5，现改为 2.2。

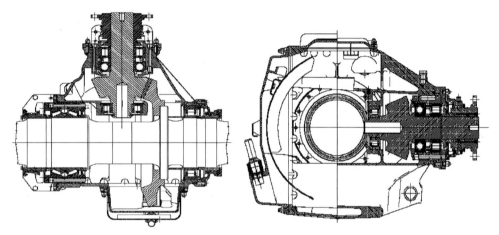

图 3-117　CRH₅型动车组齿轮箱

图 3-118　CRH₅型动车组齿轮箱三维结构图

齿轮箱主动齿轮输入轴的轴承配置为两套单列圆柱滚子轴承和一套四点接触球轴承。四点接触球轴承作为推力轴承，只承受轴向力不承受径向力。齿轮箱安装在车轴上的轴承配置为一套单列圆柱滚子轴承和一对圆锥滚子轴承。圆锥滚子轴承面对面配置，除承担径向载荷外，并作为轴向推力轴承之用。安装时，须特别注意轴向间隙（0.22～0.33 mm）的调整，以保证轴承的良好运行。齿轮箱还配有油位传感器以检查油位，信号传输到 TCMS（列车控制和监控系统）。在齿轮箱下部与构架间设有一个两端带有弹性橡胶关节的支反力杆，用以克服牵引力矩。

**3. 齿轮箱箱体结构介绍**

高速动车组齿轮箱结构分为整体式和分体式，每种结构均有其特点，具体如下。

1）整体式齿轮箱箱体

（1）轻量化设计保证齿轮箱箱体的刚度。

高速动车组齿轮箱箱体考虑轻量化设计，普遍采用高强度铝合金铸造成型，由于不存在分箱面，采用整体式铸造成型最大限度地保证了铝合金箱体的刚度，保证了结构的可靠性，降低了齿轮箱箱体承受载荷时的变形量。

（2）提高轴承座法兰孔的加工精度。

由于采用整体式齿轮箱箱体，大小轴承座法兰孔加工时镗孔加工一刀成型，最大限度地保证了轴承座法兰孔的加工精度。

（3）降低铸造工艺难度，提高产品质量。

整体式齿轮箱箱体设计，提高了齿轮箱箱体的刚度，因此齿轮箱箱体内外表面无须布置过多加强筋板，设计结构简单，降低铸造工艺难度，保证铸件质量。

（4）减少搅油带来的温升。

齿轮箱箱体内壁采用光滑设计，可以减少参与内部循环的润滑油的阻力，降低齿轮箱的温升。

（5）采用大壁厚设计，提高齿轮箱箱体抗飞石击打能力。

整体式齿轮箱箱体（见图 3-119）设计由于降低了铸造工艺难度，因此可以将壁厚设计得较厚，提高刚度的同时保证齿轮箱箱体的强度，最大壁厚可以达到 30 mm，提高了齿轮箱箱体的抗飞石击打能力。

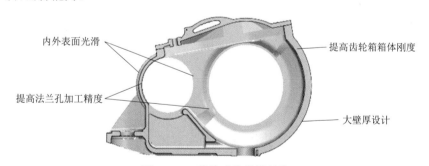

图 3-119　整体式齿轮箱箱体

2）分体式齿轮箱箱体

① 为保证箱体刚度，上下箱体结构设计相对整体箱稍微复杂。

② 上下箱体均为受力结构，故对分箱面的密封性及连接可靠性要求较高。

③ 上下箱体设定位销结构，以便组装时能够对准。大轴承座法兰孔加工时，箱体应为合箱后状态，以保证孔的精度。

④ 箱体表面通常设较多的加强筋，能够起散热作用。

⑤ 箱体铸模相对复杂，对铸造工艺要求较高。

⑥ 齿轮箱整体组装退卸较为简单，作业效率高，见图 3-120。

**4. 齿轮箱密封结构介绍**

高速动车组齿轮箱密封结构通常有两种结构形式，一是完全靠金属迷宫密封的非接触式结构，二是采用"金属迷宫+接触式橡胶密封圈"的组合式密封结构。每种密封结构的特点如下。

（1）金属迷宫密封。

通过一系列类似迷宫的小间隙通道以及与之配合的大空腔，使箱体内部的气体（或气液混合体）压力逐级减小，直到最终与外界气压达到平衡状态。由于密封形式采用非接触式，故密封结构检修周期较长。金属迷宫密封结构如图 3-121 所示。

图 3-120　分体式齿轮箱箱体

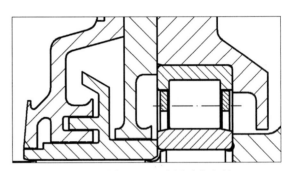

图 3-121　金属迷宫密封

（2）"金属迷宫+接触式橡胶密封圈"组合密封。

该组合密封整体密封能力强。接触式橡胶密封圈是在金属迷宫外层额外增加的一道密封结构，其主要作用是阻挡外界沙尘、雨水等异物侵入，同时可将齿轮箱内外空间基本隔开，对于齿轮箱外部气压频繁变化或气压变化较大的运行工况，可有效减小齿轮箱内外压力差的急剧变化，防止润滑油被吸出。但由于密封圈通常采用橡胶材质，长期接触磨损，故为保证密封圈的密封效果，需要定期分解齿轮箱以更换橡胶密封圈，其结构如图 3-122 所示。

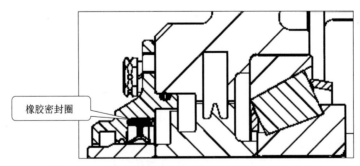

图 3-122　"金属迷宫+接触式橡胶密封圈"组合密封

## 3.5.3　吊挂装置

高速动车组齿轮箱吊挂装置通常包括 C 型支架结构及吊杆结构，吊杆结构又可分为橡胶球关节结构及饼状垂直结构等。每种结构的特点如下,结构如图 3-123 所示。

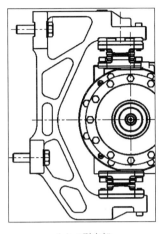
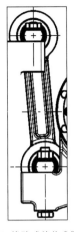
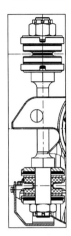

（a）C 型支架　　　　　　（b）橡胶球关节式吊杆　　　　（c）饼状垂直式吊杆

图 3-123　吊挂结构

（1）C 型支架结构。

C 型支架整体承载能力强,可采用铸造或锻打成型;支架两端采用饼状橡胶分别与构架及齿轮箱箱体连接,吸收线路振动及降低垂向振动传递能力强,且使齿轮箱箱体受力小;支架垂向中心与齿轮箱小齿轮中心连接,联轴节基本无径向变位,故不需要对驱动装置高度进行调整。但该型结构零部件较多,组装拆卸复杂。

（2）橡胶球关节吊杆结构。

吊杆通常采用锻打成型;通过橡胶球关节的扭转及轴向变位来补偿构架与齿轮箱的相对运动;通过调整吊杆上下端的调整垫片来实现驱动装置高度调整;零部件较少,结构组装拆卸简便。

（3）饼状垂直吊杆结构。

吊杆通常采用锻打成型,可设计为内外双层结构以防止线路异物击打,亦可设计为双头螺柱式结构以方便不抬车情况下进行轮对更换;采用垂直吊挂结构,便于计算、调整驱动装置高度;饼状橡胶垫吸收线路振动及降低垂向振动传递能力强,且使齿轮箱箱体受力小;大螺母连接强度高;组合式垫片可满足任何工况下驱动装置高度调整;组装时,控制橡胶垫压缩厚度,整个结构即可安装到位;该结构相对 C 型支架较为简洁。

## 3.5.4　联轴器

### 1. 联轴器结构介绍

联轴器,又称联轴节,其结构型式多种多样,转向架常用联轴器有齿式结构、挠性板结构、十字轴式万向联轴器（又称万向轴）,其作用是连接牵引电机及齿轮箱,传递动力及位移补偿。

（1）齿式联轴节。

齿式联轴节是用以传递扭矩和旋转运动的一种联轴节。它可通过滑移运动对所联两轴线间相对的轴向、径向、角向位移实现补偿，一般由两个半联轴节组成。其中一个半联轴节连接牵引电机轴，另外一个半联轴节连接齿轮箱的主动齿轮轴。牵引电机通过齿式联轴节将牵引动力传给齿轮箱，并通过齿轮箱传递到车轴，以驱动轮对。

齿式联轴节不仅要补偿自身的制造和安装误差，还要补偿因载荷变化所引起的冲击和振动、温度变化以及轴承磨损等多种因素所造成的两轴线的相对位移。并且还要对动车组在运行中由于线路不平顺和通过曲线、弯道时垂向、纵向和轴向位移进行补偿。

为了满足上述应用要求，齿式联轴节外齿轮的齿顶加工成球面，齿形采用鼓形齿，并采用内齿轮齿宽加长等方式实现满足所联两轴线间相对的轴向、径向、角向位移的要求。

目前，动车组转向架除 CRH$_5$ 型动车组采用万向轴外，其余 CRH 系列动车组联轴节均采用鼓形齿。每套联轴节包括两个半联轴节，两个半联轴节通过注油压装分别组装到电机轴和

图 3-124 联轴节三维示意图

主动齿轮轴上，两个半联轴节之间通过螺栓连接在一起，如图 3-124 所示。

大部分型号的联轴节均采用对称结构，每个半联轴节由带外齿的轴毂（亦称鼓形齿）及带有相配齿形的内齿套（亦称外筒）等组成。轴毂外齿齿面由多段弧面组成，形成类似鼓形的齿面结构，使其能够在互相配合的内齿套中自由转动，实现联轴节各向位移补偿。鼓形齿内孔通常采用锥度结构，通过注油压装或热套方式组装到电机轴及齿轮箱主动齿轮轴上。轮齿上完全对准时有一个初始侧向间隙，以允许鼓形齿与内齿套之间存在一定的角度偏差。内齿套使用高强度螺栓和自锁螺母进行连接。联轴节可采用油润滑或脂润滑方式，采用油润滑对结构的密封可靠性要求较高。联轴节内孔锥度采用 1:10～1:50 不等。当采用 1:20 锥度及以下时，为安全起见，通常在轴端设缩进装置，见图 3-125、图 3-126。

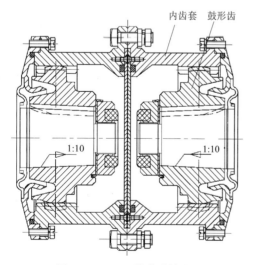

图 3-125 1:10 锥度联轴节

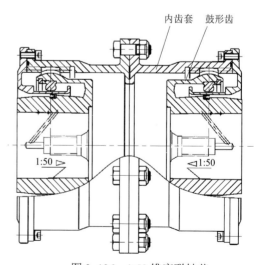

图 3-126 1:50 锥度联轴节

为避免牵引电机输出的过大短路扭矩传递到齿轮箱，部分动车组联轴节采用过载保护式结构，即电机侧半联轴节采用滑移衬套结构，当电机输出扭矩超过滑移衬套所能传递的最大扭矩时，滑移衬套与鼓形齿之间发生打滑，以此实现过载保护功能，如图 3-127所示。

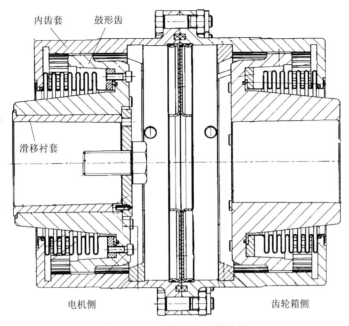

图 3-127 过载保护式联轴节

（2）万向轴。

动车组万向轴通常由铰接法兰、十字轴颈、套筒和花键联轴节组成，适用于体悬式牵引电机与轴悬式齿轮箱的连接。万向轴通常安装在齿轮箱与电机的安全装置（实现过载保护功能）之间，如图 3-128 所示。

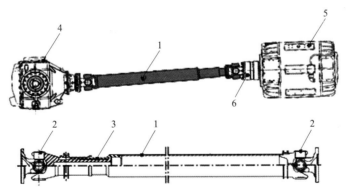

图 3-128 万向轴结构

1—万向轴；2—十字轴颈；3—花键联轴节；4—齿轮箱；5—牵引电机；6—安全装置

## 2. 联轴器变位能力设计

车辆静止状态下，牵引电机与齿轮箱之间存在静态相对位移；车辆运行状态下，牵引电

机与齿轮箱会发生动态相对位移。故在校核联轴节变位能力前，首先需要计算牵引电机与齿轮箱之间的变位需求。

综合考虑组装误差及电机轴与小齿轮轴之间运动位移的相互关系，得出电机轴与小齿轮轴之间可能出现的最大径向错位量与轴向错位量，以确认联轴节能否满足使用要求。

电机轴与小齿轮轴的错位量分析主要内容如下。

（1）转向架几何关系分析。

转向架上各点的位置关系如图 3-129 所示。

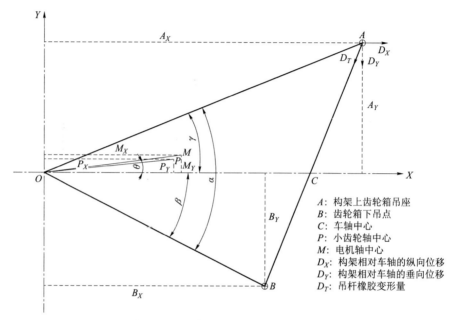

$A$：构架上齿轮箱吊座
$B$：齿轮箱下吊点
$C$：车轴中心
$P$：小齿轮轴中心
$M$：电机轴中心
$D_X$：构架相对车轴的纵向位移
$D_Y$：构架相对车轴的垂向位移
$D_T$：吊杆橡胶变形量

图 3-129　转向架上各点的位置关系

（2）影响径向错位量的因素。

以空车状态为基准，构架与轮对的垂向相对位移如图 3-130、表 3-30 所示。

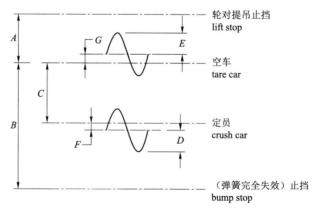

图 3-130　构架与轮对的垂向相对位移

$A$—空车距止挡距离；$B$—弹簧压并距空车距离；$C$—空车状态与超员时距离；

$D$—1.3 倍定员载荷；$E$—1.3 倍空车载荷；$F$—公差和永久变形；$G$—弹簧制造误差

表 3-30 构架相对于轮对的垂向位移量

|  | 方向 | 状态 | 相对空车的位移量 |
|---|---|---|---|
| 最大位移量 | 上 | 转向架起吊时 | $A$ |
|  | 下 | 弹簧完全失效 | $B$ |
| 通常行驶时的位移量 | 上 | 动态位移：$0.7G_x$ 空车时的车辆载重 | $E+G$ |
|  | 下 | 动态位移：$1.3G_x$ 满车时的车辆载重 | $G+C+F+D$ |

根据以上因素，利用几何关系可以计算出联轴节的变位能力需求。

（3）变位能力校核。

计算出联轴节的最大径向错位量 $\Delta$ 及轴向错位量 $\Delta_a$，对联轴节本体进行变位能力校核，联轴节要能够满足在极限变位状态下的限界要求及转动要求，空间限界如图 3-131 所示。

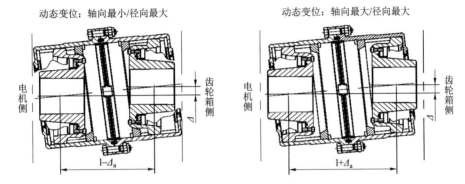

图 3-131 联轴节变位能力校核

## 3.5.5 润滑油

齿轮箱、联轴节的运转状态与润滑油密切相关。润滑油能够在相互啮合的齿面（滑动摩擦面）或滚动轴承（滚动摩擦面）形成稳定的油膜，以保证零部件的正常运转。

国际上将齿轮油按用途主要分为两类：工业齿轮油（开式、闭式）及车辆（通常指汽车）齿轮油。对于车辆齿轮油，通常根据车辆的运行工况（包括负荷、速度、温度）及齿轮类型，从质量及黏度两方面来对润滑油进行分类。

欧美国家对车辆齿轮油的质量分类主要参照美国石油协会（API）的质量分类：GL-1～GL-6，共 6 级。日本将车辆齿轮油的质量分为 3 类：1 类应等同或超过 API 分类的 GL-3；2 类应等同或超过 API 分类的 GL-4；3 类应等同或超过 API 分类的 GL-5。中国将车辆齿轮油的分类分为 3 类：普通车辆齿轮油（参照 API 分类的 GL-3）、中负荷车辆齿轮油（参照 API 分类的 GL-4）、重负荷车辆齿轮油（参照 API 分类的 GL-5）。

欧美国家车辆齿轮油的黏度分类主要参照 SAE J306 标准（SAE 为美国汽车工程师协会），黏度分类等级：70 W/75 W/80 W/85 W/80/85/90/110/140/190/250。日本车辆齿轮油黏度分类等级：75 W/80 W/85 W/90/140。中国车辆齿轮油黏度分类等级：75 W/80 W/85 W/90/140。

动车组运行速度高，线路振动冲击大，齿轮箱通常采用斜齿轮传动方式。为了吸收轮轨垂向力与横向力，齿轮箱大端轴承一般采用圆锥滚子轴承，小端轴承根据运用环境温度而定。–25 ℃环境温度以上，可采用圆锥滚子轴承；在此温度以下，考虑到润滑油因流动性差而对轴承的润滑不足，采用圆锥滚子轴承存油性差，故一般采取深沟球轴承+圆柱滚子轴承组合方式。考虑到动车组运行速度高，故齿轮箱一般采用油润滑方式，润滑油的选择与齿轮箱运用环境温度、运转速度、振动冲击工况、载荷等级等直接相关，通常选择 GL–4/5 质量等级，–25 ℃环境温度选择低温黏度等级 80 W 或 75 W（–40 ℃及以下环境温度选择 75 W 或 70 W）/ 80/85/90 牌号润滑油。

## 3.5.6　基础制动装置

国际铁路联盟已明确规定：在高速列车无法从接触网正常受流取电的情况下，其紧急制动距离也应保证符合规定的要求。也就是说对于最高运行速度为 350 km/h 的高速动车组，其受流失效时的安全制动距离应保持与正常的紧急制动距离一致。

对于最高运行速度 350 km/h 的高速动车组，如 ICE350E、AGV、700 系、E5、E6、CRH380 系列等，在受流失效时都是采用纯空气盘形制动作为安全制动的唯一手段，以达到安全制动距离。但是对于 350 km/h 的高速动车组，制动能量高，仅采用空气盘形制动已无法满足日常安全运营。为此 350 km/h 动力分散式电动车组制动系统设计时均添加再生制动、电阻制动、涡流制动、磁轨制动中的一种或者几种，确保运营安全。

制动问题的本质是要求在制动时（包括更高速度级开始进行的停车制动和下坡道上实施的持续制动），将列车运行的动能可靠地转换为热量，通过摩擦释放掉。同时，使能量转换过程中产生的热量，在传递过程中不会造成机车车辆及其零部件的损坏。基础制动便是实施这一转换过程的机构。

列车从最高运营速度减速到停车，必须在机车车辆的轮轴上作用一定的制动力，才能在规定的时间和规定的距离内停止列车运行，但同时在任一时刻、任一速度点制动力不应超过轮轨间的黏着极限值。

车辆制动机按基础制动装置的摩擦方式分为以下 3 类。

① 闸瓦制动：用闸瓦压紧车轮踏面，使其发生摩擦阻力而产生制动作用。

② 盘形制动：使用带有闸片的制动钳夹紧安装在车轮两侧或车轴上的制动盘，使其产生摩擦阻力而产生制动作用。

③ 磁轨制动、涡流制动：磁轨制动是指利用安装于转向架上的电磁铁通电后的吸力吸附在钢轨上，使安装在电磁铁上的磨耗板与钢轨之间发生摩擦而产生制动力。磁轨制动不受轮轨间黏着力的限制，不易造成车轮滑行，一般用于高速旅客列车上，还可与空气制动机并用。

涡流制动又分为轨道涡流制动和盘形涡流制动。

（a）轨道涡流制动与磁轨制动相似，也是在转向架构架侧梁下面同侧的两个车轮之间安装一套电磁铁装置。不同的是，电磁铁制动时只下放到距轨面 7～10 mm 处，而不是与钢轨接触，它利用电磁铁和钢轨相对运动产生的电磁吸力作为制动力。电磁铁和钢轨的相对运动使钢轨感应出涡流，从能量的角度，轨道涡流制动是将列车的动能转换为电能，再转换为热能散发于大气中。

（b）盘形涡流制动在日本 100 系、300 系、400 系和 700 系新干线列车的拖车转向架上有成熟的应用。

**1. 踏面制动**

自从铁路发明以来，踏面制动一直被沿用下来。早期铁路用的闸瓦采用当时马车上用的木质闸瓦，一直到 1937—1938 年日本的小田特急列车仍然使用木质闸瓦，后来因雨天闸瓦同踏面之间的摩擦系数急剧下降而停止使用。法国巴黎地下铁道某些车辆在很长的时间内也采用木质闸瓦。

铸铁闸瓦比起木质闸瓦，显然更加坚固耐用和成本低廉，因此，一直到现在仍然在低速车辆上面使用，绝大多数已经被合成闸瓦替代。1907 年，英国的费罗多（Frendo）公司首先制成合成闸瓦，美国于 1954 年制成了考布拉（Cobra）合成闸瓦，之后苏联、日本和西欧各国也相继对合成闸瓦进行研究和试用。

由于合成闸瓦具有较高的摩擦系数且比较稳定，摩擦系数随速度的变化较小，因此能够充分利用轮轨间的黏着系数，从而有效缩短制动距离，所以得到了重视。但合成闸瓦也存在着一定的缺点，如散热性较差，容易使车轮踏面产生热裂纹或异常磨耗。当列车速度提高时，合成闸瓦温度可升高至 400 ℃，由于摩擦系数的热衰退已达到使用极限，且在此温度下车轮踏面表面由于存在局部的热斑而造成马氏体相变，最终可能导致车轮踏面剥离、异常磨耗，如图 3-132 所示。

（a）踏面"W"形磨耗　　　　　　　　　　（b）踏面"凹"形磨耗

图 3-132　车轮踏面异常磨耗

由于踏面制动对于车轮踏面微观损伤具有修复作用，且对于轮轨之间的黏着系数有一定程度的改善，法国时速 300 公里的 AGV、TGV 系列高速列车的动车仍然使用粉末冶金闸瓦，以充分发挥踏面制动的优点。

到目前为止，铁道车辆闸瓦大致分为以下几种类型。

（1）铸铁闸瓦。

铸铁闸瓦一般指的是普通灰铸铁闸瓦（含磷量＜0.7%）和中磷铸铁闸瓦（含磷量 0.7%～1.0%），含磷量超过 1.0%的称之为高磷闸瓦。此外，还有含稀土元素的耐磨铸铁闸瓦等。当铸铁闸瓦的含磷量在 3%时，可有效减少闸瓦摩擦时产生的火花，普通铸铁闸瓦在摩擦时常产生红热碎末，这些碎末在空气中进一步氧化变得白热，但在高磷铸铁的情况下则很快地冷却，有效降低制动过程中起火的风险。

（2）合成闸瓦。

合成闸瓦按摩擦系数分为高摩擦系数合成闸瓦和低摩擦系数合成闸瓦；以黏结材料基体分为树脂基合成闸瓦和橡胶基合成闸瓦；在性能上又有一般用的普通闸瓦和耐雪用合成闸瓦。目前大批量使用在运营速度≤160 km/h 货车、客车，以及运营速度≤100 km/h 地铁车辆上。

① 合成闸瓦的优点。

耐磨性好，寿命比铸铁闸瓦长 4～6 倍，大大节省了更换闸瓦的工作量，在高坡地区更为显著；闸瓦与车轮的摩擦系数特性曲线可以调节，并能很好地利用车轮与钢轨间的黏着系数；摩擦系数随速度的变化不敏感，在停车时冲击较小。

② 合成闸瓦的缺点。

潮湿、雨雪条件下摩擦系数明显下降；热传导性能差，容易对车轮踏面造成不良影响。

③ 合成闸瓦对于轮轨黏着的影响。

合成闸瓦材料中的石墨和磨耗物行程的碳化膜附着在车轮与轨面之间，使黏着系数降低，已经通过试验台试验进行验证。车轮踏面与钢轨的静摩擦系数与石墨有关，尤其是低摩擦系数合成闸瓦。另外石墨附着在轨面上形成一种非导电的氧化物，在支线上会降低信号轨道电路的作用。这个问题需要与黏着一起考虑，需有专门的解决措施。

解决车轮黏着问题的措施，可以采用机械的办法来清除踏面与轨面间的污物，像耐雪闸瓦、研磨子那样渗入硬质物质的材料，在制动过程中清除车轮踏面的污物，能够有效提升轮轨黏着并减少滑行的概率。

（3）粉末冶金闸瓦。

主要使用在大载重和高速机车车辆上，不同温度下摩擦系数比较稳定，并且有着良好的耐磨性，从摩擦材料基体分为铜基和铁基两种粉末冶金闸瓦。

粉末冶金材料出现在 1930 年。第二次世界大战期间，由于军事车辆和飞机等特殊要求推动了这项新工艺的发展。初期的粉末冶金摩擦材料都是铜基的，现在广泛使用铁基摩擦材料。

粉末冶金闸瓦的优点：保持了铸铁闸瓦与合成闸瓦的共同优点，而又克服了它们各自的缺点；有足够的摩擦系数和必要的耐热性，摩擦系数随速度变化小（摩擦系数可以用配方进行调节），这样可以更好地利用轮轨黏着；耐磨性、导热性好，可有效降低对于摩擦副（车轮或制动盘）的不良影响；摩擦系数不随气候条件的变化而变化；有足够的机械强度。

**2. 踏面制动的分类**

按照闸瓦的配置来分，踏面制动分为单侧制动和双侧制动两种。

（1）单侧制动（见图 3-133）。

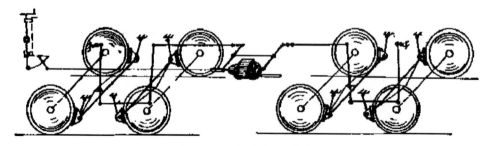

图 3-133　单侧制动—货车

单侧制动的优点是结构简单、检修方便，适用于速度不高、吨位不大的车辆。缺点是制动时轴向单侧受力，闸瓦易产生偏磨，闸瓦单位面积上的压力较大，温度较高，故磨耗量较大，制动效果较差。目前我国低速货车仍大量采用单侧踏面制动。

（2）双侧制动（见图 3-134、图 3-135）。

双侧制动的优点：制动时，闸瓦单位面积上的压力较小；闸瓦散热较快、温度低、磨耗量小；闸瓦摩擦系数较高，制动效果好。缺点是结构复杂，检修较困难。目前我国 120～140 km/h 客车主要采用双侧制动。

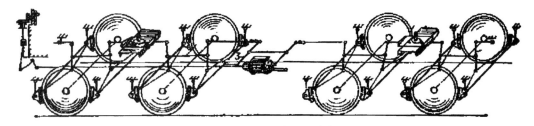

图 3-134　双侧制动—货车

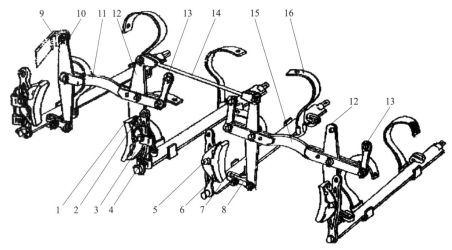

图 3-135　双侧制动—客车

1—闸瓦；2—闸瓦插销；3—闸瓦托；4—闸瓦托弹簧；5—闸瓦托销；6—闸瓦托吊；7—制动梁；
8—制动梁下拉杆；9—固定杠杆支点托；10—固定杠杆；11—固定杠杆拉杆；12—移动杠杆；13—拉杆吊（中拉杆吊）；
14—移动杠杆上拉杆；15—制动杠杆拉杆；16—制动梁缓解弹簧

以上介绍的基础制动装置，无论是单侧制动还是双侧制动，共同点是制动缸及车体制动杠杆均吊装在车体底架下面，它和两个转向架制动杠杆系统之间以很长的上拉杆相连接。这种松散的结构对于底架下设备较多的某些车辆不适用，加之合成闸瓦摩擦系数大，不需要很高的制动倍率，于是又出现了另外一种紧凑布置的基础制动结构——单元制动器。

**3. 单元制动器**

单元制动器除了结构紧凑外，还具有传动效率高的优点，适应不同的转向架空间结构。单元制动既有单侧制动，也有双侧制动；按安装方式不同分为卧式和立式设计型式；按功能分为常用单元制动器和带停放功能单元制动器。带停放功能的弹簧储能器由压缩空气控制，充风缓解，排风制动，所有的停放单元制动器均可以从司机室进行缓解。见图3-136。

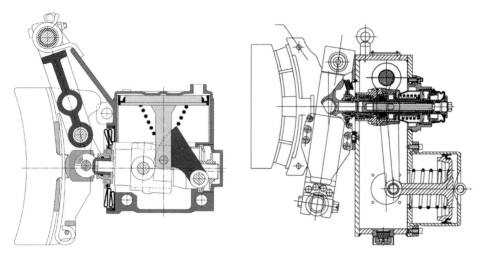

图3-136　单元制动器

单元制动器优点：

① 结构紧凑，无连杆。

② 通过单作用气缸容量调节器自动修正闸瓦和轮子磨耗造成的闸瓦间隙。

③ 空气消耗量稳定。

④ 通过压缩空气可在驾驶台上集中操纵弹簧储能器。

⑤ 在更换闸瓦时无须进行调整工作。

## 3.5.7　盘形制动装置

盘形制动装置由制动盘（轮盘或轴盘）、制动缸（或盘形制动单元、制动夹钳）、闸片（高磨合成或粉末冶金闸片）等部件组成。

传统的踏面（闸瓦）制动方式大部分热能由车轮来承担，随着车辆速度的提高和载重的增大，车轮的制动热负荷也相应增加。又由于合成摩擦材料的发展、应用和限制，使得车轮踏面温度升高而造成各种不利影响。车轮的材质和结构是不能自由选择的，而在盘形制动装置中，作为摩擦副的制动盘、闸片的材质和结构，可以根据制动能力的要求进行多种方案的选择。

德国柏林地铁首先安装BSI公司盘形制动装置，后1935年在德国的汉寿尔-威格曼准高速列车（速度高达175 km/h）和汉堡的高速列车上同样安装这种制动装置。1937—1939年期间，在美国和荷兰等国的铁路上，也相继出现了盘形制动装置。现在全世界各地盘形制动装置得到越来越广泛的采用。

**1. 盘形制动的特点**

（1）盘形制动优点。

① 盘形制动装置代替了闸瓦对车轮踏面的摩擦，因而不存在对车轮的热影响问题，同时也减少了对车轮的磨耗，延长了车轮的使用寿命并改善了运行品质，保证了行车安全。

② 盘形制动装置设计灵活，散热性能比较好，所以摩擦系数更为稳定，能获得较恒定的

制动力。它的热容量允许它采用较高的制动率，可以在更高的速度下制动，获得较高的减速度，从而缩短了制动距离。

③ 由于可以自由地选择制动盘和闸片，使这一对摩擦副具有最佳的制动参数，可以获得较高的摩擦系数，并且比较稳定，受速度的影响较小。因此可以减小制动缸空气压力，制动缸及杠杆的尺寸都可缩小，减轻了制动装置的重量。

④ 拖车车轴可根据需要设置 1～4 套盘形制动装置，使制动功率达到黏着条件允许的最大值，这个特点对于高速车辆来说至关重要。

（2）盘形制动缺点。

① 车轮踏面经过长期运用而发生材质疲劳，也存在采用盘形制动装置的车轮踏面容易发生剥离的问题。为消除这一缺点，现在有些列车也同时安装闸瓦摩擦式装置。

② 由于取消了踏面制动，车轮踏面上的油污不能及时清除，会降低轮轨间的黏着系数，安装盘形制动装置的车辆，轮轨黏着系数存在降低的趋势。这一点对于高速列车来说，必须给予特别的注意。须采用辅助的提高轮轨黏着的措施，包括增黏设备、撒砂、喷陶瓷等不同手段。

盘形制动装置中制动盘的安装形式不同，如图 3-137 所示，可以分为轴装制动盘（a）、（b）和轮装制动盘（c）、（d）。

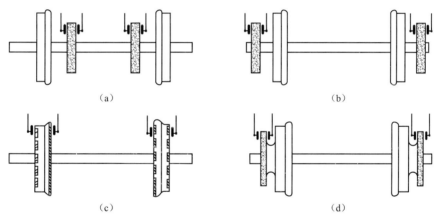

图 3-137 制动盘的分类

**2. 制动盘的材质及结构形式**

制动盘是盘形制动装置的关键部件，对其选材要求，应根据制动盘的结构和使用特点加以考虑，高速列车制动盘选材可归纳为下列要求：足够的强度，良好的制动性能，较长的使用寿命，较轻的重量，易于制造及较低的成本等。在强度方面，制动盘应具备承受其高速旋转时的离心力以及制动闸片产生最大压力的能力。在制动性能方面，希望制动盘与其闸片配对时，摩擦系数高且稳定，以期获得良好的制动效果。在使用寿命方面考虑的主要问题是热疲劳性和耐磨性能。制动盘在使用时，闸片与盘面强烈摩擦存在磨耗问题，同时还会引起瞬间温升和随后的急剧冷却。温升引起的局部热点可达 700 ℃，使制动盘承受着较强烈的摩擦作用和热疲劳冲击。因而其材质应具备较好的耐磨和抗疲劳性能，以确保制动盘较长的使用寿命。制动盘分类、材质及对应的使用条件如图 3-138 所示。

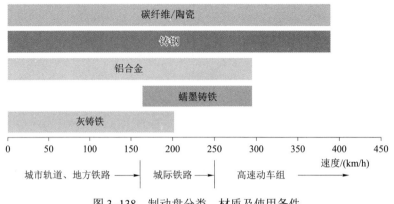

图 3-138　制动盘分类、材质及使用条件

### 3. 铸铁制动盘的运用及开发

铸铁制动盘具有摩擦性好、耐磨、耐热、抗热裂纹、抗变形及可铸性好等优点。日本在传统窄轨车辆上使用了 FC28 的片状石墨铸铁制动盘，现在仍在应用中，但在速度为 130 km/h 的车辆上使用时，磨损较快。德国将普通灰口铸铁制动盘用于速度为 120 km/h 的普通列车上和 ICE1 列车上。法国的 TGV–PSE 列车的拖车上也装用这种普通铸铁制动盘。在 270 km/h 速度下急停时，每个铸铁制动盘可在平均功率为 90 kW 的情况下消散 8 MJ 的能量。日本自 1964 年以来就一直在新干线列车上采用 NCM 低合金铸铁制动盘。对于片状石墨铸铁，加入 Ni、Cr、Mo 对改善耐热性及耐磨性是有利的。这种制动盘在新干线车辆上（速度为 250 km/h）使用时，往往不是因磨损超限，而是盘面产生热裂纹而更换。

日本近年来在既有线的特快列车上开始使用蠕墨铸铁制动盘，但其耐磨性尚有待进一步提高。蠕墨铸铁是近 20 年发展起来的一种铸铁材料。它的石墨形态介于片状和球状之间，较短而厚，头部较圆，形似蠕虫。蠕墨铸铁兼有高强度铸铁和球墨铸铁的良好性能。它的抗拉强度可达 500 MPa 以上（高强度灰铸铁一般为 300 MPa 左右），且具有良好的导热性，从而改善了抗热裂性能。此外，其铸造性能也较好。因此是制造制动盘较为理想的材料。

日本还曾对几种等温淬火贝氏体铸铁制动盘与铜基烧结闸片进行过高速摩擦试验，结果表明：经过 900 ℃、1 h 及 325 ℃、1 h 等温淬火的贝氏体片状石墨铸铁（FC25）的摩擦、磨耗特性最佳，最适合于制作制动盘。

德国 ICE1 高速列车的拖车上除采用普通铸铁制动盘外，还使用球墨铸铁制动盘。这种制动盘与有机材料闸片配对，可用于 280 km/h 速度以下的列车。尽管球墨铸铁盘的温度和摩擦特性与普通铸铁相同，但其裂纹形成和发展的倾向小。

日本既有线使用的制动盘是按 250 MPa 的材料强度设计的。因此，新开发的制动盘材质必须在具备大于 250 MPa 强度的基础上进行开发。为了保证铸铁的强度，并增大金属组织中析出的游离石墨含量，必须提高基体金相的强度。提高强度的方法，可在铸铁内添加铬（Cr）和钼（Mo），使其合金化。铬和钼可使组织致密化，提高金属部分的强度。另外还须降低铸铁的热膨胀。铁（Fe）、镍（Ni）、钴（Co）等强磁性体，在失去磁性的居里点处具有收缩的性质。利用这种性质制成合金时，即可获得热膨胀小的材质。其中镍的居里点为 358 ℃，同铁合金化时，具有热膨胀非常小的效果。

选择制动盘的材质，一方面希望增大其游离石墨的析出量，另一方面又要考虑由于石墨量的增大而引起材质强度的降低。用铬（Cr）和钼（Mo）使制动盘合金化可弥补强度的降低。为了控制热膨胀，又加入了镍，即采用了上述合金铸铁的材质。取在铸铁原材料中添加的镍（Ni）、铬（Cr）及钼（Mo）各元素的第一个字母，将新开发的制动盘称为 NCM 制动盘。

车辆制动盘在使用过程所承受的热疲劳是低周与高周复合热疲劳。在微观尺度上，摩擦表面属于粗糙平面，真正产生摩擦接触的区域是许多微区突出峰。磨损会造成这些突出峰动态变化，也造成了应力的疲劳循环。热疲劳开裂是造成制动盘早期破坏的主要原因之一。蠕墨铸铁是 20 世纪 70 年代投入工业应用的一种新型铸铁材料，其最大的性能优势在于它具有非常优良的热疲劳性能。不同石墨形态铸铁的摩擦磨损性能试验结果表明：蠕墨铸铁具有最低的磨损率与较高的摩擦系数。而且其摩擦磨损性能随速度与接触压力变化时的变化率最小。由于蠕墨铸铁不但具有优良的摩擦磨损性能，而且摩擦磨损特性最好，因此其是制造车辆制动盘比较理想的材料。

目前，国内在时速 160 km 的普通客车上及城轨列车上用的制动盘主要采用铸铁制动盘，从安装位置来说主要分为轴装式和轮装式两种，材料主要有灰铁材料、球铁材料、蠕铁材料等。其结构如图 3-139 所示。

图 3-139 提速客车制动盘结构

1）铸钢制动盘的发展

普通铸钢制动盘从 20 世纪 50 年代就开始采用了，但是由于它存在种种缺点，因而被灰口铸铁所取代。然而，德国现有的 ICE 列车上基本都采用了特殊耐热合金铸钢制动盘。Knorr 公司曾对铸铁盘和合金铸钢盘进行过比较试验，证明合金铸钢制动盘能够大量吸收较高制动力或制动能量，并具如下特点：① 较高的温度稳定性和较少的热裂纹趋势；② 对潮湿环境的敏感性较低；③ 在高制动力时，闸片磨耗较少（但在低闸片压力时，有较高的磨耗）；④ 在高温时具有较均匀的摩擦系数。

2）锻钢制动盘的发展

锻钢具有良好的强度和韧性等机械性能，同时具有较高的抗热龟裂性。锻钢制动盘在研制初期存在着因制动摩擦热引起变形大的问题，但通过改变形状或施加反应预变形等措施达到实用化程度。目前，这种锻钢制动盘正应用于日本新干线车辆和下一代试制车辆，以及法国的 TGV-A 高速列车上。日本锻钢圆盘的材质选用晶粒细化的 AISI4330（某些文献称 A4330 或 SNCM）。

日本新干线车辆用制动盘采用制造整体辗钢车轮的 9 000 t 压力机锻压而成。日本高速列车使用的大功率锻钢制动盘有带散热片和不带散热片两种。法国 TGV-A 高速列车上使用的大功率不通风锻钢制动盘（不带散热片），其材质牌号为 28CDV5-0.8 高弹性极限的 Cr-Mo-V 低合金锻钢。用这种材料制成的锻钢制动盘在 300 km/h 速度下急停时，每个制动盘可迅速逸散约 18 MJ 的制动能量，高出 TGV-PSE 用制动盘（在最高车速下）44%。

这种合金钢制动盘采用滚压工艺，经淬火和回火处理制作而成，圆盘厚度为 45 mm。

法国大西洋高速列车 TGV-A 采用高弹性极限合金钢制动盘，制动盘在最高速度下满负荷制动时承受很高的热应力。制动盘的环存在径向应力，尤其是还存在圆周压缩压力。这些应力是由于制动盘边缘区和中心部位的"冷箍"效应阻碍了局部膨胀而引起的。高能制动时，

在制动约 40 s 后达到最大值。应力值可能超过材料的弹性极限，因此产生残余拉伸应力。承受很高应力的制动盘外环可能产生两种弹性变形（盆形和波形变形），个别情况也会出现塑性变形。

3）国内钢制制动盘的运用

（1）铸钢制动盘。

在国内运用铸钢制动盘的列车主要有 $CRH_1$ 型动车组的轮装制动盘，$CRH_3$、$CRH_5$、CRH380A、CRH380B 型动车组所用的铸钢制动盘基本全从德国 Knorr 公司进口。目前国内主要有常州铁马、铁科院等研究单位在进行铸钢制动盘的设计开发和运用试验，但目前仅铁科院试制的样品在进行装车试验。其主要结构如图 3-140 所示。

（a）轮装制动盘　　　　　　　　　　（b）轴装制动盘

图 3-140　铸钢制动盘

铸钢制动盘具有盘体材料常温与高温性能好、吸收制动功率大、制动摩擦系数稳定、受热变形小、使用寿命长等优点；轮盘在结构上采用了定位销传递制动力矩的方式，避免了连接螺栓承受剪力，加强了螺栓连接的可靠性；轴盘盘体和盘毂采用浮动连接结构，使得制动盘在受热膨胀时有足够的空间，制动力矩由弹性销克服，螺栓不受剪力，加强了连接的可靠性。

（2）锻钢制动盘。

锻钢具有良好的强度和韧性等机械性能，同时具有较高的抗热龟裂性。锻钢制动盘在研制初期存在着因制动摩擦热引起变形较大的问题，但通过改变形状或施加反应预变形等措施可以达到实用化程度。目前，这种锻钢制动盘正应用于日本新干线车辆及法国的 TGV-A 高速列车上。日本新干线车辆用制动盘采用制造整体辗钢车轮的 9 000 t 压力机锻压而成，日本高速列车使用的大功率锻钢制动盘有带散热片和不带散热片两种类型。法国 TGV-A 高速列车上使用大功率不通风锻钢制动盘（不带散热片）。这种低合金锻钢的特点是机械性能好（冷、热态相同）；高温工况下有良好的不变形特性；具有良好的延展性、耐磨性（硬度高）、耐热疲劳性。

国内锻钢制动盘主要运用于 $CRH_2$ 型动车组上，主要是进口日本住友的锻钢制动盘。国内研制锻钢制动盘的厂家主要是常州铁马公司，现已经完成了锻钢制动盘的研制和台架试验，下一步将进行线路试验。其结构如图 3-141 所示。

轮装盘为整体结构，主要是用 12 个高强度螺栓通过盘体内爪处螺栓孔把两片制动盘紧固到车轮辐板上；轴装盘为分体结构，通过 4 个定位销把两片半盘固定组装成一个整体，此后用 12 个高强度螺栓通过盘体内爪处螺栓孔把两片整盘紧固到盘毂上。在制动盘与闸片摩擦制动时，通过紧固螺栓、螺母与制动盘体接触处摩擦力传递制动扭矩。

（a）轮装制动盘　　　　　　　　　　（b）轴装制动盘

图 3-141　锻钢制动盘

锻钢制动盘具有盘体材料常温与高温性能好、吸收制动功率大、制动摩擦系数稳定、与转向架连接可靠、更换安装方便、使用寿命长等优点，为列车高速运行安全提供了保障。

4）铝合金制动盘的发展

铝合金基复合材料是以铝合金为母材，加入陶瓷粒子并使之均匀分布，以改善其耐磨性。日本 JR 总研究院新材料研究小组对将汽车和飞机用的铝合金基复合材料制动盘应用于铁道车辆上进行了可行性研究，研制了一种将 $Al_2O_3$ 或 SiC 粒子分散在铝合金（5083）母材中的制动盘材料。这种材料的制动盘高速摩擦试验结果表明，其磨耗量非常小，摩擦系数与过去的铸铁闸瓦基本一致，但比重仅为 2.9。近年来，日本 JR 总研究院、三菱铝公司和东海石墨公司协作开发出新干线车辆制动盘用 Neomet-P 铝合金基复合材料。它用 SiC 作为强化粒子。与铸铁 FC25 比较，它具有较好的导热性、较大的热容量，比重不足铸铁的 40%。1993 年日本公开了日本株式会社栗木铁工所的一项专利产品——高速铁道车辆用铝合金基复合材料制动盘。据专利公报介绍，这种制动盘所用材料是将以前技术中的 A1-Mg 合金改成含 Si 的 Al-Si 合金（日本标准为 AC4CH）作为母材，将粒度为 3～50 μm（最理想为 10～30 μm）SiC 陶瓷粒子（粉末）均匀地分散添加到熔融状态的金属母材中，形成铝合金基复合材料。这种材料可通过压铸方法铸成制动盘。试验表明，这种材质的制动盘适用于高速，甚至超高速列车。德国也在积极研制和试验高速列车用的铝合金基复合材料制动盘。德国 Knorr-Bremse 公司研制的铝合金制动盘已装在电动车组（含地铁车辆）和 ICE 列车上试验，图 3-142 所示为铝合金制动盘。

5）C/C 制动盘的发展

由于在 350 km/h 速度下，采用大功率合金钢制动盘和烧结材料闸片已接近其极限，且重量较大。因此，在更高速度条件下采用碳/碳纤维（C/C）复合材料制动装置是一种可行的解决办法。碳/碳纤维复合材料是用碳纤维强化碳母材的复合材料。它具有比重小（1.75 左右）、重量轻、耐热裂及在高速下有很好的制动特性等优点，图 3-143 所示为 C/C 制动盘。

C/C 复合材料碳纤维增强碳基复合材料简称碳/碳（C/C）复合材料，它具有较低的密度

（仅为铸铁的 1/5）、优异的抗热冲击性和高温强度，以及在高速下具有较佳的高温摩阻性能等特点，因而在航空、航天领域中倍受青睐，多年来一直用作飞机制动盘的摩擦材料。采用 C/C 复合材料作为高速列车制动盘的摩擦材料，不仅可以大大减轻盘形制动器的重量，而且因其热容量大，还可以对超高速列车施行紧急制动。

图 3-142　铝合金制动盘

图 3-143　C/C 制动盘

　　C/C 复合材料的制备大致可分为预制件成形、致密化和石墨化三个工艺过程。预制件成形包括原材料和成形工艺的选取。增强组分按纤维的长度可分为长纤维和短纤维；按纤维的来源不同，分为 PAN 系和沥青系。常见的毛坯成形工艺有热模压法、超高温模压法、二维碳布增强法、针刺毡法、细编穿刺法和三维四向编织法等。为了降低 C/C 复合材料的制作成本，使其在高速列车上得到应用，一般选用短切碳纤维作为增强组分，并采用模压法进行毛坯成形。

　　C/C 复合材料的致密化方法有两种，一是用化学气相沉积法（CVD）获得热解碳，二是用浸渍碳化法获得玻璃碳或沥青碳。前者使所制备的 C/C 复合材料结构致密、性能指标较高，但其所用设备复杂、生产周期长、操作困难、性能重复性差、制造成本较高，难以在民用工业上得到应用；而后者所用设备简单、生产周期短、操作容易、性能重复性好，但所制备的 C/C 复合材料基体的残碳率低、结构疏松、性能较差。为了提高残碳率、增加致密度，人们广泛采用高压或中压浸渍碳化的方法制备 C/C 复合材料。各种 C/C 复合材料的石墨化工艺基本相同。

　　目前，C/C 复合材料作为列车制动摩擦材料存在的问题主要表现在以下几个方面：一是成本较高。二是摩擦系数随制动初速度增加变化较大和能量损耗大，致使制动系统及临近组件温升过高等问题。对于前者，可以通过对制动力的控制来补偿 C/C 复合材料制动盘摩擦系数的变化；对于后者，可以采用强制通风方式对周围部件进行冷却。此外，密度较低的 C/C 复合材料中存在的气孔在潮湿环境下吸湿会引起制动过程中摩擦系数大大下降，从而影响列车行车安全。这需要从提高 C/C 复合材料的致密度、进行完整的表面处理和适当的结构调整等方面加以改进。

### 4. 制动夹钳单元

　　盘形制动中，用于将压缩空气的压力或液压油的压力转化为闸片正压力的钳形部件为制动夹钳单元，安装在转向架上。根据驱动介质的不同分为气动夹钳和液压夹钳。制动夹钳的分类及应用范围如图 3-144 所示。

（a）紧凑式夹钳（地铁、轻轨、动车
常用、带停放，速度≥100 km/h）

（b）传统三点吊挂夹钳（客车常用、
带手制动，速度≥100 km/h）

（c）三点吊挂夹钳（地铁、轻轨、
动车常用、带停放，速度≥100 km/h）

（d）紧凑式夹钳（地铁、轻轨、
动车常用、带停放，速度≥100 km/h）

（e）液压夹钳（地铁、轻轨、
动车常用、带停放，速度≥100 km/h）

（f）液压夹钳（地铁、轻轨、
低地板常用、带停放,速度≥80 km/h）

图 3-144  制动夹钳的分类及应用范围

### 5. 闸片

闸片（见图 3-145）是安装盘形制动装置的车辆有效实施停车的安全保障，是列车制动系统的关键部件，其制动性能直接影响高速列车运行的平稳性和安全性。对于运行速度达到或超过 160~200 km/h 的车辆，制动产生的热量已经超出合成闸瓦的承受极限，基于此全世界范围内各闸片制造商设计并开发了粉末冶金闸片。粉末冶金闸片具有摩擦系数稳定、耐高温、摩擦系数随速度波动小、抗咬合性好、磨损小、寿命长等优点，已经成为高速列车理想的摩擦材料，并且已经成功应用在全世界范围内的高速列车上。

闸片按材质分为合成闸片和粉末冶金闸片。粉末冶金闸片按结构分为固定式粉末冶金闸片和浮动式粉末冶金闸片；按安装接口分为 UIC 燕尾结构、非 UIC 燕尾结构、非燕尾结构。

### 6. 高速列车制动系统特点

1）高速列车制动系统的基本要求

（1）制动能力和安全性。

高速列车必须装备高效率和高安全性的制动系统，为列车正常运行提供调速和停车制动的手段，并在意外故障或其他必要情况下具有尽可能短的紧急制动距离。由于列车的制动能

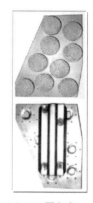

（a）UIC 合成闸片（轨道车辆，
合成材质，速度≤160～200 km/h）

（b）非 UIC 燕尾结构
（轨道车辆，粉末冶金，速度≤300 km/h）

（c）UIC 固定式
（轨道车辆，粉末冶金，速度≤250 km/h）

（d）UIC 浮动式（轨道车辆，粉末冶金，速度≤350 km/h）　　（e）非 UIC 浮动式（轨道车辆，粉末冶金，速度≤380 km/h）

图 3-145　闸片的分类及应用范围

量和速度成平方关系，时速 200～300 km 高速列车的制动能量是普通列车的 4～9 倍，从而在制动系统的性能要求和组成方面，均完全不同于目前的普通旅客列车，因此是发展高速列车所必须解决的关键技术问题。

高速列车的制动作用包括调速制动和停车制动，其制动能力首先表现为停车制动作用时对制动距离的控制。根据列车制动系统的结构特点和司机操纵作用（自动或人工制动控制作用），停车制动有各种不同的方式。在同样的制动装置、操纵方式和线路条件下，其制动距离基本上与列车制动初速度的平方成正比关系。所以随着列车速度的提高，必须相应改进其制动装置和制动控制方式才能满足缩短制动距离的要求。在各种不同的制动方式中，又以紧急制动距离为最短，是检验列车制动能力和运行安全性的基本技术条件，也是通信信号系统设计和运输组织的重要依据。

紧急制动距离的设计值主要基于轮轨间制动黏着的利用、基础制动装置的热容量以及制动控制性能等各种制约因素所容许的最大紧急制动能力。此外还应该考虑必要的安全裕量，特别是在动力制动作用不良状态下的紧急制动能力。表 3-31 所示为主要国家高速列车制动能力的比较。

表 3–31　主要国家高速列车制动能力比较

| 国别 | | 日本 300、500 系 | 法国 TGV | 德国 ICE | 意大利 ETR～500 | 欧洲之星 |
|---|---|---|---|---|---|---|
| 紧急制动 | 标准状态制动距离/m | 4 960/4 000（增黏） | 3 500 | 3 000（磁轨） | 4 000 | 3 500 |
| | 标准状态减速度/（m·s⁻²） | 0.95 | 1.0 | 1.2 | <1.0 | 1.0 |
| | 不良状态制动距离/m | | 4 500 | 按 UIC 规定限速 250 km/h<br>5‰坡道：3 450 m<br>12.5‰坡道：3 860 m | | |
| 常用制动 | 平均减速度使用范围 | 0.3～0.75 m/s²（300 系为 0.6） | | 按 UIC 建议：≤0.7 m/s²<br>小于 5‰坡道：0.5 m/s²<br>小于 12.5‰坡道：0.44 m/s² | | |

此外，影响制动距离的因素还有列车组成和线路条件，应按不同机车车辆的运行阻力和坡道、曲线阻力进行具体计算，为保证满足紧急制动距离即列车运行安全性的基本要求，在设计高速列车的制动能力时应留有充分的安全裕量。

（2）舒适性。

从列车动力学的观点出发，旅客的乘坐舒适性包括横向、垂向和纵向三方面的指标。高速列车纵向运动的特点除起动加速度较快以外，主要是制动作用的时间和减速度远大于普通旅客列车，因此必须有相应措施来控制旅客纵向舒适性的指标，包括对制动平均减速度、最大减速度和纵向冲击的要求，均应高于普通旅客列车。

为达到纵向舒适性的高要求，高速列车制动系统必须采用下述关键技术：

① 采用微机控制的电气指令制动系统以实现制动过程的优化控制，并在提高平均减速度的同时尽量减少减速度的变化率。

② 对复合制动的模式进行合理设计，使不同型式的制动力达到较佳的组合作用。

③ 减少同编组列车中不同车辆制动力的差别，以缓和车辆之间的纵向动力作用。

④ 采用摩擦性能良好的盘形制动装置和强有力的动力制动装置，以提供足够的制动力。

2）高速列车复合制动系统

如前所述，高速列车的制动能量和速度的平方成正比，因此传统的纯空气制动已不能满足需要，不仅受到有制动热容量和机械制动部件磨耗寿命的限制，还有摩擦材料性能对黏着利用的局限性和对旅客乘坐舒适性的不利影响。即使在考虑故障情况的纯空气作用紧急制动条件下，其制动距离也不免要有所延长，因此高速列车必须采用能提供强大制动力并更好利用黏着的复合制动系统。该复合制动系统通常由制动控制系统、动力制动、空气制动（包括盘形制动和踏面制动）系统、微机控制的防滑器和非黏着制动装置等组成。

（1）动力制动。

动力制动的基本原理是使牵引电机作为发电机工作而产生制动力，所产生的电能可以在制动电阻上转变为热能发散（电阻制动）或反馈至供电网（再生制动），在高速列车中的应用以后者为多。由于交—直—交传动技术的发展，网侧变流器能迅速、平滑、无接点地实现牵引与再生制动的转换，即实现能量双向流动的功能，使三相异步电机由牵引电机变为发电机，在动轴上传递动力矩，从而产生制动作用。

由此可见动力制动的特性主要取决于牵引电机的特性，其功率亦与牵引电机的功率相当，所以具有多个牵引电机的动力分散方式往往具有更强大的动力制动能力。

（2）空气盘形制动。

高速列车的空气制动系统普遍采用盘形制动方式取代踏面制动，后者即使被使用也仅仅是起到踏面清扫装置的作用。盘形制动具有较好的摩擦性能和更大的制动能力，后者不仅取决于盘形制动的制动盘数，也取决于其散热性能和耐磨性能。这些性能需要通过设计合理的制动盘结构形式和制动闸片材料才能取得。目前在高速列车上有两类制动盘的基本结构型式。

轴装制动盘：广泛应用在非动力轴上，其优点是安装、维修方便和散热性能好，可根据制动力的不同要求，在每根车轴上安装2～4个制动盘。

轮装制动盘：在高速列车动车的动力轴上，由于受到牵引电机安装空间及转向架簧下质量的制约而不得不采用"轮装式"制动盘结构，即将制动盘直接装在车轮的轮辐上。与"轴装式"相比，其缺点是散热条件较差，导致热胀冷缩的应力状态恶化，在同等制动功率条件下摩擦表面的热密度增大而容易引起热裂纹。对于200 km/h以上的高速列车，制动盘的闸片通常采用粉末冶金摩擦材料。该类材料由基体组元、润滑组元和摩擦组元所合成，不仅具有良好的导热性而能承受较大的热负荷，而且摩擦系数在高温时无明显衰减，受气候和温度条件的影响小，又具有优于高摩合成材料闸片的耐磨性，因此虽然制造成本较高，仍被高速列车所广泛采用。

（3）液压制动装置。

液压制动装置的目的是适用于高速列车的小型轻量化，提高黏着系数，减轻成本和维修费用，提高可靠性。

由于将空气制动的电气—空气—液压变换改为电气—液压直接变换方式，液压制动省略了副风缸、增压缸和大量空气配管，因此可以实现小型化并减轻约2/3质量，例如在日本500系车辆上由790 kg减少为280 kg。

电控液压制动具有作用灵敏、直线性良好的优点；适应环境温度为−20～80 ℃；油压阀耐久性可达108次。

（4）涡流式制动盘。

涡流式盘形制动主要应用于日本100系、300系、400系和700系新干线列车的拖车转向架上，如图3-146所示，其原理是利用电磁感应产生制动力（见图3-147），将制动盘作为可旋转的导体安装在车轴上，电磁铁固定在转向架或轮轴上并应防止其发生转动。该种方式的优点是无磨损，但其制动力仍受到制动黏着系数的制约，并受到制动盘散热能力的影响。其主要缺点是结构较复杂，装置的重量及耗电量都比较大。

（5）磁轨制动和轨道涡流制动（非黏着制动）。

非黏着制动的特点是不受轮轨制动黏着系数的限制，主要用于高速紧急制动时附加一个比较稳定的非黏着制动力，从而可实现较短的制动距离（通常要求缩短10%左右）。

高速列车上实际应用以下两种非黏着制动的方式——电磁轨道制动和涡流轨道制动。电磁轨道制动已用于德国的ICE高速列车，简称磁轨制动，是一种辅助制动装置，仅用于在紧急制动时承担一部分制动力，以弥补黏着制动的不足，或减轻制动盘的负荷。其原理是电磁铁由励磁控制器向励磁线圈供电励磁，同时，提升筒充风控制阀向提升筒充风，使制动磁铁

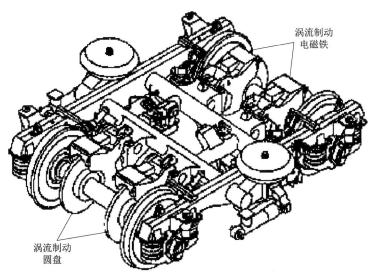

图 3-146 日本新干线安装涡流制动盘的转向架

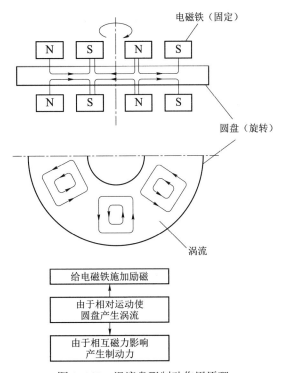

图 3-147 涡流盘形制动作用原理

落到钢轨上，电磁铁与钢轨相吸，产生摩擦制动力。制动力通过连杆装置传到转向架上，不经过轮对，与轮轨黏着无关，故为非黏着制动。缓解时，电磁铁励磁线圈控制器使励磁线圈失电，同时提升筒经提升控制阀放气，从而使制动磁铁回到悬空位置。

磁轨制动对钢轨表面的损伤有一定影响，故不轻易使用。磁轨制动如图 3-148 所示，其作用特点为：① 励磁电流较小；② 制动磁铁安装在转向架构架上；③ 根据制动靴（磁铁）的材料选择，可以提高摩擦系数和制动力；④ 可根据电磁铁长度和钢轨的有效接触面积调整其制动力。

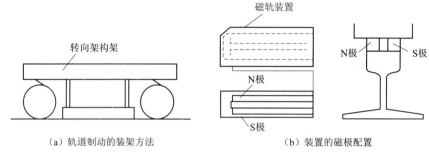

（a）轨道制动的装架方法　　　　　　（b）装置的磁极配置

图 3-148　磁轨制动

涡流轨道制动（见图 3-149）也是一种非黏着制动，其作用原理是依靠列车上涡流线圈与钢轨之间的磁力来产生制动力，属非接触式制动，故对钢轨没有直接的磨损和破坏作用，并能无级调控制动力的大小。这种制动方式的缺点是磁场作用会导致钢轨温升，耗电量较大，并且对轨道电路有干扰作用，故至今尚未被推广采用。

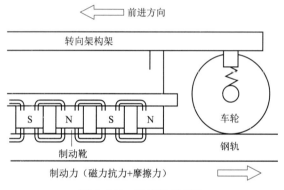

图 3-149　涡流轨道制动

磁轨制动或轨道涡流制动产生的制动力与速度有关，后者还和轨道的空气间隙有关，因此要求有很高的结构精度，以保持尽可能小的空气间隙偏差。

3）复合制动模式

（1）各种制动方式制动能量的分配。

如上所述，高速列车的复合制动系统包括空气制动、动力制动和非黏着制动的综合作用。其基本作用方式是在正常情况下应当优先并充分发挥动力制动能力，不足部分再以空气制动作为补偿；在失电情况下以空气制动为主；在紧急制动时，除空气制动和动力制动外还有非黏着制动的保障作用。

在该制动模式中，动力制动能力主要取决于动车的数量和各动力轴的电机功率。根据国外经验，动力集中方式动轴的动力制动功率可高达 1 000～1 200 kW/轴；动力分散方式的轴重较轻，其动力制动功率和牵引功率相当，通常在 300 kW/轴左右。所以动力制动分担制动能量的比例主要和列车编组方式，即动轴数有关，此外还和高速列车的制动方式、制动初速度有关。动力分散方式的高速列车，例如日本新干线的 300 系和 500 系列车在调速制动时几乎不用空气制动，在常用制动和紧急制动时也主要依靠动力制动，包括再生制动和涡流制动的能量占全部常用制动能量的 97%～98%，仅在接近停车的低速时才有少量空气的机械制动作用。对于动力集中方式的高速列车，例如法国的 TGV–R 列车在调速制动时动力制动也占有较大的比例，但在常用制动时动力制动仅占约 30%，此时动力制动已达极大值，可调的只有空气制动力，特别在常用全制动和紧急制动时主要依靠空气制动作用。此外，在紧急制动时为保证高速列车运行安全附加有非黏着制动，例如德国 ICE 列车和我国高速试验列车最初设计的磁轨制动装置，其制动能量占全部紧急制动能量的 10%左右。

（2）不同车辆制动能量分配和制动热负荷问题。

在广义上复合制动还涉及列车编组中机车（动车）和不同客车（拖车）的制动能量分配关系。其中动车的动力制动能力按动轴电机的最大制动功率设计，在常用制动时还可以分担拖车的部分制动负荷。空气制动能力的设计主要受到轮轨制动黏着系数的限制，并必须考虑盘形制动结构和制动盘数量即热容量的限制。通常由于安装牵引电机的空间结构所限，每根动力轴上只能安装 2 个轮盘式制动盘；在拖车的非动力轴上则至多可安装 4 个轴盘式制动盘。例如根据我国现有制动黏着系数和摩擦副性能的计算结果，满足 300 km/h 高速列车制动黏着要求的纯空气制动率设计可能达到 32%左右。按该空气制动率计算，在 300 km/h 紧急制动时对制动盘的制动热负荷也有较高的要求。因此，不同车辆空气制动能量分配的关键是紧急制动时的空气制动力设计。无论在复合制动或纯空气制动条件下都应该尽量减少列车编组中不同车辆制动力的差别，这是减轻高速列车纵向冲击和提高旅客乘坐舒适性的重要因素。

## 3.5.8　磁轨制动、涡流制动

磁轨制动及轨道涡流制动属于非黏着制动，非黏着制动的优点在于不利用轮轨黏着系数施加的制动过程，对于轮轨黏着不会造成不利影响。盘形涡流制动属于黏着制动。

**1. 磁轨制动**

磁轨制动是在转向架构架侧梁下面同侧的两个车轮之间安装一套电磁铁装置，制动时将其放下并利用电磁吸力紧压钢轨，通过电磁铁上的摩擦板与钢轨之间的滑动摩擦力提供有效的制动力，把列车动能变为热能散发到大气中，如图 3–150 所示。

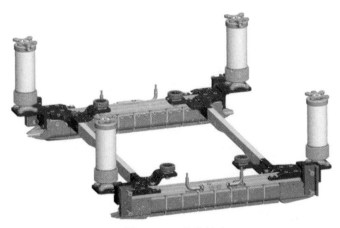

图 3–150　磁轨制动

磁轨制动的制动力不是通过轮轨黏着产生，自然不受轮轨间黏着力的限制，因而能在黏着力以外再获得一份制动力。与其他制动方式配合，共同提供车辆制动所需的减速度，在紧急制动时使用，可以满足动车组对于制动距离的需求。

使用条件：列车速度≤200 km/h 使用，速度过高时，将对钢轨产生异常的磨耗。制动的同时可以清除轨道表面的污物，从而间接提高轮轨黏着系数。

**2. 轨道涡流制动**

轨道涡流制动（见图 3-151）与磁轨制动相似，也是在转向架构架侧梁下面同侧的两个车轮之间安装一套电磁铁装置。不同的是，电磁铁制动时只下放到距轨面 7～10 mm 处，而不是与钢轨接触，利用电磁铁和钢轨相对运动产生的电磁吸力作为制动力。电磁铁和钢轨的相对运动使钢轨感应出涡流，从能量的角度轨道涡流制动是将列车的动能转换为电能，再转换为热能散发到大气中。

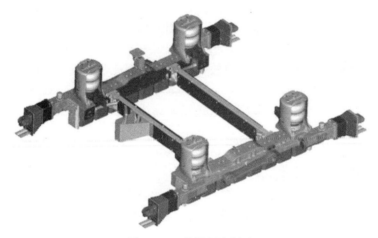

图 3-151　轨道涡流制动

使用条件：列车速度≤50 km/h 基本发挥不出来，速度越高，涡流制动的效果越好。

涡流制动的优缺点：

① 为非黏着制动，可解决高速列车黏着制动力不足的问题。

② 没有材料磨损，这一点与磁轨制动比较是它最大的优点。磁轨制动仅在紧急制动时使用，目的是延长电磁铁磨耗板及钢轨的使用寿命。而涡流制动不受磨耗的限制，常用制动也可使用。

③ 高速性能好，在相当长的高速区域内，制动力可以保持为常数。

④ 制动力大，单位电磁铁的制动力在高速区域可比磁轨制动产生的制动力大一倍。

⑤ 消耗电能大，约是磁轨制动的 10 倍，故目前在一般客车上使用尚有难度，只有在电动车组上才能实现，制动时可以借牵引电机做发电机，把获取的电能供涡流制动使用。

⑥ 要求电磁铁与钢轨之间保持一定范围内的间隙，使得电磁铁在转向架上的悬挂变得比较复杂。

**3. 盘形涡流制动**

盘形涡流制动也称为涡流式制动，主要使用于日本 100 系、300 系、400 系和 700 系新干线列车的拖车转向架上，详见高速列车制动系统特点部分分析。

### 3.5.9　连接紧固

连接紧固是工程机械中最常用的基础知识，几乎每个零部件系统都有连接紧固要求。高速动车组运行速度高，振动冲击大，转向架作为车辆走行部，连接可靠性要求极高。转向架连接部件及紧固方式多样化，需要考虑各种外界条件及使用工况对紧固系统进行合理设计，以提高转向架连接紧固系统的服役可靠性。通常，根据连接失效时可能发生的危险将连接紧固定义为三个风险等级。机械设计中对连接紧固设计方法有较为详细的介绍，故转向架连接紧固整体按照国家机械设计方法，同时参考国际先进的计算理论方法，如德标等，最终形成了机车车辆专用的螺栓连接通用技术规范。

连接紧固是一套系统，其可靠性包含结构设计、紧固件材料选择、制造工艺等，为保证转向架用紧固件的可靠性，规定紧固件在生产制造过程中，应严格控制紧固件质量，包括原材料、设计、工艺、生产、热处理、检验等各个环节。

### 3.5.10　辅助装置

踏面清扫装置在行驶中清除附着在车轮踏面上的尘埃、锈迹、油脂等，防止空转和打滑，在制动时将闸瓦（研磨子）压在踏面上进行清扫。作为耐寒防雪对策，为防止装置阻塞，将气缸、复位弹簧、自动间隙调整装置合成一个单元。研磨子的材质采用树脂系列。

踏面清扫装置主要由图 3-152 中的本体、活塞杆部件、插销盖部件、螺堵部件、研磨子等零部件构成。

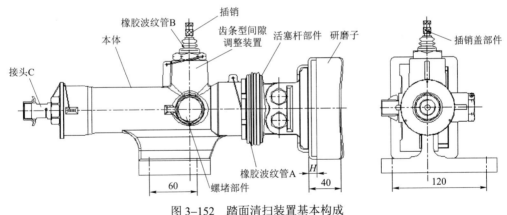

图 3-152　踏面清扫装置基本构成

踏面清扫装置通过四个螺栓固定在车辆上。通入压缩空气，活塞杆伸出将研磨子压附在车轮踏面上进行工作；卸压后活塞杆在复位弹簧作用下带动研磨子离开车轮。闸瓦托通过铰制螺栓、防振橡胶等与活塞杆进行连接，吸收能量，缓解振动冲击并防止研磨子的偏磨耗，并能保证研磨子最大限度地贴紧车轮踏面。

特殊配方的研磨子，除了能快速去除车轮踏面微小裂纹，高效修正车轮踏面，抑制车轮转动噪声的作用外，还能改善轮轨踏面间的黏着状态，防止车轮的打滑、空转，避免车轮踏面的擦伤、剥离，尤其是雨雪天气导致的轮轨低黏着问题改善效果较为明显。研磨子和车轮踏面接触，磨耗不断增大，齿条型间隙调整装置能使车轮踏面和研磨子之间的距离始终保持在 20～30 mm 之间，提高了踏面清扫装置的动作效率。当需要更换研磨子时，只须拔起插销即可实现间隙调整的缓解，即可快速方便地实现更换。

（1）基本技术参数。

形式：直动型（气动式）；

缸径：40 mm（面积 12.57 cm²）；

研磨子有效磨耗量：约 30 mm；

常规间隙：15～23 mm（踏面与研磨子之间的间隙）；

最大行程：约 82.5 mm（初始间隙 17.5 mm+研磨子磨耗 30 mm+车轮磨耗 35 mm）；

使用压缩空气压力：0.1～0.6 MPa；

摩擦系数：约 0.3；

踏面清扫装置空气接口：M20×1.5；

踏面清扫器重量：约 10 kg。

（2）技术优点。

采用气动式结构，具有体积小、重量轻、无污染、间隙调整灵活以及研磨子与车轮贴合性好、增黏效果好等优点，为列车的安全运行提高了保障。

（3）工作条件。

在以下任一情况发生时，控制踏面清扫装置的电磁阀励磁，启动踏面清扫装置：

① 有制动指令，且速度在 30 km/h 以上。

② 检测出空转（只适用于 M 车）。

③ 检测出滑行。

## 3.5.11 排障器

动车组运行速度高，安全要求高。列车高速运行过程中，轨道上的任何障碍物均可能损伤列车，甚至导致列车脱轨，引发安全事故，故列车头车须设置排除障碍物的装置，即排障器。为确保障碍排除，动车组通常设多级排障装置，第 1 级在车体安装，主要用来扫除轨道上大的异物，故车体排障器又称主排障器；第 2 级通常在转向架安装，用来扫除轨道上较小的道砟（碎石）等异物，起辅助排障功能，故转向架排障器称辅助排障器。

目前，各型动车组排障器主要安装在构架或轴箱体上。构架安装的特点是振动小，但动车组运行过程中排障器会随构架浮沉而垂向运动，故排障器与轨面间隙设置不能太小；轴箱体安装的特点是垂向运动范围小，排障器与轨面间隙可设置较小，能够排除较小的障碍，但轴箱体振动大，对排障器结构强度要求高。

**1. CRH₂ 及 CRH380A 型动车组排障器**

辅助排障器安装在轴箱体上，主要由安装臂、排障板托架、排障板组成，具体结构如图 3–153 所示。其中安装臂、排障板托架为钢板焊接结构，使用 M24×75 螺栓实现连接。

该设计利用锯齿嵌合结构，实现排障板托架高度可调，同时使安装臂承受线路冲击产生的排障板托架的垂向振动冲击，从而保证 M24×75 螺栓免受垂向振动剪切作用。同时排障板托架安装面设置纵向冲击止挡，确保 M24×75 螺栓免受排障冲击剪切作用。M24×75 螺栓安装系统采用了弹垫防松、扭矩防松、开口销等组合防松、防脱方式。

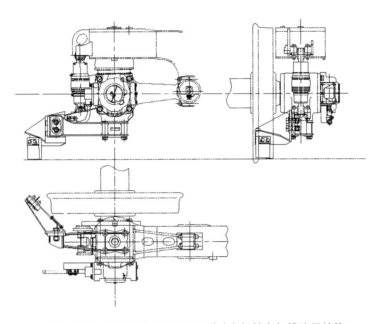

图 3-153 CRH₂ 及 CRH380A 型动车组转向架排障器结构

### 2. CRH₁ 型动车组排障器

主排障器安装在车体上，辅助排障器安装在轴箱体上，见图 3-154。

图 3-154 CRH₁ 型动车组排障器结构

### 3. CRH380BL 型动车组排障器

头尾车车体未加装排障装置，而是在头尾车转向架加装了排障装置，距离约 60 mm，见图 3-155。

### 4. CRH₅ 型动车组排障器

在车体和转向架构架上加装了扫石器装置，车体上扫石器装置距轨面距离为（185±10）mm，构架上扫石装置距轨面距离为 22～25 mm，见图 3-156。

图 3-155　CRH380BL 型动车组排障器结构

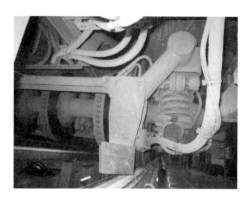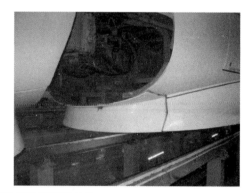

图 3-156　CRH$_5$ 型动车组排障器结构

## 3.5.12　速度检测单元

CRH$_2$ 及 CRH380A 型动车组转向架速度传感器安装主要分四种形式，分别是 AG37 速度传感器安装、AG43 速度传感器安装和 LKJ2000 速度传感器安装。

① AG37 速度传感器安装是为防滑器提供轴端的各种信号，其与轴端测速齿轮为非接触式，通过加垫调整，上述间隙应保持在（1.0±0.3）mm，通过电线支架固定在轴箱上。

② AG43 速度传感器安装是为 ATC 提供轴端的各种信号，其与轴端测速齿轮为非接触式，通过加垫调整，上述间隙应为（0.8±0.3）mm，通过电线支架固定在轴箱上，见图 3-157。

③ LKJ2000 速度传感器安装是为速度表提供轴端的速度信号，其与轴端压盖为接触式，也通过电线支架固定在轴箱上，见图 3-158。

图 3-157 AG43 速度传感器安装

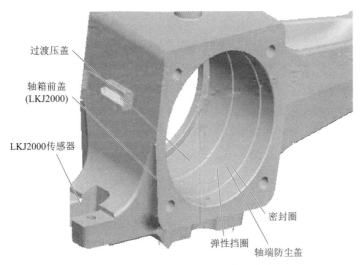

图 3-158 LKJ2000 速度传感器安装

# 第4章

# 试 验 验 证

## 4.1 构架组成台架试验

转向架关键零部件装车前均应进行充分的台架试验验证，其中包括例行试验和型式试验。例行试验是每个零部件出厂前必须完成的，检验基本功能的实现性。型式试验是为了验证产品是否达到设计预期目标，能否满足技术规范的全部要求所进行的试验。它是新产品鉴定中必不可少的一个环节。只有通过型式试验，该产品才能正式投入生产。部件台架型式试验内容，即验证的内容，一般应在技术设计阶段进行策划，充分验证设计目的的实现性。

所有台架试验均必须有详细的试验大纲指导，在其中对试验目的、试验内容、试验方法、评估指标给予明确。试验内容一般按照相应零部件技术标准执行，亦可附加有针对性的试验内容。台架试验方法应根据验证的目的，尽量真实地模拟零部件在车辆运营时的实际情况。

对于转向架关键零部件，新设计或使用条件发生变化时均应进行型式试验。表4-1所示的是转向架关键零部件试验举例。

表4-1 转向架关键零部件试验举例

| 序号 | 零部件 | 试 验 内 容 |
|---|---|---|
| 1 | 转向架 | 动车、拖车滚振试验 |
| 2 | 构架 | 静强度及疲劳强度试验 |
| 3 | 车轴 | 动、拖车车轴轴身、轮座疲劳强度试验 |
| 4 | 车轮 | 动、拖车车轮腹板疲劳强度试验 |
| 5 | 基础制动 | 摩擦系数测试、紧急制动、噪声等 |
| 6 | 齿轮箱 | 箱体强度、低温启动、高温特性、防水试验、噪声等 |
| 7 | 轴箱轴承 | 防水试验、温升、耐久试验等 |
| 8 | 轴箱体 | 静强度及疲劳强度试验 |
| 9 | 联轴节 | 变位能力测试、静态转矩负载试验、旋转试验、噪声测试等 |
| 10 | 空气弹簧 | 气密性、耐压、变位能力、刚度测试、破坏性耐压试验、振动传递测试等 |
| 11 | 橡胶节点 | 刚度测试、耐久性测试 |

# 4.2 轮对轴箱装置台架试验

**1. 车轴台架试验**

依据 EN 13260 和 EN 13261 动车组用车轴及车轮进行加载疲劳试验，验证车轴材料性能符合性及设计结构合理性，保证试验列车运行安全。主要包括以下内容。

（1）EA4T 车轴轴身疲劳试验（$F_1$）。

依据 EN 13261 标准进行轴身疲劳极限（$F_1$=240 MPa）的验证，全尺寸动车车轴 3 根，动态循环疲劳试验次数 $10^7$ 次，试验完成后须进行磁粉探伤检查。

（2）EA4T 车轴（动车）中心孔疲劳极限验证（$F_2$）。

依据 EN 13261 标准进行车轴中心孔疲劳极限（$F_2$=96 MPa）的验证，全尺寸动车车轴 3 根，动态循环疲劳试验次数 $10^7$ 次，试验完成后须进行磁粉探伤检查。

（3）EA4T 车轴（动车）压装部位疲劳试验（$F_4$）。

依据 EN 13260 标准进行车轴压装部位疲劳极限（$F_4$=132 MPa）的验证，全尺寸动车车轴 3 根，动态循环疲劳试验次数 $10^7$ 次，试验完成后须进行磁粉探伤检查。

**2. 车轮台架试验**

根据 EN 13262 要求，应对两个成品车轮的辐板进行 $10^7$ 次疲劳试验。车轮疲劳试验在专用试验装置上完成，试验装置根据结构不同可分为立式或卧式试验台。立式试验台如图 4-1 所示，卧式试验台如图 4-2 所示。

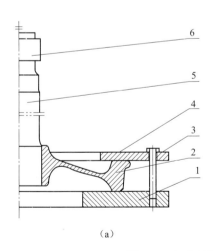
（a）

（b）

图 4-1 立式车轮/车轴疲劳试验台

1—试验台地基；2—试验车轮；3—连接螺栓；4—夹紧工装；5—连接车轴；6—加载装置

试验装置应能使车轮辐板产生对称弯曲应力（240 MPa），试验时加载曲线如图 4-3 所示。试验载荷通过测量可能萌生裂纹区域的径向应力来确定。车轮试验时，工装轴与车轮的过盈量及相关安装接口应与实际产品相同。

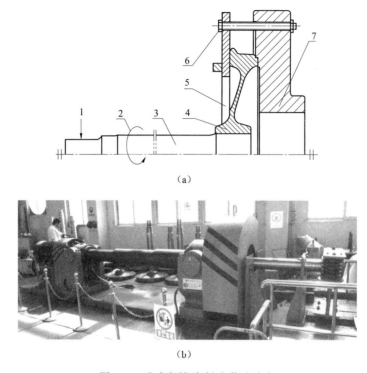

（a）

（b）

图4-2  卧式车轮/车轴疲劳试验台

1—施加载荷；2—旋转方向；3—装配轴；4—车轮试样；5—工装垫板；6—紧固螺栓；7—试验台法兰

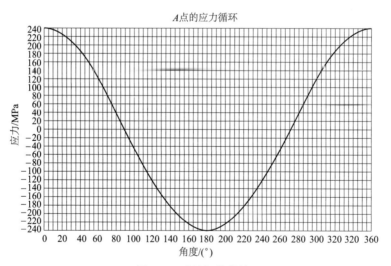

图4-3  试验加载曲线

试验结束后应对车轮整个辐板部位进行磁粉探伤，两个车轮均不应有任何裂纹产生，如此则视为通过试验。

**3. 轴箱体台架试验**

轴箱体的型式试验主要包括静强度及疲劳强度试验。通过试验，检验轴箱体在相应载荷作用下的静强度，并考核一定疲劳试验循环次数下的疲劳强度。目前轴箱体试验主要依据铁道行业标准《动车组转向架轴箱组成试验方法》的规定执行。此外，有密封要求的轴箱装置应进行防水试验。

1）试验前准备

试验前的准备工作包括坐标系定义和轴箱安装定位。

（1）坐标系定义。

为正确定义载荷、支撑位置，现统一坐标系，示例见图 4-4。与坐标系方向一致时载荷为正，反之为负。

（2）轴箱安装定位。

轴箱安装定位的示例见图 4-5。

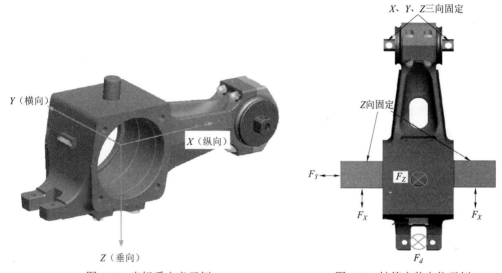

图 4-4　坐标系定义示例　　　　图 4-5　轴箱安装定位示例

2）试验内容

（1）静强度试验。

静强度试验包括超常载荷条件下的静强度试验和正常运营载荷条件下的静强度试验，依据铁道行业标准《动车组转向架轴箱组成试验方法》的规定，确定试验的载荷工况。

（2）疲劳强度试验。

疲劳强度试验按铁道行业标准《动车组转向架轴箱组成试验方法》的规定执行。试验分三个阶段，第一阶段 600 万次，第二阶段 200 万次，第三阶段 200 万次。在每一阶段对应于准静态载荷范围内，垂直和横向的动态载荷循环次数为 10 次，纵向载荷循环次数为 1 次，加载频率为 1～6 Hz。

**4. 评估**

（1）超常载荷静强度评估。

在各超常载荷工况条件下，轴箱体所有测点应力应小于材料的屈服强度，轴箱体局部及整体无永久变形。

（2）正常运营载荷下的静强度评估。

根据铁道行业标准《动车组转向架轴箱组成试验方法》中的规定，模拟运营载荷工况下，各工况测试结果不得超出材料疲劳极限。

（3）疲劳试验检测。

试验单位应采取合适的措施以在疲劳试验过程中实时检测轴箱体是否有裂纹产生。在疲劳试验过程中，每一阶段完成后均须对关键部位进行探伤，判断是否出现裂纹。

**5. 防水试验**

防水试验按照标准 BS EN 12082：2007《铁路应用设备—轴箱—性能测试》中有关防水试验的要求执行。

本测试是在静止模式下实施的，测试设备应当模拟轴箱后部（后盖和车轮之间地带）喷水的情景。测试装置要向密封端的后部和模拟车轴上所安装车轮的中间地带喷水。测试中所使用的轴箱装置组成应包括模拟车轴、密封装置、轴承、前盖和后盖等，模拟车轮应固定在模拟车轴的末端。密封盖的最顶端和喷水装置之间的纵向距离约为 50 mm。喷水装置的弧形面应与车轴轴心线垂直，并与密封端和模拟车轮端面之间的中间区域对齐。喷水装置应朝着轴箱喷水，水雾所覆盖的区域大致相当于轴箱圆周的三分之一。在轴箱的前部用一种透明的护套装置，以便能够清楚观察水的渗透情况。建议采用带颜色的水，以便容易观察渗水现象。喷水速度度约为 3 L/min。

喷水时间至少一小时。测试过程中通过透明的护套装置进行观察，对密封装置的质量进行初步评定。

**6. 轴箱轴承**

为保证动车组安全运行，检验动车组转向架轴箱轴承的产品质量及疲劳寿命，轴箱轴承须进行台架试验。主要报告耐久性试验、落下冲击试验、保持架强度试验、无润滑剂试验、耐水试验、耐尘试验和润滑脂耐久性试验。

（1）试验标准。

按照 BS EN 12082：2007 试验室内的性能试验基准，进行此次试验。车轴轴承试验装置如图 4-6 所示。

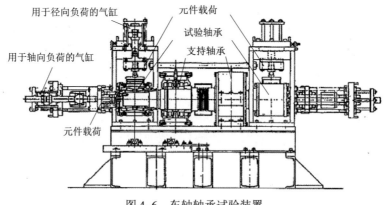

图 4-6　车轴轴承试验装置

（2）测点项目。

① 外圈外径温度。

② 轴箱表面温度。

③ 环境温度。

（3）判断基准。

① 轴承的滚子、滚道及内外圈不能出现剥离、擦伤，以及由于温度升高造成的损伤。

② 保持架不能有破损、裂纹、变形，以及由于不正常的磨损造成的损伤。

# 4.3 悬挂系统及牵引装置台架试验

## 1. 定位节点

为保证动车组安全运行，应检验动车组转向架关键橡胶件的产品质量及疲劳寿命，并进行定位节点台架试验，台架试验内容主要包括刚度测试、粘结试验、压缩试验及疲劳试验。

1）径向刚度测试

① 使用专用工装将定位节点模拟使用状态进行组装。

② 以 5 mm/min 的加载速度对定位节点进行径向预压，载荷范围 0～11.8 kN，预压两次。

③ 以 0.5 mm/min 的加载速度对定位节点进行径向加载，载荷范围 0～11.8 kN。

④ 计算定位节点规定载荷范围内的径向变形量。

⑤ 对规定载荷范围内试验数据进行计算，得出定位节点径向刚度，并作出产品径向特性曲线。

2）轴向刚度测试

① 产品的组装及试验方案与定位节点径向静特性试验相同，只是加载方向变更为轴向。

② 对规定载荷范围内试验数据进行计算，得出定位节点轴向刚度，并作出产品轴向特性曲线。

3）粘结性能试验

① 使用专用工装将定位节点模拟使用状态进行组装。

② 以 1 mm/min 的加载速度（后段的加载速度可适当降低）对定位节点施加轴向载荷，达到规定最大载荷。

③ 加载过程中，定位节点不允许出现异常变形、异声，橡胶表面不允许破损，橡胶与金属粘结部位不允许出现异常。

4）压缩性能试验

① 定位节点压缩性能试验方案、参数与粘结性能试验基本一致，只是将加载方向变更为径向。

② 试验过程中检验项目及判定与粘结性能试验一致。

5）疲劳试验

（1）疲劳试验方案。

① 使用专用工装将定位节点模拟使用状态进行组装。

② 疲劳试验前对定位节点静特性试验进行检测。

③ 在同一定位节点上完成全部疲劳试验过程（径向疲劳、轴向疲劳），疲劳试验的参数按表 4-2 执行。

表 4–2　疲劳试验参数

| 载荷方向 | 载荷范围 | 频率/Hz | 次数/次 | 周期/个 |
|---|---|---|---|---|
| 径向 | 根据载荷确定 | 3 | $5×10^5$ | 6 |
| 轴向 | 根据载荷确定 | 3 | $5×10^5$ | |

说明：

（a）表 4–2 中定位节点疲劳试验参数中，定位节点顺序实施径向、轴向各 $5×10^5$ 次为 1 个疲劳循环周期，总计完成 6 个上述疲劳循环周期。

（b）疲劳试验过程中允许对定位节点使用风冷措施，以模拟运行状态。

④ 疲劳试验后对定位节点的外观、尺寸、静特性进行检验，将疲劳试验前后的静特性试验数据进行对比。

（2）疲劳试验后判定。

① 疲劳试验后定位节点橡胶表面不允许出现异常磨损、龟裂、表面破损现象，橡胶与金属粘结不允许出现剥离，金属件不允许出现异常变形。

② 疲劳试验后定位节点主要尺寸相对疲劳试验前的变化率不允许超过 20%。

③ 疲劳试验后定位节点的径向静特性及轴向静特性相对在耐久试验前的变化率不允许超过 20%。

**2. 轴箱弹簧**

检验动车组转向架轴箱弹簧的产品质量及疲劳寿命，以保证动车组安全运行，应进行轴箱弹簧疲劳试验。

1）试验依据

《200 km/h 及以上速度级铁道车辆强度设计及试验鉴定暂行规定》（科教装〔2001〕21 号）；

《螺旋弹簧疲劳试验规范》（GB/T 16947—2009）；

《机车车辆悬挂装置钢制螺旋弹簧》（TB/T 2211—2010）；

《铁路应用—悬挂元件—钢制螺旋悬挂弹簧》（EN 13298：2003）。

2）试验内容

（1）垂向工作静载荷。

根据车辆实际运用情况，按照最大可能的原则，选取最大轴箱弹簧载荷作为疲劳试验垂向工作静载荷（$P_j$）。

（2）动荷系数。

疲劳试验动荷系数 $k_1$、$k_2$ 的选取主要如下。

① 按照《机车车辆悬挂装置钢制螺旋弹簧》（TB/T 2211—2010），动车组轴箱弹簧疲劳试验动荷系数取 $k_1=0.25$，试验载荷按式（4–1）计算：

$$P_1=P_j±k_1·P_j \tag{4–1}$$

式中：$P_j$——弹簧垂向工作静载荷，N。

　　　$k_1$——弹簧的动荷系数。

② 按照《200 km/h 及以上速度级铁道车辆强度设计及试验鉴定暂行规定》（科教装〔2001〕21 号）的规定，弹簧疲劳试验动荷系数取 $k_2=0.5$，试验载荷按式（4–2）计算：

$$P_2=P_j\pm k_2 \cdot P_j \tag{4-2}$$

式中：$P_j$——弹簧垂向工作静载荷，N。

$k_2$——弹簧的动荷系数。

3）试验循环次数

（1）弹簧疲劳试验。

动车组轴箱弹簧疲劳试验动荷系数取 0.25 的工况下，疲劳试验循环次数须满足 $4.0\times10^6$ 次的要求。动车组轴箱弹簧疲劳试验动荷系数取 0.5 的工况下，疲劳试验循环次数须满足 $4.0\times10^5$ 次的要求。

（2）试验频率。

《螺旋弹簧疲劳试验规范》（GB/T 16947—2009）中规定，试验频率 $f_\tau$ 应避开单个弹簧的固有自振频率 $f$，一般应满足关系式（4-3）：

$$f/f_\tau > 10 \tag{4-3}$$

钢制弹簧固有频率 $f$ 按式（4-4）计算：

$$f=3.56\times10^5\times d/(nD^2) \tag{4-4}$$

式中：$d$——弹簧型材的截面直径；

$n$——有效圈数；

$D$——弹簧中径。

（3）试件数量。

在同批产品（按 GSYEZ05M1-220-100 图纸生产）中任意选取 3 组弹簧。

（4）试验工况。

试验按照表 4-3 所示工况进行。

表 4-3  轴箱弹簧试验工况

|  | 动荷系数 | 载荷 | 循环次数 | 频率 |
|---|---|---|---|---|
| 工况 1 | 0.25 | 根据载荷确定 | $4.0\times10^6$ | 3 Hz |
| 工况 2 | 0.5 | 根据载荷确定 | $4.0\times10^5$ | 3 Hz |

（5）判定标准。

弹簧试样在每种工况疲劳试验完成后进行磁粉探伤检查，不得出现疲劳裂纹和折断。每种工况下被试的三组弹簧必须同时合格，则该批弹簧合格；若其中两个不合格，则该批弹簧不合格；只有其中一个不合格时允许复检，复检是在同批弹簧中再任选两个弹簧试样，两个同时合格，该批弹簧方为合格。

**3. 空气弹簧**

为保证动车组安全运行，应检验动车组转向架空气弹簧的产品质量、性能及疲劳寿命，并进行空气弹簧台架试验，试验内容主要包括：

① 功能试验：气密、耐压试验等。

② 特性试验：左右方向静态/动态弹簧常数测定试验、上下方向弹簧常数测定试验。

③ 耐久试验：空气弹簧耐久试验。

1）气密试验

在 300 kN 拉力试验机里保持标准高度（$H$=200 mm）的状态下，封入 500 kPa 的内压，在 5 min 后到 15 min 后的 10 min 期间内，对压力降低量进行测试。

判定基准：压力降低量在 9.8 kPa 以下。

2）耐压试验

在 300 kN 拉力试验机里保持标准高度（$H$=200 mm）的状态下，封入 750 kPa 的内压。

判定基准：在放置 3 min 之后，要求不能有空气泄漏及空气弹簧各部件的变形等异常。

3）上下方向弹簧静态常数测定试验

（1）试验方法。

在 300 kN 抗压力试验机里将空气弹簧安装在标准高度处，连接到辅助空气室。上下变位设置成压缩 30 mm、拉伸 40 mm，将 $\Delta$ =0，10，20，30，20，10，0，10，−20，−30，−40，−30，−20，−10，0（负号为拉伸）设为各阶段，各个内压为（200，300，400，500，600）kPa 时，读出变化阶段开始 30 s 后的载重值（kN）。

（2）输出。

上下方向静态弹簧刚度—内压线图，根据 $\Delta$ =±10 mm 时的载重值差绘制。

（3）判定基准。

符合技术条件规定的上下方向静态弹簧常数。

4）左右方向静/动态弹簧常数测定试验

（1）试验方法。

在立式试验机里将空气弹簧安装在标准高度（$H$=200 mm）处，不使用辅助空气室。静试验时，将左右变位 $\Delta$ =0，−10，−20，−30，−40，−30，−20，−10，0，10，20，30，40，30，20，10，0 设为各阶段，各个内压为（200，300，400，500，600）kPa 时，记录下变化阶段开始 30 s 后的载重值（kN）。动态试验时，左右变位载荷±10 mm 频率为 1.0 Hz，记录载重—挠曲圈。

（2）输出。

左右方向静/动态弹簧刚度—内压线图，根据 $\Delta$ =±10 mm 时的载重值差绘制。

（3）判定基准。

符合技术条件规定的左右方向静/动态弹簧常数。

5）空气弹簧耐久试验

在定位移往复载荷试验机上安装空气弹簧，保持标准高度，充入压力为 500 kPa 的压缩空气，用 1～3 Hz 中的任一振动频率，施加垂直常用最大位移 $10^6$ 次。对于应用于水平方向的空气弹簧，继续用 0.5～1.5 Hz 中的任一振动频率，施加 $2×10^5$ 次水平常用最大位移。

另外，在试验中，空气弹簧的平均内压不得在常用最高内压以下。

进行疲劳试验后，检查空气弹簧各部件有无异常。

**4. 抗侧滚扭杆**

检验抗侧滚扭杆装置的整体性能指标是否满足产品技术规范中规定的技术指标，并考核抗侧滚扭杆装置的耐久（疲劳）强度。

1）整体刚度试验

扭杆轴与扭转臂装配后在室温下停放不少于 24 小时后做此试验；设计专用的工装来实现

此试验。

试验安装方法：将其中一个垂向连杆固定，保证 $F_z$ 在零位时两扭转臂保持水平。

试验过程：按照图 4-7 所示进行试验。

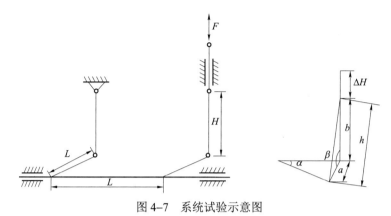

图 4-7　系统试验示意图

（1）预加载。

先对试验产品进行预加载 3 次，时间间隔不少于 30 min。

（2）正式加载。

正式加载在预加载后进行，时间间隔不少于 30 min。

载荷大小：分别测量规定载荷位移曲线。

加载次数：3 次。

加载速度：按 30 mm/min 执行。

每次加载时间间隔：不少于 20 min。

抗侧滚扭杆装置整体刚度值满足技术条件要求。

2）耐久（疲劳）性试验

装置试验 1 000 万次不破坏，具体的疲劳载荷和循环次数见表 4-4。

表 4-4　疲劳试验要求

| 阶段 | 垂向连杆载荷 | 循环次数 | 频率 |
| --- | --- | --- | --- |
| 1 | 根据载荷条件确定 | $6 \times 10^6$ | 1.5 Hz |
| 2 | 根据载荷条件确定 | $2 \times 10^6$ | 1 Hz |
| 3 | 根据载荷条件确定 | $2 \times 10^6$ | 1 Hz |

注意：通过刚度测试，垂向连杆的载荷转化为疲劳试验机上的位移。

抗侧滚扭杆装置 1 000 万次疲劳试验结束后检查，满足以下要求，则判定试件疲劳试验合格。

① 抗侧滚扭杆装置的各部件不允许破坏，轴承间隙不允许超限。

② 金属件不出现任何裂纹扩展和断裂现象，扭杆轴和扭转臂的花键不出现任何形式的破坏（如点蚀、变形等），金属件的变形应在能保证组件正常发挥功能的范围内。

动车组转向架系统实践教程

**5. 油压减振器**

检验油压减振器性能指标是否满足产品技术规范中规定的技术指标，并考核油压减振器耐久（疲劳）强度。

（1）性能测试。

① 试验前应将减振器放在与试验温度（17～23 ℃）相同的环境里至少 24 h。

② 试验时减振器安装位置应与在机车车辆上的实际安装位置基本一致，当垂向安装测试时，其防尘罩端应在上；水平安装测试时，减振器应按减振器储油缸体外的标识进行安装。

③ 在性能测试时，减振器两端应与试验台刚性连接，试验长度为安装长度 $L_0$。

④ 减振器进行阻尼性能测试时，在试验台上预拉伸、压缩 3 个周期，采集第 4 周期的数据并进行处理，按产品图样规定的试验行程进行阻尼性能测试。除特殊规定外，垂向减振器、横向减振器的试验行程为±25 mm，抗蛇行减振器的试验行程为±12.5 mm。

⑤ 减振器试验结果应满足技术规范的规定。

（2）耐久测试。

① 垂向减振器应按低频和高频两种工况进行试验，横向减振器和抗蛇行减振器按低频工况进行试验，其他减振器参考执行，耐久性试验工况见表 4–5。

表 4–5 耐久性试验工况

| 参 数 | 试 验 工 况 | |
| --- | --- | --- |
| | 低 频 | 高 频 |
| 频率/Hz | 2 | 10 |
| 振幅/mm | ±10（±5） | ±3 |
| 试验次数 | $5×10^6$ | $6×10^6$ |

注：括号内为抗蛇行油压减振器振幅。

② 试验时，应采取措施使减振器的表面温度不超过 80 ℃，并观察减振器是否渗漏。

③ 减振器的安装方式应与实际运用基本相同，带端部关节，减振器试验长度为图样规定的安装长度。

④ 耐久性试验后，按规定重新检测减振器的阻尼性能。

**6. 自动高度调整阀**

为保证动车组安全运行，应检验动车组自动高度调整阀质量，并进行自动高度调整阀台架试验，台架试验内容主要包括不感应区试验、气密试验、流量试验及动作滞后时间试验。

（1）不感应区试验。

将水平杠杆置于高度阀未给气或排气的任一位置，给气通路向大气开放，将空气弹簧通路与 500 kPa 的压缩空气连接，并将水平杠杆轻轻地向排气方向移动，测出空气由排气口开始排出时水平杠杆的位置。然后，将空气弹簧通路向大气开放，对给气通路一侧，也按此法进行，测出空气由空气弹簧通路开始排出时水平杠杆的位置。最后求出所测定两个位置的距离。

（2）气密试验。

将水平杠杆置于不感应区内，给气通路向大气开放，将空气弹簧通路与 500 kPa 的压缩空气连接，测定 1 min 时间内的空气泄漏量。之后，将空气弹簧通路向大气开放，对给气通路一侧也按此办法进行。

（3）流量试验。

将水平杠杆置于中立位，空气弹簧通路与容积为 40 L、空气压力为 500 kPa 的风缸连接，将水平杠杆急剧地由中立位向排气方向移动 20 mm 时，测定风缸的空气压力达到 300 kPa 时的时间。之后，将给气通路与经常保持空气压力为 500 kPa 的风缸，以及空气弹簧通路与容积为 40 L、空气压力为标准大气压的风缸各自连接好，将水平杠杆急剧地由中立位向给气方向移动 20 mm 时，测定标准大气压下风缸的空气压力达到 200 kPa 时的时间。

（4）动作滞后时间试验。

将水平杠杆置于中立位，给气通路向大气开放，空气弹簧通路与 600 kPa 的压缩空气连接。将水平杠杆由中立位急剧地向排气方向移动 20 mm 时，测定至空气由排气口开始排出时的时间。之后，将空气弹簧通路向大气开放，对给气通路一侧，亦按此办法，测定至空气由空气弹簧通路开始排出时的时间。此项试验的环境温度应为（20±5）℃。

**7. 差压阀**

为保证动车组安全运行，应检验动车组差压阀质量，并进行差压阀台架试验，台架试验内容主要包括气密试验、压差试验、冲击振动试验及低温试验。

（1）气密试验。

封闭一个接口，在另一个接口上充入 600 kPa 压缩空气，保压 1 min，测试压降值，然后调换两个接口，用同样方法测试。差压阀气密性应符合如下要求：

① 常温（20 ℃）环境，600 kPa 压力下保压 1 min，压降不应大于 5 kPa；或 500 kPa 压力下，水中保压 3 min，应无气泡冒出。

② 低温（–25 ℃或–40 ℃）环境，600 kPa 压力下保压 1 min，压降不应大于 10 kPa。

（2）压差试验。

一个接口通大气，并在另一个接口上缓慢充入高出理论压差 50 kPa 的压缩空气，测试充风口处的动作压力，动作压力应符合技术规范的要求。测试动作压力后，截断压缩空气，测试充风口处的关闭压力，关闭压力应符合技术规范的要求。调换两个接口，用同样方法测试。

（3）冲击振动试验。

按以下方法进行冲击振动试验：

① 按照 GB/T 21563—2008 的 2 类规定进行。

② 冲击振动试验前后，应进行气密试验和压差试验。

（4）低温试验。

按照以下方法进行低温试验，非高寒动车组用差压阀按照常温要求进行低温试验；铁道客车及高寒动车组用差压阀按照低温要求进行低温试验。

① 按照 GB/T 24231—2009 的规定进行。

② –25 ℃环境下放置 2 h，进行气密性试验和压差试验。

③ –40 ℃环境下放置 2 h，进行气密性试验和压差试验。

**8. 牵引拉杆组成**

为保证动车组安全运行，检验动车组牵引拉杆组成质量，进行牵引拉杆组成台架试验，台架试验内容主要包括杆体静强度试验、杆体和橡胶节点疲劳试验。

（1）杆体静强度试验。

选择压装了橡胶节点、经检验合格的两根牵引拉杆进行静强度试验，根据牵引拉杆有限元强度计算的应力结果确定应变片的位置，静强度试验测定的应力不应超过材料的许用应力。在超常载荷工况下，测试应力不应超过牵引拉杆材料规定的屈服强度。

（2）杆体和橡胶节点疲劳试验。

在模拟正常运营载荷的工况下或提高载荷的等效工况，进行杆体和橡胶节点的疲劳试验。选择静强度测试合格的一根杆体，杆体试验 $10^7$ 次后检查是否有裂纹等损坏现象；橡胶节点试验 $3.5 \times 10^6$ 次后按 TB/T 2843—2015 相关规定检查是否有破坏，疲劳试验前后橡胶节点的刚度变化率不应超过 20%。

# 4.4  驱动装置（动车）台架试验

## 1. 齿轮箱台架试验

齿轮箱设计是否合理，首先靠型式试验来检验，主要考核项点有强度、密封性能、温升特性、平衡温度、低温启动能力、持续运转能力、传动效率、噪声、可靠性，型式试验项目主要如下：

① 重量检查；

② 箱体静强度试验；

③ 吊杆静强度试验；

④ 疲劳运转试验（或齿轮滚动疲劳试验、轴承性能及耐久试验）；

⑤ 低温启动试验；

⑥ 高温特性试验；

⑦ 模拟运行温升平衡试验；

⑧ 噪声测试；

⑨ 润滑油油量测试及不同润滑油工作性能比较试验；

⑩ 密封性能试验（包括防水性能试验）；

⑪ 加载试验；

⑫ 振动测试；

⑬ 效率测试；

⑭ 分解检查。

齿轮箱制造是否合格、质量是否稳定，靠例行试验检验。例行试验内容一般包括：将齿轮箱加注额定量润滑油，从零开始逐级加速至列车最高运营时转速；持续运转一段时间后，进行反转试验；试验过程中检测轴承及润滑油温度、温升速率，以及齿轮箱密封性能、声音、振动。

下面介绍齿轮箱温升线路测试方法。

通过对齿轮箱进行线路测试，掌握齿轮箱实际运用所具有的温度特性、振动特性及噪声大小，如有条件可对齿轮箱周围风场进行测试。为严格检验齿轮箱性能，试验应尽量选择在列车供货技术条件要求的极端工况下进行，如最低温及最高温天气、最高试验速度、重车工况、长时间持续运行工况等。测试方案见表 4-6。

表 4-6　测试方案

| 测试项目 | 测试部位 | 方向及代号 |
|---|---|---|
| 振动加速度 | 小齿轮侧轴承盖（牵引电机侧） | 上下、前后、左右 |
| | 大齿轮侧轴承盖（牵引电机侧） | 上下、前后、左右 |
| | 齿轮箱侧轴箱 | 上下 |
| | 齿轮箱安装座（构架） | 上下 |
| 噪声 | 车下 | — |
| 温度 | 小齿轮轴承外圈（牵引电机侧） | PM |
| | 小齿轮轴承外圈（车轮侧） | PW |
| | 大齿轮轴承外圈（牵引电机侧） | GM |
| | 大齿轮轴承外圈（车轮侧） | GW |
| | 润滑油 | Oil |
| | 齿轮箱周围 | Ext |
| | 外部气温 | Ant |
| 风速 | 齿轮箱 P 侧 | WP |
| | 齿轮箱 G 侧 | WG |

各测试点位置如图 4-8、图 4-9 所示。

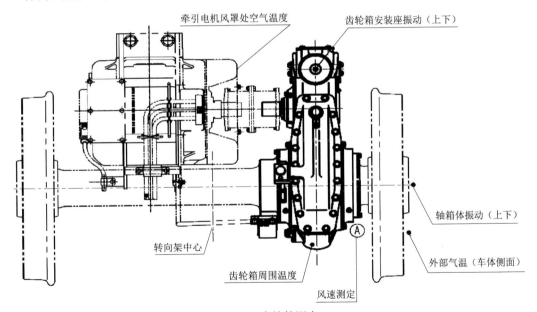

图 4-8　齿轮箱测点 1

**2. 联轴器型式试验**

联轴器设计是否合理，主要靠型式试验来检验，主要考核项点有重量、动平衡、密封性能、变位能力、旋转能力、扭矩传递能力、噪声、防腐性能，型式试验项目主要如下：

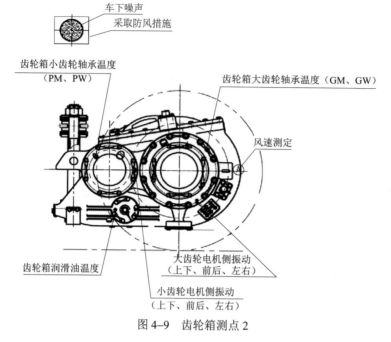

图4-9  齿轮箱测点2

① 配合尺寸检查；
② 重量检查；
③ 动平衡试验；
④ 静态极限扭矩试验；
⑤ 密封性能试验（水密性试验或气密性试验或淋雨试验）；
⑥ 位移量验证；
⑦ 高速旋转试验；
⑧ 噪声测试；
⑨ 加载试验；
⑩ 盐雾试验；
⑪ 分解检查。

对于油润滑联轴器，如果适用温度较低，如−40 ℃及以下，须要进行低温启动试验。联轴节例行试验包括重量测试、动平衡试验、气密性试验。

# 4.5  基础制动装置台架试验

**1. 踏面制动装置**

1）车轮热容量计算

轮轨异常磨耗长期以来一直是铁路行业难以解决的重点难题之一。以下着重就地铁车辆运营过程中合成闸瓦同车轮的匹配关系，重点就地铁车辆制动模式、车轮与闸瓦的热负荷特性匹配、电空制动力分配特性进行介绍，探讨造成踏面不同异常磨耗的根本原因。

当然，造成车轮踏面异常磨耗的原因很多，还有来自于轮轨参数的匹配、转向架一系悬挂参数的设置、铁轨道岔辙叉同车轮踏面的相互适应性、空气制动力切入点、防滑控制、轮轨黏着的利用、车辆的编组、线路状况等诸多因素，还有待于进一步深入研究。

（1）闸瓦与车轮的热负荷特性匹配。

通常情况下，研究合成闸瓦对于车轮踏面的热影响主要通过以下途径。

① 计算机仿真计算。

通过设定的边界条件及输入相应的相关参数、载荷、工况等，借助于专业的计算软件进行车辆在不同工况下车轮的热应力分析、温升分析、瞬间温度场的分布分析，在设计阶段提供可靠的理论计算依据。

② 试验台试验。

借助于专用的试验设备，在试验台上根据车辆运营现场实际情况设置的试验大纲，对摩擦副的摩擦性能进行考核，验证其在规定的试验大纲下的热负荷特性。因此试验大纲的编制及试验参数的合理匹配显得尤为重要，若上述试验条件设置不合理，便很难获取摩擦副真实匹配时的热负荷特性。试验台可以借助于热像仪直接获取车轮踏面瞬间温度分布，在摩擦材料的试制阶段作用更为明显。

③ 线路运营试验。

在线路运营的实际条件下，现车安装试验设备，直接获取车辆实际运营时制动摩擦副的热负荷特性，主要通过温度试纸、热电偶、热像仪进行数据的获取，成本较高。

以上三种试验方法可以互相借鉴、补充并有效地结合，也可以根据另外试验方法对自身的试验程序、参数设置进行进一步优化。

（2）踏面制动同整车之间的匹配性优化。

对于制动模式如何同闸瓦、车轮的热负荷特性及轮轨之间的黏着系数匹配是一个复杂系统的问题。尤其对于城市轨道车辆，根据其自身的制动特点，包括快停快启、大减速度、大热容量等，归纳进一步优化方向如下。

① 车辆设计时，在保证制动功能正常发挥的前提下，从整车的角度系统考虑制动系统对于车辆相关零部件的影响。

② 电空制动时，空气制动力的最优化配置：在车轮、闸瓦等磨耗分配原则的基础上，根据整列车不同车辆之间不同的轮轨黏着系数，进一步细化分配方案，达到轮轨黏着系数利用的最优化。

③ 车轮踏面同钢轨的磨耗特性匹配：车轮、钢轨的机械性能匹配，磨耗型车轮踏面同钢轨特性、轨底坡的匹配。

④ 闸瓦同车轮的相对定位尺寸、转向架一系悬挂参数特性匹配。

⑤ 进一步优化闸瓦摩擦材料的热负荷特性，以及与车轮的匹配性。

⑥ 防滑控制系统的优化，设置合理的防滑控制切入点，提高防滑系统的灵敏度。

⑦ 对于运营速度超过 80 km/h 的地铁车辆，不建议仍采用踏面制动，可以考虑引入盘型制动；由于取消了闸瓦对于车轮踏面的清扫、打磨修复，因此就轮轨黏着系数利用而言，须考虑采用盘形制动后，应适当改善轮轨黏着系数，增加撒砂装置、踏面清扫等。避免由此带来车轮的非正常磨耗。

⑧ 制动工况恶劣、热负荷苛刻的车辆，建议考虑改用盘形制动，结合增加非黏着制动，如磁轨制动、涡流制动等。

2）踏面制动单元结构型式

踏面制动单元为集成了制动放大机构、自动间隙调整机构、仰角自动调整、制动缸等部件，并将闸瓦直接作用在车轮踏面上的制动单元。踏面制动单元根据制动缸型式分为卧式踏面制动单元和立式踏面制动单元。

3）踏面制动装置型式试验和例行试验

（1）踏面制动装置型式试验内容。

① 踏面制动单元型式试验。

◆ 外观检查；

◆ 气密性试验；

◆ 动作试验；

◆ 调解行程（制动行程）试验；

◆ 制动效率试验；

◆ 间隙调整性能试验；

◆ 闸瓦压力试验；

◆ 停放制动试验；

◆ 振动冲击试验；

◆ 制动单元耐久试验（包括常用制动、停放制动及手动缓解试验）；

◆ 低温试验；

◆ 摩擦副 1:1 台架试验。

② 闸瓦型式试验。

◆ 冲击和振动试验；

◆ 1:1 制动动力台架试验（含洒水试验、摩擦系数测试、闸片热负荷及磨损寿命验证试验）；

◆ 物理力学性能；

◆ 摩擦体和背板的黏结强度；

◆ 外观及尺寸。

（2）踏面制动单元例行试验内容。

① 踏面制动单元例行试验。

◆ 重量检查；

◆ 外观检查；

◆ 常温气密性试验；

◆ 常温动作试验；

◆ 调解行程（制动行程）试验；

◆ 制动效率试验；

◆ 常温间隙调整性能试验；

◆ 制动闸瓦压力试验（常用及停放）；

◆ 停放制动缸制动、缓解试验；

◆ 机械辅助缓解机构试验。

② 闸瓦例行试验。

◆ 物理力学性能（每批次）；

◆ 摩擦体和背板的黏结强度（每批次）；

◆ 外观及尺寸。

**2. 盘形制动装置**

制动盘按照安装方式不同分为轮盘式和轴盘式两种结构型式。

轮装制动盘根据车辆设计的空间安装在车轮的两侧，对于动车和机车，因轮对上装有牵引电机和齿轮箱，一般只能采取轮装式制动盘。

轴装制动盘压装在车轴内侧，按设计需要每轴可组装 1～4 个制动盘。

按照制动盘的结构型式又分为整体盘和分体盘（对开）两种型式。

制动盘所采用的材质和结构与列车最高运行速度有关。目前高速列车一般采用热容量大的整体铸钢盘或锻钢盘，而普通列车或部分地铁则仅采用铸铁盘既可以满足使用条件。

（1）制动盘热容量计算及试验验证。

① 仿真优化计算。

② 台架试验耦合性。

③ 实际运营耦合性。

④ 盘、闸片结构优化。

⑤ 提升盘、闸片热容量。

（2）动力台架试验。

① 仿真计算的耦合性。

② 实际运营耦合性。

③ 摩擦、磨耗稳定性。

④ 盘、闸片结构优化。

⑤ 与制动系统的匹配。

（3）盘片结构优化。

① 盘、闸片结构优化。

② 盘铸造、热处理优化。

③ 摩擦面受热均匀。

④ 仿真、试验耦合。

⑤ 紧固件组优化。

⑥ 零部件轻量化。

（4）制动系统的匹配。

① 轮轨黏着研究。

② 增黏方法研究：撒砂、研磨子、喷陶瓷/干冰……

③ 黏着力、减速度有效匹配。

④ 电制动力、空气制动力合理分配。

⑤ 非黏着制动研究：磁轨、涡流等。

（5）制动盘温度检测。

① 制动盘、闸片摩擦磨耗检测。

② 盘、闸片摩擦、磨耗性能同现车软件设置的匹配性。

③ 必要时对现车软件进行微调。

④ 对线路试验结果进行综合评估、评定。

⑤ 小批量装车、批量装车。

**3. 制动盘的结构形式及相关要求**

本部分内容规定了制动盘的技术要求、检验方法、检验规则、使用寿命、标志、运输与储存要求等，用于指导制动盘的设计、制造、检验、试验。

1）盘体材料要求

① 盘体材料可采用铸钢、锻钢及球铁，其热处理后力学性能、金相组织见表4-7。

② 经用户同意，盘体也可采用其他材料制造，其力学性能指标应符合相应材料标准的要求。

表4-7　盘体材料要求

| 盘体材料 | 力 学 性 能 | | | | | 金相组织 |
|---|---|---|---|---|---|---|
| | 抗拉强度 $R_m$/MPa | 规定塑性延伸强度 $R_{p0.2}$/MPa | 断后伸长率 $A$/% | 冲击吸收能量/ J（20 ℃） | 硬度/ HBW | |
| 铸钢 | ≥1 050 | ≥900 | ≥8.0 | ≥27 | ≥290 | 索氏体 |
| 锻钢 | ≥882 | ≥735 | ≥15.0 | ≥30 | ≥270 | |
| 球铁 | ≥560 | ≥320 | ≥6.0 | / | ≥190 | 球化率≥80%，石墨球 6~8 级，基体组织： 铁素体+珠光体 |

注："/"代表本项性能不做规定。

2）盘毂材料

① 盘毂材料热处理方式及力学性能见表4-8。

② 盘毂材料及力学性能参数也可由供需双方协商确定。

表4-8　盘毂材料热处理方式及力学性能参数

| 盘毂材料 | 热处理 方式 | 力 学 性 能 | | | | | |
|---|---|---|---|---|---|---|---|
| | | 抗拉强度 $R_m$/MPa | 规定塑性延伸强度 $R_{p0.2}$/MPa | 断后伸长率 $A$/% | 断面收缩率 $Z$/% | 冲击吸收能量/ J（20 ℃） | 硬度/ HBW |
| 合金钢 | 调质 | ≥700 | ≥560 | ≥14.0 | ≥45 | ≥47 | 200~286 |

3）尺寸要求

① 制动盘外形及主要尺寸如图4-10和图4-11所示。

② 轮装制动盘的主要接口尺寸见表4-9。

③ 轴装制动盘的主要接口尺寸见表4-10。

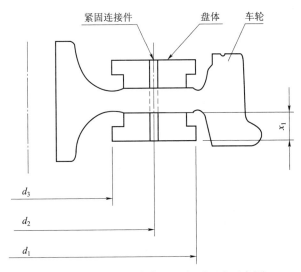

图 4-10　轮装制动盘外形及主要尺寸示意图

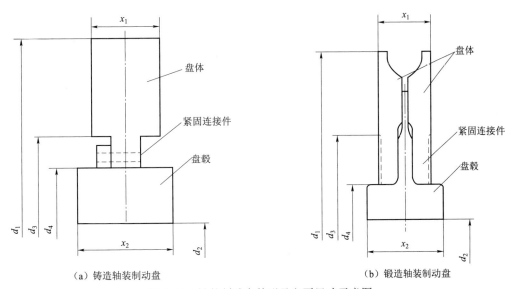

（a）铸造轴装制动盘　　　　　　　　　　（b）锻造轴装制动盘

图 4-11　轴装制动盘外形及主要尺寸示意图

**表 4-9　轮装制动盘主要接口尺寸**　　　　　　　　　　单位：mm

| 特征尺寸 | 优 选 尺 寸 | 尺寸偏差 |
|---|---|---|
| 盘体外径 $d_1$ | 610，640，660，680，700，710，725，750，760，780 | 上偏差 0，下偏差 -1 |
| 盘体内径 $d_3$ | 如果 $d_1 < 660$，则 $d_3 \leqslant 0.56d_1$；<br>如果 $d_1 \geqslant 660$，则 $d_3 = d_1 - 290$ | 偏差 ±1 |
| 盘体厚度 $x_1$ | 对于通风式制动盘：（135-轮辐最大厚度）/2<br>对于非通风式制动盘：根据轮辐上安装面距离确定 | 上偏差 0，下偏差 -0.3 |

注：优先选用表中尺寸，允许使用其他尺寸。

表 4-10　轴装制动盘主要接口尺寸

单位：mm

| 特征尺寸 | 第一系列 | 第二系列 | 尺寸偏差 |
|---|---|---|---|
| 盘体外径 $d_1$ | 510，590，610，640，660，670 | 500，520，540，560，580，600，620，680，760 | 上偏差 0，下偏差 -1 |
| 盘毂孔径 $d_2$ | 158，163，168，173，178，183，188，193，198，203。同一根轴上，中间盘座直径 $d_2+2$ | 其他尺寸 | H6 或根据合同约定 |
| 盘体内径 $d_3$ | ≤0.62$d_1$ | 如果 $d_1<660$，则 $d_3 \leq 0.62d_1$；如果 $d_1 \geq 660$，则 $d_3 \leq d_1-290$ | 偏差 ±1 |
| 盘毂外径 $d_4$ | ≤$d_2+50$ | 其他尺寸 | — |
| 盘体厚度 $x_1$ | 通风式制动盘：80，90，97，110，130 非通风式制动盘：45 | 通风式制动盘：100，120，140，150，160 非通风式制动盘：30，40，50，60 | 上偏差 0，下偏差 -0.3 |
| 盘毂宽度 $x_2$ | 150 | 100，110，120，130，140，160，170，180 | GB/T 1804—2000 |

④ 图样中未注尺寸公差及形位公差要求如下：

（a）未注铸造公差按 GB/T 6414—1999，最大错型值 1.0 mm，未注铸造圆角按 R3～R6 mm 铸造。

（b）未注机械加工尺寸公差参考 GB/T 1804—2000。

（c）未注形位公差参考 GB/T 1184—1996。

4）探伤要求

① 制动盘盘体摩擦面及盘毂应进行磁粉探伤，探伤结果应符合相关规定。磁粉探伤后须进行退磁处理。

② 钢质制动盘盘体应进行超声波探伤，盘体摩擦面至以下 12 mm 厚度范围内的缺陷应符合下列要求：

（a）不大于 $\phi$2.0 mm 当量平底孔的缺陷。

（b）$\phi$2.0 mm 当量平底孔的缺陷不多于 5 个，且两个缺陷之间的距离不小于 25 mm。

③ 制动盘盘体距摩擦面 8 mm 厚度范围内不应存在缩松缺陷，8 mm 以下单面缩松缺陷单个面积不大于 200 mm²，总面积不超过 3 000 mm²。

5）表面缺陷及质量等级要求

① 制动盘盘体上，浇冒口、芯骨、粘砂、氧化皮和多肉类等应予清除。

② 制动盘表面缺陷要求见表 4-11。

表 4-11　制动盘表面缺陷要求

| 类别 | | 缺 陷 要 求 |
|---|---|---|
| 钢质盘 | 加工面 | 铸钢盘：盘体摩擦面及散热筋螺栓孔凸台加工面部位应满足 GB/T 9444—2007 中质量等级规定壁厚不大于 16 mm 的 1 级缺陷要求，其余加工面应符合 GB/T 9444—2007 中质量等级规定壁厚不大于 16 mm 的 2 级缺陷要求 锻钢盘：盘体满足 JB/T 5000.15—2007 中质量等级 1 级缺陷要求 |
| | 非加工面及散热筋 200～250 km/h | 不应有超过 $\phi$2.5 mm 的气孔；$\phi$1.5～$\phi$2.5 mm 气孔数量不应超过 10 个；盘体散热筋局部缺肉深度不应超过 2 mm，单个面积不应超过 200 mm²；盘体散热筋（50～200）mm² 面积单个缺肉数量不应超过 8 处； |

| 类别 | | | 缺 陷 要 求 |
|---|---|---|---|
| 钢质盘 | 非加工面及散热筋 | 200~250 km/h | 缺肉面积总和不应超过散热筋总面积的 2%；<br>盘体背面局部缺肉深度不应超过 2 mm，单个面积不应超过 200 mm²；<br>盘体背面（50~200）mm² 面积单个缺肉数量不应超过 8 处；<br>单个局部缺肉缺陷长度不应超过 20 mm；<br>对散热筋而言，在缺陷背面的相对位置上不应同时存在其他缺陷；<br>允许用打磨方法进行缺陷深度确认 |
| | | 300~350 km/h | 不应有超过 $\phi$2.5 mm 的气孔；<br>$\phi$1.5~$\phi$2.5 mm 的气孔数量不应超过 8 个；<br>盘体散热筋局部缺肉深度不应超过 2 mm，单个面积不应超过 200 mm²；<br>（50~200）mm² 面积单个缺肉数量在整盘上不应超过 8 处；<br>缺肉面积总和不应超过散热筋总面积的 1%；<br>盘体背面局部缺肉深度不应超过 2 mm，单个面积不应超过 200 mm²；<br>（50~200）mm² 面积单个缺肉数量不应超过 6 处；<br>单个局部缺肉缺陷长度不应超过 20 mm；<br>对散热筋而言，在缺陷背面的相对位置上不应同时存在其他缺陷；<br>允许用打磨方法进行缺陷深度确认 |
| 球铁盘 | 加工面 | 200~250 km/h | （a）摩擦面：不应有裂纹，允许有直径不大于 2 mm，深度不大于 1.5 mm，离边缘大于或等于 5 mm 的气泡及夹渣；单面缺陷数量不超过 2 个，两个缺陷间距不小于 100 mm，两个缺陷周向夹角不小于 45°<br>（b）其他加工面：直径不大于 2 mm 或周长不大于 6 mm，深度不大于 2 mm 的缺陷在每 200 mm² 面积上不多于 2 个；间距不小于 20 mm，离边缘或孔边不小于 10 mm，总数量不超过 5 个。在缺陷背面的相对位置上不允许同时存在缺陷 |
| | 非加工面 | | 直径不大于 4 mm 或其周长不大于 12 mm，深度不大于 3 mm，在每 100 cm² 面积上（小于 100 cm² 按 100 cm² 计算）不多于 2 个；间距不小于 20 mm，离边缘或孔边不小于 10 mm，缺陷总数不超过 8 个。在缺陷背面的相对位置上不应同时存在缺陷。允许用打磨方法进行缺陷深度确认 |

③ 制动盘盘体及盘毂任何部位不应存在影响组装或使用的碰伤、凹陷、裂纹等缺陷；盘毂内孔不应有划伤等缺陷。

④ 铸钢制动盘盘体的散热筋若存在缺肉，仅当缺肉不超过散热筋高度的一半，且长度小于 50 mm 时，允许在热处理之前焊补，其余部位不应焊补。

6）残余不平衡值

制动盘残余不平衡值应符合图样要求。

7）磨耗限标志

制动盘应加工出最大允许磨耗限标志，具体标志形式应符合图样要求。制动盘磨耗到限时必须更换。

8）重量要求

制动盘重量偏差不应超过图样规定值的±5%。

9）表面粗糙度

① 制动盘摩擦面表面粗糙度 $Ra$ 6.3 μm。

② 轴装制动盘的盘毂内孔表面粗糙度应符合图样要求。

10）防锈处理

制动盘应做防锈处理。

11）1:1 制动动力试验要求

制动盘应与合格闸片配对进行 1:1 制动动力试验，试验结果应满足如下要求：

① 紧固件无松动及损坏现象。

② 制动盘不应出现长度超过 10 mm 的初裂纹。

③ 制动盘不应出现非正常磨耗。

12）检验方法

（1）金相检验。

① 钢质材料的金相检验按 GB/T 13298—2015 进行；球铁材料的金相检验按 GB/T 9441—2009 进行。

② 金相组织检查试样可取自拉伸试样的端部。

（2）力学性能检验。

① 盘体及盘毂的拉伸试验按 GB/T 228.1—2010 进行。

② 冲击试验按 GB/T 229—2007 进行。冲击试样的尺寸和加工质量应符合 GB/T 229—2007 的规定，其中 V 形或 U 形缺口应不定期抽查，在投影仪上放大 50 倍检查。

③ 盘体的硬度试验应按 GB/T 231.1—2009 进行。

13）外观及几何尺寸

外观采用目视检查，几何尺寸采用相应精度的量具进行检查。

14）无损检测

① 铸钢盘超声波探伤按 GB/T 7233.1—2009 进行，锻钢盘超声波探伤按 GB/T 6402—2008 进行。

② 铸钢盘磁粉探伤按 GB/T 9444—2007 进行，锻钢盘磁粉探伤按 JB/T 5000.15—2007 进行，球铁盘磁粉探伤按 GB/T 15822.1—2005 进行。

15）不平衡试验

制动盘应在立式或卧式动平衡机上进行试验，轮装盘不平衡的修正部位如图 4-12 所示，轴装盘不平衡的修正部位如图 4-13 所示，也可由供需双方协商确定修正部位。修正方法为冷加工去除材料的方法。

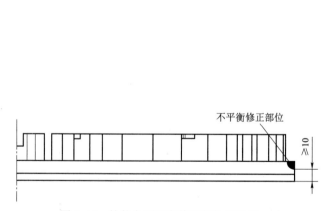

图 4-12 轮装盘不平衡修正部位示意图　　图 4-13 轴装盘不平衡修正部位示意图

16）重量检验

重量用称量法确定，称量器具精度不低于 100 g。

17）例行试验

① 盘体检验批的确定：在原材料和生产工艺稳定的情况下，以同一班次生产的盘体为一检验批；在原材料和生产工艺不稳定的情况下，铸件以同一熔炼炉为一检验批，锻件以同一热处理炉为一检验批。

② 盘毂检验批的确定：以同一热处理炉次的盘毂为一检验批。

③ 铸钢制动盘试样应取自附铸试块或本体，锻钢制动盘试样应取自试棒或本体，试样数量至少 3 根。

④ 同一检验批的盘体或盘毂，应做一个拉伸试验。

⑤ 同一检验批的钢质盘体或盘毂，应测定三个试样的冲击功。试验结果中三个测试值的算术平均值符合规定时为合格，允许一个测定值低于规定值，但不能低于规定值的 70%。

⑥ 同一检验批的盘体或盘毂，应做布氏硬度试验，试样可取自同炉试棒或实物本体。

⑦ 同一检验批的盘体，应做金相组织检验，试样可取自拉伸试样的端部或从盘体上截取实物试样。

⑧ 在试样不足的情况下，可从盘体或盘毂上截取实物试样进行试验。

⑨ 关键尺寸及残余不平衡值应进行逐件检验，检验结果应符合图样要求。

18）有下列情形之一者，应做型式试验

① 新产品定型。

② 产品结构、生产工艺或材料有重大改变。

③ 产品或同类产品停产两年以上后恢复生产。

④ 连续生产四年。

⑤ 法律法规要求的。

19）检验项目

制动盘检验分为例行试验和型式试验，检验项目见表 4-12。

表 4-12　检验项目

| 序号 | 检验项目 | 例行试验 | 型式试验 |
|---|---|---|---|
| 1 | 金相组织 | √ | √ |
| 2 | 力学性能 | √ | √ |
| 3 | 外观及尺寸 | √ | √ |
| 4 | 无损检测 | √ | √ |
| 5 | 残余不平衡值 | √ | √ |
| 6 | 重量检验 | √ | √ |
| 7 | 1:1 制动动力试验 | — | √ |

注："√"表示检验项；"—"表示不检验项。

20）标志、包装、运输与储存

① 在制动盘外圆面应有明显的磨耗限标志。

② 在制动盘的适当部位应铸出或打印制造商代号、生产日期及产品编号或炉号，字体应清晰，标识应具有可追溯性。

③ 残余不平衡值刻打在制动盘外圆面相应不平衡所在位置。

④ 制动盘标志应符合图样要求。

⑤ 制动盘包装应做防水、防潮处理。

⑥ 包装时盘与盘之间应有隔离措施。

⑦ 盘毂孔及盘体应加以有效保护。

⑧ 制造商应提供产品合格证，合格证应至少包含以下内容：

◆ 制造商名称或代号；

◆ 产品名称及型号；

◆ 本批数量；

◆ 检查人员姓名或代号；

◆ 出厂编号；

◆ 检验员印章。

⑨ 运输和装卸时严禁摔、扔，防止制动盘破损。

⑩ 制动盘应储存在通风、干燥处，防止日晒和雨淋。

**4. 制动夹钳的结构形式及相关要求**

盘形制动装置所采用的制动夹钳分为紧凑式制动夹钳、传统式制动夹钳（即三点吊挂式制动夹钳）等形式。制动夹钳技术要求如下。

（1）制动夹钳单元外观要求。

① 制动夹钳单元尺寸满足图样要求。

② 无结构缺陷、机械损坏和变形。

③ 闸片托接口尺寸满足图样要求。

④ 标识应完整、清晰。

（2）图样中未注尺寸公差及形位公差要求。

① 未注机械加工尺寸公差依照 GB/T 1804—2000。

② 未注形位公差依照 GB/T 1184—1996。

③ 铸造公差与加工余量依照 GB/T 6414—1999。

④ 制动夹钳单元中制动夹钳、制动缸体等关键零件应进行探伤，缺陷不应超出图样和技术文件规定的要求。

⑤ 制动夹钳单元各螺纹紧固件的拧紧力矩应控制在图样和技术文件规定的范围内。

⑥ 制动夹钳单元重量应符合图样和技术文件要求。

⑦ 制动夹钳单元动作灵活，无卡滞。

⑧ 制动夹钳单元应具备一定的超负荷能力，以防止意外情况下由于制动力的突然增加而损坏。

⑨ 工作压力要求：

（a）气动制动夹钳单元常用缸最高工作压力 600 kPa。

（b）气动制动夹钳单元停放缸最高工作压力 1 000 kPa。

（c）液压制动夹钳单元油缸最高工作压力 11 MPa。

（3）密封性能。

① 气动制动夹钳单元密封性能要求。

气动制动夹钳单元密封性能要求见表 4–13。

表 4–13 气动制动夹钳单元密封性能要求

| 制动缸类型 | 常温密封性能要求 | | 低温密封性能要求 | |
|---|---|---|---|---|
| | 压力/kPa | 漏泄量/(kPa/min) | 压力/kPa | 漏泄量/(kPa/min) |
| 常用缸 | 80±10 | ≤2 | 80±10 | ≤10 |
| | 400～500 | ≤2 | 400～500 | ≤10 |
| 停放缸 | 80±10 | ≤2 | 80±10 | ≤10 |
| | 不低于最小缓解压力 | ≤2 | 不低于最小缓解压力 | ≤10 |

② 液压制动夹钳单元密封性能要求。

液压制动夹钳单元密封性能要求见表 4–14。

表 4–14 液压制动夹钳单元密封性能要求

| 制动夹钳单元类型 | 常温密封性能要求 | | 低温密封性能要求 | |
|---|---|---|---|---|
| | 压力/MPa | 漏泄量/(MPa/min) | 压力/MPa | 漏泄量*/(MPa/min) |
| 液压制动夹钳单元 | 0.2±0.05 | ≤0.01 | 0.2±0.05 | ≤0.05 |
| | 12±0.5 | ≤0.25 | 12±0.5 | ≤0.3 |

注：*作为参考值。

（4）制动夹钳单元应具有自动间隙调整功能，能够补偿由于闸片及制动盘磨耗而产生的间隙。

（5）制动夹钳单元的一次间隙调整量应符合图样和技术文件要求。

（6）制动夹钳单元的最大间隙调整量应符合图样和技术文件要求。

（7）制动夹钳单元应具有手动复位功能，以方便现场更换闸片。

（8）制动夹钳单元或制动缸的输出力应满足设计要求。

（9）冲击和振动的要求应符合 IEC 61373：2010 中规定的 2 类要求。

（10）具有停放制动功能的制动夹钳单元，停放制动作用由弹簧力施加，通过压缩空气缓解。应设置手动缓解装置，以方便手动缓解。

（11）制动夹钳单元的疲劳性能。

不带停放制动的制动夹钳单元，试验次数不得少于 100 万次。带有停放制动的制动夹钳单元，还须进行停放功能疲劳试验，停放功能的试验次数不得少于 10 万次。手动缓解试验次数不少于 1 万次。疲劳试验完成后，制动夹钳单元各项性能应符合要求。

（12）制动夹钳单元静态传动效率。

气动制动夹钳单元静态传动效率在（420±10）kPa 压缩空气的压力下不低于 83%；液压制动夹钳单元静态传动效率在（11±0.1）MPa 油压下不低于 83%。

制动夹钳单元静态传动效率按式（4-5）计算：

$$\eta = \frac{K'}{K} \qquad\qquad (4-5)$$

式中：$\eta$——静态传动效率；

    $K'$——实测闸片推力，kN；

    $K$——计算闸片推力，kN。

    其中 $K$ 由式（4-6）计算得到：

$$K = P \times A \times \gamma \qquad\qquad (4-6)$$

式中：$P$——紧急制动时的制动缸压力，kPa；

    $A$——活塞作用有效面积，$m^2$；

    $\gamma$——制动倍率。

**5. 闸片结构形式及相关要求**

① 符合 UIC 541-3 标准安装接口粉末冶金闸片，且满足 TJ/CL 307—2014 及供货条件要求。须根据热负荷循环给出闸片的预期寿命，并进行试验验证。

② 闸片与制动盘必须匹配，在各种速度和环境条件下制动时，不得在制动盘表面产生热损伤，不得出现材料聚集的情况，以致造成制动盘表面出现不正常的磨耗。

③ 应提交闸片的技术参数，至少包括摩擦材料、磨损率、干燥和潮湿条件下的摩擦性能。

④ 闸片作为车辆运行的易损易耗部件，必须考虑可以快速自然冷却和便于拆装的结构，其安装结构应在现车方便更换作业，不须要拆卸其他部件就能更换磨损的制动闸片。

⑤ 提供不同制动初速度、不同制动级位下的摩擦系数曲线。

⑥ 闸片磨耗量小于 0.35 $cm^3$/MJ。

⑦ 闸片运用、磨耗过程中摩擦系数须保持稳定，满足制动距离的设计要求。

⑧ 闸片不允许使用石棉、铅、锌及其化合物，闸片工作时不应产生有害健康或使乘客感到不舒适的灰尘、颗粒、气体。

⑨ 在潮湿或有雪的情况下，瞬时摩擦系数相对于干燥条件下只能有微小变化。在潮湿条件下平均摩擦系数相对干燥条件下摩擦系数的变化不能超过±15%。

⑩ 闸片须能承受本技术条件中规定范围内的热负荷，而不会发生燃烧、熔化或在制动盘上形成大的堆积物，或异常损耗，且不得发生性能恶化。

⑪ 闸片不得使制动盘产生局部过度磨耗、沟状磨耗、犁痕式磨耗或热损伤（热斑或龟裂很可能引起制动盘断裂）。

⑫ 闸片摩擦体不得发生脱落、掉块等异常现象。

⑬ 闸片的定位和紧固应稳定可靠，闸片的结构应能保证与制动盘表面均匀接触。

⑭ 在闸片磨耗限度内，不得出现能够导致变脆、变形或裂纹的任何缺陷（如坑窝、起泡和裂纹等）。因此，应该防止摩擦零件或部分摩擦材料被遗失在轨道上。

⑮ 闸片在试验期间不得出现烧痕、局部隆起、粘结材料熔化、持续刺耳的噪声、刺鼻的气味及其他各种缺陷。

⑯ 针对运用环境的变化，卖方须进行高寒、高温、风沙、冰雪、大温差、紫外线等相关试验验证；针对前期运营当中闸片导致制动盘异常划伤等惯性质量问题，局部进行优化升级，并出具相关试验验证报告。

**6. 盘形基础制动装置型式试验和例行试验**

（1）盘形基础制动装置型式试验内容如下。

① 制动夹钳型式试验。

◆ 制动夹钳单元外观检查；

◆ 强度试验；

◆ 灵敏度试验；

◆ 密封性试验；

◆ 一次调整量试验；

◆ 最大调整量试验；

◆ 缓解间隙试验；

◆ 输出力试验；

◆ 手动复位试验；

◆ 停放缸动作试验；

◆ 停放缸手动缓解试验；

◆ 制动夹钳单元称重；

◆ 静态传动效率试验；

◆ 制动夹钳低温试验；

◆ 冲击和振动试验；

◆ 疲劳试验；

◆ 必要时进行 IP 防护等级试验。

② 制动盘型式试验。

◆ 金相组织；

◆ 力学性能；

◆ 外观及尺寸；

◆ 无损检测；

◆ 残余不平衡值；

◆ 重量检验；

◆ 1:1 制动动力台架试验。

③ 闸片型式试验。

④ 冲击和振动试验。

◆ 1:1 制动动力台架试验（含洒水试验、摩擦系数测试、闸片热负荷及磨损寿命验证试验）；

◆ 物理力学性能；

◆ 摩擦体和背板的粘结强度；

◆ 外观及尺寸。

（2）基础制动装置例行试验内容至少应包括以下内容。

① 制动夹钳例行试验。

◆ 强度试验；

◆ 灵敏度试验；

◆ 密封性试验；

◆ 一次调整量试验；

◆ 最大调整量试验；

◆ 缓解间隙试验；

◆ 输出力试验；

◆ 外观检查；

◆ 静态传动效率试验。

② 制动盘例行试验。

◆ 金相组织（每批次/炉次）；

◆ 力学性能（每批次/炉次）；

◆ 外观及尺寸；

◆ 无损检测；

◆ 残余不平衡值；

◆ 重量检验。

③ 闸片例行试验。

◆ 物理力学性能（每批次）；

◆ 摩擦体和背板的粘结强度（每批次）；

◆ 外观及尺寸。

# 4.6 转向架总体台架及轴承温度试验

该部分国内未有批量、成熟使用经验，技术规范基本为企业规范，有待于进一步研究分析。

**1. 转向架总体台架试验**

转向架的机构运动关系，可利用滚动振动试验台进行该转向架的动力学性能试验，测定蛇行失稳临界速度、车辆运行平稳性，以及测定悬挂自振特性，并监测其各部位轴承温度。

1）试验内容

整车滚动振动试验台动力学试验包括以下内容：

① 稳定性试验；

② 平稳性试验；

③ 减振器多方案比选；

④ 故障方案试验；

⑤ 悬挂系统自振特性试验。

2）试验标准

在滚动振动试验台上进行机车车辆试验采用《机车车辆动力学性能台架试验方法》（TB/T 3115—2005），鉴于本次试验是动力学性能试验，故在数据处理和评定标准方面采用《高速试验列车客车强度及动力学规范》（95J01-M）。

3）试验项目

（1）车辆临界速度、运行平稳性试验。

利用滚动振动试验台测试被试车的蛇行失稳临界速度、运行平稳性，在测试过程中还要监测被试车的轴箱轴承温度、齿轮箱温度。试验内容如下：

① 跑合试验。

转向架在滚动试验台上安装调整完毕之后，进行 0～200 km/h 的跑合试验，跑合时间不少于 10 小时。其中 0～160 km/h 要求加激扰模拟线路谱，时间不少于 6 小时；160～200 km/h 纯滚动试验，时间不少于 4 小时，以检验各种情况。

② 稳定性试验。

机车车辆动力学的主要性能之一是保持稳定性。高速运行时一旦失稳，将影响乘客的乘坐舒适性，严重时甚至有可能会造成脱轨，影响行车安全。因此须进行无轨道激扰和有轨道激扰稳定性试验。

③ 平稳性试验。

在满足稳定性的基础上，进行不同速度下的运行平稳性试验。

试验速度分挡（km/h）：80，100，120，140，160，180，200，220，240，…，直到线路最高试验速度。

轨道激扰谱：选取动车组线路实测线路谱，不平顺最大幅值满足供货技术合同中相关规定。

测试物理量：车体、构架、轴箱横向和垂向加速度及绝对位移，一系和二系悬挂横向和垂向相对位移。

（2）转向架故障试验。

在空气弹簧无气、去掉抗蛇行液压减振器、去掉一系垂向液压减振器及二系横向液压减振器的情况下，试验转向架的垂向和横向平稳性。

（3）试验速度。

根据《机车车辆动力学性能台架试验方法》（TB/T 3115—2005）对试验速度的规定，对运行响应试验，最高试验速度为最高运行速度的 1.1 倍。对运动稳定性试验，在有激振条件下，最高试验速度不低于运行速度或最高线路试验速度（以速度高者为准）的 1.15 倍。

在进行运行响应试验时，采用速度分级，速度级为 20 km/h，最低试验速度 80 km/h，最高试验速度为高运行速度的 1.1 倍。

在进行运动稳定性试验时，采用速度扫描进行，在进行速度扫描时的试验速度加速度（或减速度）小于 0.5 km/（h · s）。

（4）悬挂自振特性试验。

测定车体和构架各个方向振动的自振频率。

**2. 轴承温度的监测**

试验过程中，利用点温计对被试车 8 个轴箱进行温度测试。测试轴箱表面温度，被试车的轴温限值为 70 ℃。因此，在试验过程中测出的轴箱温度若达到或超过 70 ℃，则停止试验，待冷却后再进行相应的试验。

利用温度传感器测试动车齿轮箱温度。被试车的测试温度限值为 100 ℃。因此，在试验过程中测出的齿轮箱温度若达到或超过 100 ℃，则停止试验，待冷却后再进行相应的试验。

1）运动稳定性试验

（1）运动稳定性临界速度定义和试验方法。

机车车辆稳定性试验就是测定临界速度，通过被试验机车车辆在试验台上的蛇行运动极限环图进行分析，得到各种含义的临界速度。典型的蛇行运动极限环图如图 4-14 所示。当机车车辆在理想平直轨道上运行时，也就是试验台轨道轮作无扰动的纯滚动，当试验运行速度达到 $V_{C0}$ 时，机车车辆系统出现稳定的周期运动，即蛇行运动。蛇行运动的振幅随速度的提高而增大，$V_{C0}$ 称为线性临界速度。当速度大于 $V_{C1}$ 时，周期运动发生跳跃，振动幅值加大，可能出现撞击轮缘现象的蛇行运动，这时为无条件失稳，$V_{C1}$ 称为非线性失稳速度。图中虚线为不稳定周期运动极限环振幅值，当速度大于 $V_{C2}$ 小于 $V_{C1}$ 时，且初始扰动幅值大于图 4-14 中虚线对应值，同样也可出现极限环振幅较大的蛇行运动，这时称为有条件失稳，失稳速度 $V_{C}$ 位于 $V_{C2}$ 和 $V_{C1}$ 之间。当速度小于 $V_{C2}$ 时系统则稳定，所以 $V_{C2}$ 称为非线性稳定速度。

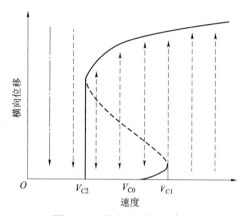

图 4-14　蛇行运动极限环图

机车车辆稳定性试验台试验分两种方式，一是通过试验台纯滚动试验进行增速，找到蛇行运动非线性失稳速度 $V_{C1}$，然后降速，当蛇行运动消失，即找到非线性稳定速度 $V_{C2}$；二是模拟机车车辆线路运行的滚振试验，也就是在轨道轮有模拟线路不平顺激扰运动的情况下进行增速，直到出现蛇行运动，这时即得到有条件失稳点 $V_{C}$，该速度为对应于所运行线路的实际临界速度。激振停止，再进行降速，当蛇行运动消失时即找到非线性稳定速度 $V_{C2}$。

（2）检测项目。

被试车的检测项目如下，具体测试点位置如图 4-15 所示。

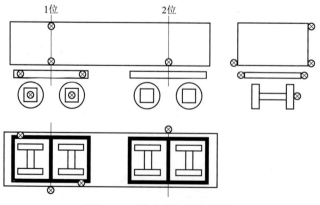

图 4-15　测试点位置示意图

①　1 位转向架中心对应处的车体侧墙下部点垂向和横向位移或加速度，1 位转向架中心对应处的车体侧墙上部横向位移或加速度，2 位转向架中心对应处的车体侧墙下部垂向和横向位移或加速度。

②　1 位转向架前后轮对处构架上对角位置的垂向和横向位移或加速度。

③　1 位转向架中各轮对横向位。

（3）运动稳定性评估方法。

被试车运动稳定性的评估可以直接采用车体、转向架构架和轮对周期运动位移的状况进行评估。

①　稳定性试验的评估内容。

（a）蛇行失稳临界速度。包括出现失稳的临界速度和失稳后恢复稳定的临界速度。

（b）失稳后运动振型。包括车体、转向架和各轮对在失稳后的振型。

②　运动稳定性评估标准。

通过观测和检测轮对和转向架运动位移或加速度，判断出表 4–15 所示的不同类型临界速度。

表 4–15　不同类型临界速度判别表

| 评定 | 符号 | 判　定　标　准 | 备注 |
|---|---|---|---|
| 线性临界速度 | $V_{C0}$ | 纯滚动过程中轮对出现周期运动速度 | |
| 非线性失稳速度 | $V_{C1}$ | 纯滚动过程中轮对周期运动出现跳跃的速度 | |
| 非线性稳定速度 | $V_{C2}$ | 出现轮对周期运动后，降低试验速度，失稳消失的速度 | |
| （轨道不平顺激扰下）失稳速度 | $V_C$ | 在轨道不平顺谱激扰下，出现明显的蛇行失稳时的速度 | 可通过停止激振来确定蛇行与否 |

被试车在每一速度级下稳定运行 3 min（无论施加激扰与否），3 min 过后（无激扰），如果被试车轮对的横移量出现不断扩散并与滚轮撞击则认为被试车发生了蛇行失稳。如果被试车轮对出现等幅振动，则认为被试车发生了蛇行运动。报告中以此时的速度值作为车辆的临界速度值。

采样方法：对轴箱上方构架加速度进行实时连续监测和采样。

在施加激扰状态下加速度峰值有连续 6 次以上达到或超过极限值 8～10 m/s²（与转向架的设计相适应）时，判定转向架横向失稳。

2）运行响应试验

（1）运行响应试验方法。

运行响应试验是通过滚振相结合的试验方法来模拟被试机车车辆在线路不平顺激扰下的运行状态，测定车体振动响应的平稳性。

激振信号采用动车组线路实测轨道谱。试验时，首先确定试验台第一轴的激振信号，后面 2～4 轴的激振信号通过第 1 轴的激振信号延时得到，延时为：

$$t_{i-1} = \frac{l_{i-1}}{v} \tag{4–7}$$

式中：$t_{i-1}$ 是第 $i$ 根轴到第 1 根轴的延时，s；

$l_{i-1}$ 是第 $i$ 根轴到第 1 根轴的距离，m；

$v$ 是模拟运行速度，m/s。

（2）检测项目。

试验同时测定加速度及位移等信号，共计 16 通道数据。具体的记录参数协商确定。

（3）评估内容。

① 平稳性指标。

② 车体和构架的振动加速度和位移。

③ 悬挂的动挠度。

3）评估标准

运行平稳性评定标准和计算方法按 95J01–M 执行。采用平稳性指标和车体平均最大加速度进行评判。

# 4.7  转向架线路试验

为了检测动车组转向架的综合性能，通过线路动力学测试评估转向架的运行平稳性、稳定性、安全性，主要包括运行稳定性试验、横向稳定性试验、运行平稳性试验。

**1. 运行稳定性试验**

（1）试验目的。

检验动车组运行时与轮轨力相关的运行稳定性指标是否满足合同要求。

（2）试验依据。

依据《高速动车组整车试验规范》（铁运〔2008〕28 号）试验条件进行试验。

① 受试车辆。

动车组中的典型车辆，整备重量和定员载荷条件下。

② 试验线路。

客运专线。

③ 试验速度。

正线试验最高速度。

④ 技术配合。

换装测力轮对，试验准备期间拆卸测力轮对轴箱端盖。

（3）试验方法。

① 试验项目。

通过测力轮对、使用间断测量方法测量轮轨力，计算与轮轨力有关的各项运行稳定性指标，统计计算时每 6 s 取一次最大值。

② 测点布置。

对测试车辆进行测量，每车装两条测力轮对。信号传输采用滑环式集流装置。

测力轮对按铁科院提供的图纸进行加工，然后送往铁科院环行试验基地，由铁科院贴片和标定。制作完毕的测力轮对送回四方厂后，安装在各被试车辆的指定轴位。

安装滑环式集流装置，布置测试系统。

列车的速度通过轴头安装的速度传感器提供。厂方加工与速度传感器配套的轴头压盖和轴箱端盖。

数据采集系统和计算机等布置在列车上。

③ 测试系统。

试验测试系统为基于计算机网络的集散式测试系统。每车的测点通过屏蔽线连接到分散在各车的数据采集系统上，数采系统通过网络线和集中的试验控制计算机相连。试验仪器见表 4-16。

表 4-16　试验仪器

| 名称 | 数量 | 型号 | 测试精度 | 生产厂家 | 检 定 单 位 |
|---|---|---|---|---|---|
| 数据采集系统 | 6 | C1 | 0.1% | 德国 Imc | 中国航天科技集团第一计量研究所 |

④ 试验程序。

正线试验速度分级。道岔、曲线等需要限速的区段，以最高允许速度通过。

（4）试验评定。

① 脱轨系数：$Q/P \leqslant 0.80$。

② 轮重减载率。

③ 准静态：$\Delta P/P \leqslant 0.65$。

④ 动态：$\Delta P/P \leqslant 0.80$。

⑤ 轮轴横向力：$H \leqslant (10 + P_0/3)$。

⑥ 轮轨最大垂向力：$P_{\lim} \leqslant 170 \text{ kN}$。

**2. 横向稳定性试验**

（1）试验目的。

检验动车组的横向运行稳定性是否满足合同的要求。

（2）试验依据。

依据《高速动车组整车试验规范》（铁运〔2008〕28 号）试验条件进行试验。

（3）试验条件。

① 受试车辆。

动车组中的典型车辆，整备重量和定员载荷条件下。

② 试验线路。

客运专线。

③ 试验速度。

正线试验最高速度。

（4）试验方法。

① 试验项目。

在轴箱上方的构架上安装横向加速度计，测量构架横向加速度。

② 测点布置。

在各被试车的 4 轴和 1 轴右侧轴箱上方的构架上安装横向加速度计，在非测力轮对的轴端安装速度传感器。

③ 试验程序。

本项试验与运行稳定性试验同步进行。

正线试验速度分级。道岔、曲线等需要限速的区段，以最高允许速度通过。

④ 测试系统。

试验测试系统为基于计算机网络的集散式测试系统。每车的测点通过屏蔽线连接到分散在各车的数据采集系统上，数采系统通过网络线和集中的试验控制计算机相连。试验仪器见表 4-17。

表 4-17　试验仪器

| 序号 | 名称 | 数量 | 型号 | 测试精度 | 生产厂家 | 检定单位 |
|---|---|---|---|---|---|---|
| 1 | 加速度传感器 | 6 | 3701M24 | 1% | 美国 PCB | 中国航天科技集团第一计量研究所 |
| 2 | 数据采集系统 | 6 | C1 | 0.1% | 德国 Imc | 中国航天科技集团第一计量研究所 |

（5）试验评定。

当构架加速度滤波 0.5～10 Hz、峰值有连续振动 6 次以上达到或超过极限值 8 m/s$^2$ 时，判定转向架失稳。

**3. 运行平稳性试验**

（1）试验目的。

检验动车组的平稳性指标是否满足合同的要求。

（2）试验依据。

依据《高速动车组整车试验规范》（铁运〔2008〕28 号）试验条件进行试验。

（3）试验条件。

① 受试车辆。

动车组中典型车辆，整备重量和定员载荷条件下。

② 试验线路。

客运专线。

③ 试验速度。

正线试验最高速度。

（4）试验方法。

① 试验项目。

通过在车体地板面上安装加速度计进行测试。

② 测点布置。

在各被试车的车体地板面上安装垂向和横向加速度计，具体位置为：

（a）车体一位转向架中心地板面；

（b）车体中心地板面；

（c）车体二位转向架中心地板面。

在各被试车的车体中心地板面上安装纵向加速度计。

（5）试验程序。

本项试验与运行稳定性试验同步进行。

正线试验速度分级。道岔、曲线等需要限速的区段，以最高允许速度通过。

（6）测试系统。

试验测试系统为基于计算机网络的集散式测试系统。每车的测点通过屏蔽线连接到分散在各车的数据采集系统上，数采系统通过网络线和集中的试验控制计算机相连。试验仪器见表 4–18。

表 4–18　试验仪器

| 序号 | 名称 | 数量 | 型号 | 测试精度 | 生产厂家 | 检定单位 |
|---|---|---|---|---|---|---|
| 1 | 加速度传感器 | 21 | LSMP–2 | 0.2% | 美国 Jewell | 中国航天科技集团第一计量研究所 |
| 2 | 数据采集系统 | 6 | C1 | 0.1% | 德国 Imc | 中国航天科技集团第一计量研究所 |

（7）试验评定。

新车状态和正常维修状态下的动车组，在良好维修的线路上运行时，在 200 km/h 及以下各试验速度级下，客室舒适度指标 $N \leqslant 2.0$，司机室舒适指标 $N \leqslant 3.0$，分析频率为 0.4～80 Hz；客室平稳性指标 $W \leqslant 2.5$，司机室平稳性指标 $W \leqslant 2.75$，分析频率为 0.5～40 Hz。

# 第5章

# 检 修 维 护

　　"和谐"（CRH）系列电动车组（以下简称动车组）是铁路旅客运输的高速运载工具。动车组运用维修工作是铁路运输的重要组成部分，其维修质量直接关系到旅客生命财产安全和企业经济效益。坚持质量第一和为运输服务的原则，贯彻修、养并重，预防为主的方针，不断加强基础工作，完善运用维修管理制度，提供质量良好的动车组，是动车组运用维修工作的基本任务。

　　动车组运用维修规程的制定应适应铁路运营需要，建立管理体系顺畅、规章标准健全、运力配置合理、修程修制科学、维修设施完备、生产组织有序、检修质量可控、维修成本经济、人员素质过硬、安全持续稳定的动车组运用维修管理体系。

　　动车组实行计划性预防修的检修体制，分为五级修程。一、二级检修为运用检修，在动车组运用所内进行；三、四、五级检修为高级检修，在具备相应车型检修资质的检修单位进行。

　　动车组运用维修采用以走行公里周期为主（走行公里以动车组管理信息系统为准）、时间周期为辅的检修模式。二级检修可采用集中修与均衡修相结合的方式进行。动车组检修周期见表 5–1。

表 5–1　动车组检修周期表

| 修程<br>车型 | 一级检修 | 二级检修 | 三级检修 | 四级检修 | 五级检修 |
|---|---|---|---|---|---|
| CRH$_2$A | | | | | |
| CRH$_2$A 统 | | | | | |
| CRH$_2$B | | 转向架专项修<br>项目里程 | | | |
| CRH$_2$E | ≤（4 000+400）km<br>或运用 48 h | 周期：6 万～60 万 km<br>部分项目时间 | 60$^{+25}_{-5}$万 km<br>或 1.5 年 | 120$^{+15}_{-10}$万 km<br>或 3 年 | （240±10）万 km<br>或 6 年 |
| CRH$_2$C 一阶段 | | 周期：60 天 | | | |
| CRH$_2$C 二阶段 | | | | | |
| CRH380A | | | | | |
| CRH380AL | | | | | |

　　注：① 动车组检修采用以走行公里周期为主、时间周期为辅的检修模式，先到为准。

　　　　② 二级检修项目允许按二级修维修卡片规定的检修周期延后 10%组织施修（有调整检修周期范围的除外）。

　　　　③ 高级检修间隔不超过一个三级检修周期。

170

# 5.1　一　级　检　修

一级检修是对运用动车组的车顶、车下、车体两侧、车内和司机室等部位实施快速例行检查、试验和故障处理的检修作业，须在动车所检查库内实施。动车组一级检修可采用无电（可接外接电源）—有电，或有电—无电—有电作业模式。

动车组一级检修时，短编（8 辆编组）由 1 个作业小组实施，长编（16 辆编组）由 2 个作业小组实施。备用动车组累计备用时间超过 48 h、检修动车组修竣后，上线运营前须进行一级检修。表 5–2 所示为车下一级检修内容。表 5–3 列出了车体两侧一级检修内容。

表 5–2　车下一级检修内容

| 序号 | 检查项目 | 车下检修质量标准 |
|---|---|---|
| 1 | 制动装置（全列） | ① 制动夹钳装置配件齐全，各部件无机械损伤，液压夹钳作用缸、油管（仅 CRH2A/B/E/C 一阶段）、空气管无泄漏；悬吊螺栓紧固，各部件无裂纹。<br>② 闸片托本体、支持框架、支撑销子的外观及安装状态良好，没有伤痕及磨耗、漏油。防尘橡胶波纹管无破损。<br>③ 闸片外观状态良好，厚度符合限度要求。CRH2A/B/E/C 一阶段用闸片摩擦块边缘缺损宽度不超过 10 mm；CRH2C 二阶段、CRH2A 统闸片单个摩擦粒子摩擦材料损伤缺陷面积总和不大于 1 cm²，且整个闸片摩擦表面摩擦材料面积最少不能低于闸片面积的 80%，单个摩擦粒子摩擦材料表面的污渍或烧灼点面积总和不大于 1 cm²。<br>④ 停放制动装置外观状态良好，紧固件无松动，防松标记无错位（CRH2A 统）。<br><br>轴盘制动夹钳　　　　　轮盘制动夹钳<br><br>CRH2C 二阶段制动夹钳　　　制动闸片及闸片托 |

| 序号 | 检查项目 | 车下检修质量标准 |
|------|----------|------------------|
| 1 | 制动装置（全列） | |

CRH₂A 统制动夹钳

CRH₂A 统带停放制动夹钳

⑤ 制动轴盘外观状态良好，厚度符合限度要求，无贯穿裂纹，裂纹不过限；各部安装螺栓无松动；制动盘表面凹槽、偏磨不过限。

⑥ 增压缸安装螺栓无松动，悬吊部件无裂纹，防护罩无破损，油、风管路无漏泄（CRH₂A/B/E，CRH₂C 一阶段（2061～2090））。

⑦ 空气管路和车端总风软管无损伤、泄漏。

⑧ 制动夹钳手动缓解装置（1、4、5、8 号车）安装状态良好，紧固件无松动，控制线缆无破损（CRH₂A 统）。

制动轴盘

增压缸

手动缓解装置

注：停放制动装置及手动缓解装置检查仅适用于带有停放制动的 CRH₂A 统动车组。

续表

| 序号 | 检查项目 | 车下检修质量标准 |
|---|---|---|
| 2 | 转向架构架<br>（全列） | ① 转向架构架无裂纹。<br>② 转向架排障器安装牢固（01、00 车），安装臂无裂损、变形，外观状态良好，橡胶板无破损或变形，下部距轨面距离符合限度要求。<br>③ 转向架各安装管线状态良好。<br>④ 横向油压减振器外观状态良好，无漏油，安装牢固。减振器座无裂纹。<br><br>转向架构架  转向架排障器<br><br>转向架构架各管线  横向油压减振器<br><br>⑤ 半主动油压减振器外观状态良好，无漏油，安装无松动；减振器座无裂纹，接线无破损（CRH$_2$B/C/E）。<br>⑥ 牵引杆橡胶节点无明显破损、龟裂、老化现象，有下列情况者须更换：<br>（a）橡胶表面开裂长度 15 mm 以上或深度 5 mm 以上；<br>（b）在金属件端末部的剥离长度 15 mm 以上的零件；<br>（c）横向挡无明显破损、龟裂、老化现象，橡胶表面开裂长度 15 mm 以上或深度 5 mm 以上须更换。<br><br>CRH$_2$B/C/E 半主动油压减振器（01、00 车） |

| 序号 | 检查项目 | 车下检修质量标准 |
|---|---|---|
| 2 | 转向架构架<br>（全列） | <br>牵引拉杆　　　　　　　　橡胶止挡<br><br>⑦ 转向架各组件无附挂异物。 |
| 3 | 轮轴<br>（全列） | ① 轮轴外观状态良好，各部位无裂纹。轴身打痕、碰伤、擦伤深度符合限度要求。<br>② 制动轮盘外观状态良好，厚度符合限度要求，无贯穿裂纹，裂纹不过限；各部安装螺栓无松动；制动盘表面凹槽、偏磨不过限。<br><br><br>拖车车轴　　　　　　　　动车车轴<br><br><br>制动轮盘 |

续表

| 序号 | 检查项目 | 车下检修质量标准 |
|---|---|---|

① 油位观察窗无裂纹；齿轮箱油量符合限度要求，无漏油，润滑油无乳化、变色等异常现象；悬吊部件配件齐全，安装牢固，齿轮箱安全托螺栓无松动、防松标记清晰无错位；橡胶垫无老化，齿轮箱温度传感器、呼吸器、注油孔盖、排油堵等安装紧固；齿轮箱温度传感器及引线没有损伤。

注：油位观察窗不得使用有机溶剂（或稀释剂）清理，以避免观察窗产生裂纹，清理时可用干净的布蘸清水（或中性清洗剂）擦拭。

② 联轴节接头外观及安装状态良好，联轴节挡水板橡胶无破损，连接螺栓无松动，防松标记清晰无错位。油润滑联轴节注油堵无渗油，若有渗油须更换注油堵密封垫，按规定扭矩重新紧固，并沿轴向移动，联轴节无卡滞。

（a）　　　　　　　　　　　　　（b）

联轴节

③ 牵引电机外观良好，电机电源线、传感器及配线无破损，安装螺栓无松动，防松标记清晰无错位，各部无裂纹，电机汪油孔堵安装良好。

④ 牵引电机冷却风道无破损、扭曲变形，安装牢固，排风口良好。

⑤ 接地装置和碳刷外观及安装状态良好，接地线无松动、断裂。检查碳刷磨耗，电刷长度符合限度要求。

⑥ 牵引电机温度传感器（CRH₂A 统）、速度传感器外观及安装状态良好，配线无损伤。

（序号 4）驱动装置（CRH₂A、CRH₂A 统：02、03、06、07 车；CRH₂C：02、03、04、05、06、07 车；CRH₂B/E：02、03、06、07、10、11、14、15 车）

牵引电机　　　　　　　　牵引电机冷却风道

接地装置　　　　　　　　实时温度传感器

| 序号 | 检查项目 | 车下检修质量标准 |
|---|---|---|
| 5 | 踏面清扫装置（全列） | 踏面清扫装置外观良好，空气管路无漏泄，安装无松动。<br><br>踏面清扫装置 |

表 5-3　车体两侧一级检修内容

| 序号 | 检查项目 | 车体两侧检修质量标准 |
|---|---|---|
| 1 | 转向架构架（全列） | ① 构架无裂纹。<br>② 各安装管线状态良好，无抗磨。<br><br>转向架构架 |
| 2 | 轴箱及定位装置（全列） | ① 轴箱油压减振器无漏油，外观状态良好；减振器座无裂纹，安装螺栓无松动，防松铁丝无断裂。<br><br>轴箱　　　　　轴端减振器<br>② 轴箱弹簧安装状态好，轴箱橡胶护套无破损。<br>③ 轴箱外观状态良好，无漏油，螺栓无松动，防松铁丝无断裂。橡胶防尘盖无破损，安装不松动；轴箱盖、呼吸器、链配置齐全。 |

续表

| 序号 | 检查项目 | 车体两侧检修质量标准 |
|---|---|---|
| 2 | 轴箱及定位装置（全列） | ④ 传感器安装牢固，接线无松动、破损。 |

轴温传感器　　　　　　　　　　拖车速度传感器

实时温度传感器

注：实时温度传感器仅适用于 CRH$_2$A 统，且部分列安装。

⑤ 轴箱定位装置外观状态良好，螺栓无松动，橡胶节点外露橡胶有下列情况者更换：橡胶与金属件结合面之间产生开裂，长度超过 1/6 圆周且深度超过 5 mm 时；橡胶表面产生溶胶现象且有明显块状橡胶脱出时；橡胶表面伤痕长度在 15 mm 以上且深度在 5 mm 以上时。

轴箱定位装置 1　　　　　　　　轴箱定位装置 2

| 序号 | 检查项目 | 车体两侧检修质量标准 |
|------|----------|---------------------|
| 3 | 车轮及轮盘（全列） | ① 踏面擦伤、剥离不过限。<br>② 轮缘无缺损。<br>③ 轮对各部尺寸不过限。<br>④ 制动轮盘螺栓安装牢固，防松铁丝无断裂，盘面裂纹不过限。<br><br><br><br>轮对　　　　　　　　　　制动轮盘 |
| 4 | 制动装置（全列） | ① 夹钳装置配件齐全，状态良好；悬吊部件无裂纹。<br><br><br>轮盘制动夹钳<br><br>② 踏面清扫装置状态良好，配件齐全，悬吊部件无裂纹，研磨块安装到位，厚度符合规定，与踏面间隙 15～23 mm。<br>③ 增压缸防护罩无裂纹、破损、变形，增压缸油位正常，增压缸油颜色正常，无乳化、变色等异常现象。安装螺栓无松动，悬吊部件无裂纹，管路无漏泄。行程显示杆的动作良好，快速制动时行程显示杆的伸出在 50 mm 以下（CRH₂A、CRH₂B、CRH₂C 一阶段（2061～2090）、CRH₂E）。<br><br><br>踏面清扫装置　　　　　　　　增压缸 |

| 序号 | 检查项目 | 车体两侧检修质量标准 |
|------|----------|---------------------|
| 5 | 空气弹簧及减振装置（全列） | ① 空气弹簧外观状态良好。<br>② 高度调整阀无漏风，调整杆无变形，配件无缺失；锁紧装置紧固，塞门正位，管路无漏泄。<br><br>空气弹簧　　　　　　　　空气弹簧高度调整阀<br><br>③ 抗蛇行油压减振器无漏油，外观状态良好，安装不松动；减振器座无裂纹；橡胶套无破损，卡子无松动。<br><br>抗蛇行减振器　　　　　　CRH₂C 二阶段抗蛇行减振器<br><br>减振器座 |

① 空气弹簧外观状态良好。
② 高度调整阀无漏风，调整杆无变形，配件无缺失；锁紧装置紧固，塞门正位，管路无漏泄。

空气弹簧

空气弹簧高度调整阀

③ 抗蛇行油压减振器无漏油，外观状态良好，安装不松动；减振器座无裂纹；橡胶套无破损，卡子无松动。

抗蛇行减振器

$CRH_2C$ 二阶段抗蛇行减振器

减振器座

| 序号 | 检查项目 | 车体两侧检修质量标准 |
|---|---|---|
| 5 | 空气弹簧及减振装置（全列） | ④ 各阀门无漏风、位置正确，安装牢固。<br><br>阀门<br><br>注：停放制动及手动缓解装置检查仅适用于带有停放制动的 CRH$_2$A 统动车组。 |
| 6 | 轴端接地装置（01、00 车） | 接地装置外观及安装状态良好，接地线端子无松动、断裂。<br><br>轴端接地装置 |
| 7 | 车端连接部（全列） | 车间减振器外观状态良好，无漏油，安装牢固；减振器座无裂纹（CRH$_2$B、CRH$_2$C、CRH$_2$E）。<br><br>车间减振器 |

上线运营的动车组转向架须符合以下所列出的质量标准。

**1. 构架组成**

① 构架、联系枕梁、天线梁、制动梁及电机吊架外观良好，无变形、裂纹及腐蚀。

② 制动梁弹性橡胶节点无老化、龟裂，球形节点及芯轴状态良好、无腐蚀。

③ 横向橡胶止挡和挡板无缺失、松动和破损。

**2. 轮对轴箱组成**

① 轮对及制动盘各部配件齐全、紧固件无松动；各部限度符合规定；制动盘内无杂物；轴身防腐涂层无损伤、剥落。

② 轴箱及定位装置各部配件齐全，无松动、裂损；橡胶节点无老化、龟裂；前后盖安装螺栓紧固，无松动、甩油。

**3. 一系悬挂**

① 轴箱弹簧无断裂，橡胶护套无破损。

② 垂向减振器状态良好，安装无松动、无漏油。

③ 垂向止挡、轴箱拉杆状态良好。

④ 防振橡胶无老化、龟裂。

**4. 二系悬挂**

① 牵引拉杆、中心销外观及安装状态良好；牵引座无裂纹；橡胶节点无老化、龟裂。

② 抗侧滚扭杆及扭杆、吊杆装置安装牢固，安全吊绳安装牢固。

③ 减振器状态良好，安装无松动、无漏油；减振器座无裂纹，各橡胶节点无老化、龟裂。

④ 高度调整阀及托架安装牢固；定位螺栓无松动；各阀及连接管路无漏泄；高度调整杆无弯曲变形，连接可靠。

⑤ 空气弹簧气囊无严重龟裂、划伤，无漏泄；附属配件齐全、安装牢固、作用良好，连接空气管系无腐蚀、裂损、漏泄。

**5. 驱动装置**

① 齿轮箱整体密封良好，安装螺栓紧固，无漏油现象；油位及油色正常；附属配件齐全，安装牢固；挡水密封圈状态良好。

② 万向轴安装螺栓齐全、紧固，无裂纹；轴承套管无变色或过热痕迹；弹性挡圈无错位；注油嘴、防尘帽无缺失；十字接头无损伤。

联轴器外观及安装状态良好；各连接螺栓安装紧固，无漏油。

**6. 转向架附件**

① 各传感器、管件、管卡、接地线及线盒等配件齐全，无破损、无松动。

② 半主动控制装置、轮缘润滑装置、撒砂装置、失稳检测装置安装牢固，作用良好。

③ 辅助排障器安装牢固；挡块及胶皮无丢失和弯曲变形、不超限。

# 5.2　二 级 检 修

二级检修是对动车组各系统、零部件实施的周期性维护保养、检测、试验，各检修项目按其对动车组安全性能影响的重要程度由低到高分为 A、B、C 三类，具体分类见表 5-4。

表 5–4  二级检修项目分类

| 序号 | 系统 | 子系统 | 部件 | 项目名称 | 维修方式 | 维修性质 | 分类 | 检修周期 | |
|---|---|---|---|---|---|---|---|---|---|
| | | | | | | | | 里程/万公里 | 时间/天 |
| 1 | 转向架 | 转向架附件 | 浪涌保护装置 | 浪涌保护装置检查 | 检查 | 预防性 | B | 3 | 30 |
| 2 | 转向架 | 轮对轴箱组成 | 轮对尺寸 | 轮对尺寸人工测量 | 检测 | 预防性 | C | 6 | 60 |
| 3 | 转向架 | 二系悬挂 | 空气弹簧高度 | 空气弹簧高度测量 | 检测 | 预防性 | B | 6 | 60 |
| 4 | 转向架 | 轮对轴箱组成 | 接地装置 | 接地装置（AB–414E）检查 | 检查 | 预防性 | B | 6 或 9（与空心车轴探伤同步） | 60 |
| 5 | 转向架 | 轮对轴箱组成 | 空心车轴 | 空心车轴探伤 | 探伤 | 预防性 | C | 6 万公里（540 万公里后周期为 3 万公里）CRH2C 二阶段、CRH2A 统型：9 万公里 | |
| 6 | 转向架 | 轮对轴箱组成 | 轮对 | 轮对修形 | 镟修 | 预防性 | C | 20～25 | — |
| 7 | 转向架 | 轮对轴箱组成 | 齿轮箱 | 齿轮箱润滑油更换 | 更换 | 预防性 | C | 30 或 60（不同齿轮箱不同要求） | — |
| 8 | 转向架 | 轮对轴箱组成 | 轮对 | 轮辋轮辐超声波探伤 | 探伤 | 预防性 | C | 18～25 | — |

CRH2 型动车组转向架的预防性维修项目详细作业内容如下。

## 5.2.1  浪涌保护装置检查

检查须在动车组断电降弓状态下进行，主要检查内容如下：

① 浪涌保护装置外观及安装状态良好，保险辅件及其底座上的 O 形圈没有脱落。

② 逆时针拧下浪涌保护装置保险辅件的盖帽检查，玻璃管内部器件无变形、熔结、熔断，玻璃管无破损、发黑发乌。使用万用表欧姆挡进行测量，不导通。检查完毕后恢复，重新涂打防松标记。

③ 若发现保险辅件内的保险管损坏、导通，则更换保险管；若保险管损坏严重，致使有残留部分留存在保险辅件腔体内无法取出，则逆时针拧下保险辅件，整体更换保险辅件。

## 5.2.2  轮对尺寸人工测量

两人分别对 01、00 号车各条轮对尺寸进行人工测量，主要有轮径、内侧距、轮缘高度、轮缘厚度、制动盘磨耗、闸片磨耗，并进行记录，各部尺寸须符合限度要求。

① 轮径使用轮径测量尺测量，测量点为轮辋内侧面向外 70 mm 处。

② 轮对内侧距测量使用内侧距测量尺（或符合要求的镟轮设备自带测量设备），内侧距

须在 1 353$_{-2}^{+3}$ mm（CRH2A、CRH2B、CRH2E、CRH2C 一阶段（2061～2090））/1353$_{-1}^{+2}$ mm（CRH2C 二阶段（2091～2110、2141～2150）、CRH2A 统、CRH380A（L））范围。

③ 轮缘高度、轮缘厚度测量使用动车组车轮轮缘踏面检查量具或者专用测量工具。

④ 制动盘磨耗（单侧）可利用制动盘有效摩擦面两端的未磨耗环形带作为基准，以刀口尺定位，用塞尺辅助测量；也可使用定制的专用测量尺进行磨耗测量。

⑤ 闸片磨耗可用钢直尺直接进行测量。

检查各车制动盘及闸片磨耗情况，各部尺寸符合限度要求。

## 5.2.3 空气弹簧高度测量

**1. 确认有无调整板**

① 检查空气弹簧支撑与底座间（转向架构架侧梁空气弹簧安装座上部）有无加装调整板。

② 若有调整板，须测量调整板厚度 $t$。注意：调整板单个厚度尺寸有 3.2 mm、6 mm、10 mm 三种规格。

**2. 保证 MR 压力在 780 kPa 以上，测量空气弹簧高度**

① 在车体与空气弹簧接触面到转向架基准点之间，测量基准点与空气弹簧上盖板平面高度距离。

② 允许值：（330＋$t$）$_{-3}^{+6}$ mm，其中 $t$ 为调整板厚度。如果超出此范围，须按上次高级修（含新造）时该空气弹簧对应的高度进行调整。（注意：高度控制阀调节杠杆有±（4.5～5.5）mm 的盲区位置，即调节杆上升或下降 4.5～5.5 mm 以后，空气弹簧才开始排气或充气。因此，当升高（或降低）空气弹簧至规定高度时，调节杆的长度回缩（增长）4.5～5.5 mm，以使调节更为准确）。图 5-1 所示为空气弹簧高度测量示意图。

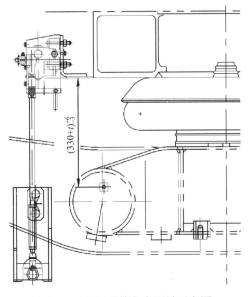

图 5-1 空气弹簧高度测量示意图

### 5.2.4 接地装置（AB-414E）检查

① 接地装置（AB-414E）安装牢固，无影响设备安装可靠性及性能的磕碰、损伤。

② 打开 3、5 位轴端轴箱端盖上的橡胶盖，检查端盖内部有无碳粉或其他污迹；发现碳粉或其他污迹可使用清洁抹布进行清理。

③ 恢复安装橡胶盖。图 5-2 所示为接地装置（AB-414E）检查示意图。

图 5-2 接地装置（AB-414E）的检查

### 5.2.5 空心车轴探伤

空心车轴探伤作业时应严格遵守超声波检测系统的安全规程和现场的安全规定，CRH2A、CRH2B、CRH2E、CRH2C 一阶段动车组在 540 万公里之内的探伤周期暂延长为 6 万公里，超过 540 万公里后的探伤周期仍恢复为 3 万公里，CRH2C 二阶段、CRH2A 绕型、CRH380A（L）动车组探伤周期为 9 万公里。主要作业内容如下。

**1. 设备的操作步骤**

① 系统开机，开机过程为开总电源、启动 UPS、启动计算机并开启检测软件。对样板轴进行校验探伤作业，确认探伤设备状态良好。

② 拆卸轴端装置，检查轴孔中是否存在油泥、锈蚀等影响探伤结果的杂物，如果有则必须进行清除。

③ 连接适配器到轴端，确保适配器与轴紧密连接并紧锁。

④ 如果是当日首次开机使用，在系统主操作界面中单击"首次使用"按钮，以便检查模式服务器的状态、探头的位置、油压、油温、油位及油泵的功效系数等。如果系统检测出有不合格项，则根据提示进行相应的操作。如果不是首次开机使用，单击系统主操作界面中的"开始"按钮，系统提示输入轴号、轴型等信息。在输入数据后，对探头停止位置进行检查，如果探头没有处于停止位置，则将进入该位置。然后探头进入轴内，开始探伤。在探头达到空心轴的末端时，操作者根据这些扫描曲线判断空心轴的缺陷情况。

⑤ 单击检测结果对话框中的"手动操作",可以切换到手动控制方式,这时可以手动控制探头前进或后退,以便将探头移动到需要的位置并查看该位置的超声回波显示。

⑥ 确认探测情况后将结果填写到规定的记录表格中保存,在保存数据后探头自动复位,抽油泵自动关闭。

⑦ 从轴端卸下适配器,将耦合剂清理干净,按规定涂上相应的防锈油。

**2. 质量标准**

(1)内部缺陷判定与处理。

当双晶片聚焦组合探头(或直探头)发现空心车轴材料内部有达到或超过闸门阈值的疑似内部缺陷反射波时,须使用深度补偿(纵波探头 DAC 曲线)对其当量直径进行判定,达到或超过 $\phi2$ mm 平底孔当量时,车轴判废,填写记录并逐级报告。

(2)表面缺陷判定与处理。

当横波斜探头发现空心车轴有达到或超过闸门阈值的横向表面缺陷反射波时,应采用不同的显示方式或其他探测手段进行进一步确认,最终判定为表面疲劳裂纹或判定反射当量达到或超过 1 mm 深度当量时,车轴判废,填写相关记录并逐级报告。

## 5.2.6　轮对修形

轮对修形作业时,动车组不落轮镟车床绿色信号灯亮时,动车组才能转入或转出,动车组须断电、降弓,并取出主控钥匙,修形轮对车厢缓解,其他车厢保持制动状态。主要作业内容如下。

(1)轮对镟修准备。

① 动车组轮对对位到镟轮设备。

② 镟轮工开启不落轮车床,升起支撑轮,支撑起待镟修轮对,移出滑轨。

③ 在镟轮床界面输入设备操作员代码、镟修车辆走行公里、镟修车辆类型及轮对轴号等信息。

④ 输入修形参数。

⑤ 在轮对内侧面靠轮缘处涂抹适量机油。

(2)轮对修形。

① 启动车床进行轮对修形。

② 轮对镟修时,镟轮工应时刻注意观察进刀情况、听取切削声音,如有异常,立即使用急停按钮进行停车,并仔细检查车床和刀具,必要时及时进行处理。

③ 轮对镟修期间须及时清理刀架处铁屑。

(3)轮对检查。

① 轮对镟修结束后,对内侧距、轮径、轮径差、轴向窜动量、径向窜动量、突出轮缘高度、突出轮缘厚度等尺寸进行补测量。

② 使用 LMA32 型车辆踏面检查样板对所加工的踏面外型进行检测,其各部间隙不大于 1 mm。

③ 使用 $Ra6.3$ μm、$Ra12.5$ μm 和 $Ra25$ μm 三种粗糙度样板对镟修轮对的踏面及轮缘加工表面进行对比检测,确保粗糙度小于 $Ra12.5$ μm。

（4）修形记录。

① 检查无误后，打印轮对镟修记录。

② 轮对镟修记录须按要求进行分类装订成册，并保存。

（5）修形结束。

轮对修形完成后，移入滑轨，降下支撑轮，清理铁屑，通知地勤机械师。

（6）继续轮对修形。

（7）轮对修形结束。

（8）出具镟修记录。

（9）修改 BCU 轮径数据，把轮径镟修后的数据提供给电务部门。

## 5.2.7 齿轮箱润滑油更换

CRH2A、CRH2B、CRH2E、CRH2C 一阶段动车组齿轮箱换油周期为 30 万公里，CRH2C 二阶段、CRH2A 统型、CRH380A（L）型动车组齿轮箱（福伊特齿轮箱除外）换油周期为 60 万公里。作业时操作者应遵守相关操作规程，确认齿轮箱温度接近常温后进行，防止润滑油烫伤；作业中使用的白布、铁丝、弹垫等报废零部件包装等固体废弃物要分类收集，综合利用，避免污染。主要作业内容如下。

① 使用手钳拆除注油塞上的防松铁丝，使用非冲击性扳手或普通扳手拆卸注油塞，图 5-3 所示为注油塞。

② 使用手钳拆除排油塞上的防松铁丝，使用非冲击性扳手或普通扳手拆卸排油塞，图 5-4 所示为排油塞。

图 5-3　注油塞

图 5-4　排油塞

③ 排净齿轮箱内的润滑油，将报废润滑油装入容器中。

④ 齿轮箱磁栓清洗：

（a）分解磁石式油塞、低碳铁丝 $\phi$1.2-L。

（b）观察磁栓（见图 5-5）上的附着物情况，清理油塞表面附着物，并清洗干净。

（c）在磁石式油塞的锥螺纹部涂三键 1215 密封剂，拧到安装座上；使用叉口式扭力扳手按规定扭矩进行紧固。

图 5-5　磁栓

⑤ 组装排油塞、密封垫圈，使用叉口扭力扳手按规定扭矩进行紧固；紧固到位后使用低碳铁丝 $\phi1.2$-L 防松紧固。排油塞紧固前要将其使用的密封垫圈更新。

⑥ 通过注油孔向齿轮箱内注入新的齿轮箱润滑油（CRH2A、CRH2B、CRH2E：SONIC 的 EP3080；CRH2C 一阶段（2061～2090）：JOMO 的 JRK65；CRH2C 二阶段（2091～2110、2141～2150）、CRH2A 统：JOMO 的 JRK65），注油至中刻度线。注油时须做到小心轻缓，防止尘埃混入。

⑦ 在注油塞上装密封垫圈，使用叉口扭力扳手按规定扭矩紧固注油塞；紧固到位后使用低碳铁丝 $\phi1.2$-L 防松紧固。注油塞紧固前要将其使用的密封垫圈更新。

⑧ 注油完后检查齿轮箱外观状态良好，各部位无漏油，紧固部件无松动，铁丝防松紧固到位。

⑨ 对换下的润滑油进行取样化验，发现金属元素超标时立即更换轮对。

## 5.2.8　轮辋轮辐超声波探伤

轮辋轮辐超声波探伤为车下检查作业，应戴好防护用具（如安全帽等）；探伤时，车辆必须处于静止、停稳且其电源和压缩空气气源断开的状态，严禁带电插拔设备插头；样板轮对校验完成后及时存放在指定区域，样板轮对搬运过程中应轻拿轻放，避免碰伤轮对；应密切关注超声波探头及其相关的机械部件工作状态，如有问题及时调整；设备运动过程中一旦发生异常，立即按下紧急停止按钮，并排查故障；禁止不具备操作资格的人员操作、维护设备，禁止在带电状态下对系统进行维护作业，禁止在计算机上安装不相关的软件，禁止使用携带病毒的 U 盘等拷贝检测数据。具体作业内容如下。

**1. 探伤总则**

对组装起来的轮对进行轮辋轮辐探伤检测之前，必须先做关门车处理。在对头车车轮对进行探伤时须要拆除头车转向架排障装置，还必须配备维护说明中规定的特殊工具。探伤人员必须经过 LU 移动式轮辋轮辐探伤设备系统培训并考核及格。

**2. 准备工作**

（1）人员准备。

探伤工到调度接受探伤作业计划。辅助工准备拆装工具、物料和辅助物料，检查扭力扳手校验日期。

（2）设备准备。

① 每班第一次检测前，设备专职操作员应按照《LU 移动式轮辋轮辐探伤系统操作规程》中"检测前准备"的要求对系统的技术状况进行检查。按《LU 移动式轮辋轮辐探伤系统操作规程》进行设备使用和维护，监控设备运行状态，并做好相关记录。

② 检查动车组车底并检测走行小轨是否有异物。

③ 检查随动小车与移动小车之间的无线连接、电源连接是否正常。

④ 详细填写《移动式轮辋轮辐探伤设备（LU）日常运用情况记录表》。

（3）设备性能校验。

开工前和完工后由探伤工、探伤工长、质检员共同校验系统的性能，确定探伤灵敏度，按当班探伤作业计划选择相应的样板轮进行校验，并储存校验时的系统参数，作为探伤时相应的检测参数，详细填写《移动式轮辋轮辐探伤设备（LU）校验/标定记录台账》并共同签章。

（4）动车组准备。

① 值班调度将需要探伤的动车组安排停放在探伤设备安装股道，并申请接触网断电，由探伤工确认。轮辋轮辐的超声波探伤作业必须在专门的动车组检查（检修）库内进行，室内温度应保持在 5～35 ℃。工作场地必须远离振动、潮湿、粉尘场所，避免强电磁干扰，供电质量满足设备电源要求。

② 作业前作业组长要确认动车组受电弓降下，接触网断电并挂好接地杆。列车不得接插地面外接电源。

③ 探伤班组人员对车组设置安全标志，并在司机室放置禁动牌，动车组机械师对需要做探伤的车辆进行关门车处理。

**3. 作业过程**

对动车组头车第一条轮对进行探伤时，在探伤前，探伤辅助工拆除头车转向架排障装置；探伤完成后，探伤辅助工组装头车转向架排障装置（如果不检测头车第一条轮对，则无须拆除）。

（1）拆装总体要求。

① 头车转向架排障装置在探伤前、后，除必换件外必须原拆原装。在拆装时要防止排障装置、螺栓等零部件的磕碰。所有拆卸下的轴端零件必须检查状态并擦拭干净，放在规定零件盒内，应根据零件大小画线定位摆放，保证零部件的清洁的同时不造成部件的缺失和损坏。

② 必换件包括螺栓、止转垫片、弹簧垫圈等，必换件不要放入周转零件盒内。必换件须定量发放，由工长在开工前一次性交给辅助工当日必换件。

③ 所有拆下的零部件不得直接放在地上，要保持清洁，擦拭必须在橡胶垫上作业。

（2）拆卸作业。

① 用手钳或扁冲将止转垫片折平，使用套筒扳手分解轴箱体下侧 4 个螺栓 M20×130，如图 5-6 所示，拆下整套排障装置（包括安装臂、排障板托架等）。

② 将排障装置吊运或抬离作业区域，注意避免部件的磕碰损伤。

③ 用纸基胶带、油性笔在工件上做好排障装置位置标识。

④ 检查各部无裂纹，技术状态良好。

图 5-6　转向架排障装置安装臂的安装螺栓

（3）原位组装作业。

① 在换新螺栓上涂抹力矩系数稳定剂（Molykote 1000 润滑油脂），涂抹范围为距离螺纹端 20 mm 长度范围，沿圆周方向涂抹一半，并将止转垫片换新。

② 将排障装置的安装臂与轴箱体下侧四个装配孔基本对正后，在新品螺栓 M20×130 上依次套上新品止转垫片、新品弹簧垫圈后预紧。止转垫片长度方向应为车辆的纵向方向。

③ 按照对角组装原则对四组螺栓预紧后，使用力矩扳手紧固，紧固力矩 200 N·m。

④ 质检员使用扭矩扳手按照规定力矩的 90%复核螺栓紧固到位。

⑤ 涂打防松标记，并对止转垫片进行翻边贴靠，要求与螺栓六角边紧贴。

⑥ 探伤工长对排障装置安装状态进行检查，确认各零部件组装齐全、安装紧固，防松标记清晰无错位。

（4）探伤作业过程。

① 辅助工对待检动车组进行车底状况检查，清理车底及车轮表面的异物。特别是冬季，防止车底堆积冰块融化掉落，造成设备损坏。探伤工目测车轮表面状态，判断是否满足探测条件（车轮表面无大的剥离缺陷或异常突起等状况），避免检测过程中车轮表面异物损坏探头。

② 辅助人员使用毛刷和清洁布清理轮辋内侧面的油垢。

③ 探伤工用检测小车遥控器控制检测小车移动至须要探伤的轮对附近，手动推动随动小车至与检测小车相对应的位置。在检测小车移动的过程中，探伤工与辅助工必须密切关注检测小车在地沟中的移动状态。

④ 探伤工将检测小车的电源接到地面电源上（380 V）（接地面电源时应该注意保证接好，防止因未插好插座而导致电源缺相，这样会导致因油压不足而不能启动设备），如图 5-7 所示；将随动小车的电源接到检测小车上，如图 5-8 所示。

⑤ 接好所有电源后先打开检测小车的电源开关，再打开随动小车的电源开关。

⑥ 在随动小车的控制电脑的桌面上进入 LU 移动式轮辋轮辐探伤系统界面，进行探伤作业。

⑦ 将检测数据保存并进行分析（或复检），当数据需要复检时须要用到第三方设备进行复检，将记录的数据保存、分析并导出数据建立记录台账。

⑧ 拔除地面电源，再拔除检测小车与随动小车之间的电源。

图 5-7　将检测小车的电源线接到地面电源上　　图 5-8　将随动小车的电源线接到检测小车上

⑨ 用检测小车遥控器控制检测小车移动至下一条需要探伤的轮对附近,手动推动随动小车至与检测小车相对应的位置。

（5）探伤结束后工作。

① 质检员对转向架排障装置配件安装情况进行检查验收。

② 恢复动车组制动。

③ 验收合格后,撤除安全标志,在司机室撤除禁动牌,探伤组长报告调度探伤作业结束。

④ 当班探伤结束,按照日常校验标准再次进行性能校验。

⑤ 锁闭各处电源开关。

⑥ 锁闭各电源柜门。

⑦ 对运动部件,尤其是探头夹具加注润滑油。

⑧ 擦拭样板轮对上的水滴,并放置到指定区域。

⑨ 整理、清洁设备,达到整齐、清洁、润滑、安全。

⑩ 填写设备交接班记录,包括以下内容:

（a）按要求填写《移动式轮辋轮辐探伤设备（LU）检测结果记录表》的相关内容,填写记录时须做到字迹清晰、干净整齐、不涂不改、不错不漏;

（b）填写设备交接班记录。

⑪ 清洁探伤场地,做到人走料净。

表 5-5 中列出了 $CRH_2$ 型动车组转向架一、二级检修限度。

表 5-5　$CRH_2$ 型动车组转向架一、二级检修限度

| 序号 | 项目 | | 原形 | 一级修程 | 二级修程 | 适用车型 | 备注 |
|---|---|---|---|---|---|---|---|
| 一、转向架 | | | | | | | |
| 1 | 空气弹簧高度 | | | mm | mm | $CRH_2A/A$ 统/B/E/C1/C2 | 测量位置从车体到转向架印记之间,$t$ 为调整板厚度 |
| 2 | 空气弹簧橡胶气囊龟裂 | 深度 | | ≤1.5 mm | ≤1.5 mm | $CRH_2A/A$ 统/B/E/C1/C2 | |
| | | 长度 | | ≤50 mm | ≤50 mm | | |

续表

| 序号 | 项目 | | 原形 | 一级修程 | 二级修程 | 适用车型 | 备注 |
|---|---|---|---|---|---|---|---|
| 3 | 牵引中心销与横向挡距离 | | | mm | mm | CRH₂A/A 统/B/E/C1 | |
| | | | | mm | mm | CRH₂C2 | |
| 4 | 转向架辅助排障器高度 | | | 5～13 mm | 5～13 mm | CRH₂A/A 统/B/E/C1/C2 | 轨面以上 |
| 5 | 增压气缸行程检查显示杆行程 | | | ≤50 mm | ≤50 mm<br>≤3 mm/min<br>（快速制动位回缩量） | CRH₂A/B/E/C1 | 快速制动时测量行程显示杆的动作值 |
| 6 | 齿轮箱油位表的油量刻度范围 | | | 中刻度线±0.5 刻度 | 中刻度线±0.5 刻度 | CRH₂A/B/E/C1 | 在空车且停车状态20 min 后，确认油量 |
| | | | | 下刻度线与上刻度线之间 | 下刻度线与上刻度线之间 | CRH₂C2/A 统 | |
| 7 | 自动过分相天线距轨面高度 | | | mm | mm | CRH₂A/A 统/B/E/C1/C2 | |
| 8 | 接地电刷状态确认 | | | 视窗两刻度线之间 | 视窗两刻度线之间 | CRH₂A/A 统/B/E/C1/C2 | |
| 二、基础制动装置 | | | | | | | |
| 制动盘（单侧） | | | | | | | |
| 1 | 动车轮盘厚度 | | 21 mm | ≥18.2 mm | ≥18.5 mm | CRH₂A/B/E/C1 | 可将钢尺放置在摩擦盘的摩擦面边缘，检查磨耗量 |
| | 拖车轴盘厚度 | | 16 mm | ≥11.3 mm | ≥12 mm | | |
| | 拖车轮盘厚度 | | 15 mm | ≥9.3 mm | ≥10 mm | | |
| | 轮盘磨耗厚度 | | 3 mm | （a）磨耗量≤2.8 mm<br>（b）同一车轮两侧磨损差不超过 2 mm | （a）磨耗量≤2.5 mm<br>（b）同一车轮两侧磨损差不超过 2 mm | CRH₂C2/A 统 | |
| | 轴盘磨耗厚度 | | 5 mm | （a）磨耗量≤4.7 mm<br>（b）同一车轮两侧磨损差不超过 2 mm | （a）磨耗量≤4.5 mm<br>（b）同一车轮两侧磨损差不超过 2 mm | | |
| 2 | 制动盘表面凹槽 | | | ≤1 mm | ≤1 mm | CRH₂A/B/E/C1 | |
| | | | | ≤0.8 mm | ≤0.8 mm | CRH₂C2/A 统 | |
| 3 | 制动盘表面刻痕 | | | ≤1 mm | ≤1 mm | CRH₂C2/A 统 | |
| 4 | 制动盘偏磨最高点和最低点之差 | | | ≤1.5 mm | ≤1.5 mm | CRH₂A/B/E/C1 | |
| | | | | ≤0.8 mm | ≤0.8 mm | CRH₂C2/A 统 | |
| 5 | 闸片厚度 | 动车 | 10.5 mm | ≥7 mm | ≥7 mm | CRH₂A/B/E/C1 | 包括钢背厚度，到限时同缸两闸片同时更换 |
| | | 拖车 | 19.2 mm | ≥7 mm | ≥7 mm | | |
| | | | 17 mm | 5 mm+磨耗余量（到下个一级检修前闸片厚度不得低于 5 mm，测量时包含摩擦块的金属背板在内，在最薄处测量） | 5 mm+磨耗余量（到下个一级检修前闸片厚度不得低于 5 mm，测量时包含摩擦块的金属背板在内，在最薄处测量） | CRH₂C2 | 任一闸片厚度小于此限度时，同制动卡钳两侧的闸片须同时更换 |
| | | | 30 mm | 16 mm+磨耗余量（到下个一级检修前闸片厚度不得低于 16 mm，测量时包含钢背在内，在最薄处测量） | 16 mm+磨耗余量（到下个一级检修前闸片厚度不得低于 16 mm，测量时包含钢背在内，在最薄处测量） | CRH₂A 统 | 任一闸片厚度小于此限度时，同制动卡钳两侧的闸片须同时更换 |

| 序号 | 项目 | 原形 | 一级修程 | | 二级修程 | 适用车型 | 备注 | |
|------|------|------|----------|--|----------|----------|------|--|
| 6 | 轴盘摩擦面裂纹 | | ≤70 mm | | ≤70 mm | CRH$_2$A/B/E/C1 | 沿半径方向 | |
| | | | 细微裂纹（发纹） | | 细微裂纹（发纹） | CRH$_2$C2/A 统 | 对于运行没有影响 | 具体检修标准参见附录A |
| | | | 表面裂纹 | $a<80$ mm $b<50$ mm | $a<80$ mm $b<50$ mm | | 允许 | |
| | | | | 80 mm≤$a$<100 mm 50 mm≤$b$<80 mm | 80 mm≤$a$<100 mm 50 mm≤$b$<80 mm | | 一定条件下允许 | |
| | | | | $a≥100$ mm $b≥80$ mm | $a≥100$ mm $b≥80$ mm | | 不允许 | |
| | | | 初始裂纹 | $a<50$ mm $b<50$ mm | $a<50$ mm $b<50$ mm | | 允许 | |
| | | | | 50 mm≤$a$<70 mm 50 mm≤$b$<70 mm | 50 mm≤$a$<70 mm 50 mm≤$b$<70 mm | | 一定条件下允许 | |
| | | | | $a≥70$ mm $b≥70$ mm | $a≥70$ mm $b≥70$ mm | | 不允许 | |
| | | | 贯穿裂纹 | | 贯穿裂纹 | | 立刻更换，不能继续运行 | |
| 7 | 轮盘摩擦面裂纹 | | ≤70 mm | | ≤70 mm | CRH$_2$A/B/E/C1 | 沿半径方向 | |
| | | | 细微裂纹（发纹） | | 细微裂纹（发纹） | CRH$_2$C2/A 统 | 对于运行没有影响 | 具体检修标准参见附录A |
| | | | 裂纹 | $a<80$ mm $b<60$ mm | $a<80$ mm $b<60$ mm | | 允许 | |
| | | | | 80 mm≤$a$<100 mm 60 mm≤$b$<80 mm | 80 mm≤$a$<100 mm 60 mm≤$b$<80 mm | | 一定条件下允许 | |
| | | | | $a≥100$ mm $b≥80$ mm | $a≥100$ mm $b≥80$ mm | | 不允许 | |
| | | | 贯穿裂纹 | | 贯穿裂纹 | | 立刻更换，不能继续运行 | |
| 8 | 踏面清扫装置研磨块厚度 | 40 mm | ≥13 mm | | ≥13 mm | CRH$_2$A/A 统/B/E/C1/C2 | 包括钢背厚度，在转向架外侧测量 | |

三、轮对

| 序号 | 项目 | 原形 | 一级修程 | 二级修程 | 适用车型 | 备注 |
|------|------|------|----------|----------|----------|------|
| 1 | 车轮踏面擦伤 | | 深度≤0.5 mm 长度≤70 mm | 深度≤0.5 mm 长度≤70 mm | CRH$_2$A/B/E/C1 | 镟修车轮，使裂纹完全消失后，再加工厚度至少1 mm，为避免缺陷蔓延及随之发生的范围缺陷尺寸扩大 |
| | | | | 0 mm（修形后） | | |
| | 车轮直径>840 mm | | 长度≤30 mm 深度≤0.25 mm | 长度≤30 mm 深度≤0.25 mm | CRH$_2$C2/A 统 | |
| | 车轮直径≤840 mm | | 长度≤25 mm 深度≤0.25 mm | 长度≤25 mm 深度≤0.25 mm | | |

续表

| 序号 | 项目 | | 原形 | 一级修程 | 二级修程 | 适用车型 | 备注 |
|---|---|---|---|---|---|---|---|
| 2 | 车轮踏面连续碾长 | | | ≤70 mm | ≤70 mm | CRH2A/B/E/C1 | |
| | | | | | 0 mm（修形后） | | |
| 3 | 车轮踏面硌伤 | 车轮直径>840 mm | | 长度≤30 mm 深度≤0.25 mm | 长度≤30 mm 深度≤0.25 mm | CRH2C2/A 统 | |
| | | 车轮直径≤840 mm | | 长度≤25 mm 深度≤0.25 mm | 长度≤25 mm 深度≤0.25 mm | | |
| 4 | 滚动接触疲劳 | 车轮直径>840 mm | | 长度≤30 mm 深度≤0.25 mm | 长度≤30 mm 深度≤0.25 mm | CRH2C2/A 统 | 裂纹带沿着车轮踏面均匀分布时不需要镟修车轮 出现滚动接触疲劳和剥离时需要镟修车轮 |
| | | 车轮直径≤840 mm | | 长度≤25 mm 深度≤0.25 mm | 长度≤25 mm 深度≤0.25 mm | | |
| 5 | 车轮踏面剥离 | | | 一处长度≤20 mm； 二处长度每处≤10 mm | 一处长度≤20 mm； 二处长度每处≤10 mm | CRH2A/B/E/C1 | 当剥离位于踏面中心和轮辋外表面之间时不需要镟修车轮 当局部材料沿着缺陷长度方向脱离时需要镟修车轮 |
| | | | | | 0 mm（修形后） | | |
| | | 车轮直径>840 mm | | 长度≤30 mm 深度≤0.25 mm | 长度≤30 mm 深度≤0.25 mm | CRH2C2/A 统 | |
| | | 车轮直径≤840 mm | | 长度≤25 mm 深度≤0.25 mm | 长度≤25 mm 深度≤0.25 mm | | |
| 6 | 车轮直径 | | 860 mm | ≥790 mm | ≥790 mm | CRH2A/A 统/B/E/C1/C2 | 轮径减少 20 mm 时，必须在空气弹簧处加垫调整，保证车辆限界要求 |
| | 轮缘高度 $h$ | | 28 mm | ≤33 mm | ≤33 mm | CRH2A/B/E/C1 | |
| | | | | | 28 mm（修形后） | | |
| | | | | 27.5 mm≤$h$≤33 mm | 27.5 mm≤$h$≤33 mm | CRH2C2/A 统 | |
| | | | | | 28 mm（修形后） | | |
| | 轮缘厚度 $e$ | | 32 mm | ≥26 mm | ≥26 mm | CRH2A/B/E/C1 | |
| | | | | 26 mm≤$e$≤33 mm | 26 mm≤$e$≤33 mm | CRH2C2/A 统 | |
| | 车轮轮对内侧距离 | | $1\,353^{+2}_{-3}$mm | $1\,353^{+3}_{-2}$mm | $1\,353^{+3}_{-2}$mm | CRH2A/B/E/C1 | |
| | | | $1\,353^{+3}_{0}$mm | $1\,353^{+2}_{-1}$mm | $1\,353^{+2}_{-1}$mm | CRH2C2/A 统 | |
| | 车轮直径之差 | 同一轮对 | | ≤1 mm | ≤1 mm | CRH2A/A 统/B/E/C1/C2 | 镟修车轮后的尺寸： 车轮径向跳动 ≤0.3 mm； 车轮轴向跳动≤0.3 mm |
| | | 同一转向架 | | ≤4 mm | ≤4 mm | | |
| | | 同一车辆 | | ≤10 mm | ≤10 mm | | |
| | | 同一车辆单元内车辆间 | | ≤40 mm | ≤40 mm | | |

续表

| 序号 | 项目 | 原形 | 一级修程 | 二级修程 | 适用车型 | 备注 |
|------|------|------|----------|----------|----------|------|
| 7 | 车轴轴身擦伤深度 | | ≤0.1 mm | ≤0.1 mm | CRH$_2$A/B/E/C1 | 可用平锉刀手工打磨至擦伤的宽度 2 倍以上，修复后损伤深度在 0.15 mm 以内 |
| | 车轴轴身局部撞击损伤深度 | | ≤0.3 mm | ≤0.3 mm | CRH$_2$A/B/E/C1 | |
| | 车轴表面局部伤痕径向深度 | | ≤1 mm | ≤1 mm | CRH$_2$C2/A 统 | 打磨去除高点后使用，超限时允许车削加工修复，加工后轴身直径不低于 167 mm |

# 5.3 三 级 检 修

## 5.3.1 总则

① 动车组三级检修是指新造或三级以上高级修完成后运行 $60^{+2}_{-5}$ 万公里或不超过 1.5 年进行的一次修理。动车组三级检修主要是对转向架进行检修，包括动车组架车、转向架检修、整车落车、称重、静调、动调等内容（如果解编作业，则还包括解编、编组）。

② 动车组送修前须保证运用状态，相关限度符合运用要求。车内保持清洁，配件齐全，不许拆换原车配件，严禁破坏动车组的完整性。

③ 动车组送修前污物箱、净水箱排空，给排水系统水须排净。

④ 动车组承修单位负责填写动车组履历。

⑤ 动车组三级修时，配属或承修单位不许随意改变动车组的原设计结构。用户文件规定加装改造的项目须纳入检修及监造范围。

⑥ ATP、LKJ2000、CIR 等车载行车安全设备执行相关专业检修规程，由专业管理部门结合三级检修同步施修。

⑦ 对动车组检修须严格执行质量检查、监造制度，由承修单位质量检查人员检查合格并向监造人员办理交验。遇有规程规定不明确或与动车组现车实际有较大差异时，由承修单位和监造机构共同研究提出解决方案，达成一致后执行，并报用户核备；对不能协商一致的事项，由承修单位负责报用户，按批复意见处理。

⑧ 动车组高级修须坚持质量第一的原则，贯彻以装备保工艺、以工艺保质量、以质量保安全的方针，实现工艺科学、装备先进、质量可靠、管理规范的目标。承修单位须认真按本规程制定工艺文件，建立质量检查制度，完善质量保证体系，全面落实质量责任制。承修单位须持续开展检修技术研究，积极开展技术创新和国产化工作，贯彻零部件的标准化、通用化要求，提高检修质量，确保动车运用安全。

⑨ 经过三级检修的动车组，在正常运用、养护和维修的情况下，各检修项目须保证列车

在该项目下一修期到达前的运行安全。

⑩ 高级检修涉及的润滑油、润滑脂、密封剂、黏结剂、防锈蚀用品等化工类现车用料或工艺用料的规格、型号须满足新造技术标准要求。如无新造技术标准，须满足动车组相关技术特性要求。

## 5.3.2　检修范围

表 5-6 中列出了 CRH2A/B/C1/E 型动车组转向架三级检修范围。

**表 5-6　CRH2A/B/C1/E 型动车组转向架三级检修范围**

| 序号 | 检修项目 | 检修要求 | | | 备注 |
|---|---|---|---|---|---|
| | | 状态修 | 分解修 | 试验 | |
| 1 | 转向架组成 | | △◎ | ◎ | |
| 2 | 构架组成 | △◎ | | | |
| 3 | 轮对 | △◎ | | | |
| 4 | 制动盘 | ◎ | | | |
| 5 | 轴箱及定位装置 | | △◎ | | |
| 6 | 轴箱弹簧组成 | | △◎ | | 分解后状态修 |
| 7 | 轮对提吊 | △◎ | | | |
| 8 | 齿轮箱 | ◎ | | | |
| 9 | 齿轮箱吊挂装置 | ◎ | | | |
| 10 | 接地装置 | | △◎ | | |
| 11 | WN 联轴节 | | △◎ | | |
| 12 | 空气弹簧组成 | △◎ | | | |
| 13 | 油压减振器 | △◎ | | ◎ | |
| 14 | 牵引拉杆组成 | △◎ | | ◎ | |
| 15 | 牵引电机 | | △◎ | ◎ | 更换油脂 |
| 16 | 制动夹钳装置 | ◎ | | ◎ | 动作试验 |
| 17 | 增压缸 | ◎ | | ◎ | 动作试验 |
| 18 | 踏面清扫装置 | ◎ | | ◎ | 动作试验 |
| 19 | 制动管系 | ◎ | | | |
| 20 | 排障器 | △◎ | | | |
| 21 | 速度传感器 | △◎ | | | |

注：表中"◎"表示该项目在本检修规程中为检修项目，"△"表示从上一级部件上拆下检修。

### 5.3.3  CRH₂A/B/C1/E 型动车组转向架检修技术要求

**1. 转向架总体要求**

① 分解转向架与车体间电气、管路连接、牵引销座固定螺母、横向及抗蛇行减振器，将转向架与车体分离。

② 拆下牵引电机、空气弹簧组成，将各管路进气口、各线缆插头等部位进行防护。防护后须对转向架表面进行清洗除垢。清洗过程中各管路进气口、各线缆插头不许进水。

③ 分解轴箱定位装置、轮对提吊、齿轮箱悬挂装置，将构架组成和轮对轴箱组成分离。

④ 将轮对轴箱组成、轴箱弹簧组成、轮对提吊、空气弹簧、油压减振器、牵引拉杆组成、牵引电机、WN 联轴节、接地装置、排障装置、速度传感器等部件拆下检修。转向架其余部件如齿轮箱（除开盖检查外）、制动卡钳、踏面清扫装置、增压缸、增压缸盖、抗蛇行减振器安装座、横向减振器座、差压阀、高度阀、各管路及配线等部件不分解，进行状态检修。

⑤ 如无特别注明，转向架检修过程中因零部件拆卸需分解的紧固件再次组装时须更新。紧固件更新后因异常需多次拆装，弹簧垫圈和止转垫片须更新，螺栓、螺母使用不超过 5 次。

**2. 构架组成**

（1）构架组成表面。

① 构架组成表面存在划伤、磕碰、腐蚀、磨损等缺陷时，按下述方法处理：

（a）板厚与允许缺陷深度见表 5–7。当缺陷深度不大于表 5–7 中的规定时，须对缺陷部位进行打磨消除，并确保打磨部位与钢板轧制状态的表面交界处平滑过渡。

（b）当缺陷深度大于表 5–7 中的规定而小于设计板厚的 20%，且缺陷面积在 400 mm² 以内时，允许通过焊接进行修补。焊接修补时焊接部位在边缘上不许有咬边或重叠，焊接时堆高至少高出轧制面 1.5 mm 以上，打磨与轧制面高度一致，焊接部位进行表面磁粉探伤检查。

**表 5–7  板厚与允许缺陷深度表**

| 设计板厚/mm | 缺陷允许深度/mm |
| --- | --- |
| 6≤t<16 | 0.65 |
| 16≤t<25 | 0.75 |
| 25≤t<40 | 0.8 |
| 40≤t≤50 | 0.95 |

② 构架组成检修时，须对构架组成表面各外露可视焊缝进行外观状态检查，存在裂纹等缺陷时须焊修。构架主体及各安装座之间的焊缝裂纹长度不大于 20 mm 时打磨消除后焊修，焊修后表面打磨圆滑并磁粉探伤检查。构架各部位焊修后的磁粉探伤方法执行 ISO 17638，验收等级执行 ISO 23278 2X 等级。

③ 构架表面油漆不良及损伤须找补油漆。

（2）构架螺纹孔。

① 构架组成及安装各部件上外露的螺纹孔须进行外观状态检查，对电机吊座、定位臂、横向减振器座等关键部位螺纹目视检查，存在缺扣、乱丝等缺陷时焊修。构架的梯形槽划伤、

磕碰等缺陷须修复，修复后的梯形槽加工面采用 5～10 μm 的铅丹膜染色检查，接触面积不小于 75%。

② 构架组成各部件安装螺栓的防松铁丝或止动垫片状态良好者，不进行扭矩检查，只涂打防松标记；防松铁丝断裂或止动垫片破损时须更换，并进行扭矩检查，涂打防松标记。

（3）构架各安装座。

中心销、各减振器安装座划伤、磕碰、裂纹、腐蚀、磨损等缺陷的检修限度按相关项执行。中心销、各减振器托架焊修后的磁粉探伤方法执行 ISO 17638，验收等级执行 ISO 23278 2X 等级。

**3. 轮对轴箱装置**

轮对轴箱组成检修时，轴箱体、轴箱前盖、后盖、传感器、WN 联轴节、接地装置须拆下进行分解检修。

（1）轮对。

① 清除轮对组成表面锈垢及车轴轴身表面油漆。车轴擦伤深度不大于 0.1 mm，撞伤深度不大于 0.3 mm，超限时更换。

② 车轴外露表面须进行磁粉探伤检查，动力轮对齿轮箱侧车轮轮毂内侧与齿轮箱之间的轴身表面不进行磁粉探伤检查。车轴各部分均不许有横向裂纹、横向发纹和纵向裂纹，探伤前须将车轴表面油漆清除干净，轴身表面存在纵向发纹时允许用砂纸打磨消除，打磨深度不大于 0.3 mm，车轴各圆弧部位不许有裂纹和发纹。轮轴剩磁量不大于 5 高斯。

③ 空心车轴和车轮须按规定进行超声波探伤检查。车轴探伤后向空心部位喷 5～10 mL 防锈剂并及时密闭处理。

④ 车轮踏面镟修须满足下列要求：

（a）车轮踏面形式为 LMA 型。

（b）车轮踏面镟修后，踏面及轮缘不许有裂纹、缺损、剥离、擦伤、局部凹下等缺陷。

（c）车轮踏面及轮缘加工后表面粗糙度不大于 $Ra12.5\,\mu m$。

（d）车轮踏面镟修后车轮直径不小于 800 mm。

（e）车轮内侧面端面跳动量不大于 0.6 mm；踏面径向跳动量不大于 0.2 mm；轮缘厚度为 28～33 mm。

（f）轮对内侧距任意三点测量均须满足 $1353^{+2}_{-1}$ mm。

（g）同一轮对车轮直径差不大于 0.5 mm。

（h）同一个转向架车轮直径差不大于 3 mm。

（i）同一辆车车轮直径差不大于 3 mm。

（j）同一车辆单元内车轮直径差不大于 40 mm（CRH2A 型动车组 1～4 号车为同一车辆单元，5～8 号车为同一车辆单元；CRH2B/E 型动车组 1～4 号车为同一车辆单元，5～8 号车为同一车辆单元，9～12 号车为同一车辆单元，13～16 号车为同一车辆单元；CRH2C1 动车组 1～3 号车为同一车辆单元，4～5 号车为同一车辆单元，6～8 号车为同一车辆单元）。

⑤ 轮对组成在不分解情况下进行踏面镟修后可不做轮对动平衡试验。

⑥ 轮对组成检修合格后轴身表面喷涂油漆。

⑦ 车轮直径小于 800 mm 时，车轮（含轮盘）整体进行更换。当轮盘因磨耗、裂纹等原因报废时，其匹配的原车轮相应报废。车轮退卸重新组装时须均匀涂抹乐泰 5699 进行防锈。

（2）轴箱轴承。

① 轴箱轴承检修时不退卸，表面清洗后进行外观检查，轴承外圈外表面不许有剥离、电蚀缺陷，表面锈蚀及划伤允许打磨修整。每套轴承润滑脂泄漏量不大于 50 g。

② 手动转动轴承，转动灵活无卡阻。

③ 首次安装通气孔朝向正上方时，须将轴承外圈沿圆周顺时针方向转动 120°，然后安装轴箱；首次安装未将通气孔朝向正上方时，须使通气孔朝向正上方后再安装轴箱，并在下次高级修时每次都将轴承外圈沿圆周顺时针方向转动 120°。

（3）轴箱装置。

轴箱组成各部件（含轴箱体、前盖、后盖、橡胶节点、压盖等）须分解检修。轴箱体、轴箱定位节点和压盖组装时螺栓紧固扭矩 150 N·m。

① 轴箱体。

（a）轴箱体外表面锈污须清除，轴箱体螺纹孔内有毛刺、污垢时须清除，上导柱局部磨耗深度不大于 2 mm。

（b）轴箱体内孔内径尺寸须满足 $230^{+0.150}_{+0.015}$ mm，内孔与轴承装配面划痕深度不大于 0.5 mm，有毛刺、锈蚀时须消除，局部磨耗深度不大于 0.2 mm，超限时更换；轴箱体两端平面（与前、后盖接触表面）局部锈蚀深度不大于 1 mm。

② 轴箱端盖。

（a）轴箱前盖与轴箱体装配面不许有电蚀，前盖表面目视检查无裂纹，表面伤痕深度不大于 5 mm 时消除锐棱，超限时更换。速度传感器安装用定位销无松动。

（b）轴箱后盖与轴箱体装配面不许有电蚀，金属迷宫槽部位有锈蚀、尖角及毛刺时须磨除，密封沟槽局部有轻微变形时，将突出部位磨除处理。组装状态下，轴箱后盖的外露表面（不包括迷宫槽部位、两后盖连接螺栓部位、提吊部位的过渡圆弧）伤痕深度不大于 2 mm 时允许圆滑过渡并探伤检查。

③ 定位节点。

外露橡胶有下列情况者更换，

（a）橡胶与金属件结合面之间产生开裂且长度超过 1/6 圆周，深度大于 5 mm 时；

（b）橡胶表面产生溶胶现象且有明显块状橡胶脱出时；

（c）橡胶表面伤痕长度大于 15 mm、深度大于 5 mm 时；

（d）橡胶部的膨胀量超过内筒金属外径（142 mm）时；

（e）芯棒外露磁粉探伤有裂纹时；

（f）破损、龟裂、老化时；

（g）护板外径小于 106.6 mm（新制时 113.3 mm，每 6 年更换一次）时。

轴箱定位节点须做刚度检测，须满足下列要求：

（a）前后方向（Y—Y）：变形量 $\delta$（11.8 kN）$-\delta$（0.098 kN）＝（0.85±0.26）mm；

（b）原点附近 0～1.96 kN 之间刚度范围：9.6～17.8 kN/mm；

（c）左右方向（Z—Z）：原点附近 0～1.96 kN 之间刚度范围：3.8～7.1 kN/mm。

（4）轮对轴箱组成组装。

轮对轴箱组成组装按照相关技术要求执行。

**4. 一系悬挂装置**

（1）轴箱弹簧。

① 轴箱弹簧进行外观检查，外露表面有裂纹、折损、弹簧有效圈间抗磨时更换。

② 对轴箱弹簧组进行载荷试验：弹簧内圈下插入厚 16 mm 垫片，$CRH_2A/B/E$ 型动车组用轴箱弹簧试验载荷为 52 700 N，弹簧高度须满足（213.67±2）mm；$CRH_2C1$ 动车组用轴箱弹簧试验载荷为 49 240 N，弹簧高度须满足（207.44±2）mm。

③ 弹簧两端支撑面自由放在水平面上须平稳，允许在支撑圈 1/8 圈范围内存在不大于 2 mm 的间隙，弹簧两端支撑面允许修正。

④ 弹簧下夹板与弹簧接触面磨耗量大于 2 mm 时须更换。$CRH_2A/B/E$ 弹簧下夹板内孔局部磨耗深度大于 2 mm 时更换，重新组装轴箱弹簧组成时，应尽量使弹簧下夹板内孔磨耗处与轴箱体上导柱磨耗处相对；$CRH_2C1$ 动车组下夹板内衬套磨耗深度大于 2 mm 时更换，重新组装轴箱弹簧组成时，应尽量使弹簧下夹板内衬套磨耗处与轴箱体上导柱磨耗处相对。

⑤ 距轴箱弹簧上端面 50 mm 范围内防雪罩破损者可不更换，其他情况下防雪罩破损时须更换。

⑥ 弹簧、弹簧上下夹板油漆存在破损、脱落等情况须找补油漆；防振橡胶进行刚度检查，检查要求为：$\delta(49.05 \text{ kN}) - \delta(0.98 \text{ kN}) = (2.45 \pm 0.74)$mm；防振橡胶在加载 49.05 kN 状态下，橡胶表面纵向即厚度方向不许有贯穿性裂纹，且橡胶各表面龟裂裂纹深度不大于 1 mm，宽度不大于 1 mm。粘结板外表面锈蚀者须清理锈垢后涂装油漆。

⑦ 轴箱弹簧组成各部件检修合格后，按下列要求进行组装：

（a）弹簧预组时须保证弹簧内外圈底部磨削平面内端部的起始方向的相位差 180°。

（b）同一转向架的四组轴箱弹簧须保证弹簧外圈下部（下夹板侧）的卷曲起始位置朝向转向架内侧。

（2）轮对提吊。

外观检查有磕碰伤及锐棱部位须打磨消除。焊缝外观检查有裂纹时须焊修，并进行探伤检查，确认无裂纹。

**5. 二系悬挂装置**

（1）空气弹簧装置。

① 清理空气弹簧表面，空气弹簧进行外观检查，进、排气口损伤者用砂纸或油石打磨处理，气囊、上盖板、橡胶座、橡胶堆等部件检查标准见表 5–8、表 5–9。外露金属表面出现锈蚀时清除。上盖板表面油漆损伤者须找补油漆（$CRH_2C1$ 动车组空气弹簧除外）。

表 5–8　气囊检查标准

| | 故障名称 | 故障内容的说明 | 更换判断基准 | 备注 |
|---|---|---|---|---|
| 1 | 剥离 | 橡胶（特别是外层橡胶）与帘线加强橡胶层间剥离，在使用初期易于发生，在比较广的范围上出现 1 mm 厚左右的橡胶浮起并呈隆起状。如继续使用，将在一端出现如同用小刀切断似的断裂，但漏气甚微 | ① 对帘线露出的部件进行更换；② 对于剥离只出现在表层的部件，即使帘线完好，如果剥离大于 30 mm×20 mm 也要进行更换 | 剥离 |

| | 故障名称 | 故障内容的说明 | 更换判断基准 | 备注 |
|---|---|---|---|---|
| 2 | 裂纹（鳞状裂纹） | 在橡胶（特别是外层橡胶）与上盖板橡胶及橡胶座的接触部附近出现的沿圆周方向的鳞状且呈锐角的损伤；在初期为分散状态的微小损伤，而后出现连续的剥离状态 | ① 对帘线露出的部件进行更换；② 对龟裂深度大于 1.5 mm 的部件进行更换；③ 即使长度波及到全圆周，但只要龟裂深度不大于 1.5 mm 仍可继续使用 | 鳞状裂纹 流线裂纹 |
| 3 | 橡胶断裂（流线裂纹） | 在橡胶（特别是外层橡胶）的小轮缘附近出现的沿圆周方向的剥离状裂纹，以及外层橡胶的母线方向（上下方向）的裂纹。较多发生在气囊厚度不均匀的部位，以及外层橡胶重叠部位 | ①②同上；③对龟裂长度的合计大于 50 mm 的部件进行更换 | |
| 4 | 磨损 | 因气囊外层橡胶与橡胶座、上盖板互相摩擦而发生的磨损 | ①同上 | — |
| 5 | 外伤 | 由于异物的飞溅或者相互摩擦而引起的外层橡胶损伤 | ①②③同上 | — |
| 6 | 漏气 | 使用中出现的漏气 | 更换，但对于组装后发现空气泄漏须分解并更换相关零部件 | — |
| 注：帘线露出的说明 | | 在橡胶波纹管断面，内外层橡胶（各 2～2.5 mm）的中间部设有 2 层帘线加强橡胶层（约 1 mm）。如果该内外层橡胶剥离，或者有损伤时可看到茶褐色的帘线（纤维）的情形，以及在帘线上仅残留着少量橡胶而可看到帘线线头条纹的情形均可判断为帘线露出 | | |

表 5-9　上盖板、橡胶座、橡胶堆检查标准

| | 故障名称 | 故障内容的说明 | 更换判断基准 | 备注 |
|---|---|---|---|---|
| 1 | 粘结剥离 | 与金属配件粘结面的剥离 | ① 与剥离深度无关，当剥离长度大于 100 mm 时进行更换；② 对于在该基准以下的剥离，使用氰基丙烯酸盐黏合剂进行处理 | — |
| 2 | 磨损 | 与气囊接触部位的磨损 | 对磨损深度大于 1.5 mm 的部件进行更换 | — |
| 3 | 龟裂 | 在重叠部位及流动不良部位的橡胶上所产生的龟裂 | 对龟裂长度为 50 mm 以上、深度 3 mm 以上，或者龟裂宽度扩至 5 mm 以上的部件进行更换 | — |
| 4 | 永久性疲劳、变形 | 使用后，在无载荷（自由长度）时，无法恢复到正常高度，出现永久性疲劳。在水平方向出现同样情形的变形 | ① 对于橡胶堆的橡胶总厚度，对出现 10% 以上疲劳的部件进行更换；② 对于水平方向，当出现与①同样尺寸变形的部件进行更换 | — |
| 5 | 金属部外伤 | O 形圈槽部（密封部）的外伤 | ① 划伤深度大于 0.3 mm 时更换；② 划伤深度不大于 0.3 mm 时，使用细砂纸等进行平滑修理后，允许继续使用 | |
| | | O 形圈槽部（密封部）以外的外伤 | ① 划伤深度大于 2 mm 时更换；② 划伤深度不大于 2 mm 时，先使用粗砂纸等去除毛刺，再用细砂纸等进行圆滑过渡，允许继续使用 | |

② 空气弹簧须更换上、下部 O 形密封圈。

③ 空气弹簧禁止直接吊装上盖板，避免造成胶囊或橡胶堆脱落、损伤。

④ 空气弹簧不许接触酸、碱、油或其他有机溶剂，避免热损伤和磕碰损伤。

（2）空簧连接控制装置。

① 高度调整阀、保温箱、调整棒组成不分解，外观状态检查须良好，保温箱无油迹，关

节轴承转动灵活，更换调整棒杠杆处的绝缘套。

②　差压阀不分解，外观状态检查须良好。

（3）二系油压减振器（包括垂向）。

①　油压减振器外观检查，减振器本体外观和连接线（仅半主动横向减振器）无破损或松动，各外露配件无异常，防尘筒无明显磕碰或凹陷，损伤时须修理或更换。

②　清理油压减振器表面污垢，清洗时须保护好各外露橡胶，橡胶制品配件不许接触酸、碱性有机溶剂。

③　油压减振器橡胶套破损时须更换防尘套。

④　橡胶节点外观检查，橡胶开裂长度超过 1/6 圆周者须更换。橡胶部分裂缝更换基准如图 5-9 所示。

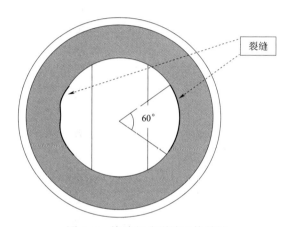

图 5-9　橡胶部分裂缝更换基准

⑤　油压减振器须进行性能试验，安装状态为刚性连接（不受橡胶节点影响），加振方向为杆侧加振，加振波形为正弦波，具体试验条件及性能参数见表 5-10、表 5-11，示功图不许有畸形、突变。

表 5-10　垂向、横向、抗蛇行、车端减振器性能试验检查参数表

| 减振器类型 | 减振器型号 | 试验安装长度/mm | 试验参数 I | | | 试验参数 II | | |
|---|---|---|---|---|---|---|---|---|
| | | | 速度 $v$/(cm/s) | 振幅 $A$/mm | 力 $F$/N | 速度 $v$/(cm/s) | 振幅 $A$/mm | 力 $F$/N |
| 垂向减振器 | 0D42090-1（A）（KYB）VD42090（日立） | 370 | 10 | ±15 | $1\,960^{+290}_{-588}$ | 30 | ±15 | $4\,900^{+740}_{-1\,407}$ |
| 横向减振器 | 0D50116（A）（KYB）HD50116（日立） | 455 | 10 | | $5\,880^{+880}_{-1\,764}$ | 20 | | $8\,340^{+1\,250}_{-2\,502}$ |
| 抗蛇行减振器 | 0D70230-1（A）（KYB）YA70230（日立） | 660 | 0.3 | ±5 | $7\,360^{+2\,944}_{-2\,450}$ | 6 | ±5 | $10\,800^{+2\,160}_{-1\,620}$ |
| 车端减振器 | YD90-5（KYB）YA90580（日立） | 1\,215 | 0.6 | | $5\,880^{+2\,058}_{-1\,470}$ | 6 | ±15 | $15\,690^{+3\,138}_{-4\,707}$ |

表 5–11　半主动横向减振器（型号：C50116HSA–R01）测试力要求　　　单位：N

| 指令电流 | 活塞速度 | | | |
| --- | --- | --- | --- | --- |
| | 5 cm/s | 10 cm/s | 15 cm/s | 20 cm/s |
| 被动状态 | $2\,942^{+441}_{-588}$ | $5\,884^{+883}_{-1177}$ | $8\,826^{+1324}_{-1765}$ | — |
| 0.3 A | $11\,070^{+1660}_{-2214}$ | — | — | $14\,070^{+2110}_{-2814}$ |
| 0.6 A | $5\,100^{+765}_{-1020}$ | — | — | — |
| 1 A | 1 000 以下 | — | — | — |
| 卸荷性能 | — | — | — | 2 000 以下 |
| 试验安装长度/mm | 455 | | | |
| 振幅/mm | ±15 | | | |

⑥ 油压减振器试验合格后横放 8 h，确认各部位无漏油。

⑦ 油压减振器油漆脱落处须找补油漆。

（4）横向止挡。

横向止挡无明显破损、龟裂、老化现象，橡胶表面开裂长度大于 15 mm 或深度大于 5 mm 时更换。

**6. 驱动装置**

（1）齿轮箱。

① GU63–31 及 GU63–35 齿轮箱体表面不许有漏油现象；齿轮箱须进行内部冲洗除油污，低速旋转状态下用清洗油对齿轮箱进行循环冲洗，在旋转循环冲洗过程中，齿轮箱不许有异声。清洗油为润滑油与煤油的混合油，混合比例为 2∶8。

② 分解齿轮箱上盖，齿轮啮合面可视部位有毛刺时须消除，不许存在裂纹缺陷。检查大轴承与大齿轮之间的弛缓线无错位。更换齿轮箱内润滑油和上盖密封垫。

③ 小齿轮轴锥面局部的磕碰、划伤或黏着深度不大于 0.5 mm，对损伤部位打磨去除高点后，检查其与联结节内孔的接触率大于 80% 时可再次使用。测量小齿轮轴承的游隙，小齿轮侧范围为 0.120～0.200 mm，游隙超差时须重新调整至规定范围，调整后可不进行跑合试验。

④ 更换齿轮箱通气装置填充物，清扫气管插头，气管插头安装扭矩 98 N·m，管螺纹部位缠绕密封胶带或管道魔绳。

⑤ 清理齿轮箱磁栓表面附着铁粉，磁栓安装扭矩 98 N·m，安装前在锥螺纹部位涂抹密封剂。

⑥ 齿轮箱吊杆组成及安全托分解检查，变形时调修，破损时更换。

⑦ 齿轮箱油面计表面无油污、损伤。

⑧ 齿轮箱箱体表面存在磕碰伤、击打伤痕时，使用 120# 以上砂纸或细锉打磨消除表面高点毛刺，齿轮箱表面磕碰深度不大于 4 mm；磕碰深度大于 3 mm 且不大于 4 mm 时，将缺陷边缘的锐棱倒钝，并渗透探伤（PT）不许有裂纹。

⑨ 齿轮箱组装时，上盖用 63 N·m 的扭矩紧固。排油栓安装扭矩为 276 N·m。

⑩ 齿轮箱检修后，须加入润滑油，在空车载荷下，齿轮箱油位按中刻度线±0.5 刻度执行。

（2）WN 联轴节。

① WN 联轴节须分解检修，分解后须用煤油对各部件进行清洗，各零部件表面不许有锈蚀、污物。

② 小齿轮及外筒须磁粉探伤检查，有裂纹时更换，探伤后剩磁量不大于 0.3 高斯。

③ 小齿轮啮合部存在飞边、毛刺、卷边缺陷时打磨消除高点。中心板局部弯曲变形时调修。

④ WN 联轴节组装按照相关技术要求执行。

# 5.4　四级检修

## 5.4.1　总则

① 动车组四级检修是指从新造或上次五级检修起，每运行 120±10 万公里（距上次三级检修应不超过 $60^{+2}_{0}$ 万公里及不超过 1.5 年）或 3 年（先到为准）进行的一次检修。动车组四级检修包括：车辆解编、架车、转向架分解检修、车辆设备（车顶、车下、车端、车内）分解与检修、车体清洁、车辆设备组装、落车、保压试验、油漆及标记、单元组编组及试验、整列编组、静调试验、动调试验、试运行等。

② 动车组送修前须保证处于运用状态。相关限度符合运用要求，车内保持清洁，配件齐全，不许拆换原车配件，严禁破坏动车组的完整性。

③ 动车组送修前污物箱、清水箱排空，给排水系统水须排净。

④ 动车组入修及修竣时，送修单位与承修单位双方对动车组的技术状态进行鉴定、确认，并办理交接手续。

⑤ 动车组四级检修时，配属或承修单位不许随意改变动车组的原设计结构。用户规定加装改造的项目纳入检修及验收范围。

⑥ 动车组入修及修竣时，送修单位与承修单位须分别保证入修时及修竣时动车组履历的完整性和正确性，并办理交接手续。

⑦ ATP/LKJ/CIR 等车载行车安全设备执行相关专业检修规程，由专业管理部门结合四级检修同步施修。

⑧ 对动车组检修须严格执行质量检查、验收制度，由承修单位质量检查人员检查合格并向验收人员办理交验。遇有规程规定不明确或与动车组现车实际有差异时，在不降低动车组安全性、可靠性的前提下由承修单位和验收部门共同研究解决；动车组现车实际有较大差异时，由承修单位和验收部门共同研究提出解决方案，达成一致后执行，并报用户核备；对不能协商一致的事项，由承修单位负责报用户，按批复意见处理。

⑨ 动车组高级修须坚持质量第一的原则，贯彻以装备保工艺、以工艺保质量、以质量保安全的方针，实现工艺科学、装备先进、质量可靠、管理规范的目标。承修单位须认真按本规程制定工艺文件，建立质量检查制度，完善质量保证体系，全面落实质量责任制。承修单位应持续开展检修技术研究，积极开展技术创新和国产化工作，贯彻零部件的标准化、通用

化要求，提高检修质量，确保动车运用安全。

⑩ 经过四级检修的动车组，在正常运用、养护和维修的情况下，各检修项目应保证列车在该项目下一修期到达前的运行安全。

⑪ 高级检修涉及的润滑油、润滑脂、密封剂、黏结剂、防锈蚀用品等化工类现车用料或工艺用料的规格、型号须满足新造技术标准要求。如无新造技术标准，须满足动车组相关技术特性要求。

## 5.4.2  检修范围

表 5-12 列出了 CRH₂A/B/C1/E 型动车组转向架四级检修范围。

**表 5-12  CRH₂A/B/C1/E 型动车组转向架四级检修范围**

| 序号 | 检修配件名称 | 检 修 状 态 | | | |
|---|---|---|---|---|---|
| | | 状态检修 | 分解检修 | 试验 | |
| | | | | 部件 | 整车 |
| 1 | 构架组成 | | ◎◎ | 探伤 | |
| 2 | 轮对组成 | | ◎△ | 探伤 | |
| 3 | 车轴 | | ◎◎ | 探伤 | |
| 4 | 轴箱轴承 | | ◎△ | | |
| 5 | 轴箱装置 | | ◎△ | | |
| 6 | 轴箱定位节点 | | ◎◎ | 检测 | |
| 7 | 轴箱弹簧 | | ◎◎ | 探伤 | |
| 8 | 轮对提吊 | ◎ | | | |
| 9 | 油压减振器 | | ◎△ | 检测 | |
| 10 | 防振橡胶 | | ◎◎ | 检测 | |
| 11 | 空气弹簧 | | ◎△（5%） | 检测（5%） | |
| 12 | 差压阀 | | ◎△ | ◎ | |
| 13 | 高度调整阀 | | ◎△ | ◎ | |
| 14 | 高度调整阀附件 | | ◎◎ | | |
| 15 | 横向挡 | ◎ | | | |
| 16 | 齿轮箱 | | ◎△ | 探伤 | |
| 17 | ESCO 联轴节 | | ◎△ | 探伤 | |
| 18 | 牵引拉杆 | | ◎△ | 探伤 | |
| 19 | 中心销组成 | ◎ | | | |
| 20 | 制动盘 | ◎ | | | |

| 序号 | 检修配件名称 | 检 修 状 态 | | | |
|---|---|---|---|---|---|
| | | 状态检修 | 分解检修 | 试验 | |
| | | | | 部件 | 整车 |
| 21 | 制动夹钳 | | ◎ | ◎ | |
| 22 | 增压缸 | | ◎△ | | |
| 23 | 速度传感器 | | ◎◎ | ◎ | |
| 24 | 温度检测器 | ◎ | | ◎ | |
| 25 | 加速度传感器 | ◎ | | | |
| 26 | 踏面清扫装置 | ◎ | | | |
| 27 | 接地装置 | | ◎△ | 探伤 | |
| 28 | 接地装置（AB–414E） | | ◎△ | | |
| 29 | 转向架排障器 | | ◎△ | | |
| 30 | 管路 | ◎ | | | |
| 31 | 配线 | ◎ | | | |

注：

"状态检修"为该件允许在安装位置状态下进行检修；允许在安装状态下检查、更换、清灰等工作，用"◎"表示。

"分解检修"为该件须本体分解才能进行的检修；用"◎◎"表示从上一级分解下来后进行状态检修；用"◎△"表示上一级分解下来后还要进行本体的分解；用"◎☆"表示上一级分解下来后进行更新。

试验栏中：

"检测"表明主要的工作除状态检修外为检测部件主要性能指标。

"探伤"表明主要的工作除状态检修外主要为探伤。

用在"部件"或"整车"栏中"◎"表示本件要在部件或整车时进行试验。

## 5.4.3　CRH$_2$A/B/C1/E 型动车组转向架检修技术要求

**1. 转向架总体要求**

① 轮对轴箱组成、轴箱弹簧组成、轮对提吊、油压减振器、空气弹簧组成、牵引拉杆组成、差压阀、高度调整阀、牵引电机组成、增压缸、速度传感器、排障装置、制动夹钳等部件分解检修，踏面清扫装置、抗蛇行减振器托架（转向架侧）、中心销、车端减振器座、横向减振器托架、调整棒托、各管路及配线等部件不分解进行状态检修。

② 清洗转向架及相关部件表面，不许使用腐蚀性和温度超过 60 ℃液体清洗；转向架各管路进气口、各线缆插头、螺纹孔、轴箱后盖等部位防护良好，不许进水。

③ 如无特殊说明，转向架检修中，拆卸的紧固件须更新。紧固件更新后因异常须多次拆装，弹簧垫圈、开口销和止转垫片须更新，螺栓、螺母使用不许超过 5 次。

**2. 构架组成**

构架组成表面存在下列划伤、磕碰等缺陷时，处理方式如下。

① 当缺陷达到表 5–13 规定限度时，须对缺陷部位进行打磨消除，并确保打磨部位与钢板轧制状态的表面交界处平滑过渡。

② 当缺陷大于表 5–13 规定限度小于设计板厚的 20% 且缺陷面积不大于 400 mm² 时可焊修。焊修时焊接部位在边缘上不可有咬边或重叠，焊接时堆高须高出轧制面 1.5 mm 以上，打磨至与轧制面高度一致；焊接部位表面磁粉探伤检查。

表 5–13　板厚与允许缺陷深度表

| 设计板厚/mm | 缺陷允许深度/mm |
| --- | --- |
| $0 \leqslant t < 16$ | 0.65 |
| $16 \leqslant t < 25$ | 0.75 |
| $25 \leqslant t < 40$ | 0.8 |
| $40 \leqslant t < 50$ | 0.95 |

说明：JIS G 3193 规定的钢板的厚度公差。

③ 腐蚀、磨损深度超过该处原设计厚度的 20% 或面积大于 400 mm² 时更新构架。

④ 构架组成表面各外露可视焊缝外观状态检查，存在裂纹等缺陷时焊修。构架主体及各安装座之间的焊缝裂纹长度不大于 20 mm 时打磨消除后焊修，焊修后表面打磨圆滑并磁粉探伤检查。

⑤ 除构架横梁与齿轮箱吊座连接的上侧焊缝、横梁与齿轮箱吊座连接的下侧（靠近油压制动软管一侧）焊缝、横梁与电机吊座连接的上侧（靠近端子箱组成一侧）焊缝外，构架横梁与侧梁、电机吊座、齿轮箱吊座、制动吊座的连接打磨焊缝及侧梁与定位臂连接打磨焊缝进行磁粉探伤检查，有裂纹时焊修，焊修后表面打磨圆滑并磁粉探伤检查合格后使用。具体探伤部位如图 5–10 和图 5–11 所示。

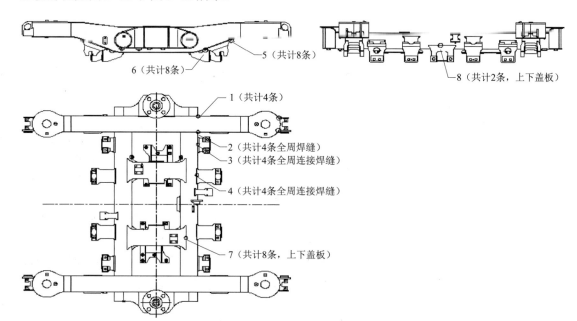

图 5–10　拖车构架组成探伤示意图

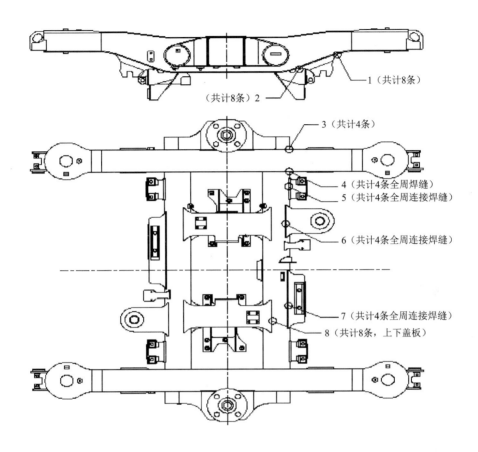

图 5-11　动车构架组成探伤示意图

⑥ 构架组成横梁与侧梁间焊缝有缺陷焊修后按表 5-14、表 5-15 检查并记录构架尺寸。

⑦ 构架组成及安装各部件上外露的螺纹孔外观检查，电机吊座、定位臂、制动吊座、差压阀安装座、牵引拉杆座等部位的螺纹孔存在缺扣、乱丝等缺陷时焊修。

⑧ 检查构架梯形槽，划伤、磕碰等缺陷深度小于 0.3 mm 时，打磨去除高点，缺陷部位圆滑过渡后磁粉探伤检查，修复后的梯形槽加工面施行染色检查，采用 5～10 μm 的铅丹膜检查，接触面积不小于 75%。

⑨ 构架表面及零部件组装部位油漆不良时须找补油漆，对探伤部位须涂底漆和面漆，底漆和面漆漆膜厚度均大于 60 μm。

⑩ 构架各部位磁粉探伤和焊修后的磁粉探伤方法执行 ISO 17638，验收等级执行 ISO 23278 2X 等级。

⑪ 目视检查各减振器安装座，划伤、磕碰、裂纹、腐蚀、磨损等缺陷的检修限度按相关项执行。

表 5–14　动车构架组成检修尺寸记录表

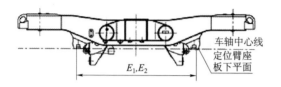

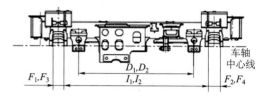

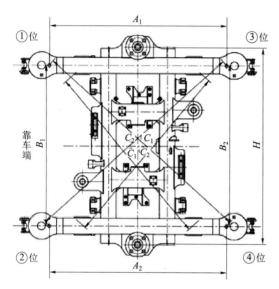

| 项目 | 尺寸 | 尺寸说明 | 公差 | 测定值 | | | | 备注 |
|---|---|---|---|---|---|---|---|---|
| A | 2 300 | 同一侧梁上平面样冲眼间纵向距离 | ±3　$\lvert A_1-A_2\rvert\leqslant1$ | $A_1$ | | $A_2$ | 差 | 样冲眼处 |
| B | 2 000 | 两侧梁上平面样冲眼间横向距离 | ±1　$\lvert B_1-B_2\rvert\leqslant1$ | $B_1$ | | $B_2$ | 差 | 样冲眼处 |
| C | 3 048 | 两侧梁上平面样冲眼间对角线距离 | $\lvert C_1-C_2\rvert\leqslant1.5$ | $C_1$ | | $C_2$ | 差 | |
| D | 1 481 | 同一横梁轮装制动盘制动吊座中心距 | ±1 | $D_1$ | | $D_2$ | | |
| E | 1 544 | 同一侧梁两定位臂梯形槽竖直平面纵向距离 | ±0.5　$\lvert E_1-E_2\rvert\leqslant0.2$ | $E_1$ | | $E_2$ | 差 | |
| F | 152 | 同一定位臂内侧距 | ±0.4 | $F_1$ | $F_2$ | $F_3$ | $F_4$ | |
| G | | 两侧梁定位臂样冲眼对角线距离 | $\lvert G_1-G_2\rvert\leqslant0.8$ | $G_1$ | | $G_2$ | 差 | 样冲眼处 |
| H | 2 460 | 空气弹簧中心距 | ±0.5 | $H$ | | | | |
| I | 1 848 | 两侧梁上内侧定位臂座板横向距离 | ±0.7 | $I_1$ | | $I_2$ | | |
| 图号 | | SFEZ03M1-110-000 | 编号 | | | | | |

动车转向架构架组成尺寸检修限度表（M）

### 表 5–15 拖车构架组成检修尺寸记录表

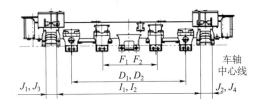

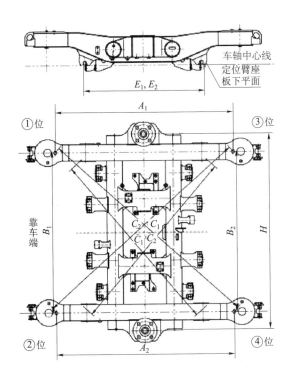

| 项目 | 尺寸 | 尺寸说明 | 公差 | 测定值 | | | | 备注 |
|------|------|---------|------|--------|---|---|---|------|
| A | 2 300 | 同一侧梁上平面样冲眼间纵向距离 | ±3 $|A_1-A_2|\leqslant1$ | $A_1$ | $A_2$ | 差 | | 样冲眼处 |
| B | 2 000 | 两侧梁上平面样冲眼间横向距离 | ±1 $|B_1-B_2|\leqslant1$ | $B_1$ | $B_2$ | 差 | | 样冲眼处 |
| C | 3 048 | 两侧梁上平面样冲眼间对角线距离 | $|C_1-C_2|\leqslant1.5$ | $C_1$ | $C_2$ | 差 | | |
| D | 1 481 | 同一横梁轮装制动盘制动吊座中心距 | ±1 | $D_1$ | | $D_2$ | | |
| E | 1 544 | 同一侧梁两定位臂梯形槽竖直平面纵向距离 | ±0.5 $|E_1-E_2|\leqslant0.2$ | $E_1$ | $E_2$ | 差 | | |
| F | 700 | 同一横梁轴装制动盘制动吊座中心距 | ±1 | $F_1$ | | $F_2$ | | |
| G | | 两侧梁定位臂样冲眼对角线距离 | $|G_1-G_2|\leqslant0.8$ | $G_1$ | $G_2$ | 差 | | 样冲眼处 |
| H | 2 460 | 空气弹簧中心距 | ±0.5 | $H$ | | | | |
| I | 1 848 | 两侧梁上内侧定位臂座板横向距离 | ±0.7 | $I_1$ | | $I_2$ | | |
| J | 152 | 同一定位臂内侧距 | ±0.4 | $J_1$ | $J_2$ | $J_3$ | $J_4$ | |
| 图号 | | SFEZ04T1-110-000 | 编号 | | | | | |

拖车转向架构架组成尺寸检修限度表（T）

### 3. 轮对轴箱装置

1）轮对

轮对组成检修时，须将动车轮对进行退卸，对齿轮箱进行分解检修（大齿轮不退卸）；拖车轮对正常情况下不进行分解，车轴、车轮超限时，须对轮对实施分解检修。

（1）车轮（含轮盘）。

① 车轮直径小于 800 mm 时，车轮（含轮盘）整体更换。当轮盘因磨耗、裂纹等原因报废时，其匹配的原车轮相应报废。车轮踏面及轮缘须按 LMA 型踏面外形进行镟修，镟修时须将车轮踏面及轮缘的裂纹、缺损、剥离、擦伤、局部凹下等缺陷加工消除，镟修后车轮直径不小于 800 mm，车轮踏面及轮缘加工后表面粗糙度不大于 $Ra12.5\ \mu m$。

② 车轮的退卸和压装均采用图 5-12 所示的注油方式，油压推荐值为 120～150 MPa。退卸车轮时，应使车轴的中心与退卸装置的中心一致，退卸力须均匀，相对于车轴要平行。车轮退卸装置须均匀压紧轴端面，轴端允许载荷分别为，M 轴：1 011 kN，T 轴：801 kN。

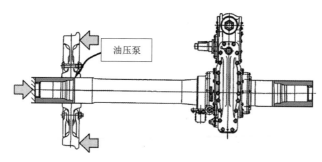

图 5-12　退卸车轮

③ 车轮内孔表面不大于 0.3 mm 的纵向划痕检修时，先用 120#以上砂纸沿纵向打磨消除高点，然后周向打磨圆滑过渡，其中深度是 0.1～0.3 mm 的划痕可以用千叶片布砂轮打磨圆滑过渡。车轮内孔靠近内侧端面边缘约 15 mm 范围内及注油槽两侧约 15 mm 范围内的表面须使用千叶片布砂轮打磨圆滑过渡。

④ 轮对组装时，轮毂孔与轮座、盘毂孔与盘座须在相同环境下同温 8 h 后进行测量、选配和组装。车轮内孔及轮座尺寸测量示意图见图 5-13，其他部位可参考。

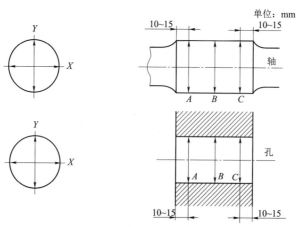

图 5-13　车轮内孔及轮座尺寸测量

注：车轮内径 D 取如图所示测量孔径的 6 处（A，B，C 位置的对角 X，Y 的尺寸）的平均值。

⑤ 车轮、制动盘与车轴配合过盈量。

$I=D×E$（$D$ 为车轴配合处直径，$E$ 为过盈量比），过盈量比值见表 5–16 的要求。

表 5–16　车轮、制动盘与车轴配合过盈量比值表　　　　单位：mm

| 压装部件 | 过盈量比 | | |
| --- | --- | --- | --- |
| | 标准值（$10^{-3}$） | 最小值（$10^{-3}$） | 最大值（$10^{-3}$） |
| 车轮（含轮盘）（新） | 1.4 | 1.2 | 1.5 |
| 车轮（含轮盘）（旧） | 1.4 | 1.0 | 1.5 |
| 轴盘 | 1.2 | 1.0 | 1.4 |

⑥ 轮对组装前，轮座、盘座表面及轮毂孔、盘毂孔内径面须洁净，在车轴轮（盘）座装配面和轮毂孔表面须涂抹专用润滑油。

⑦ 组装车轮、制动盘时，车轴纵向中心线与压力机活塞中心线须保持一致，车轴纵向中心线与轮毂、盘毂内侧平面相垂直。

⑧ 轮对组装压力按照轮（盘）毂孔直径计算，其压装力按表 5–17 执行。

表 5–17　直径每 100 mm 的压装力　　　　单位：kN

| 轴的种类 | 整体轧制车轮 | 带轴盘盘体 |
| --- | --- | --- |
| 拖车轮对 | 395 以下 | 345 以下 |
| 动力轮对 | 440 以下 | — |

⑨ 车轮（制动盘）压装时压入速度为 $100\sim200$ mm/min，注油压入过程中压力不许有急剧变化（注油口范围除外），其压装曲线仅供参考。车轮（制动盘）压装不合格时，退卸后的车轮（制动盘）放置 24 h 后方可重新选配组装。

⑩ 车轮（制动盘）压装后放置 2 h 以上，再按表 5–18 所示的压力进行检压试验。检压时车轮（制动盘）无位移，检压前后轮对内侧距无变化；检压合格后向车轮注油孔内注射 2 mL 气化性防锈剂。

表 5–18　直径每 100 mm 的检压力　　　　单位：kN

| 轴的种类 | 整体轧制车轮 | 带轴盘盘体 |
| --- | --- | --- |
| 拖车轮对 | 295 以下 | 245 以下 |
| 动力轮对 | 345 以下 | — |

⑪ 单个车轮（含轮盘）须做静平衡测试（新轮静不平衡量不大于 50 g·m）。安装车轮时如图 5–14 所示，将车轮的静不平衡位置相互错开 180° 安装。

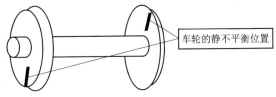

图 5–14　车轮的静不平衡位置

（2）车轴。

① 轴端螺纹无变形、损伤。清除轮对组成表面锈垢及车轴轴身表面油漆，轴身擦伤深度不大于 0.1 mm，撞伤深度不大于 0.3 mm，超限时更换车轴。车轴擦伤、撞伤未超限时，允许使用 120#以上砂纸或同等粒度的工业百洁布打磨去除毛刺、高点。

② 车轴表面（含车轴轮座、盘座等压装部位）禁止任何形式的机械加工及使用电、风动打磨工具打磨车轴表面；禁止对表面进行焊修及加热到 150 ℃以上。

③ 车轴轮座划伤深度不大于 0.15 mm 时，清除高点、毛刺，研磨后划伤深度须小于 0.1 mm；轮座划伤深度大于 0.15 mm 时用 120#以上砂纸或同等粒度的工业百洁布研磨，研磨后划伤深度须小于 0.15 mm，划伤宽度大于 2 mm 时研磨后划伤宽度须大于其原划伤宽度的 2 倍；车轴轮座划伤深度大于 0.3 mm 时须更换车轴。

④ 车轮退卸后若车轴轮座表面存在连续粘熔时，更换车轴；退卸后的车轴放置 12 h 后方可重新选配组装。

⑤ 轴颈表面缺陷按如下标准进行修理：

（a）车轴轴颈存在轴承退卸造成的纵向划痕，沿周向用 320#以上砂纸或同等粒度的工业百洁布手工打磨去除高点，打磨后允许存在一定痕迹（手指甲触摸略有卡滞感觉）。

（b）轴颈纵向划痕深度不大于 0.2 mm 时可使用 180#以上砂纸或同等粒度的工业百洁布纵向消除高点毛刺。

（c）车轴轴颈上沿圆周方向缺陷长度不超过车轴轴颈周长的 10%，且深度不大于 0.05 mm 的平面状缺陷允许打磨修理，打磨时允许使用 320#砂纸周向打磨，圆滑处理缺陷两侧边缘区域，然后使用工业百洁布去除表面氧化变色痕迹。

（d）车轴轴颈上无深度的横向油痕（氧化变色）使用 320#砂纸或同等粒度的工业百洁布沿周向打磨消除。

（e）轴颈上深度不大于 0.1 mm 的横向划痕，允许使用 320#砂纸或同等粒度的工业百洁布沿轴向打磨，宽度不大于 15 mm，修磨后手指甲触摸无卡滞感，探伤检查须合格。

⑥ 轮对须进行空心车轴超声波探伤检查，防尘极座、轮座、齿轮座、轴盘座、轴身等部位表面不许有深度大于 1 mm、长度大于 10 mm 的横向裂纹，裂纹超限时更换车轴。车轴探伤后向空心部位喷 5～10 mL 气化性防锈剂并及时密闭处理，轴端防尘堵螺纹有缺扣、乱丝时更新，O 形圈更换新品。车轮须按规定进行超声波探伤检查。

⑦ 车轴外露表面须进行磁粉探伤检查，车轴各部位均不许存在横向裂纹、横向发纹和纵向裂纹，探伤前须将车轴表面油漆清除干净，轴身表面存在纵向发纹时允许用砂纸打磨消除，打磨深度不大于 0.3 mm，车轴各圆弧部位不许有裂纹和发纹。车轴剩磁量不大于 0.5 mT。

（3）轮对组装。

① 轮对组成应满足如下要求：

（a）同一轮对车轮直径差不大于 0.2 mm。

（b）同一个转向架车轮直径差不大于 3 mm。

（c）同一辆车车轮直径差不大于 3 mm。

（d）同一车辆单元内车轮直径差不大于 40 mm（$CRH_2A$：1～4 号车为同一车辆单元，5～8 号车为同一车辆单元；$CRH_2B/E$：1～4 号车为同一车辆单元，5～8 号车为同一车辆单元，9～12 号车为同一车辆单元，13～16 号车为同一车辆单元；$CRH_2C1$：1～3 号车为同一车辆单元，4～5 号车为同一车辆单元，6～8 号车为同一车辆单元）。

② 轮对组成检修后，轮位差不大于 1 mm，拖车制动盘盘位差不大于 1 mm，盘间距为（700±1）mm；车轮内侧面端面跳动不大于 0.6 mm；踏面外形须符合 LMA 外形要求，踏面径向跳动不大于 0.2 mm；轮缘厚度为 $30_{-2}^{+3}$ mm；轮对内侧距任三点测量值均须满足 $1353_{-1}^{+2}$ mm。

③ 轮对组成重新组装后须进行动平衡试验，残余动不平衡量不大于 50 g·m（转速不低于 235 r/min），超限时注油退轮调整相位或换轮（盘）调整；拖车轮对组成在不分解状态下踏面镟修后可不做轮对动平衡试验，但须对车轮进行检压试验。

④ 轮对组成检修合格后须在轴身表面、车轮轮辋两侧面及轮毂表面涂漆。车轮退卸重新组装时须在车轮突悬部位涂抹密封胶。

⑤ 轮对组成检修合格后须按规定刻打检修标记。

（a）更换新车轴时须按新造规定刻打轮对组装轴端标记；其他情况下检修组装标记刻打于轮对的 B 侧车轴端面，即动车轮对的非齿轮箱侧和拖车轮对的短轴端侧；

（b）B 侧车轴端面组装标记打满后，将第二次以后各次组装标记全部磨除，重新刻打组装标记。

2）轴箱轴承

① 退卸轴箱轴承，表面清洗后外观检查，轴承外圈外表面不许存在剥离、电蚀、裂纹等缺陷，表面锈蚀及划伤时使用 400# 以上细砂纸打磨处理。

② 轴承分解检修，挡油环、外圈、内圈组件、后挡圈各件清洗后进行外观检查，油封及防磨垫圈须更新；轴承外圈、内组件存在超限缺陷时，整套轴承报废，挡油环、后挡圈除外。

（a）外圈、内圈滚动面及滚柱表面无剥离、裂纹、破裂、黏附，无严重的擦伤、压痕、锈蚀麻点、变色等缺陷；外圈与油封配合处无损伤。

（b）保持架外观状态良好，无磨损、开裂、击伤等缺陷。

（c）挡油环、后挡圈与油封配合表面无明显伤痕，有锈迹时用 280# 以上细砂纸打磨消除。

（d）轴承内圈与车轴配合表面存在轻微划痕时用 400# 以上细砂纸打磨去除。

（e）圆锥滚子整体轴承术语参见图 5-15。

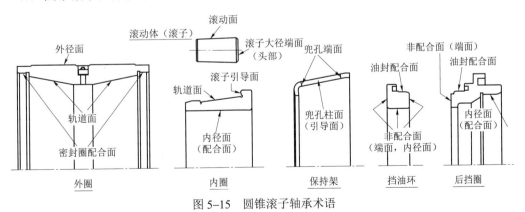

图 5-15　圆锥滚子轴承术语

（f）圆锥轴承外观判定标准按照表 5-19 的内容执行。表中带符号"×"缺陷的轴承不许再次使用；带符号"⊙"的轴承缺陷轻微时修复后可再次使用，缺陷严重时不许再次使用。

表 5-19　圆锥轴承外观判定标准

| 缺陷名称 | 套圈（轴承内、外圈） | | | | | 滚动体（滚子） | | | 保持器 | | 挡油环 | | 后挡圈 | |
|---|---|---|---|---|---|---|---|---|---|---|---|---|---|---|
| | 轨道面 | 配合面（外圈外径） | 配合面（内圈内径） | 滚子引导面 | 其他 | 滚动面 | 大径侧端面（头部） | 其他 | 兜孔端面及引导面 | 其他 | 油封配合面 | 非配合面 | 油封配合面 | 非配合面 |
| 麻点 | ⊙ | / | / | / | / | ⊙ | / | / | / | / | / | / | / | / |
| 表面剥落 | × | / | / | / | / | × | × | / | / | / | / | / | / | / |
| 缺口 | × | × | × | × | × | × | × | × | × | × | × | × | × | × |
| 裂纹、龟裂 | × | × | × | × | × | × | × | × | × | × | × | × | × | × |
| 划伤 | × | × | × | ⊙ | ⊙ | ⊙ | × | × | ⊙ | ⊙ | / | ⊙ | / | ⊙ |
| 黏附 | ⊙ | ⊙ | ⊙ | ⊙ | ⊙ | ⊙ | ⊙ | ⊙ | ⊙ | ⊙ | / | / | / | / |
| 压痕、打痕 | ⊙ | ⊙ | ⊙ | ⊙ | ⊙ | ⊙ | ⊙ | ⊙ | ⊙ | ⊙ | × | / | × | / |
| 磨耗 | ⊙ | ⊙ | ⊙ | ⊙ | ⊙ | ⊙ | / | / | ⊙ | ⊙ | × | / | × | / |
| 摩擦 | ⊙ | ⊙ | ⊙ | ⊙ | / | / | / | / | / | / | / | / | / | / |
| 蠕变 | / | ⊙ | × | / | / | / | / | / | / | / | / | / | / | / |
| 变色 | ⊙ | ⊙ | ⊙ | ⊙ | ⊙ | ⊙ | ⊙ | ⊙ | ⊙ | ⊙ | ⊙ | ⊙ | ⊙ | ⊙ |
| 锈蚀 | × | / | ⊙ | ⊙ | / | / | / | / | / | / | / | / | / | / |
| 电蚀、梨皮 | × | / | / | / | / | × | / | / | / | / | / | / | / | / |
| 蹭伤、擦伤 | ⊙ | ⊙ | ⊙ | ⊙ | ⊙ | ⊙ | ⊙ | ⊙ | ⊙ | ⊙ | ⊙ | × | ⊙ | × |
| 发热胶着 | × | × | × | × | × | × | × | × | × | × | / | / | / | / |

（g）轴承外圈与内圈的制造日期、制造编号须一致，严禁混装；挡油环、后挡圈及油封可互换使用。

（h）轴承组装前须按表 5-20 的要求进行检测、选配，并按规定涂写标记。

表 5-20　轴承组装前检测项目

单位：mm

| 序号 | 检测项目 | 管理基准值 | |
|---|---|---|---|
| | | 新品时 | 检修时 |
| 1 | 轴承内圈内径尺寸 | $130^{-0.006}_{-0.045}$ | $130^{+0.006}_{-0.045}$ |
| 2 | 轴承外圈外径尺寸 | $230^{+0.008}_{-0.078}$ | $230^{+0.008}_{-0.078}$ |
| 3 | 后挡圈内径尺寸 | $152^{-0.006}_{-0.060}$ | $152^{+0.010}_{-0.060}$ |
| 4 | 后挡圈外径尺寸（跟油封接触部） | $170^{0}_{-0.063}$（h8） | $170^{0}_{-0.063}$（h8） |
| 5 | 挡油环内径尺寸 | $130^{-0.006}_{-0.055}$ | $130^{+0.009}_{-0.055}$ |
| 6 | 挡油环外径尺寸（跟油封接触部） | $170^{0}_{-0.063}$（h8） | $170^{0}_{-0.063}$（h8） |
| 7 | 内圈与轴颈配合过盈量 | 0.049～0.113 | 0.037～0.113 |
| 8 | 后挡圈与车轴过盈量 | 0.106～0.185 | 0.090～0.185 |

续表

| 序号 | 检测项目 | 管理基准值 | |
| :---: | :---: | :---: | :---: |
| | | 新品时 | 检修时 |
| 9 | 挡油环与车轴过盈量 | 0.049~0.123 | 0.034~0.123 |
| 10 | 轴颈外径尺寸 | $130^{+0.068}_{+0.043}$（p6） | $130^{+0.068}_{+0.043}$（p6） |
| 11 | 防尘板座外径尺寸 | $152^{+0.125}_{+0.100}$（s6） | $152^{+0.125}_{+0.100}$（s6） |

注：表中第 5 项挡油环表面有磷化层（约 3~10 μm），表中数据为磷化前尺寸要求，因磷化层影响检测，该尺寸仅供参考。
管理值表示只要检测尺寸在该范围内，无须计算其平均值，可将该轴承尺寸视为合格。

（i）轴承内注入润滑脂（240±20）g，其中两列内圈注脂量均为（50±5）g，外圈中央位置注脂量（140±5）g，油封部位涂抹 2~3 g 的油脂。

③ 轴承压装前，车轴轴肩及与后挡圈配合处应涂抹防锈剂，轴颈前部约 1/3 处涂二硫化钼润滑剂；轴承压装时采用有打印压力曲线功能的压装设备，记录压装过程最大压力值，过程压装力和止推力须满足表 5-21 的要求。

表 5-21　轴承的压装力和止推力　　　　　　　　　　　　　　　　单位：kN

| 项　　目 | 数值要求 |
| :---: | :---: |
| 压装力（参考值） | 80~220 |
| 止推力 | 350~400 |

④ 轴承压装后轴承轴向游隙为 0.15~0.62 mm。轴承压装后须在轴承后挡圈与车轴防尘板座的悬空部位涂抹密封胶。

⑤ 更换新品轴箱轴承时，手动旋转轴承外圈使外圈通气孔朝向正上方后再安装轴箱，并在每次高级修时均将轴承外圈沿圆周顺时针方向转动 120° 后安装轴箱。

⑥ 手动转动轴承，转动灵活无卡阻等异常现象。

3）轴箱装置

轴箱体、前盖、后盖、压盖、定位节点、测速齿轮分解检修。

（1）轴箱体。

① 表面清除锈污后进行外观检查，有破损、裂纹、电蚀时更换，螺纹孔内毛刺、污垢须清除，轴箱体端面螺纹孔有缺扣、乱丝等缺陷时更换，轴箱体上导柱局部磨耗深度不大于 2 mm。

② 在室温 20 ℃时轴箱体内孔内径尺寸须满足 $230^{+0.150}_{+0.015}$ mm，圆柱度不大于 0.05 mm。轴箱体内孔加工面纵向擦伤或划痕深度不大于 0.5 mm 时允许将边缘棱角消除后使用，局部锈蚀（磨耗）深度大于 0.2 mm 时更换，铸钢轴箱体两端平面（与前、后盖接触表面）局部锈蚀深度不大于 1 mm，铝合金轴箱体两端平面（与前、后盖接触表面）局部锈蚀深度不大于 1.5 mm。内筒表面锈垢须清除，允许有除锈痕迹。

③ 压盖与定位节点接触表面无明显损伤，油漆脱落时找补。压盖部位外表面缺陷深度不大于 3 mm，修复时去除高点，并保证缺陷部位与周边部位圆滑过渡；定位销损伤时更新。

④ 铸钢轴箱体组装工作间温度须为 16~30 ℃。轴承、轴箱、轮对与检测量具在组装前必须同温 8 h 以上，不能同室存放时，两室温差不大于 5℃；铝合金轴箱体须在（20±2.5）℃

下检测和组装。轴箱体组装间的相对湿度不大于 60%；24 h 落尘量不大于 80 mg/m²。

⑤ 头、尾车安装排障装置的轴箱体须与其余未安装过排障装置的轴箱体交换装用。安装过排障装置的轴箱体，须在其配合标记刻印位置上方刻打永久区分标记 "PZ"。

（2）轴箱端盖。

① 轴箱前盖。

（a）轴箱前盖与轴箱体装配面不许有电化学腐蚀，前盖表面外观目视检查不许有裂纹，表面伤痕深度不大于 5 mm 时消除锐棱后使用，超限时更换。

（b）速度传感器安装用定位销无松动。

② 轴箱后盖。

（a）轴箱后盖与轴箱体装配面不许有电化学腐蚀，金属迷宫槽部位有锈蚀、尖角及毛刺时须磨除，密封沟槽局部有轻微变形时，将突出部位磨除处理。

（b）组装状态下，轴箱后盖的外露表面（不包括迷宫槽部位、两后盖连接螺栓部位、提吊部位的过渡圆弧）伤痕深度不大于 2 mm 时，允许圆滑过渡并磁粉探伤检查无缺陷磁痕显示。

（3）测速齿轮。

测速齿轮表面状态良好，齿轮有轻微磕碰、变形时打磨去除高点。

（4）定位节点。

① 定位节点每 6 年更换一次，有下列情况者更换：

（a）橡胶与金属件结合面之间产生开裂且长度大于 1/6 圆周且深度大于 5 mm 时；

（b）橡胶表面产生溶胶现象或有明显块状橡胶脱出时；

（c）橡胶表面伤痕长度大于 15 mm 且深度大于 5 mm 时；

（d）橡胶部的膨胀量超过内筒金属外径（$\phi$142 mm）时；

（e）芯棒外露磁粉探伤有裂纹时；

（f）破损、龟裂、老化时；

（g）护板外径小于 106.6 mm（新制 113.3 mm）时。

② 轴箱定位节点须做刚度检测，须满足下列要求：

$Y—Y$ 方向（如图 5-10 所示）：变形量 $\delta$（11.8 kN）$-\delta$（0.098 kN）=（0.85±0.26）mm；原点附近 0～1.96 kN 之间刚度范围：9.6～17.8 kN/mm；$Z—Z$ 方向：原点附近 0～1.96 kN 之间刚度范围：3.8～7.1 kN/mm。

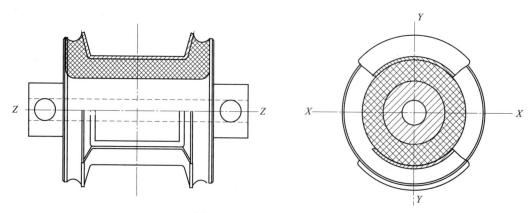

图 5-16　定位节点方向图示

4）轮对轴箱组成组装

① 轴端部件安装：将轴端锁紧螺母用手拧至与轴承密封挡油环接触，最终安装扭矩为 1 960～2 940 N·m。轴端止转螺栓旋入轴端锁紧螺母的螺纹内，安装扭矩 49 N·m。轴端止转螺栓安装完成后使用止转垫片防松。

② 轴箱体预组：组装前，弹性定位节点及轴箱体及压盖的安装面应按规定进行表面涂装，组装过程中应使用配对加工的轴箱体和压盖，确认两者在平面处的组装编号应一致。

③ 转向架轮对轴箱装有不同的速度传感器，速度传感器安装时测量并调整速度传感器和测速齿轮之间的间隙，满足 AG37 型间隙值（1.0±0.3）mm、AG43 型间隙值（0.8±0.3）mm、ATP 传感器间隙值（1±0.2）mm。

④ 轮对轴箱组成组装技术要求按相关组装技术要求执行。

**4. 一系悬挂装置**

（1）轴箱弹簧。

① 轴箱弹簧表面须磁粉探伤检查，表面无裂纹、刻痕以及引起聚粉的其他缺陷，存在裂纹缺陷的弹簧更新。

② 检修后弹簧表面不许存在氧化等缺陷，弹簧表面局部划伤、磕碰深度不大于 1 mm 时允许打磨圆滑处理，允许局部存在凸凹点，但不许有明显锐棱；弹簧支承端圈逐渐减薄部分应清除毛刺，不许有锐棱。

③ 弹簧钢条直径磨耗、腐蚀减少量须小于 5%，有效圈与支撑圈尖部接触处磨耗、腐蚀减少量须小于 10%，超限时更换。

④ 弹簧两端支承面自由放在水平面上应平稳，允许在支承圈 1/8 圈范围内存在小于 2 mm 的间隙，弹簧两端支承面允许修正。

⑤ 外弹簧垂直度小于 5 mm，内弹簧垂直度小于 4.8 mm。对轴箱弹簧组进行载荷试验：弹簧内圈下插入厚 16 mm 垫片后进行加载试验。CRH$_2$A/B/E 试验载荷在 52 701 N 时弹簧高度须满足（213.67±2）mm，CRH$_2$C1 试验载荷在 49 244 N 时弹簧高度须满足（207.44±2）mm。

⑥ 弹簧下夹板与弹簧接触面磨耗量大于 2 mm 时更换，CRH$_2$A/B/E 弹簧下夹板内孔局部磨耗深度大于 2 mm 时更换，CRH$_2$C1 下夹板内衬套磨耗量大于 2 mm 时须更换。重新组装轴箱弹簧组成时，应使弹簧下夹板内孔磨耗处与轴箱体上导柱磨耗处相对。

⑦ 绝缘罩表面清洗，破损者更换，防雪罩更新。

⑧ 轴箱弹簧检修后表面涂装油漆，弹簧上、下夹板油漆破损、脱落时找补油漆。

（2）轮对提吊。

轮对提吊有磕碰及锐棱时打磨消除棱角，焊缝裂纹时须焊修，并进行磁粉探伤检查。

（3）防振橡胶。

防振橡胶须刚度检查，检查要求为：$\delta$（49.05 kN）$-\delta$（0.98 kN）=（2.45±0.74）mm；防振橡胶在加载 49.05 kN 状态下，橡胶表面纵向（即厚度方向）不许有贯穿性裂纹，且橡胶各表面龟裂裂纹深度不大于 1 mm，宽度不大于 1 mm。黏接板外表面锈蚀时须清理锈垢后涂装油漆。

**5. 二系悬挂装置**

1）空气弹簧装置

① 空气弹簧检修时不许接触酸、碱、油及其他有机溶剂，应采用中性清洗剂，并须距热

源 1 m 以上。

② 清除空气弹簧外部污垢，上下盖板表面锈蚀时须除锈并找补油漆。

③ 更换空气弹簧上、下进气口处 O 形橡胶密封圈。

④ 外观检查，各零部件检查标准见表 5–22、表 5–23。

表 5–22　橡胶囊检查标准

| 序号 | 名称 | 故障说明 | 检查标准 | 备　　注 |
|---|---|---|---|---|
| 1 | 脱层 | 橡胶（特别是外层橡胶）和帘线之间剥离。使用初期容易发生 1 mm 厚度橡胶的凸起，成为拳状，如果继续使用，可能导致破裂 | ① 露出帘线时更换；<br>② 脱层面积大于 30 mm×20 mm 时更换 | 剥离<br><br>脱层 |
| 2 | 裂纹（鳞片状） | 胶囊（特别是外层橡胶）沿着上盖及橡胶座接触部附近圆周方向的鳞片状伤痕。初期呈细微伤痕的分散状态，之后变为连续的剥离状态 | ① 露出帘线时更换；<br>② 裂纹深度大于 1.5 mm 时更换，与裂纹长度无关 | 鳞片状裂纹<br><br>竖向裂纹 |
| 3 | 裂纹（竖向） | 胶囊（特别是外层橡胶）产生的竖向剥离状裂纹。多数发生在橡胶囊厚度不均的位置及外层橡胶的重叠部 | ① 露出帘线时更换；<br>② 裂纹深度大于 1.5 mm 时更换；<br>③ 裂纹长度大于 50 mm 时更换 | |
| 4 | 磨耗 | 胶囊外层橡胶与橡胶座、上盖的摩擦耗损 | 露出帘线时更换 | |
| 5 | 外伤 | 外层橡胶因异物打击、摩擦或其他原因产生的伤痕 | ① 露出帘线时更换；<br>② 裂纹深度大于 1.5 mm 时更换；<br>③ 裂纹长度大于 50 mm 时更换 | |
| 6 | 空气泄漏 | 在运用中产生空气泄漏 | 更换。组装后发现空气泄漏须分解并更换相关零部件 | |

表 5–23　上盖板、橡胶座、橡胶堆检查标准

| 序号 | 名称 | 故障说明 | 检查标准 | 备注 |
|---|---|---|---|---|
| 1 | 脱胶 | 与金属件黏着面剥离 | ① 脱胶长度大于 100 mm 时更换，与脱胶深度无关；<br>② 脱胶未超限时，对脱胶部位粘结处理 | |
| 2 | 磨耗 | 与橡胶囊接触部位磨损 | 磨耗深度大于 1.5 mm 时更换 | |
| 3 | 龟裂 | 表面发生龟裂裂纹 | ① 龟裂宽度大于 5 mm 时更换；<br>② 龟裂长度大于 50 mm 且深度大于 3 mm 时更换 | |
| 4 | 蠕变 | 使用后，在无载荷（自由高度）时，无法恢复正常高度，即产生蠕变。在水平方向也会产生蠕变 | ① 对于橡胶堆的橡胶总厚度，出现 10% 以上蠕变的部件须更换；<br>② 对于水平方向，出现超过 10% 的尺寸变形时，部件须更换 | |

表 5–24　下底座检查标准

| 序号 | 名称 | 故障说明 | 检查标准 | 备注 |
|---|---|---|---|---|
| 1 | 磨损 | 由于爆裂时的行车及滚动，与上盖板的滑动板接触并相互摩擦而产生的磨损 | 特氟隆板厚度小于新品 1/2（1.2 mm）的部件须更换 | |
| 2 | 粘结剥离 | 在如上述同样状态下的相互摩擦而造成的粘结部位剥离 | 粘结剥离部位超过粘结面积 1/3 的部件须更换 | |

⑤ 空气弹簧按 5%比例进行分解检修，胶囊内表面不许有损伤，其他部位检查标准见表 5–24。胶囊内表面存在超限异常时，将分解抽检比例提高一倍；仍有超限异常时，分解检查本批次（1 列车）全部空气弹簧胶囊内表面。分解后应对空气弹簧垂直刚度、横向动刚度及允许位移量按照标准 TJ/CL 279—2013 进行试验，试验检查标准如下：

（a）CRH$_2$A/B/E 空气弹簧在静载 100 kN，工作高度 200 mm 时：

垂向静刚度：240×（0.9～1.35）N/mm。

横向动刚度：190×（0.85～1.40）N/mm。

（b）CRH$_2$C1 空气弹簧在静载 95 kN，工作高度 200 mm 时：

垂向静刚度：216×（0.9～1.35）N/mm。

横向动刚度：188×（0.85～1.40）N/mm。

（c）工作高度 200 mm 时，空气弹簧允许位移量：

横向允许位移量：±110 mm。

垂向允许位移量：拉伸 70 mm，压缩 40 mm。

⑥ 气密性试验：空气弹簧保持在工作高度 200 mm，常温下充气至 500 kPa，保压 15 min，压降不大于 10 kPa。

⑦ 空气弹簧橡胶囊或橡胶堆更换时，须将空气弹簧保持工作高度 200 mm，充气至 750 kPa 的压力，保持 3 min，确认空气弹簧各组成零部件无异常。

⑧ 在无负荷及空气排空的状态下测量空气弹簧橡胶堆 $h$ 的高度值，如图 5–17 所示，$h$ 小于 92 mm 时须更换橡胶堆。

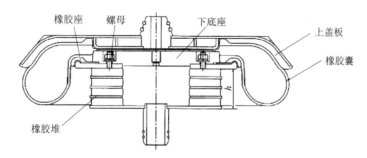

图 5–17　空气弹簧橡胶堆高度示意图

⑨ 每运行 360 万公里（或 10 年）更换胶囊及橡胶座。空气弹簧每运行 720 万公里（或 15 年）整体更换。

2）空簧连接控制装置

（1）差压阀。

① 差压阀分解检修，橡胶件须更新。

② 各部件外观检查，划伤或磨损时用细砂纸打磨修复，有裂纹及无法修复时更换。对阀体两端进行防护，清除表面锈垢，内腔和气路须用压缩空气吹净，清洗本体及各分解的零部件。

③ 阀弹簧自由高小于 33 mm 时更换。

④ 组装差压阀各零部件，组装后对阀体两端喷涂油漆。

⑤ 气密性试验：两进气口接 500 kPa 的压力空气，确认无泄漏。

⑥ 压力动作试验：在一边的空气出入口连接容积 40 L、压力 392 kPa 的空气罐，然后急速打开差压阀与空气罐之间的停止阀，测定空气罐压力从 392 kPa 下降到 245 kPa 所需时间小于 19 s。

⑦ 压差试验：风压容器内的压力上升到标准值以上，切断风压容器的压力供给，压力下降到（150±20）kPa 之间。

（2）高度调整阀。

① 外观检查，清除表面锈垢和油漆。

② 高度调整阀分解检修，清洗分解的零部件。

③ 水平阀锥簧自由高小于或等于 8 mm 时更新，止回阀弹簧自由高小于或等于 8 mm 时更新。

④ 橡胶件须更新，阀体部分存在歪斜（变形）、损伤时更新。

⑤ 阀体内须无损伤，单向阀在阀体孔内能灵活滑动。

⑥ 更换过滤器。

⑦ 重新组装时须更换硅油。注油后静置 24 h，阀体表面不许有渗油现象。

⑧ 气密性试验。充入 500 kPa 压力空气后，保压 5 min，不许泄漏。

⑨ 不感应区试验。感应盲区范围在高度检查端（140 mm 位置）位置进行测量，超出（10±1）mm（单侧参考：（5±0.5）mm）范围使用调整垫圈进行调整。

⑩ 时间迟延试验。接入 500 kPa 的压力空气，检查端从正中位置向上或向下急速变位 20 mm 时，到开始排气的时间须为（3±1）s。

⑪ 流量试验。

（a）将高度调整阀连杆调整到水平位置，将连杆的一端从水平位置迅速向上移动 20 mm，检测空气风缸压力从 0 kPa 上升到 200 kPa 时所需的时间小于 40 s。

（b）将高度调整阀连杆调整到水平位置，将连杆的一端从水平位置迅速向下移动 20 mm，通过高度阀排气，检测空气风缸压力从 500 kPa 下降到 300 kPa 时所需的时间小于 40 s。

（3）高度调整阀附件。

① 调整棒身弯曲变形或杆端轴承卡滞时更换。

② 高度阀座状态检查，与高度阀接触面出现锈蚀须修复，锈蚀导致表面出现影响密封的凹坑时须更换。内管螺纹不许有缺扣、乱丝及严重锈蚀。镀锌面锈蚀时须修复。

③ 保温箱箱体焊缝开裂时须焊修，箱体螺纹锈蚀损坏须修复。箱体密封橡胶件开裂、老化时须更换。

④ 高度调整阀杠杆的绝缘套须更换，杠杆方孔存在磨损时须更换。

3）二系油压减振器（包括垂向）

① 垂向、横向、抗蛇行、车端和半主动减振器分解检修（车端和半主动减振器仅适用于

CRH$_2$B/E/C1）。

② 紧固件、橡胶密封件更新，橡胶套破损者更新，其他各零件有损伤或磨耗不良等缺陷时须更换；活塞杆杆身镀层有磨损、划伤时重新电镀抛光或更换，轴承内径露出基体铜时须更换。减振器活塞杆焊缝区域脱漆后应渗透探伤，检查不许有裂纹。

③ 橡胶节点外观检查，橡胶开裂长度大于 1/6 圆周时须更换。

④ 测量油压减振器组成部件的主要尺寸，须符合表 5-25 的规定，超限时更换。

表 5-25　垂向、横向、抗蛇行、车端和半主动减振器部件主要尺寸检查参数表

| 检测项目 \ 减振器类型 | 垂向减振器 | 横向减振器 | 抗蛇行减振器 | 车端减振器 | 半主动减振器 |
|---|---|---|---|---|---|
| 型号 | 0D42090-1（A）（KYB）VD42090（日立） | 0D50116（A）（KYB）HD50116（日立） | 0D70230-1（A）（KYB）；YA70230（日立） | YD90-5（KYB）YA90580（日立） | C50116 HSA-R01 |
| 压力缸内径 | ≤42.08 mm | ≤50.08 mm | ≤70.074 mm | ≤90.08 mm（KYB）；≤90.1 mm（日立） | ≤50.08 mm |
| 活塞外径 | | ≥49.905 mm（KYB）；≥49.8 mm（日立） | | ≥89.8 mm（日立） | |
| 活塞杆外径 | 直径磨耗量≤0.015 mm（KYB）；≥29.92 mm，且磨耗量≤0.010 mm（日立） | 直径磨耗量≤0.015 mm（KYB）；≥35.32 mm，且磨耗量≤0.010 mm（日立） | 直径磨耗量≤0.015 mm（KYB）；≥34.92 mm，且磨耗量≤0.010 mm（日立） | ≥34.92 mm（KYB）；≥34.92 mm，且磨耗量≤0.010 mm（日立） | 直径磨耗量≤0.015 mm |

⑤ 油压减振器按表 5-26、表 5-27 中规定的参数作性能试验，示功图无畸形、突变。

表 5-26　垂向、横向、抗蛇行、车端减振器性能试验检查参数表

| 减振器类型 | 减振器型号 | 试验参数 I | | 试验参数 II | | 试验参数 III | |
|---|---|---|---|---|---|---|---|
| | | 速度 $v$/（cm/s） | 力 $F$/N | 速度 $v$/（cm/s） | 力 $F$/N | 速度 $v$/（cm/s） | 力 $F$/N |
| 垂向减振器 | 0D42090-1（A）（KYB）VD42090（日立） | 5 | 980±190（KYB）980±200（日立） | 10 | 1 960±290 | 30 | 4 900±730（KYB）4 900±740（日立） |
| 横向减振器 | 0D50116（A）（KYB）HD50116（日立） | 5 | 2 940±290 | 10 | 5 880±875（KYB）5 880±880（日立） | 20（KYB）30（日立） | 8 340±1245（KYB）8 340±1250（日立） |
| 抗蛇行减振器 | 0D70230-1（A）（KYB）YA70230（日立） | 0.3 | 7 360±2 450 | 6 | 10 800±1 610（KYB）10 790±1 620（日立） | | |
| 车端减振器 | YD90-5（KYB）YA90580（日立） | 0.6 | 5 880$_{-590}^{+1180}$ | 6 | 15 690±2 350 | | |

表 5-27　半主动横向减振器（型号：C50116 HSA-R01）性能试验检查参数表　　单位：N

| | 速度 | | | |
|---|---|---|---|---|
| | 5 cm/s | 10 cm/s | 15 cm/s | 20 cm/s |
| 不通电情况 | 2 942±441 | 5 884±883 | 8 826±1 324 | |
| 0.3 A 指令状态 | 11 070±1 660 | | | 14 070±2 110 |

续表

| | 速　　度 | | | |
|---|---|---|---|---|
| | 5 cm/s | 10 cm/s | 15 cm/s | 20 cm/s |
| 0.6 A 指令状态 | 5 100±765 | | | |
| 1 A 指令状态 | 1 000 以下 | | | |
| 卸荷值 | | | | 2 000 以下 |

⑥ 油压减振器试验合格后横放 8 h，确认各部位无漏油。

⑦ 减振器检修合格后重新喷涂油漆。

4）横向止挡

横向止挡无明显破损、龟裂、老化现象，橡胶表面开裂长度大于 15 mm 或深度大于 5 mm 须更新，橡胶与金属件结合面之间产生开裂且长度大于 1/6 周长且深度大于 5 mm 时须更新。

**6. 驱动装置**

1）齿轮箱组成

① 排空齿轮箱内润滑油后，用润滑油和煤油以 2:8 比例混合油在齿轮低速旋转状态下清洗齿轮箱内部。

② 分解齿轮箱上盖，对齿轮啮合面进行检查，有毛刺时用 180# 以上砂纸打磨消除，重新组装须更换上盖用垫片。齿轮箱箱体表面存在磕碰伤、击打伤痕时，使用 120# 以上砂纸或细锉打磨消除表面高点毛刺。齿轮箱表面磕碰深度不大于 4 mm；当磕碰深度大于 3 mm 时，须将缺陷边缘的锐棱倒钝，同时渗透探伤（PT）确认不许有裂纹。

③ 大齿轮磁粉探伤检查，齿轮齿面、齿根不许有裂纹，剩磁量不大于 0.3 mT；探伤后重新用清洗油清洗齿轮箱内部。

④ 齿轮箱装置组装工作间室温须满足 10～25 ℃，相对湿度小于 80%。

（1）小齿轮侧零部件。

① 小齿轮轴退卸轴承后进行磁粉探伤，小齿轮轴齿面、齿根有裂纹时更换，磁粉探伤后退磁处理，剩磁量不大于 0.3 mT。小齿轮轴锥面局部的磕碰、划伤或黏着深度不大于 0.5 mm，对损伤部位打磨去除高点后，检查其与联轴节内孔的接触率大于 80%。

② 清洗密封盖和轴承盖，清除表面污渍。表面有毛刺、锈迹等时须用 180# 以上砂纸打磨去除，调整垫片损伤、破裂时更新。截油环（乙）与油封配合处磨损或损伤标准为 0.1 mm，超限时更换。

③ 检查小齿轮圆锥滚子轴承，滚柱、外圈滚道表面无剥离、电蚀、裂纹、破裂、黏附，无严重的擦伤、压痕、锈蚀麻点、变色等缺陷；保持架无损伤、裂纹等缺陷。

④ 轴承盖重新组装时更新 O 形圈、油封及紧固件。

（2）大齿轮侧零部件。

① 拆卸大齿轮 W 侧密封盖、轴承盖、调整垫片及 M 侧集电环箱及其防尘盖、轴承盖、调整垫片。

② 检查大齿轮侧圆锥滚子轴承，滚柱、外圈滚道表面无剥离、电蚀、裂纹、破裂、黏附，无严重的擦伤、压痕、锈蚀麻点、变色等缺陷；保持架无损伤、裂纹等缺陷。

③ 清洗集电环箱、密封盖和轴承盖，清除表面污渍，表面有毛刺、锈迹等时使用 180#

以上砂纸打磨去除，调整垫片损伤、破裂时更换。截油环（乙）与油封配合处磨损或损伤标准为 0.1 mm，超限时更换。

④ 使用 180#以上砂纸（或同等粒度的工业百洁布）打磨去除集电环表面锈迹，与碳刷摩擦处磨耗深度大于 1 mm 时更换。轴承盖检查合格重新组装时更新 O 形圈、油封及紧固件。

（3）齿轮箱附件。

① 分解齿轮箱通气装置，清扫气管插头及安装部，更换管内填充物及管支架的紧固件，管螺纹部位缠绕密封胶带或管道魔绳。

② 分解齿轮箱磁栓安装座并清洗，安装面有锈迹、毛刺时使用细砂纸打磨消除，重新组装时更换 O 形圈及磁栓座紧固件。

③ 分解注油栓座并清洗，安装面有锈迹、毛刺等使用细砂纸打磨消除，重新组装时更新注油栓密封垫圈、注油栓座 O 形圈及其紧固件。

④ 分解排油栓座并清洗，安装面有锈迹、毛刺时用细砂纸打磨消除，重新组装时更新排油栓密封垫圈、排油栓座 O 形圈、垫圈及其紧固件。

⑤ 分解齿轮箱油位计，安装面有锈迹、毛刺时使用细砂纸打磨消除，重新组装时更换密封垫圈及其紧固件，油位计视窗须清洗干净，清洗时禁止使用有机溶剂（如稀料），以避免观察窗产生裂纹，可用干净的布蘸清水（或中性清洗剂）擦拭。油位计视窗破损时更新。

（4）齿轮箱吊杆组成。

① 齿轮箱吊杆组成及安全托座分解检查，安全托座有变形时调修，破损时更新。

② 对齿轮箱吊杆螺栓头根部 20 mm 范围内进行磁粉探伤检查，不许有裂纹，杆端螺纹及杆端螺纹的退刀槽部位目视检查状态良好。

③ 橡胶垫存在以下情况时更换：

（a）吊杆橡胶垫外观破裂、缺损、老化时。

（b）橡胶垫厚度在 23.1 mm（设计厚度 25 mm）以下时。

（c）橡胶垫表面裂纹长度大于 20 mm 且深度大于 5 mm 时。

（d）橡胶垫工作接触面表面橡胶面积脱落超出 20%时。

④ 更换开口销。

（5）组装测试。

① 齿轮箱组装时，上盖 M12 螺栓安装扭矩为 63 N·m，清洗栓安装扭矩为 157 N·m，并应更换清洗栓密封垫圈。

② 齿轮装置组装后，齿隙为 0.240～0.561 mm；检测轴承轴向游隙，温度 20℃环境下小齿轮侧（P 侧）轴承游隙为 0.120～0.150 mm，大齿轮侧（G 侧）轴承游隙为 0.120～0.180 mm，轴承游隙数值与温度变化对应关系如图 5–18 所示。

③ 齿轮箱组成组装后须进行高速旋转跑合试验（正、反转各一次），CRH$_2$A/B/E 齿轮装置跑合试验模式如图 5–19 所示，CRH$_2$C1 齿轮装置跑合试验模式如图 5–20 所示。跑合过程中确认无异声、异常振动等，跑合时各测点最高温度不大于 100 ℃；跑合试验结束后取下磁栓，确认无磨耗粉以外的其他金属物附着，并重新确认小轴承轴向游隙。

（6）大齿轮拆卸组装。

① 齿轮箱装置正常检修时不拆卸集电环、截油环。

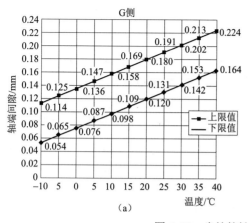

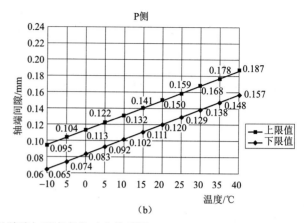

图 5-18　齿轮箱轴承游隙与温度变化对应关系图

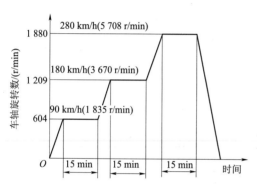

图 5-19　CRH₂A/B/E 齿轮装置跑合试验模式
注：跑合模式为正、反转通用。

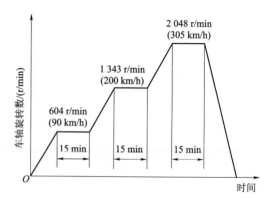

图 5-20　CRH₂C1 齿轮装置跑合试验模式
注：跑合模式为正、反转通用。

② 集电环、截油环拆卸时允许使用感应加热装置，集电环加热温度小于 150 ℃，截油环加热温度小于 120 ℃。集电环、截油环退卸后，使用细砂纸清除表面毛刺、锈痕并清洗干净。

③ 大齿轮判定异常报废（或因车轴报废）时，须拆卸大齿轮和箱体。更换大齿轮轴承时可将大齿轮一同退卸。

④ 大齿轮等零部件的检修及组装要求如下：

（a）大齿轮齿面目视检查状态良好，使用细砂纸去除各零部件安装孔、装配面及车轴表面尖角毛刺、表面密封剂及锈迹等。

（b）大齿轮、截油环、集电环内孔及车轴配合部位、轴承盖内孔纵向划伤深度小于 0.15 mm 时打磨去除高点；划伤深度大于或等于 0.15 mm 但小于 0.3 mm 时打磨去除高点，且修复后深度小于 0.3 mm；损伤面积之和须小于该部位面积的 5%；表面粗糙度最大 $Ra3.2$，目标值 $Ra1.6$。

（c）车轴上截油环（甲）、截油环（乙）安装部位过渡处周向划伤深度小于 0.3 mm 时须打磨去除，单条划伤修复后凹陷部位宽度小于 3 mm，深度小于 0.3 mm，存在两条划伤时，修复后凹陷部位宽度小于 6 mm。

（d）修复时禁止使用气动、电动工具，允许手工打磨修复，或在车轴转速不大于 200 r/min条件下手工打磨修复。修复时先用 120# 以上砂纸粗修，再用 240# 以上砂纸精修，最后用工业百洁布打磨。打磨后缺陷部位须与相邻部位的金属表面圆滑过渡，表面粗糙度和未处理表面相似。打磨后允许存在由于色素渗入引起的金属变色。

（e）大齿轮退卸造成的车轴外露金属表面须磁粉探伤检查。

⑤ 大齿轮及相关组件的组装。

（a）车轴与大齿轮内孔测量时取 3 面 6 点的平均值，测量时避开损伤位置，具体测量方式可参考图 5-21。

（b）大齿轮及其周边零部件组装过盈量如表 5-28 所示。

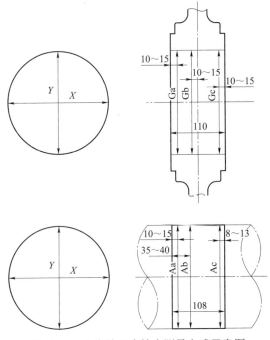

图 5-21　大齿轮及齿轮座测量方式示意图

表 5-28　大齿轮及其周边零部件组装过盈量
单位：mm

| 序号 | 检测项目 | 尺寸要求 | 备　注 |
|---|---|---|---|
| 1 | 集电环与车轴配合过盈量 | 0.101～0.176 | |
| 2 | 截油环（甲）与车轴配合过盈量 | 0.045～0.120 | |
| 3 | 截油环（乙）与车轴配合过盈量 | 0.061～0.120 | |
| 4 | 大齿轮用轴承内圈与轴承座配合过盈量 | 0.098～0.149 | |
| 5 | 大齿轮用轴承外圈与轴承座配合过盈量 | 0.005～0.041 | 目标值 0.010 |
| 6 | 大齿轮与车轴配合过盈量 | 0.223～0.300 | |

（c）大齿轮压装时，配合部位须涂抹润滑剂，大齿轮压装的定位尺寸为 $328.5^{+0.5}_{-0.5}$ mm，如图 5-22 所示，压入力须大于 483 kN，压装曲线平滑过渡，无异常波动（压装曲线仅供参考）。压装后大齿轮轮辋部位（W 侧）端面跳动小于 0.20 mm，目标值为 0.10 mm。

（d）轴承内圈组装时，过盈量满足要求后将轴承内圈加热至 120 ℃以下热装，热装后加压 200 kN，使用厚度为 0.03 mm 的塞尺确认轴承内圈与大齿轮轮毂全周无间隙。

（e）GW 侧截油环组装时，过盈量满足要求后将 GW 侧截油环（甲）、截油环（乙）加热至 120 ℃以下热装。以同样方式安装 GM 侧截油环。

（f）集电环过盈量满足要求后将集电环加热至 150 ℃以下热装，热装后两侧加压 200 kN，最后使用厚度为 0.03 mm 的塞尺确认两侧轴承内圈、截油环（甲）、截油环（乙）、集电环之间全周无间隙。

（g）GM 侧轴承外圈组装时，过盈量满足要求后在轴承盖安装部位涂抹润滑剂，将轴承外圈压入轴承盖，压入力 20 kN，最后使用厚度为 0.03 mm 的塞尺确认轴承外圈与轴承盖结合面全周无间隙。GW 侧轴承外圈组装同 GM 侧。

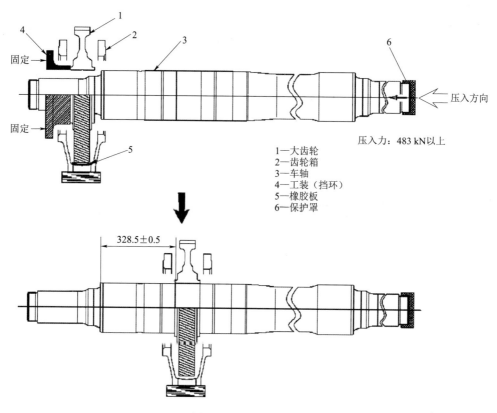

图 5-22　压装示意图

2）联轴节

① 联轴节须分解检修，分解后将联轴节外筒、小齿轮、挡油环、中心板、特殊螺母、键各件进行清洗，去除各零部件表面的锈迹等杂物，其他各零件更新。

② 小齿轮及外筒应进行磁粉探伤检查，有裂纹时更换。磁粉探伤后剩磁量不大于 0.3 mT；探伤后清洗表面的磁悬液等附着物。小齿轮锥面局部的磕碰、划伤或黏着深度不大于 0.5 mm，对损伤部位打磨去除高点后，检查其与齿轮箱小轴或电机轴的接触率须大于 80%。

③ 小齿轮啮合部存在的飞边、毛刺、卷边等缺陷允许打磨消除，齿面无剥离；中心板局部弯曲变形调修平整后使用。

④ 半联轴节的外筒和小齿轮的编号须一致，联轴节各零部件检修合格后重新组装。联轴节的组装要求按相关组装技术要求执行。

### 7. 牵引装置

（1）牵引拉杆。

① 外观检查橡胶节点表面状态，节点的橡胶有如下情况之一时更换：

（a）橡胶表面开裂长度大于 15 mm 或深度大于 5 mm。

（b）在金属件端末部的剥离长度大于 15 mm。

（c）存在明显老化时。

② 对牵引拉杆体端头和拉杆体连接焊缝进行磁粉探伤检查，磁粉探伤方法执行 ISO17638，验收等级执行 ISO23278 2 X 等级。

③ 检测橡胶节点在径向（X—X）方向 2.5～20.6 kN 间的挠度：$\delta$（20.6 kN）$-\delta$（2.5 kN）= 0.92～1.72 mm。

（2）中心销组成。

① 中心销不分解，外观检查中心销各连接可视焊缝无裂纹，减振器托架安装座、拉杆座外观检查无变形，各螺纹孔无缺扣、乱丝等。

② 中心销划伤、磕碰、裂纹、腐蚀、磨损等缺陷的检修限度按相关项执行。

③ 外观检查表面油漆状况，油漆脱落时找补油漆。

### 8. 基础制动装置

1）制动盘（含轮盘、轴盘）

① 制动盘外观检查状态良好，无贯穿裂纹，轮盘、轴盘裂纹沿半径方向长度大于 70 mm（5 mm 范围内相邻的裂纹将视为 1 条裂纹）时须更换。

② 轴制动盘各连接螺栓无松动，止转垫片无丢失、折损；旧车轮制动盘螺栓须超声波探伤检查，缺陷不大于 3 mm，超限时与车轮一同更换。

③ 制动盘磨耗限度见表 5–29，超限更换。

表 5–29 制动盘磨耗限度（单侧）

| 类　　别 | 设计尺寸 | 四级修程限度 | 最低磨耗限度 |
|---|---|---|---|
| 动车轮盘 | 21 mm | ≥19 mm | 18 mm |
| 拖车轮盘 | 15 mm | ≥11 mm | 9 mm |
| 拖车轴盘 | 16 mm | ≥13 mm | 11 mm |

注：实际检修时，动车轮盘、拖车轮盘、拖车轴盘以实际磨耗线得出的剩余磨耗量须分别大于 1 mm、2 mm、2 mm。

④ 制动盘表面局部凹陷深度不大于 1 mm，制动盘偏磨最高点和最低点之差不大于 1.5 mm，超限时允许加工修整盘面（CRH$_2$C1 型动车组除外），加工后表面粗糙度不低于 Ra6.3 μm，轴盘盘面相对于轴中心线端面跳动不大于 0.5 mm，轮盘盘面相对于轴中心线端面跳动不大于 0.6 mm。CRH$_2$A/B/E 轮盘的反翘须低于车轮的轮辋面，CRH$_2$C1 轮盘的反翘不大于车轮轮辋侧面 1 mm，超限者连同车轮一同更换。制动盘边缘磕碰损伤长度×宽度×深度（长度为圆周方向，宽度为半径方向，深度为厚度方向）不大于 20 mm×5 mm×5 mm 时，须对磕碰处打磨去除高点；边缘磕碰损伤不大于 30 mm×5 mm×5 mm 或 13 mm×7 mm×7 mm 时，须对磕碰处打磨去除高点，磁粉探伤检查无裂纹，磕碰造成的摩擦面局部高起，须打磨去除。磕碰损伤超限者须更换。

⑤ 拖车轴装制动盘为分体盘结构，正常检修时原则上不分解。须更换新盘片时，组合 2

个半圆形盘成圆盘状，作为 1 个制动盘，装用于同一轴盘的 2 个制动盘不平衡值相差小于 10 g·m，组装时 2 个制动盘的静平衡位置相互错开 180° 安装，螺栓的紧固扭矩为 580 N·m，组装后半圆形盘之间的间隙应小于 0.8 mm，紧固件更换新品。

⑥ 拖车轴装制动盘不良或车轴报废时，须退卸制动盘。

（a）制动盘退卸时采用注油退卸方式，盘座参照轮座检修限度检修。

（b）车轴制动盘盘座直径$198_0^{+0.5}$ mm，制动盘与车轴配合过盈量比值按表 5-16 执行，压装力按表 5-17 执行，制动盘压装后放置 2 h 以上后须按表 5-18 所示的检压力进行检压试验。

（c）检修用旧轴盘再次组装时，不许存在倒锥，且须保证过盈量（三面六点平均值）、压装力、检压力满足要求。

2）制动夹钳单元

① 制动卡钳分解检修，更换拆解的紧固件、挡圈、密封圈、隔热板、波纹管。闸调器分解检查，球面轴承状态检查。

② 卡钳本体、支持架和外侧闸片托进行磁粉探伤检查。卡钳本体和支持架磁粉探伤检查时，裂纹深度不大于 2 mm 时打磨消除；裂纹深度在 2～5 mm，且面积不大于 4 cm$^2$ 时，焊补后磁粉探伤检查无裂纹。外侧闸片托有裂纹须更换。

③ 检测卡钳本体上油缸安装孔和衬套安装孔尺寸：动车油缸安装孔检测尺寸要求不大于 $\phi$45.15 mm；拖车油缸安装孔检测尺寸要求不大于 $\phi$32.15 mm；衬套安装孔尺寸要求不大于 $\phi$50.2 mm。

④ 内侧闸片托和固定销检查尺寸如图 5-23 所示。

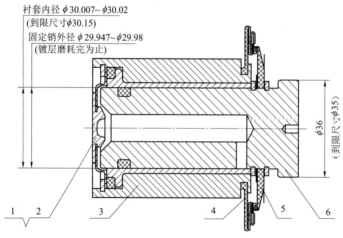

图 5-23　内侧闸片托和固定销检查尺寸

1—端盖；2—橡胶盖；3—闸片托；4—波纹管；5—隔热板；6—固定销

⑤ 检测与闸片接触的外侧闸片托处尺寸不小于 19.7 mm（新品时尺寸为 20 mm），且外侧闸片托与闸片接触部位磨损不大于 0.2 mm。

⑥ 检测与闸片配合处的闸片安装架尺寸不大于 8 mm（新品时尺寸为（7.6±0.2）mm），且闸片安装架与闸片接触部位磨损不大于 0.2 mm。

⑦ 支持销内侧衬套内径检测尺寸要求不大于 $\phi$40.2 mm，外径检测尺寸要求不小于 $\phi$49.8 mm。

⑧ 防振橡胶金属骨架内径检测尺寸要求不大于 $\phi$40.2 mm。

⑨ 油缸弹簧外观检查，有损伤者更换。

⑩ 闸片材料出现剥落掉块导致接触面小于 80% 时须更换，制动闸片厚度不小于 7 mm，超限时更换。

⑪ 试验。

（a）气密试验：在气压 0.3 MPa 保压 2 min，压力损失不大于 0.02 MPa。

（b）初期低压漏油试验：油压在 0.2 MPa 保压 1 min 后，泄漏量为 −0.05～0.05 cm³。

（c）低压动作试验：油压在 1.96 MPa 动作 10 次，制动卡钳动作灵活，表面无油泄漏。

（d）初期高压漏油试验：油压在 11.8 MPa 保压 1 min，CHA 型泄漏量为 −0.050～0.25 cm³，CHB 型、CHC 型泄漏量为 −0.050～0.200 cm³。

（e）高压动作试验：油压在 7.8 MPa 时动作 30 次，制动卡钳动作灵活，表面无油泄漏。

（f）低压漏油试验：油压在 0.2 MPa 保压 1 min 后，泄漏量为 −0.05～0.01 cm³。

（g）高压漏油试验：油压在 11.8 MPa 保压 1 min，CHA 型泄漏量为 −0.05～0.25 cm³，CHB 型、CHC 型泄漏量为 −0.050～0.200 cm³。

（h）试验完毕，测量闸片与制动盘之间的间隙为 5～8 mm。

3）增压缸

增压缸分解、清洁，整体分解为 PC1S 压力控制阀、油压气缸体、空气缸体等零部件。油压气缸体和空气缸体分解检修。PC1S 压力控制阀分解检修，每运行 360 万公里检修时整体更换。增压缸组装完成后进行整体综合性能试验；检修合格后喷涂油漆，做好检修标识。

（1）油压缸体、空气缸体、供给阀。

① 清除增压缸制动油，清理油缸。

② 确认滑动部位无异常磨损以及严重的缺损。超出标准范围的更换新品，具体检查要求见表 5–30。

表 5–30　滑动部位间隙检查要求

| 序号 | 部　位 | 部件尺寸范围/mm | 间隙标准/mm |
|---|---|---|---|
| 1 | 密封件压环与活塞杆间隙 | 密封件压环：$\phi$42.250 以下；活塞杆：$\phi$41.850 以上 | 0.225~0.284 |
| 2 | 密封件压环圈与活塞杆间隙 | 密封件压环圈：$\phi$42.050 以下；活塞杆：$\phi$41.850 以上 | 0.055～0.114 |
| 3 | 衬套与供给阀间隙 | 衬套：$\phi$8.050 以下；供给阀：$\phi$7.950 以上 | 0.025～0.069 |

③ 活塞杆表面镀铬层有损伤时须更换。

④ 更换密封垫、O 形圈、挡圈、开口销、弹簧垫圈、检油窗、防护罩、密封件、滤尘器芯片、过滤器。每运行 360 万公里检修时更换多孔板。

⑤ 弹簧不符合要求时更换，弹簧检测承重限度见表 5–31（按规定高度测量承重）。每运行 360 万公里检修时更换止回阀弹簧。

表 5–31　弹簧检测承重限度表

| 序号 | 部　位 | 承重测试 | |
|---|---|---|---|
| | | 高度/mm | 承重/N |
| 1 | 空气缸弹簧 | 197 | 490±49 |
| 2 | 止回阀弹簧 | 19.2 | 48±4.9 |
| 3 | 供给阀弹簧 | 11.5 | 0.49±0.05 |

⑥ 增压缸罩表面弯曲变形或局部凹陷深度大于 10 mm 时调修，外观检查焊缝开裂或破损时焊修。

（2）PC1S 压力控制阀。

PC1S 压力控制阀分解为阀体、绝缘接头、膜片、O 形密封圈、环形密封垫等部件，各部件进行清洁。更换膜片和 O 形圈等必换部件，重新组装后进行例行试验。每运行 360 万公里检修时整体更换 PC1S 压力控制阀。

① PC1S 压力控制阀动作试验使滑行控制阀动作，BC 压力能够上升或下降。

② PC1S 压力控制阀滑行检测。

（a）滑行检测缓解/充气。

将 BC 压力计置于 685 kPa，操作开关，使 BC 压力上升或下降。确认 BC 压力上升或下降。

（b）滑行检测阶段缓解。

确认 BC 压力为 685 kPa，迅速操作开关，使 BC 压力降为 0 kPa。确认 BC 压力阶段性下降。

（c）滑行检测阶段充气。

确认 BC 压力为 0 kPa，迅速操作开关，使 BC 压力升为 685 kPa。确认 BC 压力阶段性上升。

（d）滑行检测缓解/充气。

调整电源电压为 14 V，将 BC 压力计置于 685 kPa，操作开关，使 BC 压力下降或上升。确认 BC 压力下降或上升。

（e）滑行检测阶段缓解。

调整电源电压为 14 V，确认 BC 压力为 685 kPa，迅速操作开关，使 BC 压力降为 0 kPa。确认 BC 压力阶段性下降。

（f）滑行检测阶段充气。

调整电源电压为 14 V，确认 BC 压力为 0 kPa，迅速操作开关，使 BC 压力上升为 685 kPa。确认 BC 压力阶段性上升。

③ PC1S 压力控制阀泄漏试验。

（a）保持阀高压泄漏。

保持阀压力在 685 kPa，将 MR 的压力置于 685 kPa，15 s 内压力下降不大于 5 kPa（仅本体容积）。

（b）排气阀高压泄漏。

排气阀压力在 685 kPa，将 BC 的压力置于 685 kPa，15 s 内压力下降不大于 5 kPa（仅本体容积）。

（c）保持阀低压动作泄漏。

保持阀压力在 50 kPa，将 MR 的压力置于 50 kPa，15 s 内压力下降不大于 5 kPa（仅本体容积）。

（d）排气阀低压动作泄漏。

排气阀压力在 50 kPa，将 BC 的压力置于 50 kPa，15 s 内压力下降不大于 5 kPa（仅本体容积）。

④ PC1S 压力控制阀滑行检测作用试验。

（a）滑行检测缓解。

BC 压力从 685 kPa 到 255 kPa，时间小于 2.5 s。

（b）滑行检测充气。

BC 压力从 0 kPa 到 430 kPa，时间小于 2.5 s。

（c）缓解重叠。

确认 BC 压力为 685 kPa，BC 压力下降至 195 kPa 时，处于重叠状态，测量 BC 压力 5 s 的压力变化量不大于 20 kPa。

（d）制动重叠。

确认 BC 压力为 0 kPa，BC 压力上升至 390 kPa 时，处于重叠状态，测量 BC 压力 5 s 的压力变化量不大于 20 kPa。

⑤ PC1S 压力控制阀容量试验。

BC 压力（容积 13 L）从 685 kPa 到 255 kPa，时间小于 4.5 s。

⑥ PC1S 压力控制阀绝缘耐压试验。

（a）用 500 V 兆欧表测量导电部和气路板间的绝缘电阻值大于 30 MΩ。

（b）对导电部和气路板间施加 50 Hz、1 125 V 电压，持续 1 min，无击穿、闪络现象。

（3）增压缸试验。

增压缸组装完成后进行表 5–32 所示的试验项目。

表 5–32　增压缸试验项目表

| 试验项目 | 试验要求 |
| --- | --- |
| 泄漏试验 | 压力设为 690 kPa，行程表示杆位于（40±3）mm 处<br>5 min 内，压力下降不大于 20 kPa（容积为 5 L）；<br>5 min 后，行程表示杆的移动量小于 1 mm<br>油压标准：（12.17±0.49）MPa |
| 高压泄漏试验 | 油压达到 14.71 MPa 时，确认各部分无漏油 |
| 增压试验 | 压力设为 100 kPa 时，油压标准：（1.37±0.29）MPa；<br>压力设为 290 kPa 时，油压标准：（5±0.29）MPa；<br>压力设为 690 kPa 时，油压标准：（12.26±0.49）MPa |
| 残压试验 | 压力为 0 时，油压标准：50～100 kPa |
| PC1 S 防滑阀动作试验 | 压力设为 690 kPa，动作 3 次，油压须重复下降和上升；<br>OFF 时：10 000～14 000 kPa；ON 时：0～150 kPa；<br>泄漏测试：置保持阀开关 SW3 状态为 ON，给 PC1S 防滑阀供 690 kPa 的压力空气，压力 10 s 内下降不大于 10 kPa（仅本体容积） |

**9. 安全及监测装置**

（1）速度传感器。

① 速度传感器表面清理后进行外观检查。

（a）传感器磁极处损伤或前端被刮擦时，更换速度传感器。

（b）连接器插头螺纹有损伤、插针歪斜时，更换连接器。

（c）外部螺栓防松铁丝状态良好，螺栓无松动。

② 速度传感器电缆线的检修。

（a）电缆表面橡胶允许存在非贯通性划痕、划伤，破损、开裂、老化时更新；更新电缆时须进行防水处理。

（b）速度传感器电缆转动时须紧固。速度传感器本体侧发生电缆转动时的紧固扭力值为 30～40 N·m（AG37 型）/25～35 N·m（AG43 型），最大扭力值为 50 N·m（AG37 型）/ 45 N·m（AG43 型）；速度传感器连接器侧发生电缆转动时的紧固扭力值为 3～7 N·m （AG43 型、AG37 型通用），最大扭力值为 7 N·m（AG43 型、AG37 型通用）。

③ 绝缘电阻试验：用 500 V 兆欧表进行测定，AG37 型和 AG43 型速度传感器电阻值均不小于 10 MΩ。

④ 测定线圈电阻值，符合下列要求：

AG37 型　　　61Ω±10%；

AG43 型　　　e1：60Ω±10%；

　　　　　　　e2：33Ω±10%；

　　　　　　　e3：27Ω±10%。

⑤ 外部涂漆（插入部及电缆除外）。

⑥ 运行 360 万公里时，更换速度传感器。

⑦ 各速度传感器用电线支架的打磨焊缝磁粉探伤检查不许有裂纹，其他可视焊缝目视检查不许有裂纹。

⑧ 测速齿轮表面状态良好，齿轮有轻微磕碰、变形时须打磨去除高点。

⑨ 拖车转向架轮对轴箱装有不同的速度传感器，具体装用位置见表 5-33、表 5-34，速度传感器安装时应测量并调整速度传感器和测速齿轮之间的间隙，满足 AG37 型间隙值 （1.0±0.3）mm、AG43 型间隙值（0.8±0.3）mm，以及 ATP 系统用间隙值（1.0±0.2）mm。

表 5-33　CRH₂A/B/E 型动车组转向架轴端速度传感器安装一览表

|  | 1 位 | 2 位 | 3 位 | 4 位 | 5 位 | 6 位 | 7 位 | 8 位 |
|---|---|---|---|---|---|---|---|---|
| T1 | LKJ2000 | AG37 型 | | AG43 型 | | AG43 型 | LKJ2000 | AG37 型 |
| 中间 T 车 | | AG37 型 | | AG37 型 | | AG37 型 | | AG37 型 |
| T4（T8） | LKJ2000 | AG37 型 | | AG43 型 | | AG43 型 | LKJ2000 | AG37 型 |

表 5-34　CRH₂C1 型动车组转向架轴端速度传感器安装一览表

|  | 1 位 | 2 位 | 3 位 | 4 位 | 5 位 | 6 位 | 7 位 | 8 位 |
|---|---|---|---|---|---|---|---|---|
| T1 | | AG37 型 | | AG43 型+ATP 用 | | AG43 型+ATP 用 | | AG37 型 |
| T2 | | AG37 型 | | AG43 型+ATP 用 | | AG43 型+ATP 用 | | AG37 型 |

（2）轴温检测器。

① 轴温检测器安装牢固，感温面接触良好。

② 轴温检测器螺旋软管出现局部破损、断裂等缺陷时更新。

③ 测试两输出端子之间电阻不大于 0.1 Ω。

④ 绝缘性能试验：用 500 V 兆欧表测量输出端子与外壳间绝缘电阻不小于 10 MΩ。

⑤ 运行 360 万公里时，更换轴温检测器。（TOS-S300P 型在运行 480 万公里时更换）

（3）加速度传感器。

半主动控制装置加速度传感器及电缆外观检查状态良好，安装螺栓无松动。

**10. 附属装置**

（1）踏面清扫装置。

① 踏面清扫装置外观状态检查，研磨子安装卡簧状态良好，橡胶波纹管破损时更换。试验时动作良好无卡滞。

② 检测研磨子内外侧厚度尺寸，转向架外侧的剩余厚度（包括钢背）不小于 13 mm，转向架内侧的剩余厚度（包括钢背）不小于 7 mm，超限时更换。过滤器堵塞影响正常使用时更换。

（2）接地装置。

① 动车轮对组成上的齿轮箱接地装置须分解检修，分解后各部件使用中性清洗剂清洗干净，清洗时避免损伤碳刷、导线、绝缘保护座和绝缘板。

② 清扫壳体，更换观察窗、密封垫及紧固件，M3 螺钉扭矩为 0.4 N·m。

③ 接地装置的各部件目视检查，不许有裂纹存在，有轻微损伤、卷边、毛刺等缺陷时允许研磨修整。

④ 碳刷长度位于视窗两刻度线之间，不许有断裂，芯线断裂不超过 10%，超限时须更换碳刷，M6 螺栓安装扭矩为 3.5 N·m。

⑤ 检查弹簧的压力，弹簧力不小于 13.7 N，损伤及弹力减弱的弹簧须更换，M5 螺栓安装扭矩 3 N·m。

⑥ 接地线座板折弯处及 R5 倒角处磁粉探伤检查无裂纹。接地线座板左、右及压板重新镀锌处理，接地线座板存在变形时须更换，组装接地线后确认接地线座板竖直无倾斜。

⑦ 接地装置重新组装时更换密封垫及紧固件，M10 螺栓安装扭矩均为 17 N·m。

（3）轴端接地装置（AB–414E）。

① 接地装置须分解检修，清理各部件上的灰尘。

② 接地装置碳刷整体高度小于 41 mm 或部件损坏时更换。

③ 检查接触环接触面的外径尺寸小于 172 mm 时更换接触环。

④ 接地装置碳刷鞭套管损坏时更换碳刷。

⑤ 更新端盖密封件、绝缘垫片、绝缘件及紧固件。

（4）转向架排障装置。

① 分解排障装置为安装臂、排障板托架、盖、排障板压板、排障板（橡胶）等各零部件，目视检查盖、排障板托架、安装臂外表面焊缝不许有裂纹。

② 排障板托架、安装臂表面划伤、磕碰、裂纹、腐蚀、磨损等缺陷的检修限度按相关项执行。

③ 目视检查排障板托架内腔，清理锈蚀、污物并找补油漆。

④ 清洗分解各零部件，排障装置安装臂、排障板托架打磨焊缝的外侧焊缝（见图 5–24、图 5–25）及锯齿部位磁粉探伤。焊缝磁粉探伤方法执行 ISO17638，验收方法等级执行 ISO23278 2X 级；锯齿部位磁粉探伤不许有裂纹。其他可视焊缝目视检查，有裂纹时允许焊修，焊修后磁粉探伤检查。

⑤ 排障装置表面涂装找补。

⑥ 排障板、排障板压板更新。

⑦ 更新紧固件。

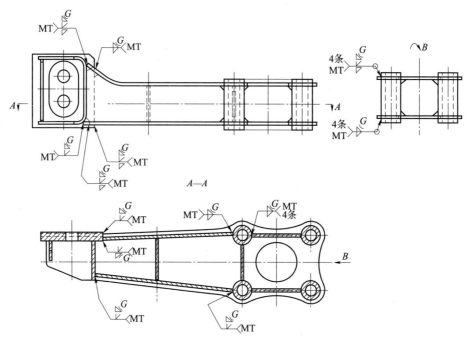

图 5-24　安装臂探伤示意图

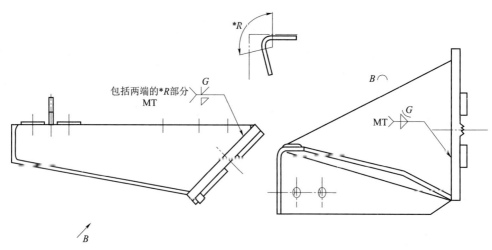

图 5-25　排障板托架探伤示意图

⑧ 组装安装臂与排障板托架时，M24 螺栓先按 50 N·m 扭矩紧固，用 0.05 mm 塞尺对排障板托架和安装臂配合面周边进行测量，插入深度大于 10 mm 时更换排障装置。按 400 N·m 扭矩继续紧固，若特殊螺母与螺栓开口销孔未对准，继续紧固至两孔第一次对准，最大扭矩值不大于 450 N·m。目视检查排障板托架齿顶与安装臂齿底接触时更换排障板托架或安装臂。

⑨ 安装后，排障板托架的安装面和定位块与安装臂须密贴。

⑩ 组装后找补面漆。

（5）管路安装装置。

① 各部件安装螺栓无松动，防松标记无错位缺失，状态良好时只涂打防松标记。安装螺

栓状态不良时，须重新紧固并涂打防松标记。防松铁丝断裂或止动垫片破损时更新。

② 各管路安装管夹无松动、脱落，组装的各管路无抗磨，电线管路破损穿透者须更换；油压、气压管路及管接头无泄漏，不符合要求的管路进行调修或更换，空气管路和油压管路无破损。

③ 制动软管外观检查螺纹接套、接头、快速接头无伤痕、变形及腐蚀等异常。金属防护网、保护卷线有损伤、腐蚀等缺陷更换。橡胶软管有异常或凸起者更换。

④ 空气管路活接头拆解时更换其内部橡胶垫，差压阀及踏面清扫装置管路（铜管）接头内橡胶垫更换。

（6）转向架配线。

① 温度检测器螺旋软管出现局部破损、断裂等缺陷时，允许用绝缘防水材料处理，3 处以上破损断裂时更换。配线用各外露密封防水剂脱落、缺损时修复。各配线用结扎带绑扎良好。

② 线管和电缆安装状态良好，线缆外橡胶软管破损时须更换。

③ 清理端子箱及 T 接头内部，更换端子箱盖板的密封圈及 T 接头上盖板的橡胶板，端子箱与盖板结合面绝缘底漆脱落处须找补。线管接头处密封状态良好，热缩管无破损。配线口密封腻子破损须更换。轴箱、齿轮箱温度检测器握手端子处防水密封良好，绝缘防护良好。7 芯连接器状态良好，插针无烧损、变色。

④ 当转向架配线与转向架活动部位距离过小时，配线使用橡胶板进行保护。

⑤ 连接器插头热缩管有松动的，用绝缘胶带及防水密封胶进行处理。

⑥ 用 500 V 绝缘电阻计测量 7 芯连接器各针，绝缘值不小于 0.1 MΩ。

⑦ 各速度传感器用电线支架的打磨焊缝磁粉探伤检查不许有裂纹，其他可视焊缝目视检查不许有裂纹。

**11. 转向架落成**

（1）组装轴箱弹簧组成。

① 弹簧的选配压装。轴箱弹簧按试验载荷下的高度选配，同一轮对两组轴箱弹簧高度差不大于 1 mm，同一转向架四组弹簧高度差不大于 2 mm。

② 弹簧的组装。放置弹簧调整垫时，厚垫片放置在下面；弹簧调整垫的 U 形开口朝向转向架横向中心。弹簧安装放置方向按图 5–26 所示进行确认。

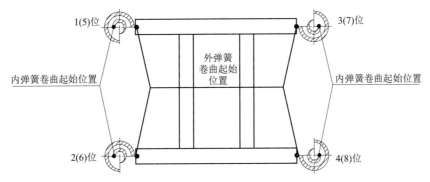

图 5–26　轴箱弹簧安装方向示意图

（2）组装连接件。

① 将螺栓 M16×100 涂抹扭矩系数稳定剂，将定位节点与定位臂连接（连接结构见图 5-27）。此时不紧固，待调整尺寸后紧固。

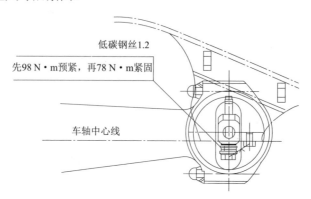

图 5-27　定位臂与轴箱体节点连接结构图

② 扭矩系数稳定剂涂抹要求为：涂抹长度距离螺纹端 10～20 mm 范围，圆周方向涂抹一半，以下规定使用的扭矩系数稳定剂均按本要求执行。

③ 轮对提吊组装安装面须涂抹磷酸锌并紧固，如图 5-28 所示。

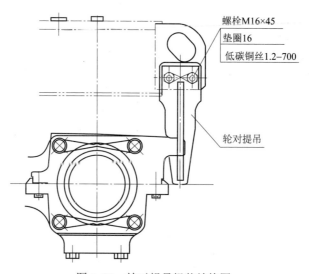

图 5-28　轮对提吊组装结构图

④ 预组垂向减振器：垂向减振器组装螺栓 M16×85 涂抹扭矩系数稳定剂，标示朝向外侧，并预紧固。

（3）转向架尺寸调整及测量。

① 测量构架基准与轮对内侧面尺寸 $203.5^{+1}_{-2}$ mm 并记录，同一轮对两侧之差不大于 1 mm。

② 在满足①尺寸的情况下，紧固定位臂节点螺栓 M16×100。紧固时注意顺序须内外轮流紧固，使锥形均匀嵌入。紧固扭矩要求为先用超程力 98 N·m 扭矩紧固，等锥形发挥作用（紧固 2 min 后）松开，最后用 78 N·m 再次紧固即可。

③ 测量四个车轮上的对角线之差不大于 1 mm。

（4）紧固垂向减振器。

对螺栓 M16×85 进行紧固，紧固扭矩按扭矩表执行，并用铁丝防松。

（5）组装牵引电机。

① 清理电机托架加工安装面，保持清洁干净。

② 螺栓 M27×70 组装时向螺纹部涂抹螺纹扭矩系数稳定剂。

③ 螺栓 M27×70 加垫圈进行紧固，紧固扭矩按扭矩表执行。底部 M27×70 螺栓待转向架落成及尺寸调整后紧固。

（6）组装齿轮箱吊杆。

① 吊杆预置调整垫片上下数量和规格分别为：2 个 0.75 mm 和 4 个 1.5 mm 垫片。

② 拧紧带槽螺母，使悬吊橡胶的高度均为（22±0.5）mm，如图 5-29 所示。为防止螺栓螺纹部烧结及金属磨损，槽型螺母安装前，齿轮箱吊杆端部螺纹涂润滑剂。

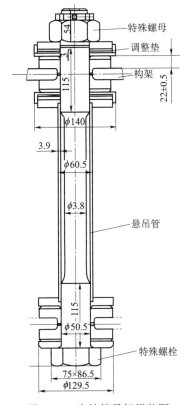

图 5-29　齿轮箱吊杆组装图

③ 穿入开口销。

④ 在构架安装座上安装齿轮箱防脱止挡螺栓，将涂抹润滑剂的螺栓 M30×110 按扭矩表要求紧固。

（7）联轴节组装。

① 穿入紧固件螺栓 M12×42，将螺母 M12 与弹性止垫圈六角面保持一致，紧固力矩 55～60 N·m。

② 按规定扭矩紧固后，螺母 M12 与弹性止垫圈各自用扳手卡住，将螺母 M12 沿安装方

向反向松开，调整螺母 M12 与弹性止垫圈的啮合面间隙为 2～3 mm，如图 5-30 所示，并做好紧固防松标记。

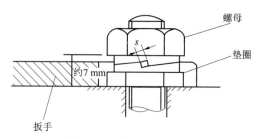

图 5-30　垫圈的紧固示意

（8）紧固牵引电机下部螺栓。

待动车转向架（M 车）落成尺寸测量合格后，将电机底部与构架紧固连接螺栓 M27×70 紧固，紧固力矩 500 N·m。将电机温度检测器线缆与转向架配线相应线缆连接，并用绝缘胶带及密封胶防护。

（9）组装排障装置。

按相关技术要求组装排障装置。

（10）检测设备安装。

对于综合检测动车组转向架安装的检测设备，除特别要求外，各检测设备在检修完成后均须原位原装。

（11）其他要求。

① 转向架组成的螺栓安装时须涂抹扭矩系数稳定剂，涂抹范围为距离螺纹端 10～20 mm 长度范围，沿螺纹圆周方向涂抹一半。

② 联轴节紧固螺栓 M12×42、螺母 M12、止动垫圈须更换新品，组装过程中拆装重复使用不许超过 3 次，螺母、止动垫圈变形、损伤时须更新。

**12. 转向架试验**

（1）转向架落成试验。

① 转向架落成后允许在不加载状态下进行踏面清扫装置动作试验、制动夹钳动作试验，在加载状态下进行尺寸检查、空气弹簧保压试验、差压阀压差试验。

② 更换空气管路及连接部件时，须做气密性泄漏试验；更换制动夹钳、增压缸及其油压管路时，转向架落成后须进行制动单元及油压管路排气、泄漏试验。

③ 转向架各部位紧固扭矩按相关紧固扭矩表执行。

（2）转向架加载试验。

① 转向架加载试验项目及要求见表 5-35。

表 5-35　转向架加载试验项目及要求

| 序号 | 试验名称 | 试验条件 | 试验要求 | 备　注 |
|---|---|---|---|---|
| 1 | 检测轴距尺寸 | 空车载荷（只需加载，无空气压力） | 尺寸满足（2 500±1.5）mm 且两侧距离之差不大于 1 mm | |
| 2 | 轴箱体与构架基准面的尺寸检测 | | CRH$_2$ A/B/E 的尺寸为 88$_0^{+3}$ mm；CRH$_2$ C1 的尺寸为 78$_0^{+3}$ mm，且同一转向架四处的高度差不大于 2 mm | 当达不到上述要求时，允许加垫调整，调整垫的总厚度不大于 21 mm，并要求厚垫在下薄垫在上 |

续表

| 序号 | 试验名称 | 试验条件 | 试验要求 | 备注 |
|---|---|---|---|---|
| 3 | 联轴节高度测量 | | 分别测量主电机加工测量基准面、齿轮箱加工测量基准面与水平轨道的高度 $A$ 和 $B$ 尺寸，满足 $A-B=(117.6\pm0.5)$ mm | 高度测量时转向架不能处于制动状态。不合格须通过齿轮箱吊杆进行调整 |
| 4 | 轴箱体节点紧固扭矩检查 | 空车载荷（只需加载，无空气压力） | 分别施加空车载荷和满车载荷，反复加载，进行 5 次，用 78 N·m 扭矩检查确认 | |
| 5 | 齿轮箱注油 | | 齿轮箱油面位置为油面镜中间刻线位置偏上（位于上面第 1、2 条刻线中间） | 仅 M 车 |
| 6 | 空气弹簧管路气密性试验 | 风压（500±20）kPa 保压 15 min | 压力下降不大于 20 kPa，用肥皂水检查各管路及空气弹簧座平面不许有泄漏 | |
| 7 | 差压阀压差试验 | 限定试验台的加载头高度，分别向一侧空气弹簧及附加空气室充入（500±20）kPa 压力空气，另一侧空簧不主动充气 | 检查并记录两侧压力表压力值，压差不大于（150±20）kPa | |

② CRH₂A/B/C1/E 型动车组载荷试验时载荷值各不相同，各车型试验载荷要求见表 5–36～表 5–39。

表 5–36　CRH₂A 型动车组转向架试验加载载荷表

| 车　型 | | T1 | M1 | M2 | T2 | T3 | M3 | M4 | T4 |
|---|---|---|---|---|---|---|---|---|---|
| 空车载荷 | 单侧空簧加载/kN | 79 | 80 | 75 | 65 | 70 | 81 | 75 | 75 |
| 满车载荷 | 单侧空簧加载/kN | 101 | 119 | 109 | 105 | 92 | 121 | 95 | 100 |

注：实际加载载荷的大小允许偏差±2 kN。

表 5–37　CRH₂B 型动车组转向架试验加载载荷表

| 车号 | 空车载荷/kN | | | | 满车载荷/kN | | | |
|---|---|---|---|---|---|---|---|---|
| | 1 位转向架 | | 2 位转向架 | | 1 位转向架 | | 2 位转向架 | |
| | 1 位侧 | 2 位侧 | 1 位侧 | 2 位侧 | 1 位侧 | 2 位侧 | 1 位侧 | 2 位侧 |
| 1（T1） | 73.93 | 74.17 | 78.03 | 78.29 | 81.99 | 82.13 | 93.31 | 93.46 |
| 2（M1） | 85.98 | 82.28 | 83.88 | 79.22 | 93.94 | 97.52 | 85.28 | 88.53 |
| 3（M2） | 76.36 | 76.97 | 78.79 | 78.24 | 82.66 | 82.79 | 91.62 | 91.77 |
| 4（T2） | 59.43 | 62.1 | 58.87 | 61.52 | 79.41 | 81.64 | 79.58 | 81.81 |
| 5（T3） | 64.06 | 63.55 | 68.33 | 67.78 | 82.51 | 83.32 | 89.2 | 90.07 |
| 6（M3） | 84.19 | 80.8 | 81.31 | 77.01 | 101.8 | 105.7 | 95.04 | 98.67 |

动车组转向架系统实践教程

续表

| 车号 | 空车载荷/kN | | | | 满车载荷/kN | | | |
|---|---|---|---|---|---|---|---|---|
| | 1 位转向架 | | 2 位转向架 | | 1 位转向架 | | 2 位转向架 | |
| | 1 位侧 | 2 位侧 | 1 位侧 | 2 位侧 | 1 位侧 | 2 位侧 | 1 位侧 | 2 位侧 |
| 7（M4） | 73.5 | 73.49 | 77.08 | 76.63 | 87.52 | 87.8 | 96.01 | 96.32 |
| 8（T4） | 76.98 | 73.8 | 70.62 | 67.7 | 84.01 | 78.59 | 87.2 | 81.57 |
| 9（T5） | 69.13 | 67.03 | 74.02 | 71.77 | 88.09 | 87.24 | 94.46 | 93.54 |
| 10（M5） | 83.25 | 80.36 | 81.7 | 77.7 | 99.02 | 102.3 | 96.1 | 99.27 |
| 11（M6） | 74.06 | 73.21 | 78.67 | 76.81 | 87.98 | 87.98 | 96.34 | 96.34 |
| 12（T6） | 60.3 | 65.41 | 60.19 | 65.29 | 80.25 | 84.95 | 80.88 | 85.62 |
| 13（T7） | 68.56 | 67.45 | 73.01 | 71.83 | 87.04 | 87.18 | 93.93 | 94.08 |
| 14（M7） | 84.72 | 80.55 | 81.63 | 77.09 | 98.84 | 102.3 | 95.51 | 98.83 |
| 15（M8） | 72.5 | 73.61 | 78.73 | 75.46 | 87.45 | 87.31 | 95.83 | 95.67 |
| 16（T8） | 72.54 | 72.78 | 76.56 | 76.81 | 90.03 | 91.65 | 84.27 | 85.79 |

注：实际加载载荷的大小允许偏差±2 kN。

**表 5-38 CRH₂E 型动车组转向架试验加载载荷表**

| 车号 | 空车载荷/kN | | | | 满车载荷/kN | | | |
|---|---|---|---|---|---|---|---|---|
| | 1 位转向架 | | 2 位转向架 | | 1 位转向架 | | 2 位转向架 | |
| | 1 位侧 | 2 位侧 | 1 位侧 | 2 位侧 | 1 位侧 | 2 位侧 | 1 位侧 | 2 位侧 |
| 1（T1） | 71.45 | 71.92 | 76.77 | 77.27 | 82.20 | 83.01 | 93.10 | 94.01 |
| 2（M1） | 86.92 | 89.07 | 86.88 | 89.03 | 99.27 | 94.70 | 102.41 | 97.69 |
| 3（M2） | 83.11 | 83.66 | 78.84 | 79.35 | 97.31 | 90.59 | 92.82 | 86.41 |
| 4（T2） | 77.67 | 80.63 | 76.69 | 79.61 | 91.84 | 87.61 | 90.75 | 86.57 |
| 5（T3） | 72.12 | 73.06 | 73.82 | 74.78 | 86.26 | 80.04 | 87.99 | 81.65 |
| 6（M3） | 86.75 | 88.89 | 86.27 | 88.40 | 99.07 | 94.50 | 101.80 | 97.11 |
| 7（M4） | 82.06 | 82.33 | 78.66 | 78.92 | 96.31 | 89.22 | 92.72 | 85.90 |
| 8（T4） | 80.76 | 78.05 | 72.76 | 70.31 | 91.83 | 86.75 | 89.67 | 84.71 |
| 9（T5） | 78.55 | 79.32 | 77.28 | 78.04 | 93.19 | 86.76 | 90.84 | 84.56 |
| 10（M5） | 86.87 | 88.87 | 86.83 | 88.83 | 99.12 | 94.56 | 102.30 | 97.59 |
| 11（M6） | 82.79 | 83.07 | 79.14 | 79.66 | 97.00 | 90.01 | 93.41 | 86.68 |
| 12（T6） | 73.21 | 74.90 | 71.79 | 73.44 | 87.44 | 81.80 | 85.91 | 80.37 |
| 13（T7） | 76.37 | 78.64 | 75.62 | 77.87 | 90.50 | 85.63 | 89.68 | 84.85 |
| 14（M7） | 86.74 | 88.88 | 86.27 | 88.40 | 99.15 | 94.58 | 101.14 | 96.48 |
| 15（M8） | 82.04 | 82.31 | 78.64 | 78.90 | 96.28 | 89.20 | 92.70 | 85.87 |
| 16（T8） | 81.01 | 81.40 | 72.88 | 73.24 | 96.59 | 97.22 | 84.54 | 85.09 |

注：实际加载载荷的大小允许偏差±2 kN。

表 5–39 CRH₂C1 型动车组转向架试验加载载荷表

| 车 型 | | T1 | M1 | M2 | M3 | M4 | M5 | M6 | T2 |
|---|---|---|---|---|---|---|---|---|---|
| 空车载荷 | 单侧空簧加载/kN | 81 | 77 | 77 | 77 | 77 | 77 | 77 | 81 |
| 满车载荷 | 单侧空簧加载/kN | 108 | 116 | 116 | 116 | 116 | 116 | 116 | 108 |

注：实际加载载荷的大小允许偏差±2 kN。

（3）转向架制动系统试验。

转向架制动系统主要试验项目及要求见表 5–40。

表 5–40 转向架制动系统主要试验项目及要求

| 序号 | 试验名称 | 试验条件 | 试验要求 | 备注 |
|---|---|---|---|---|
| 1 | 踏面清扫管路气密性试验 | 风压 500 kPa 且保压 20 min | 压力表泄露量不大于 20 kPa，涂抹肥皂水无泄漏 | |
| 2 | 踏面清扫动作试验 | 踏面清扫装置供风管路内风压 500 kPa，制动、缓解动作不低于 5 次 | 动作灵活，无异声、偏抗及卡阻 | |
| | | 缓解状态下 | 踏面与研磨子间隙为 15～23 mm | |
| 3 | 制动油压管路排气试验 | 风压 500 kPa | 排油管路内无气泡 | |
| 4 | 制动夹钳动作试验 | 制动夹钳及其供风管路内风压 500 kPa；施行制动加压，检查制动夹钳闸片贴靠制动盘，撤除压力缓解后，闸片须离开制动盘，反复进行 5 次 | 动作灵活，无卡滞、动作迟缓或其他异常 | |
| | | 缓解状态 | 两侧闸片间隙之和为 3～8.6 mm | 允许单侧虚抱 |
| 5 | 增压缸制动管路泄漏试验 | 风压 700 kPa 且保压 20 min | 前 5 min 泄露量不大于 20 kPa，后 15 min 无泄漏 | |

注：实际作业时初始压力值的偏差允许在（0，+20）kPa 范围内调整（即 $P_0^{+20}$ kPa），其中 $P$ 为初始压力的理论值。

# 5.5 五级检修

## 5.5.1 总则

① 动车组五级检修是指从新造或上次五级检修起，每运行 240±10 万公里（距上次三级检修应不超过 $60_0^{+2}$ 万公里及不超过 1.5 年）进行的一次检修。动车组五级检修包括：车辆解编、架车、转向架分解检修、车辆设备（车顶、车下、车端、车内）分解与检修、车体抛光、车辆设备组装、落车、保压试验、油漆及标记、单元组编组及试验、整列编组、静调试验、动调试验、试运行等。

动车组转向架系统实践教程

② 动车组送修前须保证处于运用状态。相关限度符合运用要求，车内保持清洁，配件齐全，不得拆换原车配件，严禁破坏动车组的完整性。

③ 动车组送修前污物箱、清水箱排空，给排水系统水须排净。

④ 动车组入修及修竣时，送修单位与承修单位双方对动车组的技术状态进行鉴定、确认，并办理交接手续。

⑤ 动车组五级检修时，配属或承修单位不得随意改变动车组的原设计结构。用户规定加装改造的项目纳入检修及验收范围。

⑥ 动车组入修及修竣时，送修单位与承修单位须分别保证入修时及修竣时动车组履历的完整性和正确性，并办理交接手续。

⑦ ATP/LKJ/CIR 等车载行车安全设备执行相关专业检修规程，由专业管理部门结合五级检修同步施修。

⑧ 对动车组检修须严格执行质量检查、验收制度，由承修单位质量检查人员检查合格并向验收人员办理交验。遇有规程规定不明确或与动车组现车实际有差异时，在不降低动车组安全性、可靠性的前提下，由承修单位和验收室共同研究解决；动车组现车实际有较大差异时，由承修单位和验收室共同研究提出解决方案，达成一致后执行，并报用户核备；对不能协商一致的事项，由承修单位负责报用户，按批复意见处理。

⑨ 动车组高级修须坚持质量第一的原则，贯彻以装备保工艺、以工艺保质量、以质量保安全的方针，实现工艺科学、装备先进、质量可靠、管理规范的目标。承修单位须认真按本规程制定工艺文件，建立质量检查制度，完善质量保证体系，全面落实质量责任制。承修单位应持续开展检修技术研究，积极开展技术创新和国产化工作，贯彻零部件的标准化、通用化要求，提高检修质量，确保动车运用安全。

⑩ 经过五级检修的动车组，在正常运用、养护和维修的情况下，各检修项目应保证列车在该项目下一修期到达前的运行安全。

⑪ 高级检修涉及的润滑油、润滑脂、密封剂、黏结剂、防锈蚀用品等化工类现车用料或工艺用料的规格、型号须满足新造技术标准要求。如无新造技术标准，须满足动车组相关技术特性要求。

## 5.5.2 检修范围

表 5–41 中列出了 CRH$_2$A/B/C1/E 型动车组转向架五级检修范围。

表 5–41 CRH$_2$A/B/C1/E 型动车组转向架五级检修范围

| 序号 | 检修项目 | 检修要求 | | | |
|---|---|---|---|---|---|
| | 检修配件名称 | 状态检修 | 分解检修 | 试验 | |
| | | | | 部件试验 | 整车试验 |
| 1 | 转向架组成 | | ◎△ | ◎ | ◎ |
| 2 | 构架组成 | | ◎ | | |
| 3 | 空气弹簧 | | ◎△ | ◎ | ◎ |

续表

| 序号 | 检修项目 | | 检修要求 | | | |
|---|---|---|---|---|---|---|
| | 检修配件名称 | 状态检修 | 分解检修 | 试验 | | |
| | | | | 部件试验 | 整车试验 | |
| 4 | 油压减振器 | | ◎△ | ◎ | | |
| 5 | AG37 型、AG43 型速度传感器 | ◎△ | | ◎ | | |
| 6 | 轴箱装置 | | ◎△ | | | |
| 7 | 牵引电机 | | ◎△ | ◎ | ◎ | |
| 8 | 轮对组成 | | ◎△ | ◎ | | |
| 9 | 轴箱轴承 | | ◎☆ | | | |
| 10 | WN 联轴节 | | ◎△ | | | |
| 11 | 轴制动盘 | ◎ | | | | |
| 12 | 轮盘 | ◎ | | ◎ | | |
| 13 | 齿轮传动装置 | | ◎△ | ◎ | | |
| 14 | 齿轮箱吊杆组成 | | ◎△ | | | |
| 15 | 接地装置 | | ◎△ | | | |
| 16 | 差压阀 | | ◎△ | ◎ | | |
| 17 | 牵引拉杆组成 | | ◎△ | | | |
| 18 | 高度调整阀 | | ◎△ | ◎ | | |
| 19 | 轴箱弹簧组成 | | ◎△ | | | |
| 20 | 制动卡钳 | | ◎△ | ◎ | ◎ | |
| 21 | 踏面清扫装置 | | ◎△ | ◎ | ◎ | |
| 22 | 转向架配管及配线 | ◎ | | | ◎ | |
| 23 | 轴温检测器 | ◎ | | ◎ | | |
| 24 | 转向架排障器 | | ◎△ | | | |
| 25 | 增压缸 | | ◎△ | ◎ | ◎ | |
| 26 | 中心销组成 | ◎△ | ◎ | | | |
| 27 | 抗蛇行减振器座（车体侧） | ◎△ | ◎ | | | |
| 28 | 抗蛇行减振器托架（转向架侧） | ◎△ | ◎ | | | |
| 29 | 横向减振器托架 | ◎△ | ◎ | | | |
| 30 | 车间减振器托架 | ◎△ | ◎ | | | |
| 31 | 调整棒组成 | | ◎☆ | | | |
| 32 | 横向止挡（每 240 万公里或 6 年） | | ◎ | ◎ | | |
| | 横向止挡（每 480 万公里或 12 年） | | ◎☆ | | | |
| 33 | 轴端接地装置（AB-414E） | | ◎△ | | | |

注："状态检修"为该配（部）件在安装位置状态下检修。

"分解检修"为该配（部）件须从上级部件分解下来检修。

"◎"表示该配（部）件的检修状态。

状态检修中的"△"表示该配（部）件中部分零部件须分解下来。

分解检修中的"△"表示该配（部）件须要自身分解检修。

"☆"表示该配（部）件须更新。

## 5.5.3　CRH$_2$A/B/C1/E 型动车组转向架检修技术要求

**1. 转向架总体要求**

① 轮对轴箱组成、轴箱弹簧组成、轮对提吊、垂向减振器、空气弹簧组成、横向减振器、横向减振器托架、抗蛇行减振器、抗蛇行减振器托架、车间减振器、车间减振器托架、中心销组成、牵引拉杆组成、差压阀、高度调整阀、调整棒托、牵引电机组成、制动夹钳、增压缸、踏面清扫装置、速度传感器、排障装置等部件分解检修，各管路及配线等部件不分解进行状态检修。

② 清洗转向架及相关部件表面，不许使用腐蚀性和温度超过 60 ℃的液体清洗；转向架各管路进气口、各线缆插头、螺纹孔、轴箱后盖等部位防护良好，不许进水。

③ 如无特别注明，转向架检修中，拆卸的紧固件须更新。紧固件更新后因异常须多次拆装，弹簧垫圈、开口销和止转垫片须更新，螺栓、螺母使用不许超过 5 次。

**2. 构架组成**

① 构架组成表面存在划伤、磕碰、腐蚀、磨损等缺陷时，处理方式如下。

（a）缺陷深度达到表 5–42 规定时，须对缺陷部位打磨消除，打磨部位与钢板轧制状态的表面交界处平滑过渡。

（b）缺陷深度大于表 5–42 规定限度、小于设计板厚的 20%且缺陷面积不大于 400 mm² 时可焊修。焊修时焊接部位在边缘上不许有咬边或重叠，焊接时堆高须高出轧制面 1.5 mm 以上，打磨至与轧制面高度一致；焊接部位表面磁粉探伤检查。

（c）腐蚀、磨损深度超过该处原设计厚度的 20%或面积大于 400 mm² 时构架更新。

表 5–42　板厚与允许缺陷深度表

| 设计板厚/mm | 缺陷允许深度/mm |
| --- | --- |
| 8≤t<16 | 0.65 |
| 16≤t<25 | 0.75 |
| 25≤t<40 | 0.80 |
| 40≤t≤50 | 0.95 |

② 构架组成表面各外露可视焊缝外观状态检查，存在裂纹等缺陷时须焊修。构架主体及各安装座之间的焊缝裂纹长度不大于 20 mm 时打磨消除后焊修，焊修后表面打磨圆滑并磁粉探伤检查。

③ 构架横梁与侧梁、电机吊座（上侧靠近端子箱组成一侧除外）、齿轮箱吊座（上侧焊缝除外）、制动吊座下侧连接打磨焊缝及侧梁与定位臂连接打磨焊缝进行磁粉探伤检查，裂纹时须焊修，焊修后表面打磨圆滑并探伤检查。具体探伤部位见图 5–31 和图 5–32。

④ 构架空气室进行 490 kPa 气压试验，保压 5 min 不许泄漏。保压试验后清理附加空气室内杂质，管座螺纹存在缺扣、乱丝等缺陷时更换。

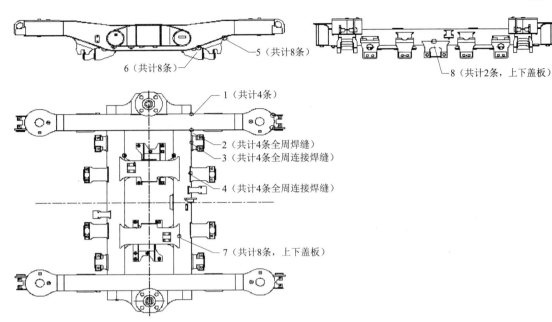

5（共计8条）

6（共计8条）

8（共计2条，上下盖板）

1（共计4条）

2（共计4条全周焊缝）

3（共计4条全周连接焊缝）

4（共计4条全周连接焊缝）

7（共计8条，上下盖板）

图 5-31　拖车构架组成探伤示意图

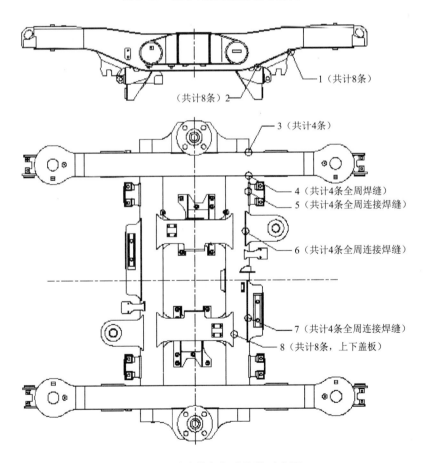

1（共计8条）

（共计8条）2

3（共计4条）

4（共计4条全周焊缝）

5（共计4条全周连接焊缝）

6（共计4条全周连接焊缝）

7（共计4条全周连接焊缝）

8（共计8条，上下盖板）

图 5-32　动车构架组成探伤示意图

⑤ 构架组成按表 5–43、表 5–44 进行构架尺寸检查记录，各尺寸须符合表中要求。

**表 5–43　动车构架组成检修尺寸记录表**

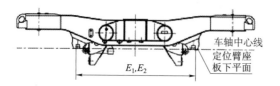

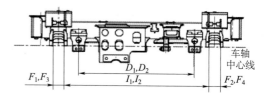

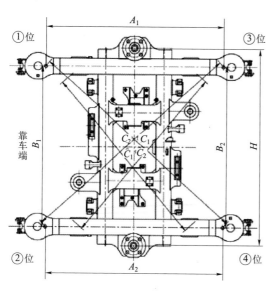

| 项目 | 尺寸 | 尺寸说明 | 公差 | 测定值 | | | 备注 |
|---|---|---|---|---|---|---|---|
| A | 2 300 | 同一侧梁上平面样冲眼间纵向距离 | ±3　$\|A_1-A_2\|\leq 1$ | $A_1$ | $A_2$ | 差 | 样冲眼处 |
| B | 2 000 | 两侧梁上平面样冲眼间横向距离 | ±1　$\|B_1-B_2\|\leq 1$ | $B_1$ | $B_2$ | 差 | 样冲眼处 |
| C | 3 048 | 两侧梁上平面样冲眼间对角线距离 | $\|C_1-C_2\|\leq 1.5$ | $C_1$ | $C_2$ | 差 | |
| D | 1 481 | 同一横梁轮装制动盘制动吊座中心距 | ±1 | $D_1$ | | $D_2$ | |
| E | 1 544 | 同一侧梁两定位臂梯形槽竖直平面纵向距离 | ±0.5　$\|E_1-E_2\|\leq 0.2$ | $E_1$ | $E_2$ | 差 | |
| F | 152 | 同一定位臂内侧距 | ±0.4 | $F_1$　$F_2$ | $F_3$ | $F_4$ | |
| G | | 两侧梁定位臂样冲眼对角线距离 | $\|G_1-G_2\|\leq 0.8$ | $G_1$ | $G_2$ | 差 | 样冲眼处 |
| H | 2 460 | 空气弹簧中心距 | ±0.5 | $H$ | | | |
| I | 1 848 | 两侧梁上内侧定位臂座板横向距离 | ±0.7 | $I_1$ | | $I_2$ | |
| 图号 | | SFEZ03 M1–110–000 | 编号 | | | | |

动车转向架构架组成尺寸检修限度表（M）

**表 5–44　拖车构架组成检修尺寸记录表**

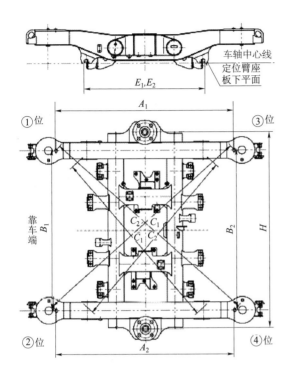

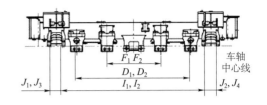

| 项目 | 尺寸 | 尺寸说明 | 公差 | 测定值 | | | | 备注 |
|---|---|---|---|---|---|---|---|---|
| A | 2 300 | 同一侧梁上平面样冲眼间纵向距离 | ±3　$\lvert A_1-A_2\rvert\leqslant1$ | $A_1$ | $A_2$ | 差 | | 样冲眼处 |
| B | 2 000 | 两侧梁上平面样冲眼间横向距离 | ±1　$\lvert B_1-B_2\rvert\leqslant1$ | $B_1$ | $B_2$ | 差 | | 样冲眼处 |
| C | 3 048 | 两侧梁上平面样冲眼间对角线距离 | $\lvert C_1-C_2\rvert\leqslant1.5$ | $C_1$ | $C_2$ | 差 | | |
| D | 1 481 | 同一横梁轮装制动盘制动吊座中心距 | ±1 | $D_1$ | | $D_2$ | | |
| E | 1 544 | 同一侧梁两定位臂梯形槽竖直平面纵向距离 | ±0.5　$\lvert E_1-E_2\rvert\leqslant0.2$ | $E_1$ | $E_2$ | 差 | | |
| F | 700 | 同一横梁轴装制动盘制动吊座中心距 | ±1 | $F_1$ | | $F_2$ | | |
| G | | 两侧梁定位臂样冲眼对角线距离 | $\lvert G_1-G_2\rvert\leqslant0.8$ | $G_1$ | $G_2$ | 差 | | 样冲眼处 |
| H | 2 460 | 空气弹簧中心距 | ±0.5 | $H$ | | | | |
| I | 1 848 | 两侧梁上内侧定位臂座板横向距离 | ±0.7 | $I_1$ | | $I_2$ | | |
| J | 152 | 同一定位臂内侧距 | ±0.4 | $J_1$ | $J_2$ | $J_3$ | $J_4$ | |
| 图号 | | SFEZ04 T1–110–000 | 编号 | | | | | |

拖车转向架构架组成尺寸检修限度表（T）

⑥ 构架组成及安装各部件上外露的螺纹孔须外观检查，电机吊座、定位臂、制动吊座、差压阀安装座、牵引拉杆座等部位的螺纹孔存在缺扣、乱丝等缺陷时焊修。

⑦ 检查构架的梯形槽，划伤、磕碰等缺陷深度小于 0.3 mm 时，打磨去除高点，缺陷部位圆滑过渡后磁粉探伤检查，修复后的梯形槽加工面施行染色检查，采用 5～10 μm 的铅丹膜检查，接触面积不小于 75%。

⑧ 构架表面及零部件组装部位油漆不良时须找补油漆，对探伤部位须涂底漆和面漆，底漆和面漆漆膜厚度均须大于 60 μm。

⑨ 抗蛇行减振器托架（转向架侧和车体侧）、横向减振器托架、车间减振器托架磁粉探伤检查，划伤、磕碰、裂纹、腐蚀、磨损等缺陷的检修限度按相关项执行，具体探伤部位见图 5-33～图 5-36。

⑩ 构架及各减振器托架各部位磁粉探伤和焊修后的磁粉探伤方法执行 ISO 17638，验收等级执行 ISO 23278 2X 等级。

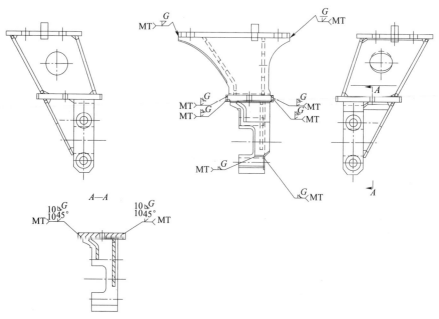

图 5-33　抗蛇行减振器托架（车体侧）探伤示意图

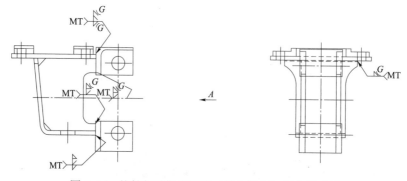

图 5-34　抗蛇行减振器托架（转向架侧）探伤示意图

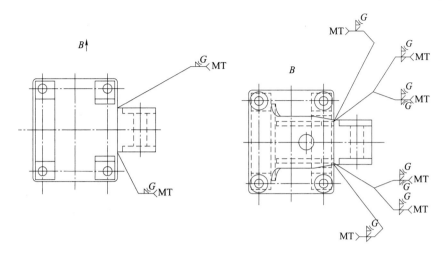

图 5-34　抗蛇行减振器托架（转向架侧）探伤示意图（续）

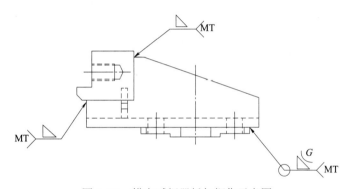

图 5-35　横向减振器托架探伤示意图

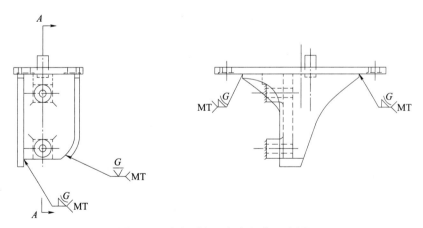

图 5-36　车间减振器托架探伤示意图

## 3. 轮对轴箱装置

1）轮对

轮对组成检修时，须将动车车轮进行退卸，对齿轮箱进行分解检修；拖车轮对正常情况下不进行分解，车轴、车轮超限时，须对轮对实施分解检修。

（1）车轮（含轮盘）。

① 车轮直径小于 800 mm 时，车轮（含轮盘）整体更换。当轮盘因磨耗、裂纹等原因报废时，其匹配的原车轮相应报废。车轮踏面及轮缘须按 LMA 型踏面外形进行镟修，镟修时须将车轮踏面及轮缘的裂纹、缺损、剥离、擦伤、局部凹下等缺陷加工消除，镟修后车轮直径不得低于 800 mm，车轮踏面及轮缘加工后表面粗糙度应不大于 $Ra12.5\ \mu m$。

② 车轮的退卸和压装均采用图 5-37 所示的注油方式，油压推荐值为 120～150 MPa。退卸车轮时，应使车轴的中心与退卸装置的中心一致，并且退卸力要均匀，相对于车轴要平行。车轮退卸装置须均匀压紧轴端面，轴端允许载荷分别为：M 轴 1 011 kN，T 轴 801 kN。

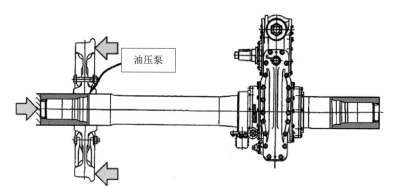

图 5-37　退卸车轮

③ 车轮内孔表面不大于 0.3 mm 的纵向划痕在检修时，先用 120# 以上砂纸沿纵向打磨消除高点，然后周向打磨圆滑过渡，其中深度在 0.1～0.3 mm 的划痕可以用千叶片布砂轮打磨圆滑过渡。车轮内孔靠近内侧端面边缘约 15 mm 范围内及注油槽两侧约 15 mm 范围内的表面须使用千叶片布砂轮打磨圆滑过渡。

④ 轮对组装时，车轮、制动盘与车轴须在相同环境下同温 8 h 后进行测量、选配和组装。车轮内孔及轮座尺寸测量示意图见图 5-38，其他部位可参考。

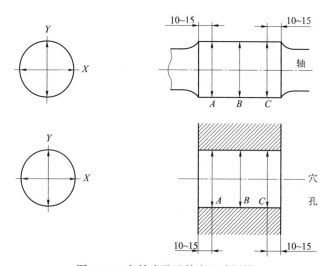

图 5-38　车轮内孔及轮座尺寸测量

车轮内径（$D$）：取图 5–38 所示测量孔径的 6 处（$A$、$B$、$C$ 位置的对角 $X$、$Y$ 的尺寸）的平均值（mm）。

⑤ 车轮、制动盘与车轴配合过盈量 $I=D×E$（$D$ 为车轴配合处直径，$E$ 为过盈量比），过盈量比见表 5–45 要求。

表 5–45　车轮、制动盘与车轴配合过盈量比　　　　　　单位：mm

| 压装部件 | 过盈量比 | | |
|---|---|---|---|
| | 标准值（$10^{-3}$） | 最小值（$10^{-3}$） | 最大值（$10^{-3}$） |
| 车轮（含轮盘）（新） | 1.4 | 1.2 | 1.5 |
| 车轮（含轮盘）（旧） | 1.4 | 1.0 | 1.5 |
| 轴盘 | 1.2 | 1.0 | 1.4 |

⑥ 轮对组装前，轮座、盘座表面及轮毂孔、盘毂孔内径面须洁净，在车轴轮（盘）座装配面和轮毂孔表面须涂抹专用润滑油。

⑦ 组装车轮、制动盘时，车轴纵向中心线与压力机活塞中心线须保持一致，车轴纵向中心线与轮毂、盘毂内侧平面相垂直。

⑧ 轮对组装压力按照轮（盘）毂孔直径计算，其压装力按表 5–46 执行。

表 5–46　直径每 100 mm 的压装力　　　　　　单位：kN

| 轴的种类 | 整体轧制车轮 | 轴盘盘体 |
|---|---|---|
| 拖车轮对 | 395 以下 | 345 以下 |
| 动力轮对 | 440 以下 | — |

⑨ 车轮（制动盘）压装时压入速度为 100～200 mm/min，注油压入过程中压力不能有急剧变化（注油口范围除外），其压装曲线仅供参考。车轮（制动盘）压装不合格时，退卸后的车轮（制动盘）放置 24 h 后方可重新选配组装，退卸后的车轴放置 12 h 后方可重新选配组装。

⑩ 车轮（制动盘）压装后放置 2 h 以上后按表 5–47 所示的检压力进行检压试验。检压时车轮（制动盘）无位移，检压前后轮对内侧距无变化；检压合格后向车轮注油孔内注射 2 mL 气化性防锈剂。

表 5–47　直径每 100 mm 的检压力　　　　　　单位：kN

| 轴的种类 | 整体轧制车轮 | 轴盘盘体 |
|---|---|---|
| 拖车轮对 | 295 以下 | 245 以下 |
| 动力轮对 | 345 以下 | — |

⑪ 单个车轮（含轮盘）须做静平衡测试（新轮静不平衡量不大于 50 g·m）。安装车轮时，如图 5–39 所示，将车轮的静不平衡位置相互错开 180° 安装。

（2）车轴。

① 轴端螺纹无变形、损伤。清除轮对组成表面锈垢及车轴轴身表面油漆，轴身擦伤深度

不大于 0.1 mm，撞伤深度不大于 0.3 mm，超限时更换车轴。车轴擦伤、撞伤未超限时，允许使用 120#以上砂纸或同等粒度的工业百洁布打磨去除毛刺、高点。

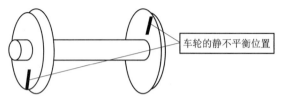

图 5-39　车轮的静不平衡位置

② 车轴表面（含车轴轮座、盘座等压装部位）禁止任何形式的机械加工及使用电、风动打磨工具打磨车轴表面；禁止对表面进行焊修及加热到 150 ℃以上。

③ 车轴轮座划伤深度不大于 0.15 mm 时，清除高点、毛刺，研磨后划伤深度须小于 0.1 mm；轮座划伤深度大于 0.15 mm 时用 120#以上砂纸或同等粒度的工业百洁布研磨，研磨后划伤深度须小于 0.15 mm，划伤宽度超过 2 mm 以上时，研磨后划伤宽度须大于其原划伤宽度的 2 倍；车轴轮座划伤深度大于 0.3 mm 时须更换车轴。

④ 车轮退卸后若车轴轮座表面存在连续粘熔时，更换车轴。

⑤ 轴颈表面缺陷按如下标准进行修理：

（a）车轴轴颈存在轴承退卸造成的纵向划痕，沿周向用 320#以上砂纸或同等粒度的工业百洁布手工打磨去除高点，打磨后允许存在一定痕迹（手指甲触摸略有卡滞感）。

（b）轴颈纵向划痕深度不大于 0.2 mm 时可使用 180#以上砂纸或同等粒度的工业百洁布纵向消除高点毛刺。

（c）车轴轴颈上沿圆周方向缺陷长度不超过车轴轴颈周长的 10%，且深度不超过 0.05 mm 的平面状缺陷允许打磨修理，打磨时允许使用 320#砂纸周向打磨，圆滑处理缺陷两侧边缘区域，然后使用工业百洁布去除表面氧化变色痕迹。

（d）车轴轴颈上无深度的横向油痕（氧化变色）使用 320#砂纸或同等粒度的工业百洁布沿周向打磨消除。

（e）轴颈上深度不超过 0.1 mm 的横向划痕，允许使用 320#砂纸或同等粒度的工业百洁布沿轴向打磨，宽度不能超过 15 mm，修磨后手指甲触摸无卡滞感，探伤检查须合格。

⑥ 车轴外露表面须进行磁粉探伤检查，车轴各部分均不许存在横向裂纹、横向发纹和纵向裂纹，探伤前须将车轴表面油漆清除干净，轴身表面存在纵向发纹时允许用砂纸打磨消除，打磨深度不大于 0.3 mm，车轴各圆弧部位不得存在裂纹和发纹。车轴剩磁不大于 0.5 mT。

⑦ 轮对须进行空心车轴超声波探伤检查，防尘板座、轮座、齿轮座、轴盘座、轴身等部位表面不得有深度大于 1 mm、长度大于 10 mm 的横向裂纹，裂纹超限时更换车轴。车轴探伤后向空心部位喷 5～10 mL 气化性防锈剂并及时密闭处理，轴端防尘堵螺纹有缺扣、乱丝时更新，O 形圈更新。车轮须按规定进行超声波探伤检查。

（3）轮对组装。

① 轮对组成应满足如下要求：

同一轮对车轮直径差不大于 0.2 mm。

同一个转向架车轮直径差不大于 3 mm。

同一辆车车轮直径差不大于 3 mm。

同一车辆单元内车轮直径差不大于 40 mm（$CRH_2A$：1～4 号车为同一车辆单元，5～8 号车为同一车辆单元；$CRH_2B/E$：1～4 号车为同一车辆单元，5～8 号车为同一车辆单元，9～12 号车为同一车辆单元，13～16 号车为同一车辆单元；$CRH_2C1$：1～3 号车为同一车辆单元，4～5 号车为同一车辆单元，6～8 号车为同一车辆单元）。

② 轮对组成检修后，轮位差不大于 1 mm，拖车制动盘盘位差不大于 1 mm，盘间距为（700±1）mm；车轮内侧面端面跳动不大于 0.6 mm；踏面外形须符合 LMA 外形要求，踏面径向跳动不大于 0.2 mm；轮缘厚度为 $30^{+3}_{-2}$ mm；轮对内侧距任三点测量均须在 $1353^{+2}_{-1}$ mm 范围。

③ 轮对组成重新组装后须进行动平衡试验，残余动不平衡量不大于 50 g·m（转速不低于 235 r/min），超限时注油退轮调整相位或换轮（盘）调整；拖车轮对组成在不分解情况下进行踏面镟修后不做轮对动平衡试验，但须对车轮进行检压试验。

④ 轮对组成检修合格后须在轴身表面、车轮轮辋两侧面及轮毂表面涂漆。车轮退卸重新组装时须在车轮突悬部位涂抹密封胶进行防锈。

⑤ 轮对组成检修合格后须按规定刻打检修标记。

（a）更换新车轴时须按新造规定刻打轮对组装轴端标记；其他情况下检修组装标记刻打于轮对的 B 侧车轴端面，即动车轮对的非齿轮箱侧和拖车轮对的短轴端侧。

（b）B 侧车轴端面组装标记打满后，将第二次以后各次组装标记全部磨除，重新刻打组装标记。

2）轴箱轴承

① 更新轴箱轴承。

② 轴承组装前须按表 5–48 的要求进行检测、选配。

表 5–48　轴承组装前检测项目　　　　　　　　　　　　单位：mm

| 序号 | 检测项目 | 管理基准值 |
| --- | --- | --- |
| | | 新品时 |
| 1 | 轴承内圈内径尺寸 | $130^{-0.006}_{-0.045}$ |
| 2 | 轴承外圈外径尺寸 | $230^{+0.008}_{-0.078}$ |
| 3 | 后挡圈内径尺寸 | $152^{-0.006}_{-0.060}$ |
| 4 | 后挡圈外径尺寸（跟油封接触部） | $170^{0}_{-0.063}$（h8） |
| 5 | 挡油环内径尺寸 | $130^{-0.006}_{-0.055}$ |
| 6 | 挡油环外径尺寸（跟油封接触部） | $170^{0}_{-0.063}$（h8） |
| 7 | 内圈与轴颈配合过盈量 | 0.049～0.113 |
| 8 | 后挡圈与车轴过盈量 | 0.106～0.185 |
| 9 | 挡油环与车轴过盈量 | 0.049～0.123 |
| 10 | 轴颈外径尺寸 | $130^{+0.068}_{+0.043}$（p6） |
| 11 | 防尘板座外径尺寸 | $152^{+0.125}_{+0.100}$（s6） |

③ 轴承压装前，车轴轴肩及与后挡圈配合处应涂抹防锈剂，轴颈前部约 1/3 处涂二硫化钼润滑剂；轴承压装时采用有打印压力曲线功能的压装设备，记录压装过程最大压力值，过程压装力和止推力须满足表 5–49 的要求。

表 5–49　轴承的压装力和止推力　　　　　　　　　　　　　　　　　　单位：kN

| 项　　目 | 要　　求 |
|---|---|
| 压装力 | 80～220 |
| 止推力 | 350～400 |

④ 轴承压装后轴承轴向游隙为 0.150～0.620 mm。轴承压装后须在轴承后挡圈与车轴防尘板座的悬空部位涂抹密封胶。

⑤ 更换新品轴箱轴承时，手动旋转轴承外圈使外圈通气孔朝向正上方后再安装轴箱，并在每次高级修时都将轴承外圈沿圆周顺时针方向转动 120°，然后安装轴箱。

⑥ 手动转动轴承，转动灵活，无卡阻等异常现象。

3）轴箱装置

速度传感器、轴箱体、前盖、后盖、压盖、测速齿轮分解检修，定位节点更新。

（1）轴箱体。

① 表面清除锈污后进行外观检查，有破损、裂纹、电蚀时更换，螺纹孔内毛刺、污垢须清除，轴箱体端面螺纹孔有缺扣、乱丝等缺陷时更换，轴箱体上导柱局部磨耗深度不大于 2 mm。

轴箱体筋板及筋板与箱体连接圆弧部位的损伤修复后，深度不得超过 0.7 mm；铸钢轴箱体垂向减振器安装座处筋板圆弧部位的损伤修复后，深度不得超过 0.7 mm，须手工打磨去除且与周边金属圆滑过渡（打磨半径 $R$ 不得小于 30 mm），渗透探伤无裂纹；其他部位缺陷修复后深度小于 2 mm，修复时去除高点，并保证缺陷部位与周边部位圆滑过渡，渗透探伤无裂纹。

铸钢及铝合金轴箱体渗透探伤方法分别执行 GB/T 9443—2007 和 GB/T 18851.3—2008。

② 在室温（20±2.5）℃时，轴箱体内孔内径尺寸须满足 $230^{+0.150}_{+0.015}$ mm，圆柱度不大于 0.05 mm。轴箱体内孔加工面纵向擦伤或划痕深度不大于 0.5 mm 时，允许将边缘棱角消除后使用，局部锈蚀（磨耗）深度大于 0.2 mm 时更换，铸钢轴箱体两端平面（与前、后盖接触表面）局部锈蚀深度不超过 1 mm，铝合金轴箱体两端平面（与前、后盖接触表面）局部锈蚀深度不超过 1.5 mm。内筒表面锈垢须清除，允许有除锈痕迹。

③ 压盖与节点接触表面无明显损伤，油漆脱落时找补。压盖部位外表面缺陷深度不大于 3 mm，修复时去除高点，并保证缺陷部位与周边部位圆滑过渡；定位销损伤时更新。

④ 铸钢轴箱体组装工作间温度须达到 16～30 ℃。轴承、轴箱、轮对与检测量具在组装前必须同温 8 h 以上，如不能同室存放时，两室温差不得超过 5 ℃；铝合金轴箱体须在（20±2.5）℃下检测和组装。轴箱体组装间的相对湿度≤60%；24 h 落尘量≤80 mg/m²。

⑤ 头、尾车安装排障装置的轴箱体须与其余未安装过排障装置的轴箱体依次交换装用。安装过排障装置的轴箱体，须在其配合标记刻印位置上方刻打永久区分标记"PZ"。

（2）轴箱端盖。

① 轴箱前盖。

轴箱前盖与轴箱体装配面不得有电化学腐蚀，前盖表面外观目视检查不得有裂纹，表面伤痕深度不大于 5 mm 时消除锐棱后使用，超限时更换。速度传感器安装用定位销不得有松动。

② 轴箱后盖。

轴箱后盖与轴箱体装配面不得有电化学腐蚀，金属迷宫槽部位有锈蚀、尖角及毛刺时须磨除，密封沟槽局部有轻微变形时，将突出部位磨除处理。

组装状态下，轴箱后盖的外露表面（不包括迷宫槽部位、两后盖连接螺栓部位、提吊部位的过渡圆弧）伤痕深度不大于 2 mm 时，允许圆滑过渡并磁粉探伤检查，要求无缺陷磁痕显示。

③ 测速齿轮。

测速齿轮表面状态良好，齿轮有轻微磕碰、变形时打磨去除高点。

4）轮对轴箱组成组装

① 轴端部件安装：将轴端锁紧螺母用手拧至与轴承密封挡油环接触，最终安装扭矩 1 960～2 940 N·m。轴端止转螺栓旋入轴端锁紧螺母螺纹内，安装扭矩 49 N·m。轴端止转螺栓安装完成后使用止转垫片防松。

② 轴箱体预组：铸钢轴箱体组装工作间温度须达到 16～30 ℃。轴承、轴箱、轮对与检测量具在组装前必须同温 8 h 以上，如不能同室存放时，两室温差不得超过 5 ℃；铝合金轴箱体须在（20±2.5）℃下检测和组装。组装前，弹性定位节点、轴箱体及压盖的安装面应按规定进行表面涂装，组装过程中应使用配对加工的轴箱体和压盖，确认两者在平面处的组装编号应一致。

③ 转向架轮对轴箱装有不同的速度传感器，速度传感器安装时测量并调整速度传感器和测速齿轮之间的间隙，满足 AG37 型间隙值（1.0±0.3）mm、AG43 型间隙值（0.8±0.3）mm、ATP 传感器间隙值（1±0.2）mm。

④ 轮对轴箱组成组装技术要求按相关技术要求执行。

**4. 一系悬挂装置**

（1）轴箱弹簧。

① 轴箱弹簧表面须磁粉探伤检查，表面无裂纹、刻痕以及引起聚粉的其他缺陷，存在裂纹缺陷的弹簧更新。

② 检修后弹簧表面不许存在氧化等缺陷，弹簧表面局部划伤、磕碰深度不大于 1 mm 时允许打磨圆滑处理，允许局部存在凸凹点，但不许有明显锐棱；弹簧支承端圈逐渐减薄部分应清除毛刺，不许有锐棱。

③ 弹簧钢条直径磨耗、腐蚀减少量须小于 5%，有效圈与支撑圈尖部接触处磨耗、腐蚀减少量须小于 10%，超限时更新。

④ 弹簧两端支承面自由放在水平面上应平稳，允许在支承圈 1/8 圈范围内存在小于 2 mm 的间隙，弹簧两端支承面允许修正。

⑤ 外弹簧垂直度小于 5 mm，内弹簧垂直度小于 4.8 mm。对轴箱弹簧组进行载荷试验：弹簧内圈下面插入厚 16 mm 垫片后进行加载试验。CRH$_2$A/B/E 试验载荷在 52 700 N

时弹簧高度须满足（213.67±2）mm，CRH$_2$C1 试验载荷在 49 240 N 时弹簧高度须满足（207.44±2）mm。

⑥ 弹簧下夹板与弹簧接触面磨耗量超过 2 mm 时更换，CRH$_2$A/B/E 弹簧下夹板内孔局部磨耗深度超过 2 mm 时更换，CRH$_2$C1 下夹板内衬套磨耗量超过 2 mm 时须更换。重新组装轴箱弹簧组成时，应使弹簧下夹板内孔磨耗处与轴箱体上导柱磨耗处相对。

⑦ 轴箱弹簧检修后表面涂装油漆，弹簧上、下夹板油漆破损、脱落时找补油漆。

⑧ 更新绝缘罩、防雪罩及轴箱弹簧用防振橡胶。

（2）轮对提吊。

轮对提吊有磕碰伤及锐棱时打磨消除棱角，焊缝有裂纹时须焊修并磁粉探伤检查无缺陷。

**5. 二系悬挂装置**

1）空气弹簧装置

① 空气弹簧检修时不得接触酸、碱、油及其他有机溶剂，应采用中性清洗剂，并须距热源 1 m 以上。

② 清除空气弹簧外部污垢，上盖板（仅 CRH$_2$A/B/E）及橡胶堆底面表面锈蚀时须除锈并重新喷涂油漆。

③ 更新空气弹簧上、下进气口处 O 形橡胶密封圈。

④ 外观检查，各零部件检查标准见表 5–50～表 5–52。

表 5–50　橡胶囊检查标准

| 序号 | 名称 | 故障说明 | 检查标准 | 备注 |
|---|---|---|---|---|
| 1 | 脱层 | 橡胶（特别是外层橡胶）和帘线之间剥离。使用初期容易发生 1 mm 厚度橡胶的凸起，成为拳状，如果继续使用，可能导致破裂 | ① 露出帘线时更换；<br>② 脱层超过 30 mm×20 mm 时更换 | 脱层 |
| 2 | 裂纹（鳞片状） | 胶囊（特别是外层橡胶）沿着上盖及橡胶座接触部附近圆周方向的鳞片状伤痕。初期呈细微伤痕的分散状态，之后变为连续的剥离状态 | ① 露出帘线时更换；<br>② 裂纹深度超过 1.5 mm 时更换，与裂纹长度无关 | 鳞片状裂纹 |
| 3 | 裂纹（竖向） | 胶囊（特别是外层橡胶）产生的竖向剥离状裂纹，多数发生在橡胶囊厚度不均的位置及外层橡胶的重叠部 | ① 露出帘线时更换；<br>② 裂纹深度超过 1.5 mm 时更换；<br>③ 裂纹长度超过 50 mm 时更换 | 竖向裂纹 |
| 4 | 磨耗 | 胶囊外层橡胶与橡胶座、上盖的摩擦耗损 | 露出帘线时更换 | |
| 5 | 外伤 | 外层橡胶因异物打击、摩擦或其他原因产生的伤痕 | ① 露出帘线时更换；<br>② 裂纹深度超过 1.5 mm 时更换；<br>③ 裂纹长度超过 50 mm 时更换 | |
| 6 | 空气泄漏 | 在运用中产生空气泄漏 | 更换；但对于组装后检查时的漏气，应分解并更换相关零部件 | |

表 5–51　上盖板、橡胶座、橡胶堆检查标准

| 序号 | 名称 | 故障说明 | 检查标准 | 备注 |
|---|---|---|---|---|
| 1 | 脱胶 | 与金属件黏着面剥离 | ① 脱胶长度超过 100 mm 时更换，与脱胶深度无关；<br>② 脱胶未超限时，对脱胶部位粘结处理 | |
| 2 | 磨耗 | 与橡胶囊接触部位磨损 | 磨耗深度超过 1.5 mm 时更换 | |
| 3 | 龟裂 | 表面发生龟裂裂纹 | ① 龟裂宽度超过 5 mm 时更换；<br>② 龟裂长度超过 50 mm 且深度超过 3 mm 时更换 | |
| 4 | 蠕变 | 使用后，在无载荷（自由高度）时，无法恢复到正常高度，即产生蠕变。在水平方向也会产生蠕变 | ① 对于橡胶堆的橡胶总厚度，对出现 10% 以上蠕变的部件进行更换；<br>② 对于水平方向，当出现 10% 以上尺寸变形时，部件进行更换 | |
| 5 | 金属部外伤 | O 形圈槽部（密封部）的外伤 | ① 划伤深度大于 0.3 mm 时更换；<br>② 划伤深度不大于 0.3 mm 时，使用细砂纸等进行平滑修理后，允许继续使用 | |
| | | O 形圈槽部（密封部）以外的外伤 | ① 划伤深度大于 2 mm 时更换；<br>② 划伤深度不大于 2 mm 时，先使用粗砂纸等去除毛刺，再用细砂纸等进行圆滑过渡，允许继续使用 | |

表 5–52　下底座检查标准

| 序号 | 名称 | 故障说明 | 检查标准 | 备注 |
|---|---|---|---|---|
| 1 | 磨损 | 由于爆裂时的行车以及滚动，与上盖板的滑动板接触并相互摩擦而产生的磨损 | 特氟隆板厚为新品的 1/2（即 1.2 mm）以下的部件进行更换 | |
| 2 | 粘结剥离 | 在如上述同样状态下的相互摩擦而造成的粘结部位剥离 | 对粘结剥离部位超过粘结面积的 1/3 的部件进行更换 | |

⑤ 空气弹簧分解检修，检查胶囊内表面、下底座，胶囊内表面不得有损伤，其他部位检查标准同表 5–50～表 5–52。

⑥ M12 螺母须用 40 N·m 扭矩进行确认。

⑦ 每列空气弹簧按不低于 5% 的比例对其垂直刚度、横向动刚度及允许位移量按照标准 TJ/CL 279—2013 进行试验，试验检查标准如下：

（a）$CRH_2A/B/E$ 空气弹簧在静载 100 kN，工作高度 200 mm 时：

垂向静刚度：240×（0.9～1.35）N/mm。

横向动刚度：190×（0.85～1.40）N/mm。

（b）$CRH_2C1$ 空气弹簧在静载 95 kN，工作高度 200 mm 时：

垂向静刚度：216×（0.9～1.35）N/mm。

横向动刚度：188×（0.85～1.40）N/mm。

（c）工作高度 200 mm 时，空气弹簧允许位移量：

横向允许位移量：±110 mm。

垂向允许位移量：拉伸 70 mm，压缩 40 mm。

（d）气密性试验：空气弹簧保持在工作高度 200 mm，常温下充气至 500 kPa，保压 15 min，后 10 min 内气压下降值不大于 10 kPa。

（e）如更换胶囊或橡胶堆须进行压力试验，将空气弹簧保持工作高度 200 mm，充气至

750 kPa 的压力，保持 3 min，确认空气弹簧各组成零部件无异常。

（f）在无负荷及空气排空的状态下测量空气弹簧橡胶堆的高度，如图 5-40 所示，$h$ 小于 92 mm 时须更换橡胶堆。

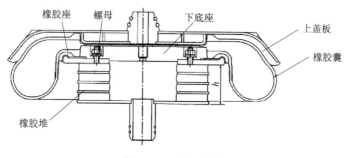

图 5-40　空气弹簧

（g）每运行 360 万公里或 10 年更新胶囊及橡胶座；空气弹簧每运行 720 万公里或 15 年整体更新。

2）空气弹簧连接控制装置

（1）差压阀。

① 差压阀分解检修，橡胶件更新。

② 各部件外观检查，划伤或磨损时用细砂纸打磨修复。有裂纹及无法修复者更新。对阀体两端进行防护，清除表面锈垢，内腔和气路须用压缩空气吹净。清洗本体及各分解的零部件。

③ 阀弹簧自由高小于 33 mm 时更新。

④ 组装差压阀各零部件，组装后对阀体两端喷涂油漆。

⑤ 气密性试验：两进气口接上 500 kPa 的空气，保压 3 min，确认无泄漏。

⑥ 压力动作试验：在一边的空气出入口连接上容积为 40 L、压力 392 kPa 的空气罐。然后急速打开差压阀与空气罐之间的停止阀，测定空气罐压力从 392 kPa 下降到 245 kPa 所需时间小于 19 s。

⑦ 压差试验：风压容器内的压力上升到标准值以上，切断风压容器的压力供给，压力下降到（150±20）kPa 之间。

（2）高度调整阀。

① 外观检查，清除表面锈垢和油漆。

② 高度调整阀分解检修，清洗分解的零部件。

③ 水平阀锥簧自由高≤8 mm 时更新，止回阀弹簧自由高≤8 mm 时更新。

④ 橡胶件更新，阀体部分存在歪斜（变形）、损伤时更新。

⑤ 阀体内须无损伤，单向阀在阀体孔内能灵活滑动。

⑥ 更新过滤器。

⑦ 重新组装时须更新硅油。注油后静置 24 h，阀体表面不许有渗油现象。

⑧ 气密性试验。充入 500 kPa 压力空气后，保压 5 min，不许泄漏。

⑨ 不感应区试验。感应盲区范围在高度检查端（140 mm 位置）进行测量，超出（10±1）mm

（单侧参考：（5±0.5）mm）范围使用调整垫圈进行调整。

⑩ 时间迟延试验。接入 500 kPa 的压力空气，检查端从正中位置向上或向下急速变位 20 mm 时，到开始排气的时间须为（3±1）s。

⑪ 流量试验。

（a）将高度调整阀连杆调整到水平位置，将连杆的一端从水平位置迅速向上移动 20 mm，检测空气风缸压力从 0 kPa 升到 200 kPa 时所需的时间小于 40 s。

（b）将高度调整阀连杆调整到水平位置，将连杆的一端从水平位置迅速向下移动 20 mm，通过高度阀排气，检测空气风缸压力从 500 kPa 降到 300 kPa 时所需的时间小于 40 s。

（3）高度调整阀附件。

① 调整棒组成更新。

② 高度调整阀座状态检查，与高度阀接触面出现锈蚀时须修复，锈蚀导致表面出现影响密封的凹坑时须更新。内管螺纹不许有缺扣、乱丝及严重锈蚀。镀锌面锈蚀时须修复。

③ 保温箱箱体焊缝开裂时须焊修，箱体螺纹锈蚀损坏时须修复。箱体密封橡胶件更新。

④ 高度阀保温箱中的电热器须更新。

⑤ 高度调整阀杠杆的绝缘套更新，杠杆方孔存在磨损时更新。

3）二系油压减振器（包括垂向）

① 垂向、横向、抗蛇行、车间和半主动减振器分解检修（车间和半主动减振器仅适用于 $CRH_2B/E/C1$）。

② 紧固件、橡胶密封件更新，其他各零件有损伤或磨耗不良等缺陷时须更新；活塞杆杆身镀层有压痕、阶梯状磨耗、不均匀磨耗、使用上有害的纵向划痕等时重新电镀抛光或更换，轴承内径露出基体铜时更新。对减振器活塞杆焊缝区域脱漆后渗透探伤检查不得有裂纹。

③ 橡胶节点更新。

④ 测量油压减振器组成部件的主要尺寸，须符合表 5-53 的规定，超限时更新。

表 5-53 垂向、横向、抗蛇行、车间和半主动减振器部件主要尺寸检查参数表

| 检测项目＼减振器类型 | 垂向减振器 | 横向减振器 | 抗蛇行减振器 | 车间减振器 | 半主动减振器 |
|---|---|---|---|---|---|
| 型号 | 0D42090-1（A）（KYB）VD42090（日立） | 0D50116（A）（KYB）HD50116（日立） | 0D70230-1（A）（KYB）YA70230（日立） | YD90-5（KYB）YA90580（日立） | C50116HSA-R01 |
| 压力缸内径 | ≤42.08 mm | ≤50.08 mm | ≤70.074 mm | ≤90.08 mm（KYB）≤90.1 mm（日立） | ≤50.08 mm |
| 活塞外径 | | ≥49.905 mm（KYB）≥49.8 mm（日立） | | ≥89.8 mm（日立） | |
| 活塞杆外径 | 直径磨耗量≤0.015 mm（KYB）；≥29.92 mm，且磨耗量≤0.010 mm（日立） | 直径磨耗量≤0.015 mm（KYB）；≥35.32 mm，且磨耗量≤0.010 mm（日立） | 直径磨耗量≤0.015 mm（KYB）；≥34.92 mm，且磨耗量≤0.010 mm（日立） | ≥34.92 mm（KYB）≥34.92 mm，且磨耗量≤0.010 mm（日立） | 直径磨耗量≤0.015 mm |

⑤ 油压减振器须进行性能试验，安装状态为刚体连接（不受橡胶节点影响），加振方向为杆侧加振，加振波形为正弦波，具体试验条件及性能参数见表 5-54、表 5-55，示功图无畸形、突变。

表5-54　垂向、横向、抗蛇行、车间减振器性能试验检查参数表

| 减振器类型 | 减振器型号 | 试验安装长度/mm | 试验参数 I | | | 试验参数 II | | | 试验参数 II | | |
|---|---|---|---|---|---|---|---|---|---|---|---|
| | | | 速度 $v$/(cm/s) | 振幅 St/mm | 力 $F$/N | 速度 $v$/(cm/s) | 振幅 St/mm | 力 $F$/N | 速度 $v$/(cm/s) | 振幅 St/mm | 力 $F$/N |
| 垂向减振器 | 0D42090-1（A）（KYB）VD42090（日立） | 370 | 5 | ±15 | 980±190（KYB）980±200（日立） | 10 | ±15 | 1 960±290 | 30 | ±15 | 4 900±730（KYB）4 900±740（日立） |
| 横向减振器 | 0D50116（A）（KYB）HD50116（日立） | 455 | 5 | ±15 | 2 940±290 | 10 | ±15 | 5 880±875（KYB）5 880±880（日立） | 20（KYB）30（日立） | ±15 | 8 340±1 245（KYB）8 340±1 250（日立） |
| 抗蛇行减振器 | 0D70230-1（A）（KYB）YA70230（日立） | 660 | 0.3 | ±5 | 7 360±2 450 | 6 | ±5 | 10 800±1 610（KYB）10 790±1 620（日立） | | | |
| 车间减振器 | YD90-5（KYB）YA90580（日立） | 1 215 | 0.6 | ±5 | 5 880$^{+1\,180}_{-590}$ | 6 | ±15 | 15 690±2 350 | | | |

表5-55　半主动横向减振器（型号：C50116HSA-R01）性能试验检查参数表

单位：N

| | 速度 $v$/(cm/s) | | | |
|---|---|---|---|---|
| | 5 | 10 | 15 | 20 |
| 不通电情况 | 2 942±441 | 5 884±883 | 8 826±1 324 | |
| 0.3A 指令状态 | 11 070±1 660 | | | 14 070±2 110 |
| 0.6A 指令状态 | 5 100±765 | | | |
| 1A 指令状态 | 1 000 以下 | | | |
| 卸荷值 | | | | 2 000 以下 |
| 试验安装长度/mm | 455 | | | |
| 振幅 St/mm | ±15 | | | |

⑥ 油压减振器试验合格后横放 8 h，确认各部位无漏油。

⑦ 减振器检修合格后重新喷涂油漆。

4）横向止挡

横向止挡无明显破损、龟裂、老化现象，橡胶表面开裂长度大于 15 mm 或深度大于 5 mm 须更新，橡胶与金属件结合面之间产生开裂且长度超过 1/6 周长且深度超过 5 mm 时须更新。横向止挡进行刚度试验，试验载荷 49 kN 时挠度为（28±8.4）mm。横向止挡每 480 万公里或 12 年更新。

**6. 驱动装置**

1）齿轮箱组成

① 排空齿轮箱内润滑油后，用润滑油和煤油以 2:8 比例混合油在齿轮低速旋转状态下清洗齿轮箱内部。

② 分解齿轮箱上盖，对齿轮啮合面进行检查，有毛刺时用 180#以上砂纸打磨消除，检查大轴承与大齿轮之间的弛缓线无错位，重新组装须更新上盖用垫片。齿轮箱箱体表面存在磕碰、击打伤痕时，使用 120#以上砂纸或细锉打磨消除表面高点毛刺，齿轮箱表面击打、磕碰深度须小于 4 mm。当损伤深度大于 3 mm 时，须将缺陷边缘的锐棱倒钝，同时渗透探伤（PT）确认不得有裂纹。

③ 大齿轮磁粉探伤检查，齿轮齿面、齿根不许有裂纹，剩磁量不大于 0.3 mT；探伤后重新用清洗油清洗齿轮箱内部。

④ 齿轮箱装置组装工作间室温应满足 10～25 ℃，相对湿度小于 80%。

（1）小齿轮侧零部件。

① 将小齿轮轴退卸轴承后进行磁粉探伤，小齿轮轴齿面、齿根有裂纹时更新，磁粉探伤后退磁处理，剩磁量不大于 0.3 mT。小齿轮轴锥面局部的磕碰、划伤或黏着深度不大于 0.5 mm，对损伤部位打磨去除高点后，检查其与联轴节内孔的接触率须大于 80%。

② 清洗密封盖和轴承盖，清除表面污渍。表面有毛刺、锈迹等时须用 180#以上砂纸打磨去除，调整垫片损伤、破裂时更新。

③ 小齿轮侧圆锥滚子轴承更新。

④ 截油环（乙）更新。

⑤ 轴承（压）盖重新组装时更新 O 形圈、防尘圈、油封及紧固件，轴承外圈与轴承盖过盈量目标值为 0.010 mm（过盈量范围 0.005～0.030 mm）。

（2）大齿轮侧零部件。

① 拆卸大齿轮 W 侧密封盖、轴承盖、调整垫片及 M 侧集电环箱及其防尘盖、轴承盖、调整垫片。

② 检查大齿轮侧圆锥滚子轴承，滚柱、外圈滚道表面无剥离、电蚀、裂纹、破裂、黏附，无严重的擦伤、压痕、锈蚀麻点、变色等缺陷；保持架无损伤、裂纹等缺陷。大齿轮侧圆锥滚子轴承每运行 480 万公里须更新。

③ 清洗集电环箱、密封盖和轴承盖，清除表面污渍，表面有毛刺、锈迹等时使用 180#以上砂纸打磨去除，调整垫片损伤、破裂时更新。

④ 使用 180#以上砂纸（或同等粒度的工业百洁布）打磨去除集电环表面锈迹，与碳刷摩擦处磨耗深度超过 1 mm 应更新。轴承盖检查合格重新组装时更新 O 形圈、油封及紧固件。

⑤ 截油环（乙）更新。

⑥ 轴承盖用 O 形圈、油封及紧固件更新，轴承外圈与轴承盖过盈量目标值为 0.010 mm（过盈量范围 0.005～0.041 mm）。

（3）齿轮箱附件。

① 分解齿轮箱通气装置，清扫气管插头及安装部，管内填充物及管支架的紧固件更新，管螺纹部位缠绕密封胶带或管道魔绳。

② 分解齿轮箱磁栓安装座并清洗，安装面有锈迹、毛刺时使用细砂纸打磨消除，重新组

装时 O 形圈及磁栓座紧固件更新。

③ 分解注油栓座并清洗，安装面有锈迹、毛刺等使用细砂纸打磨消除，重新组装时注油栓密封垫圈、注油栓座 O 形圈及其紧固件更新。

④ 分解排油栓座并清洗，安装面有锈迹、毛刺时用细砂纸打磨消除，重新组装时排油栓密封垫圈、排油栓座 O 形圈、垫圈及其紧固件更新。

⑤ 分解齿轮箱油位计，安装面有锈迹、毛刺时使用细砂纸打磨消除，重新组装时油位计视窗、密封垫圈及其紧固件更新。

（4）齿轮箱吊杆组成。

① 齿轮箱吊杆组成及安全托座分解检查，安全托座有变形时须调修，破损时更新，安全托座重新组装时更新紧固件。

② 对齿轮箱吊杆螺栓头根部 20 mm 范围内进行磁粉探伤检查，不许存在裂纹，杆端螺纹及杆端螺纹的退刀槽部位目视检查状态良好。

③ 更新吊杆橡胶垫及开口销。

（5）组装及测试。

① 齿轮箱组装时，上盖 M12 螺栓安装扭矩为 63 N·m，清洗栓安装扭矩为 157 N·m，清洗栓密封垫圈更新。

② 齿轮装置组装后，齿隙为 0.240～0.561 mm；检测轴承轴向游隙，温度 20 ℃ 环境下小齿轮侧（P 侧）轴承游隙为 0.120～0.150 mm，大齿轮侧（G 侧）轴承游隙为 0.120～0.180 mm，齿轮箱轴承游隙与温度变化对应关系如图 5-41 所示。

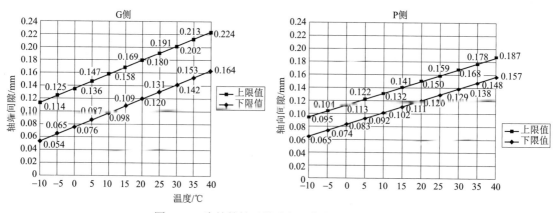

图 5-41 齿轮箱轴承游隙与温度变化对应关系图

③ 齿轮箱组成组装后须进行高速旋转跑合试验（正、反转各一次），CRH$_2$A/B/E 齿轮装置跑合试验模式如图 5-42 所示，CRH$_2$C1 齿轮装置跑合试验模式如图 5-43 所示，跑合过程中确认无异声、异常振动等，跑合时各测点最高温度不大于 100 ℃；跑合试验结束后取下磁栓，确认无磨耗粉以外的其他金属物附着，同时重新确认小轴承轴向游隙。

（6）大齿轮拆卸组装。

① 齿轮箱装置正常检修时不拆卸集电环、截油环。

② 集电环、截油环拆卸时允许使用感应加热装置，集电环加热温度不大于 150 ℃，截油环加热温度不大于 120 ℃。

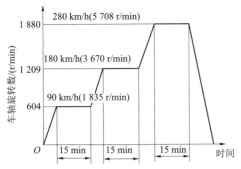

图 5-42　CRH₂A/B/E 齿轮装置跑合试验模式
注：跑合模式为正、反转通用。

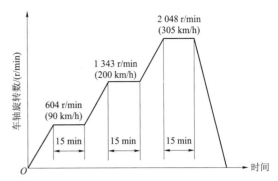

图 5-43　CRH₂C1 齿轮装置跑合试验模式
注：跑合模式为正、反转通用。

③ 大齿轮判定异常报废（或因车轴报废）时，须拆卸大齿轮和箱体。更换大齿轮轴承时可将大齿轮一同退卸。

④ 大齿轮等零部件的检修及组装要求如下：

（a）大齿轮齿面目视检查状态良好，使用细砂纸去除各零部件安装孔、装配面及车轴表面尖角毛刺、表面密封剂及锈迹等。

（b）大齿轮、截油环、集电环内孔及车轴配合部位、轴承盖内孔纵向划伤深度小于 0.3 mm 时打磨去除高点，损伤面积须小于该部位面积的 5%，修复后表面粗糙度最大 $Ra3.2$ mm，目标值 $Ra1.6$ mm。

（c）车轴上截油环（甲）、截油环（乙）安装部位过渡处周向划伤深度小于 0.3 mm 时须打磨去除，单条划伤修复后凹陷部位宽度小于 3 mm，深度小于 0.3 mm，如存在两条划伤，修复后凹陷部位宽度小于 6 mm。

（d）修复时禁止使用气动、电动工具，允许手工打磨修复，或在车轴转速不超过 200 r/min 条件下手工打磨修复。修复时先用 120# 以上砂纸粗修，再用 240# 以上砂纸精修，最后用工业百洁布打磨。打磨后缺陷部位须与相邻部位的金属表面圆滑过渡，表面粗糙度和未处理表面相似。打磨后允许存在由于色素渗入引起的金属变色。

（e）大齿轮退卸造成的车轴外露金属表面须磁粉探伤检查。

⑤ 大齿轮及相关组件的组装。

（a）车轴与大齿轮内孔测量时取 3 面 6 点的平均值，测量时避开损伤位置，具体测量方式可参考图 5-44。

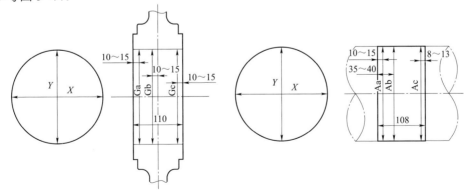

图 5-44　大齿轮及齿轮座测量方式示意图

（b）大齿轮及其周边零部件组装过盈量如表 5–56 所示。

表 5–56　大齿轮及其周边零部件组装过盈量　　　　　　　单位：mm

| 序号 | 检测项目 | 尺寸要求 | 备注 |
|---|---|---|---|
| 1 | 集电环与车轴配合过盈量 | 0.101～0.176 | |
| 2 | 截油环甲与车轴配合过盈量 | 0.045～0.120 | |
| 3 | 截油环乙与车轴配合过盈量 | 0.061～0.120 | |
| 4 | 大齿轮用轴承内圈与轴承座配合过盈量 | 0.098～0.149 | |
| 5 | 大齿轮用轴承外圈与轴承座配合过盈量 | 0.005～0.041 | 目标值 0.010 |
| 6 | 大齿轮与车轴配合过盈量 | 0.223～0.300 | |

（c）大齿轮压装时，配合部位须涂抹润滑剂，大齿轮压装的定位尺寸为 $328.5^{+0.5}_{-0.5}$ mm，如图 5–45 所示，压入力须大于 483 kN，压装曲线平滑过渡，无异常波动（压装曲线仅供参考）。压装后大齿轮轮辋部位（W 侧）端面跳动 0.20 mm 以下，目标值为 0.10 mm。

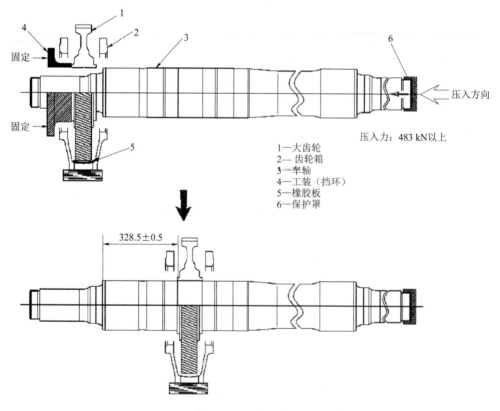

图 5–45　压装示意图

（d）轴承内圈组装时，过盈量满足要求后将轴承内圈热装，加热温度不大于 120 ℃，加热后轴承内圈剩磁量 0.5 mT，热装后加压 200 kN，并使用厚度为 0.03 mm 的塞尺检查轴承内圈与大齿轮组装间隙，检查时塞尺塞入不能超过贴合面深度的三分之一。

（e）GW 侧截油环组装时，过盈量满足要求后将 GW 侧截油环（甲）、截油环（乙）热装，加热温度不大于 120 ℃。以同样方式安装 GM 侧截油环。

（f）集电环过盈量满足要求后将集电环热装，加热温度不大于 150 ℃，热装后两侧加压 200 kN，并使用厚度为 0.03 mm 的塞尺检查两侧轴承内圈、截油环（甲）、截油环（乙）、集电环之间组装间隙，检查时塞尺塞入不能超过贴合面深度的三分之一。

（g）GM 侧轴承外圈组装时，过盈量满足要求后在轴承盖安装部位涂抹润滑剂，将轴承外圈压入轴承盖，压入力 20 kN，并使用厚度为 0.03 mm 的塞尺检查轴承外圈与轴承盖组装间隙，检查时塞尺塞入不能超过贴合面深度的三分之一。GW 侧轴承外圈组装同 GM 侧。

2）联轴节

① 联轴节须分解检修，分解后将联轴节外筒、小齿轮、挡油环、中心板、特殊螺母、键各件进行清洗，去除各零部件表面的锈迹等杂物，其他各件更新。

② 小齿轮及外筒应进行磁粉探伤检查，有裂纹时更换。磁粉探伤后剩磁量不大于 0.3 mT；探伤后清洗表面的磁悬液等附着物。小齿轮锥面局部的磕碰、划伤或黏着深度不得超过 0.5 mm，对损伤部位打磨去除高点后，检查其与齿轮箱小轴或电机轴的接触率须大于 80%。

③ 小齿轮啮合部存在的飞边、毛刺、卷边等缺陷允许打磨消除，齿面无剥离；中心板局部弯曲变形调修平整后使用。

④ 半联轴节的外筒和小齿轮的编号须一致，联轴节各零部件检修合格后重新组装。联轴节的组装要求按相关技术要求执行。

**7. 牵引装置**

（1）牵引拉杆组成。

① 橡胶节点更新。

② 牵引拉杆体端头与橡胶节点的过盈量满足 0.052～0.3 mm 要求，内孔划伤深度不得超过 0.3 mm，划痕须用油石或砂纸去除高点。

③ 对牵引拉杆体端头和拉杆体连接焊缝进行磁粉探伤检查，磁粉探伤方法执行 ISO 17638，验收等级执行 ISO 23278 2X 等级。

（2）中心销组成。

① 中心销外观检查，各连接可视焊缝无裂纹，减振器托架安装座、拉杆座外观检查无变形，按图 5-46 所示对关键部位焊缝磁粉探伤检查，划伤、磕碰、裂纹、腐蚀、磨损等缺陷的检修限度按相关项执行，各螺纹孔无缺扣、乱丝等。

② 中心销的磕碰伤及锐棱部位须打磨消除棱角，圆滑过渡；磕碰伤深度超过板厚 10%时进行焊修处理，焊修后须磁粉探伤。

③ 外观检查表面油漆状况，油漆脱落时找补油漆。

④ 中心销各部位磁粉探伤和焊修后的磁粉探伤方法执行 ISO 17638，验收等级执行 ISO 23278 2X 等级。

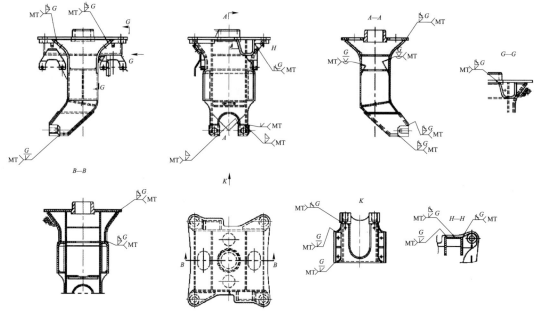

图 5-46　中心销探伤示意图

**8. 基础制动装置**

1）制动盘（含轮盘、轴盘）

① 制动盘外观检查状态良好，无贯穿裂纹，轮盘、轴盘裂纹沿半径方向长度大于 70 mm（5 mm 范围内相邻的裂纹将视为 1 条裂纹）时须更换。

② 轴制动盘各连接螺栓无松动，止转垫片无丢失、折损；旧车轮制动盘螺栓须超声波探伤检查，缺陷不大于 3 mm，超限时与车轮一同更换。

③ 制动盘磨耗限度见表 5-57，超限时更换。

表 5-57　制动盘磨耗限度（单侧）

| 类　　别 | 设计尺寸 | 五级修程限度 | 最低磨耗限度 |
|---|---|---|---|
| 动车轮盘 | 21 mm | ≥19 mm | 18 mm |
| 拖车轮盘 | 15 mm | ≥11 mm | 9 mm |
| 拖车轴盘 | 16 mm | ≥13 mm | 11 mm |

注：实际检修时，动车轮盘、拖车轮盘、拖车轴盘以实际磨耗线得出的剩余磨耗量须分别大于 1 mm、2 mm、2 mm。

④ 制动盘表面局部凹陷深度不大于 1 mm，制动盘偏磨最高点和最低点之差不大于 1.5 mm，超限时允许加工修整盘面（CRH$_2$C1 型动车组除外），加工后表面粗糙度不低于 $Ra$6.3 mm，轴盘盘面相对于轴中心线端面跳动不大于 0.5 mm，轮盘盘面相对于轴中心线端面跳动不大于 0.6 mm。CRH$_2$A/B/E 轮盘的反翘须低于车轮的轮辋面，CRH$_2$C1 轮盘的反翘不得超过车轮轮

辋侧面 1 mm，超限者连同车轮一同更换。制动盘边缘磕碰损伤长度×宽度×深度（长度为圆周方向，宽度为半径方向，深度为厚度方向）不大于 20 mm×5 mm×5 mm 时，须对磕碰处打磨去除高点；边缘磕碰损伤不大于 30 mm×5 mm×5 mm 或 13 mm×7 mm×7 mm 时，须对磕碰处打磨去除高点，磁粉探伤检查无裂纹。磕碰造成的摩擦面局部高起，须打磨去除；磕碰损伤超限者须更换。

⑤ 拖车轴装制动盘为分体盘结构，正常检修时原则上不分解。须更换新盘片时，组合 2 个半圆形盘成圆盘状，作为 1 个制动盘，装用于同一轴盘的 2 个制动盘不平衡值相差小于 10 g·m。组装时 2 个制动盘的静平衡位置相互错开 180° 安装，螺栓的紧固扭矩为 580 N·m，组装后半圆形盘之间的间隙应小于 0.8 mm，紧固件更新。

⑥ 拖车轴装制动盘不良或车轴报废时，须退卸制动盘。

（a）制动盘退卸时采用注油退卸方式，盘座参照轮座检修限度检修。

（b）检修用旧轴盘再次组装时，不允许存在倒锥，并须保证过盈量（三面六点平均值）、压装力、检压力满足要求。

2）制动夹钳单元

① 制动卡钳分解检修，更换拆解的紧固件、挡圈、密封圈、隔热板、波纹管。闸调器分解检查，球面轴承状态检查。

② 卡钳本体、支持架和外侧闸片托进行磁粉探伤检查。卡钳本体和支持架磁粉探伤检查时，裂纹深度不大于 2 mm 时打磨消除；裂纹深度在 2～5 mm 且面积不大于 4 cm$^2$ 时，焊补后磁粉探伤检查应无裂纹。外侧闸片托有裂纹须更新。

③ 检测卡钳本体上油缸安装孔和衬套安装孔尺寸：动车油缸安装孔检测尺寸要求≤$\phi$45.15 mm；拖车油缸安装孔检测尺寸要求≤$\phi$32.15 mm；衬套安装孔尺寸要求≤$\phi$50.2 mm。卡钳本体检测部位尺寸位置如图 5–47 所示。

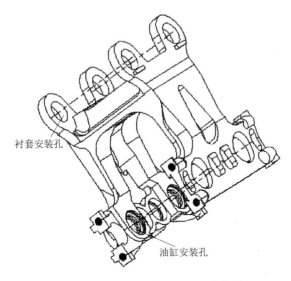

图 5–47　卡钳本体检测部位尺寸位置

④ 内侧闸片托和固定销检查尺寸如图 5–48 所示。

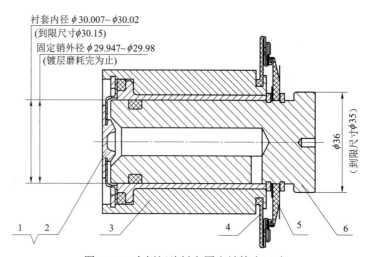

图 5-48　内侧闸片托和固定销检查尺寸

1—端盖；2—橡胶盖；3—闸片托；4—波纹管；5—隔热板；6—固定销

⑤ 检测与闸片接触的外侧闸片托处尺寸≥19.7 mm（新品时尺寸为 20 mm），且外侧闸片托与闸片接触部位磨损不超过 0.2 mm。

⑥ 检测与闸片配合处的闸片安装架尺寸≤8 mm（新品时尺寸为（7.6±0.2）mm），且闸片安装架与闸片接触部位磨损不超过 0.2 mm。

⑦ 支持销内侧衬套内径检测尺寸要求≤40.2 mm，外径检测尺寸要求≥49.8 mm。

⑧ 防振橡胶金属骨架内径检测尺寸要求≤40.2 mm。

⑨ 油缸弹簧外观检查，有损伤者更新。

⑩ 闸片材料出现剥落掉块导致接触面小于 80%时须更新，制动闸片厚度不小于 7 mm，超限时更新。

⑪ 试验。

（a）气密试验：在气压 0.3 MPa 保压 2 min，压力损失≤0.02 MPa。

（b）初期低压漏油试验：油压在 0.2 MPa 保压 1 min 后，泄漏量为 -0.05～0.05 $cm^3$。

（c）低压动作试验：油压在 1.96 MPa 动作 10 次，制动卡钳动作灵活，表面无油泄漏。

（d）初期高压漏油试验：油压在 11.8 MPa 保压 1 min，$CRH_2A$ 型泄漏量为 -0.050～0.25 $cm^3$，$CRH_2B$ 型、$CRH_2E$ 型、$CRH_2C1$ 型泄漏量为 -0.050～0.200 $cm^3$。

（e）高压动作试验：油压在 7.8 MPa 时动作 30 次，制动卡钳动作灵活，表面无油泄漏。

（f）低压漏油试验：油压在 0.2 MPa 保压 1 min 后，泄漏量为 -0.05～0.01 $cm^3$。

（g）高压漏油试验：油压在 11.8 MPa 保压 1 min，$CRH_2A$ 型泄漏量为 -0.050～0.25 $cm^3$，$CRH_2B$ 型、$CRH_2C$ 型泄漏量为 -0.050～0.200 $cm^3$。

（h）试验完毕，测量闸片与盘之间的间隙为 5～8 mm。

3）增压缸

增压缸分解、清洁，整体分解为 PC1S 压力控制阀、油压气缸体、空气缸体等零部件。

油压气缸体、空气缸体、PC1S 压力控制阀分解检修。增压缸组装完成后进行整体综合性能试验；检修合格后喷涂油漆，做好检修标识。

（1）油压缸体、空气缸体、供给阀。

① 清除增压缸制动油，清理油缸。

② 确认滑动部位无异常磨损及严重的缺损。超出标准范围的更新，具体检查要求见表 5-58。

表 5-58 滑动部位间隙检查要求

| 序号 | 部位 | 部件尺寸范围/mm | 间隙标准/mm |
|---|---|---|---|
| 1 | 密封件压环与活塞杆间隙 | 密封件压环：$\phi$42.250 以下<br>活塞杆：$\phi$41.850 以上 | 0.225～0.284 |
| 2 | 密封件压环圈与活塞杆间隙 | 密封件压环圈：$\phi$42.050 以下<br>活塞杆：$\phi$41.850 以上 | 0.055～0.114 |
| 3 | 衬套与供给阀间隙 | 衬套：$\phi$8.050 以下<br>供给阀：$\phi$7.950 以上 | 0.025～0.069 |

③ 活塞杆表面镀铬层有损伤时须更换。

④ 密封垫、O 形圈、挡圈、开口销、弹簧垫圈、检油窗、防护罩、密封件、滤尘器芯片、过滤器更新。

⑤ 供给阀弹簧更新，其他弹簧不符合要求时更新，弹簧检测标准见表 5-59（按规定高度测量承重）。

表 5-59 弹簧检修要求

| 序号 | 部位 | 承重测试 | |
|---|---|---|---|
| | | 高度/mm | 承重/N |
| 1 | 空气缸弹簧 | 197 | 490±49 |
| 2 | 止回阀弹簧 | 19.2 | 48±4.9 |

（2）PC1S 压力控制阀。

PC1S 压力控制阀分解为阀体、绝缘接头、膜片、O 形密封圈、环形密封垫等部件，各部件进行清洁。更换膜片和 O 形圈等必换部件，重新组装后进行例行试验。

① PC1S 压力控制阀动作试验。

使滑行控制阀动作，BC 压力能够上升或下降。

② PC1S 压力控制阀滑行检测。

（a）滑行检测缓解/充气。将 BC 压力计置于 685 kPa，操作开关，使 BC 压力上升或下降。确认 BC 压力上升或下降。

（b）滑行检测阶段缓解。确认 BC 压力为 685 kPa，迅速操作开关，使 BC 压力为 0 kPa。确认 BC 压力阶段性下降。

（c）滑行检测阶段充气。确认 BC 压力为 0 kPa，迅速操作开关，使 BC 压力为 685 kPa。确认 BC 压力阶段性上升。

（d）滑行检测缓解/充气。调整电源电压为 14 V，将 BC 压力计置于 685 kPa，操作开关，使 BC 压力下降或上升。确认 BC 压力下降或上升。

（e）滑行检测阶段缓解。调整电源电压为 14 V，确认 BC 压力为 685 kPa，迅速操作开关，使 BC 压力为 0 kPa。确认 BC 压力阶段性下降。

（f）滑行检测阶段充气。调整电源电压为 14 V，确认 BC 压力为 0 kPa，迅速操作开关，使 BC 压力为 685 kPa。确认 BC 压力阶段性上升。

③ PC1S 压力控制阀泄漏试验。

（a）保持阀高压泄漏。保持阀压力在 685 kPa，将 MR 的压力置于 685 kPa，15 s 内压力下降不大于 5 kPa（仅本体容积）。

（b）排气阀高压泄漏。排气阀压力在 685 kPa，将 BC 的压力置于 685 kPa，15 s 内压力下降不大于 5 kPa（仅本体容积）。

（c）保持阀低压动作泄漏。保持阀压力在 50 kPa，将 MR 的压力置于 50 kPa，15 s 内压力下降不大于 5 kPa（仅本体容积）。

（d）排气阀低压动作泄漏。排气阀压力在 50 kPa，将 BC 的压力置于 50 kPa，15 s 内压力下降不大于 5 kPa（仅本体容积）。

④ PC1S 压力控制阀滑行检测作用试验。

（a）滑行检测缓解。BC 压力从 685 kPa 到 255 kPa，时间小于 2.5 s。

（b）滑行检测充气。BC 压力从 0 到 430 kPa，时间小于 2.5 s。

（c）缓解重叠。确认 BC 压力为 685 kPa，BC 压力下降至 195 kPa 时，处于重叠状态，测量 BC 压力 5 s 的压力变化量不大于 20 kPa。

（d）制动重叠。确认 BC 压力为 0 kPa，BC 压力上升至 390 kPa 时，处于重叠状态，测量 BC 压力 5 s 的压力变化量不大于 20 kPa。

⑤ PC1S 压力控制阀容量试验。

BC 压力（容积 13 L）从 685 kPa 到 255 kPa，时间小于 4.5 s。

⑥ PC1S 压力控制阀绝缘耐压试验。

（a）用 500 V 兆欧表测量导电部和气路板间的绝缘电阻值大于 30 MΩ。

（b）对导电部和气路板间施加 50 Hz、1 125 V 电压，持续 1 min，无击穿、闪络现象。

（3）增压缸试验。

增压缸组装完成后进行表 5-60 中的试验项目。

表 5-60　增压缸试验

| 试验项目 | 试验要求 |
| --- | --- |
| 泄漏试验 | 压力设为 690 kPa，行程表示杆位于（40±3）mm 处<br>5 min 内，压力下降量不大于 20 kPa（容积为 5 L）；<br>5 min 后，行程表示杆的移动量在 1 mm 以下。<br>油压标准：（12.17±0.49）MPa |

续表

| 试验项目 | 试 验 要 求 |
|---|---|
| 高压泄漏试验 | 油压达到 14.71 MPa 时，确认各部分无漏油 |
| 增压试验 | 压力设为 100 kPa 时，油压标准：（1.37±0.29）MPa<br>压力设为 290 kPa 时，油压标准：（5±0.29）MPa<br>压力设为 690 kPa 时，油压标准：（12.26±0.49）MPa |
| 残压试验 | 压力为 0 时，油压标准：50～100 kPa |
| PC1S 防滑阀动作试验 | 压力设为 690 kPa，动作 3 次，油压要重复地下降和上升；<br>OFF 时：10 000～14 000 kPa；ON 时：0～150 kPa<br>泄漏测试：置保持阀开关 SW3 状态为 ON，给 PC1S 防滑阀供 690 kPa 的空气压力，压力 10 s 内下降不大于 10 kPa（仅本体容积） |

### 9. 安全及监测装置

1）速度传感器

（1）速度传感器表面清理后进行外观检查。

① 当传感器磁极处损伤或前端被刮擦时，速度传感器更新；

② 连接器插头螺纹有损伤、插针变形时须修复，无法修复时更新；

③ 外部螺栓防松铁丝断开时重新安装防松铁丝，螺栓松动时重新拧紧。

（2）速度传感器电缆线的检修。

① 电缆表面橡胶允许存在非贯通性划痕、划伤，破损、开裂、老化时更新；更新电缆时须进行防水处理。

② 速度传感器电缆转动时须紧固。速度传感器本体侧发生电缆转动时的紧固扭力值为 30～40 N·m（AG37 型）、25～35 N·m（AG43 型），最大扭力值为 50 N·m（AG37 型）、45 N·m（AG43 型）；速度传感器连接器侧发生电缆转动时的紧固扭力值为 3～7 N·m（AG43 型、AG37 型通用），最大扭力值为 7 N·m（AG43 型、AG37 型通用）。

③ 对地绝缘试验：用 500 V 兆欧表进行测定，AG37 型和 AG43 型速度传感器电阻值均须大于 10 MΩ。

④ 测定线圈电阻值，符合下列要求：

AG37 型　61×（1±10%）Ω。

AG43 型　e1：60×（1±10%）Ω。

　　　　　e2：33×（1±10%）Ω。

　　　　　e3：27×（1±10%）Ω。

⑤ 外部涂漆（插入部及电缆除外）。

⑥ 各速度传感器用电线支架的打磨焊缝磁粉探伤检查不许有裂纹，其他可视焊缝目视检查不许有裂纹。

2）轴温检测器

① 轴温检测器安装牢固，感温面接触良好。

② 轴温检测器螺旋软管出现局部破损、断裂等缺陷时更新。

③ 测试两输出端子之间电阻应不大于 0.1 Ω。

④ 绝缘性能试验：用 500 V 兆欧表测量输出端子与外壳间绝缘电阻不小于 10 MΩ。

⑤ 耐压试验：AC1 125V、1 min 内，无击穿闪络现象。

⑥ TOS−S300P 型轴温检测器更新（运行里程达到 480 万公里或使用年限达到 12 年）。

**10. 附属装置**

（1）踏面清扫装置。

① 踏面清扫装置分解检修，清洗分解的零部件，清除表面铁锈、灰尘、油污等污物。过滤器、密封件、紧固件、研磨子安装卡簧及橡胶波纹管等更新。

② 车轮踏面清扫装置本体、气压缸盖、插销盖、螺堵、插销进行镀锌处理，其余部件油漆脱落时找补油漆。

③ 检测研磨子内外侧厚度尺寸，转向架外侧的剩余厚度（包括钢背）不小于 13 mm，转向架内侧的剩余厚度（包括钢背）不小于 7 mm，超限时更新。

④ 动作试验：490 kPa 的空气压力下充气排气 10 次，活塞杆动作灵敏无异常，插销动作正常。

⑤ 气密性试验：低压试验 230 kPa，保压 3 min，压力≥210 kPa；高压试验 490 kPa，保压 3 min，压力≥450 kPa。

⑥ 返回试验：活塞杆最大伸长状态拔插销活塞杆返回时间在 3 s 以内。

⑦ 间隙调整试验：活塞杆间隙调整量为 15～23 mm。

（2）接地装置。

① 动车轮对组成上的齿轮箱接地装置须分解检修，分解后各部件使用中性清洗剂清洗干净，清洗时避免损伤碳刷、导线、绝缘保护座和绝缘板。

② 清扫壳体，观察窗、密封垫并更新紧固件，M3 螺钉扭矩为 0.4 N·m。

③ 接地装置的各部件目视检查，不允许有裂纹存在，有轻微损伤、卷边、毛刺等缺陷时允许研磨修整。

④ 碳刷长度位于视窗两刻度线之间，不得有断裂，芯线断裂不超过 10%，超限时须更换碳刷，M6 螺栓安装扭矩为 3.5 N·m。

⑤ 检查弹簧的压力，弹簧力不小于 13.7 N，损伤及弹力减弱的弹簧须更新，M5 螺栓安装扭矩为 3 N·m。

⑥ 接地线座板折弯处及 R5 倒角处磁粉探伤（GB/T 9444—2007）检查无裂纹。接地线座板左、右及压板重新镀锌处理，接地线座板存在变形时须更换，组装接地线后确认接地线座板竖直无倾斜。

⑦ 接地装置重新组装时密封垫及紧固件更新，M10 螺栓安装扭矩均为 17 N·m。

（3）轴端接地装置（AB−414 E）。

① 接地装置须分解检修，清理各部件上的灰尘。

② 接地装置碳刷整体高度小于 41 mm 或部件损坏时更新。

③ 检查接触环接触面的外径尺寸，小于 172 mm 时更新接触环。

④ 接地装置碳刷鞭套管损坏时更换碳刷。

⑤ 端盖密封件、绝缘垫片、绝缘件及紧固件更新。

（4）转向架排障装置。

① 分解排障装置为安装臂、排障板托架、盖、排障板压板、排障板（橡胶）等各零部件，目视检查盖、排障板托架、安装臂外表面焊缝，不许有裂纹。

② 排障板托架、安装臂表面划伤、磕碰、裂纹、腐蚀、磨损等缺陷的检修限度按相关项执行。

③ 目视检查排障板托架内腔，清理锈蚀、污物并找补油漆。

④ 清洗分解各零部件，排障装置安装臂、排障板托架打磨焊缝的外侧焊缝（见图 5–49、图 5–50）及锯齿部位磁粉探伤。焊缝磁粉探伤方法执行 ISO 17638，验收等级执行 ISO 23278 2X 级；锯齿部位磁粉探伤不许有裂纹。其他可视焊缝目视检查，有裂纹时允许焊修，焊修后磁粉探伤检查。

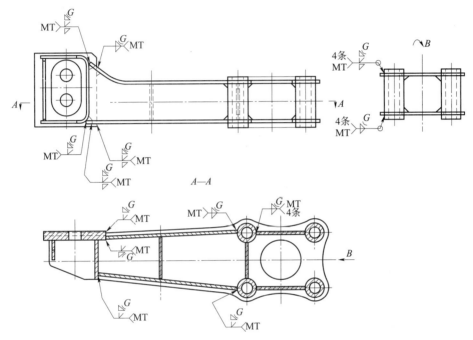

图 5–49　安装臂探伤示意图

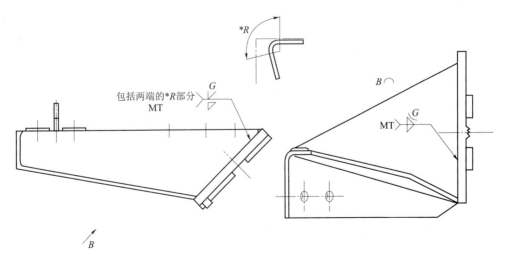

图 5–50　排障板托架探伤示意图

273

⑤ 排障装置表面涂装找补。

⑥ 排障板、排障板压板更新。

⑦ 紧固件更新。

⑧ 组装安装臂与排障板托架时，M24 螺栓先按 50 N·m 扭矩紧固，再使用 0.05 mm 塞缝尺对排障板托架和安装臂配合面周边进行测量，插入深度大于 10 mm 时更换排障装置。按 400 N·m 扭矩继续紧固，若特殊螺母与螺栓开口销孔未对准，继续紧固至两孔第一次对准，最大扭矩值不大于 450 N·m。目视检查排障板托架齿顶与安装臂齿底，接触时更换排障板托架或安装臂。

⑨ 安装后，排障板托架的安装面和定位块与安装臂须密贴。

⑩ 组装后找补面漆。

（5）管路安装装置。

① 各部件安装螺栓无松动，防松标记无错位缺失，状态良好时只涂打防松标记。如安装螺栓状态不良，须重新紧固并涂打防松标记。防松铁丝断裂或止动垫片破损时更新。

② 各管路安装管夹无松动、脱落，组装的各管路无抗磨，电线管路破损穿透者须更新；油压、气压管路及管接头无泄漏，不符合要求的管路进行调修或更换，空气管路和油压管路无破损。

③ 制动软管外观检查螺纹接套、接头、快速接头无伤痕、变形、腐蚀等异常。金属防护网、保护卷线有损伤、腐蚀等缺陷时更新。橡胶软管有异常或凸起者更新。

④ 空气管路活接头拆解时更新其内部橡胶垫，差压阀及踏面清扫装置管路（铜管）接头内橡胶垫更新。

（6）转向架配线及附件。

① 温度检测器螺旋软管出现局部破损、断裂等缺陷时，允许用绝缘防水材料处理，存在三处以上破损断裂时更新。配线所用的各外露密封防水剂脱落、缺损时修复。各配线固定用结扎带绑扎良好。

② 线管和电缆安装状态良好，线缆外橡胶软管破损时更新。

③ 清理端子箱及 T 接头内部，更新端子箱盖板的密封圈及 T 接头上盖板的橡胶板，端子箱与盖板结合面绝缘底漆脱落处须找补。线管接头处密封状态应良好，热缩管无破损。配线口密封腻子破损须更换。轴箱、齿轮箱温度检测器握手端子处防水密封良好，绝缘防护良好。7 芯连接器状态良好，插针无烧损、电蚀、变色。

④ 转向架配线与转向架活动部位距离过小时，配线使用橡胶板进行保护。

⑤ 连接器插头热缩管松动时，用绝缘胶带及防水密封胶进行处理。

⑥ 用 500 V 绝缘电阻计测量 7 芯连接器各针，绝缘值须大于 0.1 MΩ。

⑦ 转向架配线及接线端子无烧损、变色现象。

⑧ 各速度传感器用电线支架的打磨焊缝经磁粉探伤（GB/T 9444—2007）检查不许有裂纹，其他可视焊缝目视检查不许有裂纹。

⑨ 高度调整阀杠杆的绝缘套更新。

**11. 转向架落成**

（1）组装轴箱弹簧组成。

① 弹簧的选配压装。轴箱弹簧按试验载荷下的高度选配，同一轮对两组轴箱弹簧高度差

不大于 1 mm，同一转向架四组弹簧高度差不大于 2 mm。

　　② 弹簧的组装。放置弹簧调整垫时，厚垫片放置在下面；弹簧调整垫的 U 形开口朝向转向架横向中心。轴箱弹簧安装方向按图 5–51 所示进行确认。

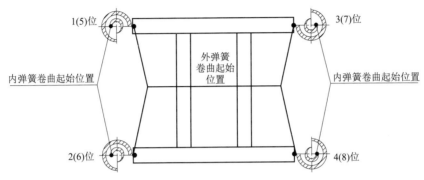

图 5–51　轴箱弹簧安装方向示意图

　　（2）组装连接件。

　　① 将螺栓 M16×100 涂抹扭矩系数稳定剂，将定位节点与定位臂连接（组装结构见图 5–52）。此时不紧固，待调整尺寸后紧固。

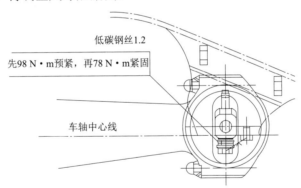

图 5–52　定位节点与定位臂连接结构图

　　② 扭矩系数稳定剂涂抹要求为：涂抹长度距离螺纹端 10～20 mm 范围，圆周方向涂抹一半，以下规定使用的扭矩系数稳定剂螺栓均按本要求执行。

　　③ 轮对提吊组装安装面须涂抹磷酸锌并紧固，图 5–53 所示为轮对提吊组装结构。

　　④ 预组垂向减振器：垂向减振器组装螺栓 M16×85 涂抹扭矩系数稳定剂，标示朝向外侧，并预紧固。

　　（3）调整及测量转向架尺寸。

　　① 测量构架基准与轮对内侧面尺寸 $203.5^{+1}_{-2}$ mm 并记录，同一轮对两侧之差不大于 1 mm。

　　② 在满足①尺寸的情况下，紧固定位臂节点螺栓 M16×100。紧固时注意顺序须内外轮流紧固，使锥形均匀嵌入。紧固扭矩要求为先用 98 N·m 扭矩紧固，等锥形发挥作用（紧固 2 min 后）松开，最后用 78 N·m 再次紧固即可。

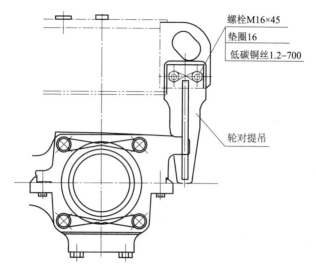

图 5-53　轮对提吊组装结构图

③ 按照尺寸检查记录表上要求，测量对角线之差不大于 1 mm，轮对与构架距离之差不大于 1 mm。

（4）紧固垂向减振器。

对螺栓 M16×85 进行紧固，紧固扭矩按扭矩表执行，并用低碳钢丝防松。

（5）组装牵引电机。

① 清理电机托架加工安装面，保持清洁干净。

② 螺栓 M27×70 组装时向螺纹部涂抹螺纹扭矩系数稳定剂。

③ 螺栓 M27×70 加垫圈 27 进行紧固，紧固扭矩按扭矩表执行。底部 M27×70 螺栓待转向架落成及尺寸调整后再紧固。

（6）组装齿轮箱吊杆。

① 吊杆预置调整垫片上下的数量和规格各为 2 个 0.75 mm 和 4 个 1.5 mm 垫片。

② 拧紧带槽螺母，使悬吊橡胶的高度各到（22±0.5）mm 为止。为防止螺栓螺纹部烧结及金属磨损，槽型螺母安装前，齿轮箱吊杆端部螺纹涂润滑剂。图 5-54 所示为齿轮箱吊杆。

③ 穿入开口销。

④ 在构架上安装座上安装齿轮箱防脱止挡螺栓，将涂抹润滑剂的螺栓 M30×110 按扭矩表要求紧固。

（7）组装联轴节。

穿入紧固件螺栓 M12×42，将螺母 M12 与弹性止垫圈六角面保持一致，紧固力矩 55～60 N·m。

按规定扭矩紧固后，螺母 M12 与弹性止垫圈各自用扳手卡住，将螺母 M12 沿安装方向反向松开，调整至螺母 M12 与弹性止垫圈的啮合面间隙为 2～3 mm 为止，如图 5-55 所示，并做好紧固防松标记。

（8）紧固牵引电机下部螺栓。

待动车转向架（M 车）落成尺寸测量合格后，将电机底部与构架紧固连接螺栓 M27×70 紧固，紧固力矩 500 N·m。将电机温度检测器线缆与转向架配线相应线缆连接，并用绝缘胶

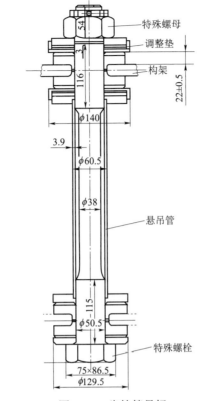

图 5-54　齿轮箱吊杆

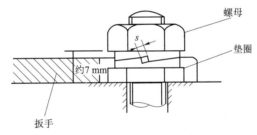

图 5-55　垫圈的紧固示意

带及密封胶防护。

（9）组装排障装置。

按相关技术要求组装排障装置。

（10）安装检测设备。

对于综合检测动车组转向架安装的检测设备，除特别要求外，各检测设备在检修完成后均须原位原装。

（11）其他要求。

① 转向架落成后轮对对角线之差不大于 1 mm；同一轮对与构架侧梁基准面距离（203.5 mm）横向之差不大于 1 mm。

② 转向架组成的螺栓安装时须涂抹扭矩系数稳定剂，涂抹范围为距离螺纹端 10～20 mm 长度范围，沿螺纹圆周方向涂抹一半。

③ 联轴节紧固螺栓 M12×42、螺母 M12、止动垫圈须更新，组装过程中拆装重复使用不许超过 3 次，螺母、止动垫圈变形、损伤时须更新。

④ 排障装置排障板距轨面的安装高度在整车落成后空车加载状态下调整，使排障板底面距轨道高度为 5～7 mm。

**12. 转向架试验**

（1）转向架落成试验。

① 转向架落成后允许在不加载状态下进行踏面清扫装置动作试验、制动夹钳动作试验，在加载状态下进行尺寸检查、空气弹簧保压试验、差压阀压差试验。

② 更换空气管路及连接部件时，须做气密性泄漏试验；更换制动夹钳、增压缸及其油压管路时，转向架落成后须进行制动单元及油压管路排气、泄漏试验。

③ 转向架各部位紧固扭矩按相关紧固扭矩表执行。

（2）转向架加载试验。

① 转向架加载试验项目及要求见表 5–61。

表 5–61　转向架加载试验项目及要求

| 序号 | 试验名称 | 试验条件 | 试验要求 | 备　注 |
|---|---|---|---|---|
| 1 | 检测轴距尺寸 | | 尺寸满足（2 500±1.5）mm 且两侧距离之差不大于 1 mm | |
| 2 | 轴箱体与构架基准面的尺寸检测 | | CRH2A/B/E 的尺寸为 $88^{+3}_{0}$ mm；CRH2C1 的尺寸为 $78^{+3}_{0}$ mm，且同一转向架四处的高度差不大于 2 mm | 当达不到上述要求时，允许加垫调整，调整垫的总厚度不大于 21 mm，并要求厚垫在下，薄垫在上 |
| 3 | 联轴节高度测量 | 空车载荷（只需加载，无空气压力） | 分别测量主电机加工测量基准面、齿轮箱加工测量基准面与水平轨道的高度 $A$ 和 $B$ 尺寸，满足 $A-B=$（117.6±0.5）mm | 高度测量时转向架不能处于制动状态。不合格须通过齿轮箱吊杆进行调整 |
| 4 | 轴箱体节点紧固扭矩检查 | | 分别施加空车载荷和满车载荷，反复加载进行 5 次，用 78 N·m 扭矩检查确认 | |
| 5 | 齿轮箱注油 | | 齿轮箱油面位置为油面镜中间刻线位置偏上（位于上面第 1、2 条刻线中间） | 仅 M 车 |
| 6 | 空气弹簧管路气密性试验 | 风压（500±20）kPa 保压 15 min | 压力下降不大于 20 kPa，用肥皂水检查各管路及空气弹簧座平面，不许有泄漏 | |
| 7 | 差压阀压差试验 | 限定试验台的加载头高度，分别向一侧空气弹簧及附加空气室充入（500±20）kPa 压力空气，另一侧空簧不主动充气 | 检查并记录两侧压力表压力值，压差不大于（150±20）kPa | |

② CRH2A/B/E/C1 型动车组载荷试验时载荷值各不相同，各车型试验载荷要求见表 5–62～表 5–65。

表 5–62　CRH₂A 型动车组转向架试验加载载荷表

| 车　　型 | | T1 | M1 | M2 | T2 | T3 | M3 | M4 | T4 |
|---|---|---|---|---|---|---|---|---|---|
| 空车载荷 | 单侧空簧加载/kN | 79 | 80 | 75 | 65 | 70 | 81 | 75 | 75 |
| 满车载荷 | 单侧空簧加载/kN | 101 | 119 | 109 | 105 | 92 | 121 | 95 | 100 |

注：实际加载载荷的大小允许偏差±2 kN。

表 5–63　CRH₂B 型动车组转向架试验加载载荷表

| 车号 | 空车载荷/kN | | | | 满车载荷/kN | | | |
|---|---|---|---|---|---|---|---|---|
| | 1 位转向架 | | 2 位转向架 | | 1 位转向架 | | 2 位转向架 | |
| | 1 位侧 | 2 位侧 | 1 位侧 | 2 位侧 | 1 位侧 | 2 位侧 | 1 位侧 | 2 位侧 |
| 1（T1） | 73.93 | 74.17 | 78.03 | 78.29 | 81.99 | 82.13 | 93.31 | 93.46 |
| 2（M1） | 85.98 | 82.28 | 83.88 | 79.22 | 93.94 | 97.52 | 85.28 | 88.53 |
| 3（M2） | 76.36 | 76.97 | 78.79 | 78.24 | 82.66 | 82.79 | 91.62 | 91.77 |
| 4（T2） | 59.43 | 62.1 | 58.87 | 61.52 | 79.41 | 81.64 | 79.58 | 81.81 |
| 5（T3） | 64.06 | 63.55 | 68.33 | 67.78 | 82.51 | 83.32 | 89.2 | 90.07 |
| 6（M3） | 84.19 | 80.8 | 81.31 | 77.01 | 101.8 | 105.7 | 95.04 | 98.67 |
| 7（M4） | 73.5 | 73.49 | 77.08 | 76.63 | 87.52 | 87.8 | 96.01 | 96.32 |
| 8（T4） | 76.98 | 73.8 | 70.62 | 67.7 | 84.01 | 78.59 | 87.2 | 81.57 |
| 9（T5） | 69.13 | 67.03 | 74.02 | 71.77 | 88.09 | 87.24 | 94.46 | 93.54 |
| 10（M5） | 83.25 | 80.36 | 81.7 | 77.7 | 99.02 | 102.3 | 96.1 | 99.27 |
| 11（M6） | 74.06 | 73.21 | 78.67 | 76.81 | 87.98 | 87.98 | 96.34 | 96.34 |
| 12（T6） | 60.3 | 65.41 | 60.19 | 65.29 | 80.25 | 84.95 | 80.88 | 85.62 |
| 13（T7） | 68.56 | 67.45 | 73.01 | 71.83 | 87.04 | 87.18 | 93.93 | 94.08 |
| 14（M7） | 84.72 | 80.55 | 81.63 | 77.09 | 98.84 | 102.3 | 95.51 | 98.83 |
| 15（M8） | 72.5 | 73.61 | 78.73 | 75.46 | 87.45 | 87.31 | 95.83 | 95.67 |
| 16（T8） | 72.54 | 72.78 | 76.56 | 76.81 | 90.03 | 91.65 | 84.27 | 85.79 |

注：实际加载载荷的大小允许偏差±2 kN。

表 5–64　CRH₂E 型动车组转向架试验加载载荷表

| 车号 | 空车载荷/kN | | | | 满车载荷/kN | | | |
|---|---|---|---|---|---|---|---|---|
| | 1 位转向架 | | 2 位转向架 | | 1 位转向架 | | 2 位转向架 | |
| | 1 位侧 | 2 位侧 | 1 位侧 | 2 位侧 | 1 位侧 | 2 位侧 | 1 位侧 | 2 位侧 |
| 1（T1） | 71.45 | 71.92 | 76.77 | 77.27 | 82.20 | 83.01 | 93.10 | 94.01 |
| 2（M1） | 86.92 | 89.07 | 86.88 | 89.03 | 99.27 | 94.70 | 102.41 | 97.69 |
| 3（M2） | 83.11 | 83.66 | 78.84 | 79.35 | 97.31 | 90.59 | 92.82 | 86.41 |
| 4（T2） | 77.67 | 80.63 | 76.69 | 79.61 | 91.84 | 87.61 | 90.75 | 86.57 |
| 5（T3） | 72.12 | 73.06 | 73.82 | 74.78 | 86.26 | 80.04 | 87.99 | 81.65 |

| 车号 | 空车载荷/kN | | | | 满车载荷/kN | | | |
| --- | --- | --- | --- | --- | --- | --- | --- | --- |
| | 1 位转向架 | | 2 位转向架 | | 1 位转向架 | | 2 位转向架 | |
| | 1 位侧 | 2 位侧 | 1 位侧 | 2 位侧 | 1 位侧 | 2 位侧 | 1 位侧 | 2 位侧 |
| 6（M3） | 84.19 | 80.8 | 81.31 | 77.01 | 101.8 | 105.7 | 95.04 | 98.67 |
| 7（M4） | 82.06 | 82.33 | 78.66 | 78.92 | 96.31 | 89.22 | 92.72 | 85.90 |
| 8（T4） | 80.76 | 78.05 | 72.76 | 70.31 | 91.83 | 86.75 | 89.67 | 84.71 |
| 9（T5） | 78.55 | 79.32 | 77.28 | 78.04 | 93.19 | 86.76 | 90.84 | 84.56 |
| 10（M5） | 86.87 | 88.87 | 86.83 | 88.83 | 99.12 | 94.56 | 102.30 | 97.59 |
| 11（M6） | 82.79 | 83.07 | 79.14 | 79.66 | 97.00 | 90.01 | 93.41 | 86.68 |
| 12（T6） | 73.21 | 74.90 | 71.79 | 73.44 | 87.44 | 81.80 | 85.91 | 80.37 |
| 13（T7） | 76.37 | 78.64 | 75.62 | 77.87 | 90.50 | 85.63 | 89.68 | 84.85 |
| 14（M7） | 86.74 | 88.88 | 86.27 | 88.40 | 99.15 | 94.58 | 101.14 | 96.48 |
| 15（M8） | 82.04 | 82.31 | 78.64 | 78.90 | 96.28 | 89.20 | 92.70 | 85.87 |
| 16（T8） | 81.01 | 81.40 | 72.88 | 73.24 | 96.59 | 97.22 | 84.54 | 85.09 |

注：实际加载载荷的大小允许偏差±2 kN。

表 5-65　CRH$_2$C1 型动车组转向架试验加载载荷表

| 车型 | | T1 | M1 | M2 | M3 | M4 | M5 | M6 | T2 |
| --- | --- | --- | --- | --- | --- | --- | --- | --- | --- |
| 空车载荷 | 单侧空簧加载/kN | 81 | 77 | 77 | 77 | 77 | 77 | 77 | 81 |
| 满车载荷 | 单侧空簧加载/kN | 108 | 116 | 116 | 116 | 116 | 116 | 116 | 108 |

注：实际加载载荷的大小允许偏差±2 kN。

③ 转向架制动系统主要试验项目及要求见表 5-66。

表 5-66　转向架制动系统主要试验项目及要求

| 序号 | 试验名称 | 试验条件 | 试验要求 | 备注 |
| --- | --- | --- | --- | --- |
| 1 | 踏面清扫管路气密性试验 | 风压 500 kPa 且保压 20 min | 压力表泄露量≤20 kPa，涂抹肥皂水无泄漏 | |
| 2 | 踏面清扫动作试验 | 踏面清扫装置供风管路内风压 500 kPa，制动、缓解动作不低于 5 次 | 动作灵活，无异声、偏抗及卡阻 | |
| | | 缓解状态下 | 踏面与研磨子间隙为 15～23 mm | |
| 3 | 制动油压管路排气试验 | 风压 500 kPa | 排油管路内无气泡 | |
| 4 | 制动夹钳动作试验 | 制动夹钳及其供风管路内风压 500 kPa；施行制动加压，检查制动夹钳闸片贴靠制动盘，撤除压力缓解后，闸片须离开制动盘，反复进行 5 次 | 动作灵活，无卡滞、动作迟缓或其他异常 | |
| | | 缓解状态 | 两侧闸片间隙之和为 3～8.6 mm | 允许单侧虚抱 |
| 5 | 增压缸制动管路泄漏试验 | 风压 700 kPa 且保压 20 min | 前 5 min 泄露量不大于 20 kPa，后 15 min 无泄漏 | |

注：实际作业时初始压力值的偏差允许在（0，+20）kPa 范围内调整（即 $P_0^{+20}$ kPa），其中 $P$ 为初始压力的理论值。

# 5.6　故 障 处 理

## 5.6.1　CRH$_2$型动车组转向架故障处理基本操作说明

**1. 故障显示**

（1）发生故障时，MON 屏在当前页面下方会显示"故障发生信息"页面（见图 5–56），并伴有报警声响。

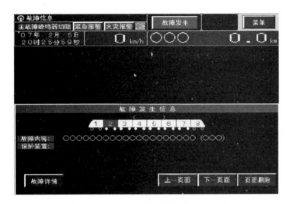

图 5–56　"故障发生信息"页面

（2）此时可按压【故障详情】键，MON 屏切换至"故障信息"页面，示例如图 5–57 所示。

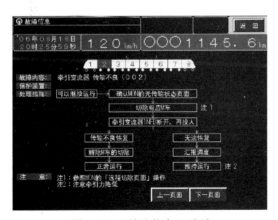

图 5–57　"故障信息"页面

**2. 关门车操作**

（1）关闭【紧急】阀（红色）、【供给】阀（白色）（CRH$_2$A（统型）仅关闭【供给】阀（白色）），如图 5–58 所示。

图 5-58 【紧急】阀

（2）拉出【紧急短路】开关或将【紧急短路】开关切换至紧急位，如图 5-59 所示。

图 5-59 【紧急短路】开关

（3）断开【制动控制装置】断路器。

（4）隔离停放制动（仅限 CRH$_2$A 统型动车组），具体操作方法如下：

① 关闭停放制动带电触点截断塞门（手柄为黑色，见图 5-60），使手柄置于垂直位。

图 5-60 关闭停放制动带电触点截断塞门

② 操作"停放制动旁路"旋钮（见图 5-61）。

③ 在车辆一侧拉停放制动手动缓解拉绳，共 4 个（两侧均可操作，操作一侧即可），缓解停放制动，观察带停放缸的制动卡钳状态，确认其已缓解，如图 5-62 所示。

④ 通过 MON 屏"切除状态"画面（见图 5-63），确认停放制动已切除。

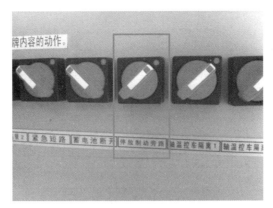

图 5-61　"停放制动旁路"旋钮

图 5-62　车辆手动缓解停放制动

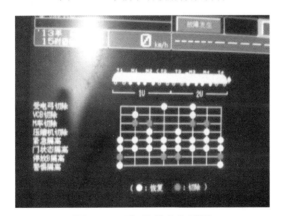

图 5-63　"切除状态"画面

注：① 单独关闭【紧急】阀（红色）后，常用制动正常，因紧急制动电磁阀无法输出紧急制动控制压力，无法启动紧急制动。

② 切除空气制动力也可以在车下走行部实施，每台转向架有一个折角塞门，只对本台转向架起作用。

③ 当 01、00 车（重联时 01、08、09、00 车）发生"制动控制装置故障（059）"需关门

车操作时，将该车运行配电盘中的【制动控制装置】断路器（见图5-64）断开，为了不影响集控开门，集控开门操作时须临时将该关门车相对应司机室配电盘中的【关车门安全】断路器（见图5-65）断开。

图5-64 【制动控制装置】断路器

图5-65 【关车门安全】断路器

④ $CRH_2B/C/E$ 及 $CRH_2A$ 统型动车组主控端所在车完成关门车操作后，若列车发生紧急制动，在进行紧急制动缓解时，须先将主控端司机室总配电盘应急短路开关 X3 和 X3A 线短接，然后按压【紧急复位】按钮，紧急制动缓解后，断开 X3 和 X3A 线。

**3. 抱死切除/复位操作**

（1）按压主控端司机室 MON 屏【抱死切除】键，进入"抱死切除"页面（见图5-66）。

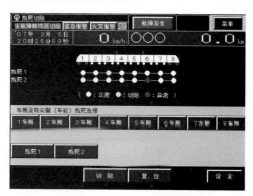

图5-66 "抱死切除"页面

（2）选择相应车厢。

（3）选择【抱死1】或【抱死2】。

（4）按【切除】/【复位】键。

（5）按【设定】键。

**4. 轴温报警切除/复位操作**

（1）按压主控端司机室 MON 屏【轴温切除】键，进入"轴温切除"页面（见图5-67）。

（2）选择相应车厢。

（3）选择【轴温1】或【轴温2】。

（4）按【切除】/【复位】键。

（5）按【设定】键。

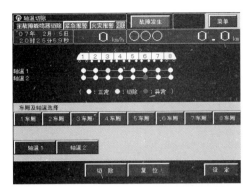

图 5-67　"轴温切除"页面

## 5.6.2　CRH$_2$ 型动车组转向架具体部件故障处理操作说明

CRH$_2$ 型动车组转向架具体部件故障处理操作说明见表 5-67～5-73。

表 5-67　轴温

| 名称 | 轴温 1(154)<br>轴温 2(155) | |
| --- | --- | --- |
| 现象 | 司机室操纵台故障显示灯"转向架"灯点亮 | |
| 车种 | CRH$_2$A、CRH$_2$B、CRH$_2$C、CRH$_2$E | |
| 原因 | 传感器故障；机械故障 | |
| 行车 | 司机快速制动停车（CRH$_2$A 统型和 CRH$_2$A（2191～2211）车辆触发紧急制动停车） | |
| 步骤 | 处　理　过　程 | |
| <br>1 |  | 　当 MON 屏主菜单页面闪现"故障发生信息"提示，并伴有声音报警时，司机触按左下方【故障详情】键，确认故障情况，立即停车，并通知随车机械师 |
| <br>2 | | 　MON 屏切换至"轴温 1(154)"故障信息页面，确认故障位置，并通知随车机械师 |
| <br>3 | 　随车机械师按规定程序下车，对轴箱体后盖甩油状态及轴箱体外观颜色进行检查，确认是否可运行，同时使用红外线点温计测量相应轴箱、齿轮箱的温度。<br>　① 轴箱温度应不超过 80 ℃且与同车辆相邻正常轴箱温差应在 20 ℃范围内。<br>　② 齿轮箱轴承座温度应不超过 100 ℃且箱壁温度应不超过 90 ℃。<br>　③ 温度不超上述范围为误报警，否则为真报警。检查完毕，通知司机，报告调度，并在司机手账中签认 | |

续表

| 步骤 | 处 理 过 程 | |
|---|---|---|
| 4 | | ① 如为真报警，请求换乘。根据故障情况请求就地救援或限速 40 km/h 以下运行至临近车站，等待处理方案；或动车组不超过 40 km/h 运行到临近车站停车，旅客下车换乘其他动车组。<br>② 若轴温误报警时，司机通过 MON 屏切除轴温报警信息，并报告列车调度员，维持运行（CRH₂A 统型和 CRH₂A（2194～2211）须要在配电盘内操作【轴温控车隔离旋钮】），到达具备换车条件的车站更换车底。故障车组停运，回库处理<br><br>轴温切除步骤：先选择【故障车】，然后点击【轴温 1】或【轴温 2】，最后点击【设定】。 |
| 5 | | 列车恢复运行后：<br>如真报警，动车组不超过 40 km/h 运行，运行途中机械师对于故障车辆的振动和运行声音进行监控，如出现异常振动或异声，应立即通知司机停车，更换车底。<br>若轴温误报警时，司机通过 MON 屏切除轴温报警信息：<br>对于有红外线设备的线路，由司机联系列车调度员，安排地面红外线设备加强监控，每个办客站由随车机械师下车点温（故障轴位应在非站台侧），维持运行至具备更换车底条件的车站换车。<br>对于无红外线设备的线路，机械师重点巡视报警车厢，每间隔 1 小时到就近站下车检查相应车厢的轴箱、齿轮箱温度。且要求随车机械师密切注意 MON 屏显示，重点巡视报警车厢，对故障车辆的振动和运行声音进行监控，如出现异常振动或异声，应立即通知司机停车，下车检查 |
| 注意 | 轴温切除后，司机报告列车调度员，加强监控 | |

表 5-68　车轮踏面擦伤、剥离

| 名称 | 车轮踏面擦伤、剥离 | |
|---|---|---|
| 现象 | 车轮踏面出现擦伤或者剥离 | |
| 车种 | CRH₂A、CRH₂B、CRH₂C、CRH₂E | |
| 原因 | 除车辆系统外，线路、轨道状态、轮轨匹配、驾驶操作及天气环境因素等均有影响 | |
| 行车 | 停　车 | |
| 步骤 | 处 理 过 程 | |
| 1 | | 随车机械师接到或发现车辆运行异常时，通知司机停车 |
| 2 | | 司机报告列车调度员：停车地点、时间、原因 |
| 3 | | ① 按规定程序下车，检查车轮踏面状态。<br>② 检查完毕，通知司机，并在司机手账中签认 |

续表

| 步骤 | 处　理　过　程 |
|---|---|
| <br>4 | ① 若踏面无异常，正常运行。<br>② 如果踏面剥离或擦轮，根据随车机械师的要求按规定限速运行 |

表 5–69　转向架及车轴异常

| | |
|---|---|
| 名称 | 转向架异常（586）<br>BIDS 转向架异常 1 位转向架 1 轴（490）<br>BIDS 转向架异常 1 位转向架 2 轴（491）<br>BIDS 转向架异常 2 位转向架 1 轴（492）<br>BIDS 转向架异常 2 位转向架 2 轴（493） |
| 现象 | MON 屏中报出上述故障，司机台"转向架"故障灯亮 |
| 车种 | $CRH_2C$ 二阶段（2091～2110、2141～2150） |
| 原因 | BIDS 检测出转向架异常情况 |
| 行车 | 降　速　运　行 |
| 步骤 | 处　理　过　程 |
| 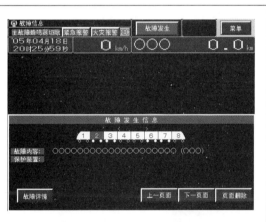<br><br>1 | 当 MON 屏主菜单页面闪现"故障发生信息"提示，并伴有声音报警时，司机触按左下方【故障详情】键，确认故障情况，并通知随车机械师 |
| 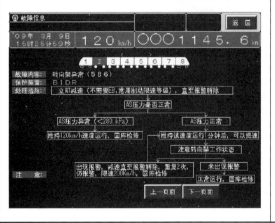<br>2 | MON 屏切换至"转向架异常（586）"故障信息页面 |

287

| 步骤 | 处理过程 | |
|---|---|---|
| 3 | 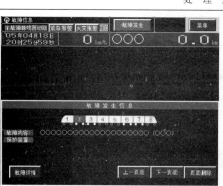 | ① 司机使用常用制动减速运行，直至报警解除。<br>（a）观察 AS 压力值，如 AS 压力值小于 280 kPa，则维持 120 km/h 速度运行，回库检修。<br>（b）如果 AS 压力值正常（大于等于 280 kPa），则维持该速度运行 1 min 后可以恢复到正常速度运行。<br>② 如果提速后再次出现报警，减速直至报警解除，重复以上步骤两次后仍然报警，则限速 200 km/h 运行，回库检修。<br>③ 如果提速后未出现报警，则正常运行，回库检修。<br>④ 如果减速直至停车报警不解除，应首先检查 AS 压力，如果 AS 压力小于 280 kPa，维持 120 km/h 运行，回库检修；如果 AS 压力正常，可以维持 200 km/h 运行，回库检修 |

表 5-70　BIDS 内部故障

| 名称 | BIDS 内部故障（496） | |
|---|---|---|
| 现象 | MON 屏中报出上述故障 | |
| 车种 | CRH$_2$C 二阶段 | |
| 原因 | ① BIDS 输出继电器故障（BIDR、装置故障、传感器试验输出）<br>② BIDS 存储错误 | |
| 行车 | 继续运行 | |
| 步骤 | 处理过程 | |
| 1 | 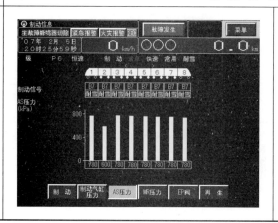 | 当 MON 屏主菜单页面闪现"故障发生信息"提示，并伴有声音报警时，司机触按左下方【故障详情】键，确认故障情况，并通知随车机械师 |
| 2 | | MON 屏切换至"BIDS 内部故障（496）"故障信息页面 |

续表

| 步骤 | 处 理 过 程 |
|------|-----------|
| 3 | 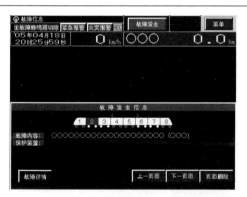 | ① 随车机械师立即确认故障车服务配电盘中【转向架失稳检测装置电源】断路器状态。若断开，则闭合；若处于闭合状态，则断开再投入。<br>② 若故障消除，可正常运行。<br>③ 若故障未消除，断开【转向架失稳检测装置电源】断路器，维持运行 |

表 5–71　BIDS 传感器异常

| 名称 | BIDS 传感器异常（497） |
|------|-----------|
| 现象 | MON 屏中报出上述故障 |
| 车种 | CRH$_2$C 二阶段 |
| 原因 | 传感器故障；传感器断线 |
| 行车 | 继　续　运　行 |
| 步骤 | 处　理　过　程 |
| 1 | 当 MON 屏主菜单页面闪现"故障发生信息"提示，并伴有声音报警时，司机触按左下方【故障详情】键，确认故障情况，并通知随车机械师 |
| 2 | MON 屏切换至"BIDS 传感器异常（497）"故障信息页面 |

续表

| 步骤 | 处 理 过 程 | |
|---|---|---|
| 3 |  | ① 随车机械师立即确认故障车服务配电盘中【转向架失稳检测装置电源】断路器状态。若断开，则闭合；若处于闭合状态，则断开再投入。<br>② 若故障消除，可正常运行。<br>③ 若故障未消除，断开【转向架失稳检测装置电源】断路器，维持运行 |

表 5-72 转向架失稳检测装置传输不良

| 名称 | 转向架失稳检测装置传输不良（580） | |
|---|---|---|
| 现象 | MON 屏中报出上述故障 | |
| 车种 | CRH$_2$C 二阶段 | |
| 原因 | BIDS 输入电源故障；通信线路断开或受到严重干扰 | |
| 行车 | 继 续 运 行 | |
| 步骤 | 处 理 过 程 | |
| 1 |  | 当 MON 屏主菜单页面闪现"故障发生信息"提示，并伴有声音报警时，司机触按左下方【故障详情】键，确认故障情况，并通知随车机械师 |
| 2 | | MON 屏切换至"转向架失稳检测装置传输不良（580）"故障信息页面 |

| 步骤 | 处 理 过 程 | |
|---|---|---|
|  3 |  | ① 随车机械师立即确认故障车服务配电盘中【转向架失稳检测装置电源】断路器状态。若断开，则闭合；若处于闭合状态，则断开再投入。<br>② 若故障消除，可正常运行。<br>③ 若故障未消除，断开【转向架失稳检测装置电源】断路器，维持运行 |

表 5–73　夹钳机械卡滞

| 名称 | 夹钳机械卡滞 | |
|---|---|---|
| 现象 | 车辆正常过程中制动盘冒火星 | |
| 车种 | CRH$_2$A、CRH$_2$B、CRH$_2$E、CRH$_2$C | |
| 原因 | 夹钳机械卡滞 | |
| 行车 | 司机操纵快速制动停车 | |
| 步骤 | 处 理 过 程 | |
|  1 |  | 随车机械师关闭相应转向架侧"制动缸"截断塞门，排风缓解。切除故障卡钳所在转向架制动 |
|  2 | 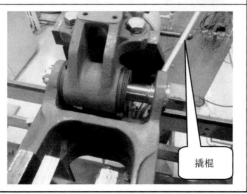 | CRH$_2$A、CRH$_2$B、CRH$_2$E、CRH$_2$C 一阶段（2061～2090）：待卡钳内部压力释放后，可考虑在支持架和卡钳本体反油缸侧空挡处加一撬棍，撬动卡钳本体使油缸侧闸片压动闸调器、油缸和固定销复位（注意轴盘卡钳所用撬棍不宜太长，以免与增压缸罩相抗）。若撬不动，可在切除制动后维持运行 |

| 步骤 | 处 理 过 程 | |
|---|---|---|
| | | CRH₂A 统型、CRH₂C 二阶段（2091～2110、2141～2150）：待卡钳内部压力释放后，顺时针旋转调节器上的调整螺母（M24），使卡钳闸片托增加间距。若撬不动，可在切除制动后维持运行 |
|  3 | | 切除故障卡钳所在转向架制动 |
|  3 | | 操作完毕，维持运行 |

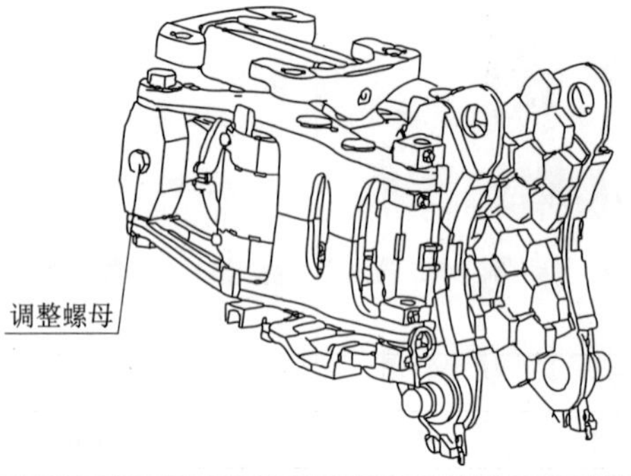

（图中标注：调整螺母）

## 5.6.3　CRH₂ 型动车组限速表

CRH₂ 型动车组故障及对应限速见表 5–74。

表 5–74　CRH₂ 型动车组故障及对应限速

| 故 障 描 述 | | 最高限制速度/（km/h） |
|---|---|---|
| 车轮擦伤 | 长度大于等于 60 mm | 按≤120 运行至前方站后停运，有动力回所后处理 |
| | 长度大于 30 mm 小于 60 mm | 限速 200，完成本次运营后处理 |
| | 长度小于等于 30 mm | 不限速，完成本天运营后处理 |
| 车轮剥离：一处长度≤20 mm(或两处每处长度≤10 mm)，面积≤100 mm²，深度≤1.5 mm | 三个标准均超限时 | 按照≤40 完成本次运营后处理 |
| | 三个标准未同时超限时 | 不限速，完成本天运营后视情况安排处理 |
| 空气弹簧泄漏、爆裂或切除 | | 120，完成本次运营后处理 |
| 车窗玻璃破损导致车辆密封失效 | | 160，完成本次运营后处理 |
| 轴温 | 轴温报警后，确认轴箱温度（点温）>80 ℃，或与相邻正常轴箱温度差>20 ℃ | 切除该车动力后，以≤20 运行至前方站后停运，回所后处理 |
| 轴箱弹簧断裂 | | 30 |
| 轴箱定位装置明显损坏 | | 10 |
| 轴箱定位装置零部件缺失 | | 30 |

续表

| 故 障 描 述 | | 最高限制速度/（km/h） |
|---|---|---|
| 高度控制阀或（和）高度调节杆故障 | | 120 |
| 抗蛇行油压减振器失效 | | 160 |
| 抗蛇行油压减振器连接螺栓缺失或松动 | | 10 |
| 横向止挡损坏或缺失 | | 30 |
| 空调故障开门运行 | | 60（高站台 40） |
| 超员 20%以上 | | 疏散 |
| CRH₂A 单列动车组 | 牵引剩余 3/4 | 220 |
| | 牵引剩余 2/4 | 170 |
| | 牵引剩余 1/4 | 100 |
| CRH₂A 重联动车组、CRH₂B、CRH₂E | 牵引剩余 7/8 | 230 |
| | 牵引剩余 6/8 | 220 |
| | 牵引剩余 5/8 | 200 |
| | 牵引剩余 4/8 | 170 |
| | 牵引剩余 3/8 | 150 |
| | 牵引剩余 2/8 | 100 |
| | 牵引剩余 1/8 | 救援 |
| CRH₂C 一阶段 单列动车组 | 牵引剩余 5/6 | 290 |
| | 牵引剩余 4/6 | 260 |
| | 牵引剩余 3/6 | 220 |
| | 牵引剩余 2/6 | 180 |
| | 牵引剩余 1/6 | 110 |
| CRH₂C 一阶段 重联动车组 | 牵引剩余 11/12 | 300 |
| | 牵引剩余 10/12 | 290 |
| | 牵引剩余 9/12 | 270 |
| | 牵引剩余 8/12 | 260 |
| | 牵引剩余 7/12 | 240 |
| | 牵引剩余 6/12 | 220 |
| | 牵引剩余 5/12 | 200 |
| | 牵引剩余 4/12 | 180 |
| | 牵引剩余 3/12 | 150 |
| | 牵引剩余 2/12 | 110 |
| | 牵引剩余 1/12 | 救援 |
| CRH₂C 二阶段 单列动车组 | 牵引剩余 5/6 | 300 |
| | 牵引剩余 4/6 | 270 |
| | 牵引剩余 3/6 | 240 |
| | 牵引剩余 2/6 | 190 |
| | 牵引剩余 1/6 | 90 |

| 故 障 描 述 | | 最高限制速度/（km/h） |
|---|---|---|
| CRH₂C 二阶段<br>重联动车组 | 牵引剩余 11/12 | 320 |
| | 牵引剩余 10/12 | 300 |
| | 牵引剩余 9/12 | 290 |
| | 牵引剩余 8/12 | 270 |
| | 牵引剩余 7/12 | 250 |
| | 牵引剩余 6/12 | 240 |
| | 牵引剩余 5/12 | 220 |
| | 牵引剩余 4/12 | 190 |
| | 牵引剩余 3/12 | 170 |
| | 牵引剩余 2/12 | 90 |
| | 牵引剩余 1/12 | 救援 |
| 动车组被救援 | 常用制动、紧急制动有效 | 120 |
| | 常用制动、紧急制动无效 | 5 |

$CRH_2A$、$CRH_2B$、$CRH_2E$ 型动车组制动切除后限速要求见表 5–75。

**表 5–75　$CRH_2A$、$CRH_2B$、$CRH_2E$ 型动车组制动切除后限速要求**

| 制动切除数量 | 250 公里线路限速/（km/h） | 200 公里线路限速/（km/h） | 160 公里线路限速/（km/h） |
|---|---|---|---|
| 1/16 | 250 | 200 | 160 |
| 2/16（1/8） | 200 | 200 | 160 |
| 3/16 | 180 | 180 | 160 |
| 4/16（2/8） | 160 | 160 | 150 |
| 5/16 | 150 | 150 | 150 |
| 6/16（3/8） | 140 | 140 | 140 |
| 7/16 | 130 | 130 | 130 |
| 8/16（4/8） | 120 | 120 | 120 |
| 9/16 | 60 | 60 | 60 |
| 10/16（5/8） | 60 | 60 | 60 |
| 11/16 | 60 | 60 | 60 |
| 12/16（6/8） | 救援 | 救援 | 救援 |
| 13/16 | 救援 | 救援 | 救援 |
| 14/16（7/8） | 救援 | 救援 | 救援 |
| 15/16 | 救援 | 救援 | 救援 |
| 16/16（8/8） | 救援 | 救援 | 救援 |

$CRH_2C$ 型一阶段动车组制动切除后限速要求见表 5–76。

表 5–76　$CRH_2C$ 型一阶段动车组制动切除后限速要求

| 制动切除数量 | 300 公里线路限速/(km/h) | 250 公里线路限速/(km/h) | 200 公里线路限速/(km/h) |
|---|---|---|---|
| 1/16 | 300 | 250 | 200 |
| 2/16（1/8） | 275 | 250 | 200 |
| 3/16 | 270 | 230 | 180 |
| 4/16（2/8） | 260 | 230 | 180 |
| 5/16 | 230 | 210 | 180 |
| 6/16（3/8） | 200 | 200 | 160 |
| 7/16 | 180 | 180 | 160 |
| 8/16（4/8） | 160 | 160 | 160 |
| 9/16 | 100 | 100 | 100 |
| 10/16（5/8） | 90 | 90 | 90 |
| 11/16 | 80 | 80 | 80 |
| 12/16（6/8） | 救援 | 救援 | 救援 |
| 13/16 | 救援 | 救援 | 救援 |
| 14/16（7/8） | 救援 | 救援 | 救援 |
| 15/16 | 救援 | 救援 | 救援 |
| 16/16（8/8） | 救援 | 救援 | 救援 |

$CRH_2C$ 型二阶段动车组制动切除后限速要求见表 5–77。

表 5–77　$CRH_2C$ 型二阶段动车组制动切除后限速要求

| 制动切除数量 | 350 公里线路限速/(km/h) | 300 公里线路限速/(km/h) | 250 公里线路限速/(km/h) |
|---|---|---|---|
| 1/16 | 350 | 280 | 250 |
| 2/16（1/8） | 350 | 280 | 250 |
| 3/16 | 320 | 260 | 230 |
| 4/16（2/8） | 320 | 260 | 230 |
| 5/16 | 300 | 240 | 220 |
| 6/16（3/8） | 300 | 240 | 210 |
| 7/16 | 280 | 220 | 200 |
| 8/16（4/8） | 160 | 160 | 160 |
| 9/16 | 100 | 100 | 100 |
| 10/16（5/8） | 90 | 90 | 90 |
| 11/16 | 80 | 80 | 80 |
| 12/16（6/8） | 救援 | 救援 | 救援 |
| 13/16 | 救援 | 救援 | 救援 |
| 14/16（7/8） | 救援 | 救援 | 救援 |
| 15/16 | 救援 | 救援 | 救援 |
| 16/16（8/8） | 救援 | 救援 | 救援 |

## 5.6.4 CRH$_2$型动车组转向架典型故障案例

**1. BCU 故障导致报"抱死"**

（1）事件经过。

CRH$_2$ 001C 动车组运行时，200101 车报"制动控制装置发电机断线 1 故障"（代码 060）及"抱死 1 故障"（代码 151），随即故障自动消除，停车检查未发现异常，之后观察运行到站。始发运行 5 min 左右再次报该故障，司机停车，随车机械师下车检查车轮、传感器等无异常，通过 MON 屏将 200101 车"抱死 1"切除后运行到站。

（2）原因分析。

BCU 故障导致报"抱死 1 故障"。

（3）案例评述。

司机在进行抱死切除后，随车机械师应对故障车进行关门车处理。

**2. 轴温报警**

（1）事件经过。

CRH$_2$ 001A 列运行过程中，MON 屏显示器报 05 车轴温报警。司机制动停车后，随车机械师下车用点温计测量 05 号车轴温，发现温度正常，初步判断是由于轴温传感器故障导致误报警，列车维持运行。

（2）原因分析。

05 车 6 位轴温传感器接地，导致轴温继电器误动作。

（3）案例评述。

若 MON 屏报轴温报警时，随车机械师应下车检查齿轮箱和轴箱的温度。

## 5.6.5 CRH380A、CRH380AL 型动车组转向架故障处理基本操作说明

**1. 故障显示**

发生故障时，MON 屏在当前页面下方会显示"故障发生信息"页面（见图 5-68），并伴有报警声响。

图 5-68 "故障发生信息"页面

此时可按压【故障详情】键，MON 屏切换至"故障信息"页面（见图 5-69）。

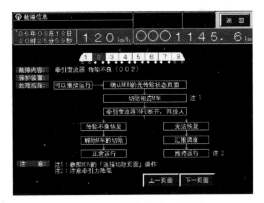

图 5-69　"故障信息"页面

**2. 关门车操作**

（1）对于 CRH380A 和 CRH380AL 动车组，关闭【紧急】阀（红色）、【供给】阀（白色）；对于 CRH380A（非高寒）动车组，仅关闭【供给】阀（白色），将手柄置于垂直位，如图 5-70 所示。

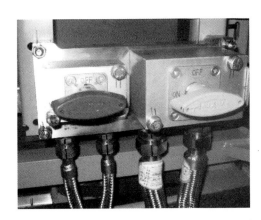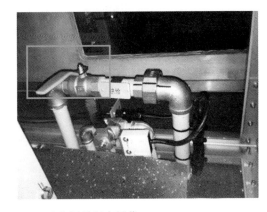

图 5-70　CRH380A 和 CRH380AL 动车组关门车操作

（2）将【紧急短路】开关（见图 5-71）切换至紧急位。

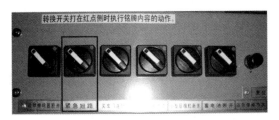

图 5-71　【紧急短路】开关

（3）断开【制动控制装置】断路器。

（4）隔离停放制动（仅限 CRH380A（非高寒）），具体操作方法如下：

① 关闭停放制动带电触点截断塞门（手柄为黑色），将手柄置于垂直位，如图 5-72

所示。

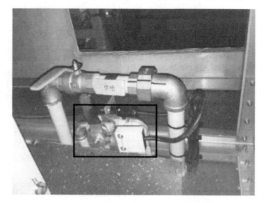

图 5-72　关闭停放制动带电触点截断塞门

② 操作"停放制动旁路"按钮（见图 5-73）。

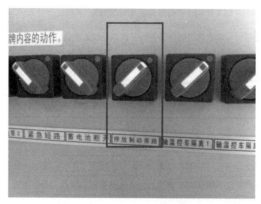

图 5-73　"停放制动旁路"按钮

③ 在车辆一侧拉停放制动手动缓解拉绳，共 4 个（两侧均可操作，操作一侧即可），缓解停放制动，观察带停放缸的制动卡钳状态，确认其已缓解，如图 5-74 所示。

图 5-74　车辆手动缓解停放制动

④ 通过 MON 屏 "切除状态" 画面（见图 5-75），确认停放制动已切除。

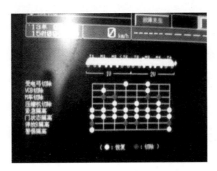

图 5-75 "切除状态" 画面

注：① 单独关闭【紧急】阀（红色）后，常用制动正常，因紧急制动电磁阀无法输出紧急制动控制压力，无法启动紧急制动。

② 切除空气制动力也可以在车下走行部实施，每台转向架有一个折角塞门，只对本台转向架起作用。

③ 当 01、00 车（重联时 01、08、09、00 车）发生 "制动控制装置故障（059）" 须关门车操作时，将该车运行配电盘中的【制动控制装置】断路器（见图 5-76）断开，为了不影响集控开门，集控开门操作时须临时将该关门车相对应司机室配电盘中的【关车门安全】断路器（见图 5-77）断开。

图 5-76 【制动控制装置】断路器

图 5-77 【关车门安全】断路器

④ $CRH_2B/C/E$ 及 $CRH_2A$ 统型动车组主控端所在车做关门车操作后，若列车发生紧急制动，在进行紧急制动缓解时，须先将主控端司机室总配电盘应急短路开关 X3 和 X3A 线短接，然后按压【紧急复位】按钮，紧急制动缓解后，断开 X3 和 X3A 线。

**3. 抱死切除/复位操作**

（1）按压主控端司机室 MON 屏【抱死切除】键，进入 "抱死切除" 页面（见图 5-78）。

（2）选择相应车厢。

（3）选择【抱死 1】或【抱死 2】。

（4）按【切除】/【复位】键。

（5）按【设定】键。

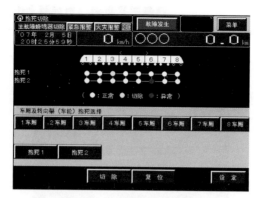

图 5-78 "抱死切除"页面

### 4. 轴温报警切除/复位操作

（1）按压主控端司机室 MON 屏【轴温切除】键，进入"轴温切除"页面（见图 5-79）。

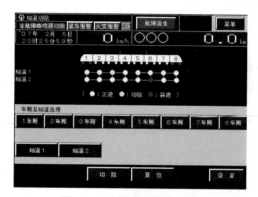

图 5-79 "轴温切除"页面

（2）选择相应车厢。

（3）选择【轴温 1】或【轴温 2】。

（4）按【切除】/【复位】键。

（5）按【设定】键。

# 附录 A  CRH₂A 统型动车组制动盘 表面裂纹检修限度

**1. 轮装制动盘**

轮盘依据如下细节进行裂纹检测。裂纹分为细微裂纹（发裂）、裂纹和贯穿裂纹。

（1）细微裂纹（发纹）。

在运行过程中,摩擦面在大的热应力作用下,会产生很浅的细微网状裂纹(所谓的发纹)。这些发纹对于运行没有什么影响,可以允许在摩擦面上随机分布。图 A–1 所示为轮盘典型的细微裂纹。

（2）裂纹。

图 A–2 所示为制动盘典型的裂纹。

A 型:裂纹与内径和/或外径之间有 10 mm 的最小距离。

B 型:裂纹接触到内径和/或外径,或者其间有不到 10 mm 的间距。

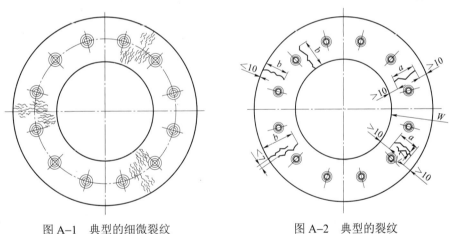

图 A–1  典型的细微裂纹          图 A–2  典型的裂纹

如果在一个位置上两个或多个裂纹(不是发纹)之间的相互距离小于 7 mm,则将其看作组合裂纹,其长度应按照距离最远的裂纹端头之间的距离计算。如果其中一个裂纹为类型 A,另一个为类型 B,则该组合裂纹应被看作类型 B。

① 如果 $a<80$ mm, $b<60$ mm,裂纹是允许存在的。摩擦面可能有多个随机排布的裂纹。

② 如果 $80$ mm$\leqslant a<100$ mm, $60$ mm$\leqslant b<80$ mm,裂纹在一定条件下允许存在。与另一个在一定条件下允许存在的裂纹的最短间距必须有 50 mm(两裂纹间距)。带有在一定条件下允许存在的裂纹的制动盘可以继续运行到下次检查。根据制动盘的状况必须缩短检修周期。

③ 如果 $a\geqslant100$ mm, $b\geqslant80$ mm,裂纹不允许存在。带有不允许出现的裂纹的制动盘必须尽快更换。

（3）贯穿裂纹。

制动盘上从内径贯穿到外径或者贯穿到摩擦面厚度方向的贯穿裂纹不允许存在，图 A-3 所示为制动盘上典型的贯穿裂纹。有此类裂纹的制动盘必须立刻更换，不能继续使用。

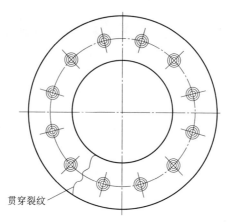

贯穿裂纹

图 A-3  典型的贯穿裂纹

**2. 轴装制动盘**

轴盘依据如下细节进行裂纹检测。裂纹分为细微裂纹（发裂）、表面裂纹、初始裂纹和贯穿裂纹。

（1）细微裂纹（发纹）。

在运行过程中，制动盘的摩擦面在大的热应力作用下，会产生很浅的细微网状裂纹（所谓的发纹），图 A-4 所示为摩擦面上的典型发纹。这些发纹对于运行没有什么影响，允许在整块制动盘上任意位置出现。

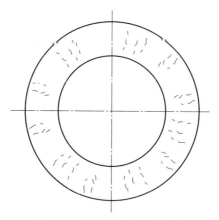

图 A-4  摩擦面上的典型发纹

（2）表面裂纹。

图 A-5 所示为轴装制动盘上的典型表面裂纹。

A 型：裂纹与内径和/或外径之间有 10 mm 的最小距离。

B 型：裂纹接触到内径和/或外径，或者其间有不到 10 mm 的间距。

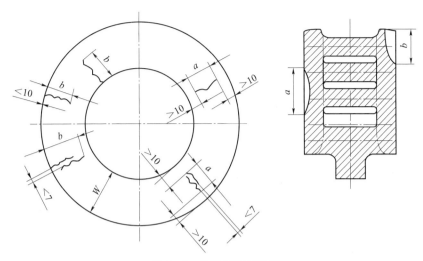

图 A-5 典型的表面裂纹

如果其间有两条或更多的 A 型和/或 B 型裂纹，且裂纹之间的最小间距小于 7 mm，则这些裂纹的间距根据每个裂纹两个裂纹端头之间最远延伸距离来计算。在 A 型和 B 型组合出现时，适用 B 型组合裂纹长度。

① 如果 $a<80$ mm，$b<50$ mm，裂纹允许存在。

② 如果 80 mm$\leq a<100$ mm，50 mm$\leq b<80$ mm，裂纹在一定条件下允许存在。与相邻的初始裂纹或表面裂纹之间必须保持最小距离 15 mm。制动盘两侧同相位置不允许有那种在一定条件下允许存在的初始裂纹或表面裂纹。带有在一定条件下允许存在裂纹的制动盘可以继续运行到下次检查，必要时，根据制动盘的状态缩短检查的时间间隔。

③ 如果 $a\geq 100$ mm，$b\geq 80$ mm，裂纹不允许存在。带有不允许出现的裂纹的制动盘必须尽快更换。

（3）初始裂纹。

图 A-6 所示为轴装制动盘摩擦面上的典型初始裂纹。

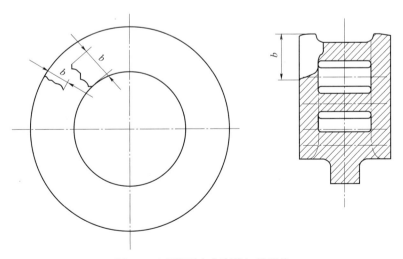

图 A-6 摩擦面上典型的初始裂纹

① 如果 $a<50$ mm，$b<50$ mm，裂纹允许存在。

② 如果 $50$ mm$\leqslant a<70$ mm，$50$ mm$\leqslant b<70$ mm，裂纹在一定条件下允许存在。与相邻的初始裂纹之间必须保持最小距离 $30$ mm，且与相邻的表面裂纹之间必须保持最小距离 $15$ mm。制动盘两侧同相位置不允许有那种在一定条件下允许存在的初始裂纹或表面裂纹。带有在一定条件下允许存在裂纹的制动环可以继续运行到下次检查，必要时，根据制动盘的状态缩短检查的时间间隔。

③ 如果 $a\geqslant70$ mm，$b\geqslant70$ mm，裂纹不允许存在。带有不允许出现的裂纹的制动盘必须尽快更换。

（4）贯穿裂纹。

摩擦面上不允许有贯穿裂纹，图 A-7 所示为轴装制动盘摩擦面上典型的贯穿裂纹。有贯穿裂纹的制动盘必须立即更换。

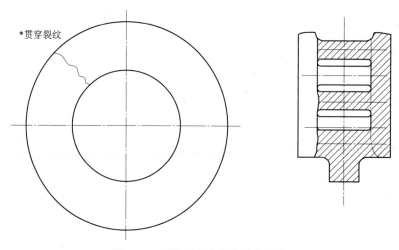

图 A-7　摩擦面上典型的贯穿裂纹